Ulrich Wiesner

Nepal

*Götter, Tempel und Paläste im Geburtsland
Buddhas und einzigen Hindu-Königreich der Welt*

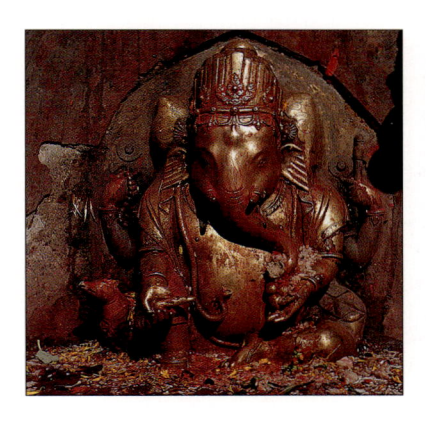

DUMONT
Kunst-Reiseführer

In der vorderen Umschlagklappe:
Übersichtskarte von Nepal

In der hinteren Umschlagklappe:
Kathmandu-Tal

Die wichtigsten Orte auf einen Blick

Balaju ☆ (c 6) 152	Lumbini ☆ (E 4) 281
Banepa (l 2) 211	Macchegaon (b 4) . . . 257
Bhaktapur ☆☆ (h 4) . 191	Muktinath (F 6) 275
Bodhnatha (e 6) 174	Nala (l 3) 213
Budhanilkantha (e 8) . 153	Namche Basar (J 4) . . 279
Chabahil (e 5) 171	Nuwakot ☆ (G 4) . . . 267
Changu Narayana ☆☆ (h 5) . . 181	Panauti ☆ (l 2) 214
Chobar (c 3) 243	Pashupatinatha ☆ (e 5) 157
Dakshin Kali (b 1) . . . 248	Patan (Lalitpur) ☆☆(d 4) . . . 220
Dullu (C 6) 27	Pharping (b 1) 246
Gorkha (F 5) 265	Pokhara (F 5) 263
Gokarna (g 6) 176	Sankhu (j 6) 179
Ichangu Narayana(b 6) 151	Simraungarh (G 3) . . 294
Janakpur ☆ (H 3) . . . 288	Svayambhunatha ☆☆ (c 5) 139
Kathmandu ☆☆ (c 6) . . 91	
Kirtipur (b 4) 249	Tansen (E 4) 261
Lo Manthang (F 6) . . 275	Tengpoche (J 5) 279

keine Sterne
sehenswert

☆
Umweg lohnt

☆☆
keinesfalls versäumen

Große Buchstaben beziehen sich auf die vordere Klappenkarte, kleine auf die hintere Karte.

Inhalt

Vorwort   8

Land und Geschichte

Lebensraum Nepal
- Verwaltung 12
- Naturraum 12
- Bevölkerung 15
- Sprachliche und ethnische Vielfalt 17

Geschichtlicher Überblick
- Frühe Geschichte 20
- Die Licchavi-Periode im Kathmandu-Tal 23
- Die »Dunkle Periode« 25
- Die frühe Malla-Zeit im Kathmandu-Tal 26
- Die späte Malla-Zeit:
  Periode der drei Stadtkönigtümer Kathmandu,
  Patan und Bhaktapur 29
- Die Shah-Dynastie und das Entstehen
  des modernen Nepal seit 1769 33
- Die Zeit nach dem Zweiten Weltkrieg 36
- Politische Organisation und gegenwärtige Lage . 37

Zeittafel 38

**Religion:
Hinduismus und Buddhismus in Nepal** . . . 44

Der nepalische Festkalender 56

**Die Kunst des mittelalterlichen
Kathmandu-Tals** 64

Galerie bedeutender Persönlichkeiten 78

**Die Reisen des Prinzen Waldemar
von Preußen** 85

Reisen in Nepal

Kunstführer innerhalb des Kathmandu-Tals

Das alte Königreich Kathmandu

Geschichte 91
Vom Kashthamandapa zum Taleju Bhavani
    Mandir und zum alten Darbar von Kathmandu 93
    Der Kashthamandapa und Maru Tol 96
    Baubeschreibung 97
    Die unmittelbare Umgebung des
        Kashthamandapa 99
    Der Bereich um den Trailokya Mohan Mandir . 102
    Der Kumari Chok 104
    Die Geschichte der Kumari 104
    Die Anlage 105
    Um den Kumari Chok 106
    Im Schatten der Göttin Taleju:
        Der Königspalast Hanuman Dhoka 107
    Legende und Geschichte 108
    Baubeschreibung 109
    Der Palastvorplatz 111
    Der Jagannatha-Tempel 112
    Das Hanuman Dhoka-Portal 113
    Der Nasal Chok 115
    Baugeschichte des Palastes 115
    Der ›Schatzgarten‹ und seine Legende 117
    Mul Chok und Lohan Chok 118

Wanderungen durch Kathmandu 120
    Auf den Spuren des alten Kathmandu 120
    Das Kathmandu der Thapas und Ranas 132

Svayambhunatha 139
    Geschichte 141
    Der Stupa 141
    Restaurierungen am Stupa 143
    Die Legende 143
    Die Spitze des Stupa 144
    Die Schreine der Fünf Transzendenten Buddhas 147
    Der Hariti-Schrein 147
    Shantipura 149

**Vishnu-Heiligtümer im Nordwesten
des Kathmandu-Tals** 151
    Ichangu Narayana 151
    Balaju 152
    Budhanilkantha 153
    Dhum Varahi 156

Pashupatinatha 157

Die Legende 159
Geschichte 160
Baubeschreibung 162
Die Umgebung von Pashupatinatha 166
Chabahil 171
Der Tempelbezirk 172
Bodhnatha 174
Geschichte des Stupa 174
Baubeschreibung 175
Gokarna 176
Das Heiligtum 177
Die Wasserfälle von Sundari Jal 178
Vajra Yogini 179
Der Tempelbezirk 180
Changu Narayana 181
Geschichte 182
Die Legende 182
Die Anlage 183

Das alte Königreich Bhaktapur
Legende und Geschichte der Stadtgründung . . 191
Der Palastbereich 192
Taumadhi Tol 203
Die Legende 203
Der Nyatapola-Tempel 204
Bhairava Mandir 204
Um den Taumadhi Tol 206
Tachapal Tol 207
Der Dattatreya-Tempel 208
Das Tal von Banepa 211
Nala 212
Panauti 213

Das alte Königreich Patan
Mangal-Basar, der Palastbereich in Lalitpur . . . 220
Die Gründungslegende 222
Beschreibung von Mangal-Basar 222
Die Geschichte von Sita und Rama 226
Der Palast 229
Der Degutale-Tempel, geweiht für
 Taleju Bhavani 231
Die Legende 231
Von Mangal-Basar zum nördlichen
 Ashoka-Chaitya 233
Der Kumbheshvara-Tempel 234
Kva Bahal 237
I Bahal Bahil 239
Der Mahabuddha-Tempel 242

Von Chobar bis Dakshin Kali 243
Chobar 243
Jal Vinayaka 246
Pharping 246
Dakshin Kali 248
Kirtipur 249
Baubeschreibung des Bagh Bhairava 252
Der Uma Maheshvara-Tempel 253
Der Chilandya-Stupa 255

Kunstführer außerhalb des Kathmandu-Tals

Die alten Königreiche im Westen
Das Karnali-Flußgebiet 259
West-Nepal vom 15. bis 18. Jahrhundert 260
Ein Spaziergang durch Tansen 261
Pokhara 263
Geschichte 263
Besichtigung 264
Gorkha 265
Besichtigung 265
Nuwakot 267
Besichtigung 267

Tibetische Kultur im Norden Nepals
Humla 271
Dolpo 271
Der Oberlauf der Kali Gandaki, Muktinath
   und Mustang 273
Muktinath 275
Mustang 275
Helambu 277
Khumbu 278

Der Süden
Lumbini 281
Der Ort, in dem Buddha geboren wurde 281
Lumbini heute 283
Die Umgebung von Lumbini:
   Das historische Kapilavastu 287
Janakpur 288
Geschichte 288
Die Feste 289
Der Janaki Mandir 290
Der Rama Mandir 291
Heilige Teiche und Brunnen in Janakpur 293
Die Umgebung von Janakpur 293

Glossar 295

Praktische Reiseinformationen

Reisevorbereitung 306
Informationen für unterwegs 307
Reiseinformationen von A bis Z 310
Literaturverzeichnis 318
Literaturnachweis 321
Abbildungsnachweis 321
Register 322
Impressum 328

Vorwort

Die Globalisierung des nepalischen Kunsterbes

> »Seit vierzehn Tagen befinde ich mich in der wundersamen Kapitale des Reiches Nepaul. Es hieß erst, wir würden nie die Grenzen desselben überschreiten; aber Ausdauer und Beharrlichkeit haben uns nicht nur den Eintritt verschafft, sondern wir sind auch in Gegenden vorgedrungen, welche seit langer Zeit kein Europäer erreicht hat.«
> Dr. Hoffmeister

Nepal, das Geburtsland Buddhas und – am Ende des 20. Jh. – das einzige Hindu-Königreich der Welt, ist Erbe einer langen kulturellen Tradition. Die Geschichte des Landes wird wesentlich mitbestimmt von seiner Lage, durch den Gegensatz von Rückzugsgebiet und Durchgangsland, von geschlossen und offen. Der Südrand des Himalaya bot sich im Lauf der Geschichte immer wieder als ideale Region für Gruppen an, die sich bei historischen Umwälzungen in Nord-Indien in die Sicherheit der Berge flüchteten. Aus dem flachen Vorland verlagerte sich seit dem 3. Jh. n. Chr. der Schwerpunkt in das geschützte Kathmandu-Tal, das zum Herzen des Landes wurde. Es entwickelte sich zu einer blühenden kulturellen und wirtschaftlichen Oase in einer unwirtlichen Gebirgswelt, besonders seit dem 7. Jh., als die Hauptverbindung nach Tibet durch dieses Tal lief. Nepal wurde aus einem abgelegenen Randgebiet Nord-Indiens zu einem Umschlagplatz zwischen Indien und Tibet. Die Islamisierung Nord-Indiens förderte das Entstehen einer eigenen nepalischen Kultur, deren Blüte während der Zeit des 16.–18. Jh. liegt und die das Bild der drei Königsstädte im Kathmandu-Tal bis heute bestimmt.

In der folgenden Periode unter der Shah-Dynastie war Nepal vom späten 18. Jh. bis 1951 für Ausländer gesperrt. Das war nicht nur eine Frage des Tourismus und des Reisens, sondern vor allem der Modernisierungen. Die weltweiten technischen und sozialen Entwicklungen des 19. und frühen 20. Jh. gingen, mit Ausnahme militärischer Errungenschaften, an Nepal und seiner Bevölkerung spurlos vorüber. Als sich das Land schließlich 1951 öffnete, mehr als 100 Jahre später als Japan, war es mit einem enormen Modernisierungsdruck konfrontiert: Nepal steht vor kaum lösbaren Entwicklungsproblemen.

Das Faszinierende an der nepalischen Kultur für die westlichen Besucher waren die lebendigen mittelalterlichen Traditionen und gesellschaftlichen Strukturen, die das Land aufgrund seiner Abgeschlossenheit bis in die zweite Hälfte des 20. Jh. bewahrt hatte. Die Kehrseite der Medaille war die Rückständigkeit der Gesellschaft in einer sich wandelnden Welt. Inzwischen ändern sich Verhalten und Werte rasch, die traditionellen religiösen Vorstellungen werden von neuen Göttern verdrängt, die aus Tokyo, Hongkong und Bangkok importiert werden. Die alte Kultur des Kathmandu-Tals ist noch lebendig, nach einer weiteren Generation wird sie der Vergangenheit angehören. Schule, Massenmedien und Urbanisierung spielen alle ihre Rolle in den grundlegenden sozialen Umwälzungen: Modernisierung ist eine unentrinnbare Notwendigkeit.

Dieser dramatische Umbruch in der Gesellschaft spiegelt sich auch in den Monumenten der Vergangenheit wider. Während vor

Vorwort

etwa 20 Jahren, als der erste DuMont Kunst-Reiseführer Nepal erschien (1976), die Denkmäler, seien es einfache Steine oder bedeutende Skulpturen des 7. Jh., als Kultobjekte in ihre Umgebung integriert waren und von funktionierenden Gemeinschaften gehütet wurden, sind in den 90er Jahren diese sozialen Strukturen zerfallen. Denkmäler wurden unbetreut und herrenlos und fielen dem organisierten Kunstraub zum Opfer. Viele der alten Gottheiten haben so das Land verlassen. Die traditionellen kulturtragenden Gesellschaftsschichten, deren Identität mit dem Erhalt der Werke verknüpft ist, gibt es nicht mehr, und der nepalische Staat kann das Erbe nur bedingt antreten – er ist überfordert. Die UNESCO hat die Tempelbezirke von Svayambhunatha, Pashupatinatha und Changu Narayana sowie die Palastbezirke von Kathmandu, Lalitpur und Bhaktapur in die Liste des Weltkulturerbes aufgenommen. Voraussetzung dafür ist, daß Nepal die angemessene Pflege garantieren kann. Abgesehen von direkter finanzieller Unterstützung aus dem Ausland kann Nepal dies nur, wenn genügend Geld aus dem Tourismus ins Land fließt. Diese neue Nutzung der Tempel und Paläste der Vergangenheit läßt sich nicht umgehen. Nur sie gibt den Denkmälern eine Funktion und macht die Notwendigkeit einer ausreichenden Bewachung deutlich. Das nepalische Kunsterbe wird globalisiert. Die Weltgemeinschaft, nicht zuletzt repräsentiert durch die Touristen, übernimmt nach dem Zusammenbruch der alten Träger die Verantwortung für das Erbe.

Die konservierten Ensembles, zumal die drei Palastzonen, werden aus der weiteren Entwicklung der Städte ausgeklammert. Während vor zwei Jahrzehnten Stadt und Palastbereich noch eine Einheit darstellten – wenngleich auch alles ähnlich restaurierungsbedürftig – ergibt sich jetzt das Bild, daß in der Stadt ein Bauboom herrscht, dem viele alte Häuser weichen müssen, um in einer Art Maßstabsprung dem neuen Raumbedürfnis mit höheren Häusern auf kleinsten Grundstücken Platz zu machen, während der Palastbereich – schön restauriert und gepflegt – eine Insel der Vergangenheit bildet. Ähnlich wie zum Schutze der Natur auch, werden für die Kunst Reservate eingerichtet, die aus der Entwicklung herausgenommen sind.

Herzlich danke ich Andrea Kimmel M. A. vom DuMont Buchverlag, die dem neuen Nepal Kunst-Reiseführer die jetzt vorliegende Gestalt gegeben hat, herzlich danken möchte ich Günter Heil, der mit ausgewogenen, schönen Fotos seine Sicht des Landes festgehalten und damit im Buch einen eigenen Akzent gesetzt hat.

Köln, im August 1997

Ulrich Wiesner

Land und Geschichte

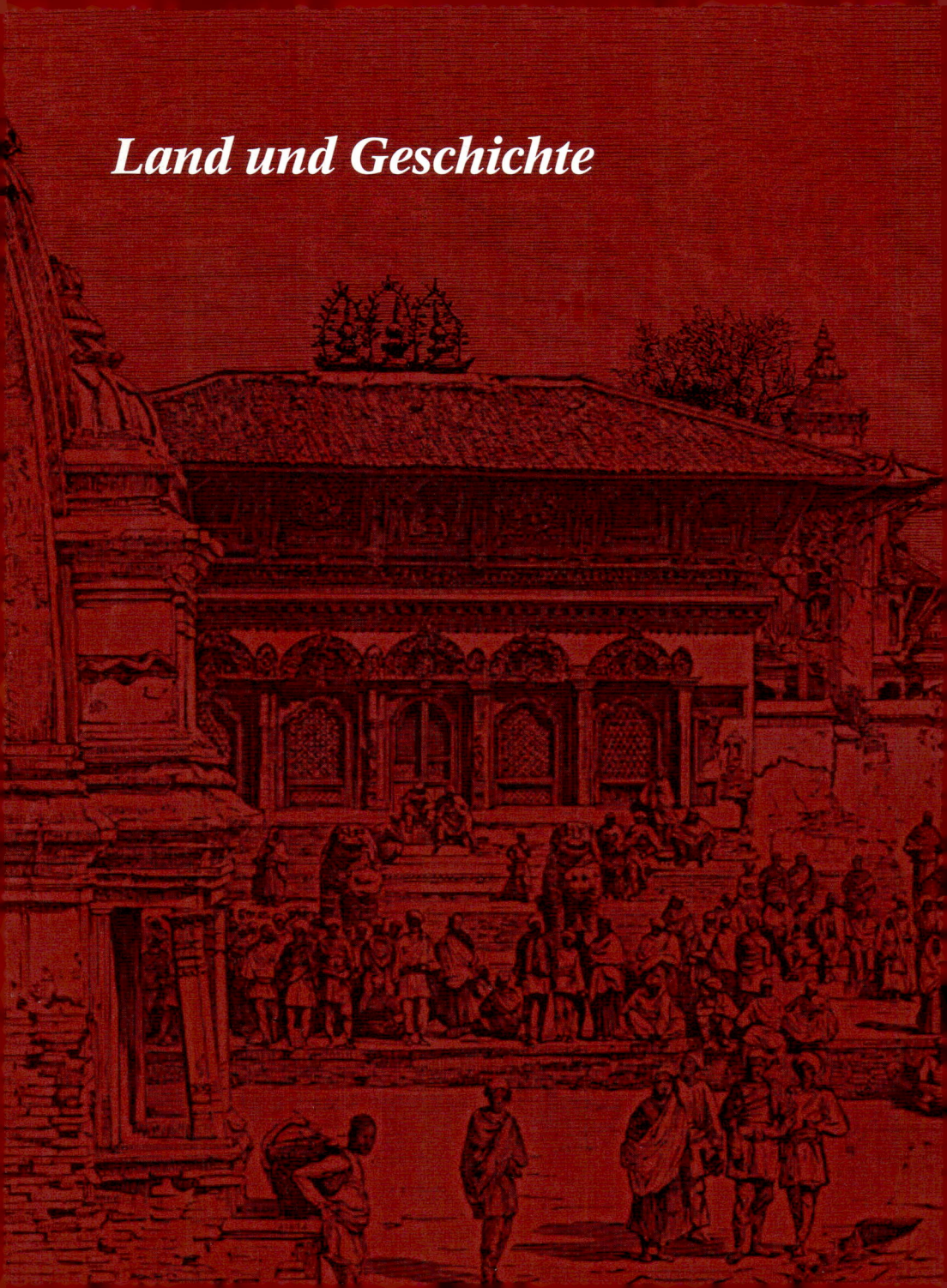

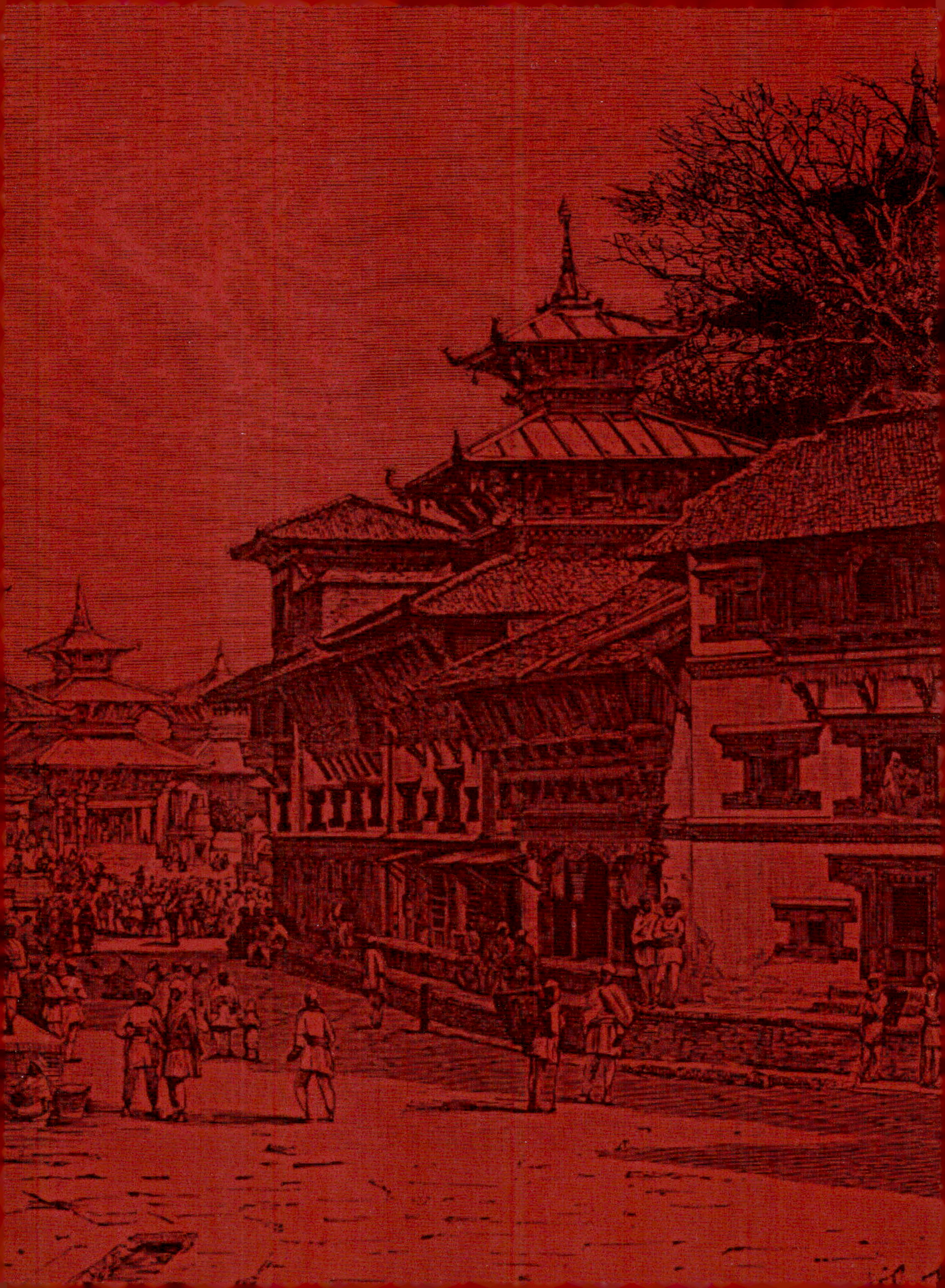

Lebensraum Nepal

> »Das Königreich Nepâl oder Nipâl umfaßt das Gebirgsland an der Südseite des Himalaya, vom Kali- bis nahe zum Tistaflusse, ein Strich Landes von etwa Hundert fünf Meilen Länge und zwanzig Meilen Breite, der nur zu zwei fremden Gebieten begrenzt ist: dem chinesischen Gebiet, nämlich Tübet, und dem britischen Territorium nebst den zugehörigen Schutzländern Sikim und Aude. Nepâl bildet den Uebergang von den hindostanischen zu den tübetanischen Völkern, von den Bekennern des Brahma zu denen des Buddha.«

Nepal hat nur zwei Nachbarn, Indien und China. Das Land wird im Norden von der zu China gehörenden Autonomen Region Tibet begrenzt, auf den drei anderen Seiten von Indien: im Osten von Sikkim und West-Bengalen, im Süden von Bihar und im Südwesten und Westen von Uttar Pradesh.

Zwischen seinen riesigen Nachbarn wirkt Nepal winzig, obwohl das Land gar nicht klein ist: Die Fläche Nepals ist mit 147 181 km² größer als Österreich und die Schweiz zusammen; es hat etwa die Form eines länglichen schmalen Rechtecks. Die größte Ausdehnung in Ostwest-Richtung beträgt ca. 885 km. Von Nord nach Süd ist das Land zwischen 145 und 241 km breit.

Verwaltung

Hauptstadt Nepals ist Kathmandu. Die Verwaltung ist gegenwärtig in fünf Entwicklungsregionen, 14 Zonen und 75 Distrikte gegliedert. Die einzelnen Zonen werden nach einem markanten Fluß, Berg oder einer Gedenkstätte des jeweiligen Gebiets benannt (s. Karte).

Die Far Western Development Region, Hauptstadt Dipayal, besteht aus der Mahakali-Zone (Grenzfluß mit Indien) und der Seti-Zone (westlicher Nebenfluß der Karnali).

Die Mid Western Development Region, Hauptstadt Birendranagar, besteht aus der Karnali-Zone (längster Fluß Nepals), Bheri-Zone (östl. Nebenfluß der Karnali) und der Rapti-Zone (Fluß).

Die Western Development Region, Hauptstadt Pokhara, besteht aus der Dhaulagiri-Zone (Dhaulagiri Himal), Gandaki-Zone (Flußsystem) und der Lumbini-Zone (Geburtsort Buddhas).

Die Central Development Region, Hauptstadt Kathmandu, besteht aus der Bagmati-Zone (Fluß im Kathmandu-Tal), Narayani-Zone (Fortsetzung des Gandaki-Flusses) und der Janakpur-Zone (Geburtsort Sitas).

Die Eastern Development Region, Hauptstadt Dhankuta, besteht aus der Sagarmatha-Zone (Mt. Everest, 8848 m), Koshi-Zone (Flußsystem) und der Mechi-Zone (Grenzfluß mit Indien).

Naturraum

> Die Erosionsformen, ▷ die sich in Mustang zeigen, sind fast einzigartig auf der Welt

Durch seine natürlichen Landschaften ist Nepal in sieben schmale Gürtel gegliedert, die sich in Ostwestrichtung über die ganze Länge Nepals erstrecken. Das Land steigt von Süden nach Norden – über eine ganz kurze Distanz – von einigen Metern über dem Meeresspiegel bis zum höchsten Punkt der Erde an. Diese extremen Höhen-

Lebensraum Nepal

Lebensraum Nepal

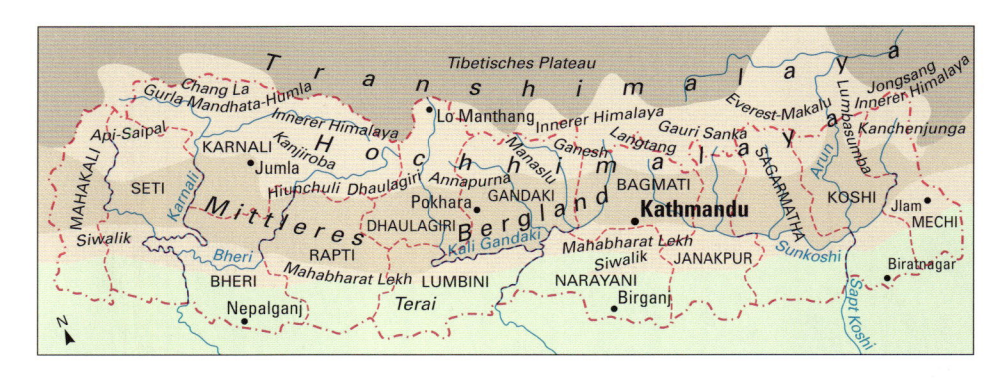

Landschaftliche Gliederung Nepals

unterschiede schaffen auf engstem Raum eine erstaunliche Vielfalt klimatischer Zonen. Sie reichen vom subtropischen Dschungel über die arktischen Verhältnisse des Hohen Himalaya bis zu den ariden Zonen der Tibetischen Hochebene.

Der schmale tiefliegende Gürtel im Süden Nepals entlang der indischen Grenze, das Terai, ist eine Fortsetzung der Ganges-Ebene. In Nordsüd-Richtung ist das Terai etwa 30–40 km breit und in Ostwest-Richtung etwa 800 km lang. 1991 lebten dort 8,6 Millionen Einwohner, das sind 46,62 % der Gesamtbevölkerung. Das Terai besteht aus subtropischen Wäldern und landwirtschaftlichen Nutzflächen, hier liegen 70 % des bebaubaren Bodens Nepals. Bis vor wenigen Jahrzehnten machte Malaria diese Gegend weitgehend unbewohnbar und zu einem natürlichen Verteidigungsgürtel. Die fast gänzliche Ausrottung der Malaria, die sich aber wieder auf dem Vormarsch befindet, hat zu einem rapiden Bevölkerungsanstieg geführt. Im Terai reichen Geschichte und Kunst zwar bis weit ins erste Jahrtausend v. Chr. zurück, brechen aber mit der muslimischen Eroberung Nord-Indiens im 14. Jh. ab. Erste Ansätze einer Neubesiedlung des Terai gibt es etwa seit 200–300 Jahren. Im großen Stil konnte die Region erst in der zweiten Hälfte des 20. Jh. bewohnt werden, nachdem die Malaria besiegt schien.

»*Der Wald bestand aus Eichen mit stachlichtem Laube, verschiedenen Lorbeerarten, aus Berberis, Biter und einer schönen Art Prunus; das niedrige Gesträuch war zum großen Theil Daphne cannabina, deren Blüthen sehr angenehm duften und deren Rinde ein grobes Papier liefert.*« Dr. Hoffmeister

Aus dem Terai erhebt sich das Vorgebirge, die Siwaliks, eine niedrige zwischen 150 und 1368 m hohe, unfruchtbare bewaldete Hügelkette, die auch als Churia-Kette bezeichnet wird. Zwischen der Churia- und der parallel verlaufenden Mahabharat-Kette liegen breite Senken, Dun, die dem Terai ähneln. Die fruchtbaren Dun sind größtenteils besiedelt und landwirtschaftlich genutzt.

Mahabharat Lekh, der Niedere Himalaya, erreicht stellenweise eine Breite bis zu 100 km und zieht sich nördlich von der Churia-Kette und südlich vom Hohen Himalaya in Ostwest-Richtung durch ganz Nepal. Die Berge sind steil und zackig mit tief eingeschnittenen Falten. Sie erreichen Höhen zwischen 1524 und 2743 Meter. Die unteren Hänge sind für landwirtschaftlichen Anbau terrassiert, die höher gelegenen Teile bewaldet.

Der Gürtel des Berglands, d. h. des Binnenlands zwischen Mahabharat Lekh und Hohem Himalaya, wird nicht durch einen eigenen Gebirgszug geprägt. Die Landschaft ist vielmehr gekennzeichnet durch die bewohnbaren Täler der Gebirgsausläufer. Dieser Gürtel umfaßt die Nordsüdtäler der großen Flüsse Karnali, Gandaki und Koshi und vor allem die breiten, fruchtbaren Talbecken von Pokhara und Kathmandu. Da der Hohe Himalaya nicht bewohnbar ist und der größte Teil des Terai bis vor wenigen Jahrzehnten malariaverseucht war, waren diese Täler der traditionelle Lebensraum der Menschen in Nepal. Entlang dieser Zone entwickelte sich das kulturelle Leben des Landes. Das kleine geschützte Kathmandu-Tal hat eine üppige Blüte der Kultur hervorgebracht, dagegen sind die Gebiete außerhalb in dieser Beziehung relativ arm.

Der Himalaya, ›Schneewohnung‹, ist das höchste Gebirge der Erde. Zu dieser schneebedeckten Bergkette gehören auf nepalischem Gebiet neun der vierzehn Achttausender der Erde, angeführt vom Mt. Everest (›Sagarmatha‹), der mit 8848 m der höchste Berg der Welt ist. Der Sagarmatha National Park wurde in die Welterbeliste der UNESCO aufgenommen. Diese Hauptkette ist klimatisch die Grenze zwischen dem indischen Monsungebiet und den wüstenhaft trockenen Hochländern Innerasiens. Der Himalaya ist ein System junger Kettengebirge, dessen Faltungen hauptsächlich in Nordsüd-Richtung verlaufen; die Wasserscheide liegt weit nördlich des Hauptkamms. Diese überwältigend wilde und raue Landschaft ist nur sehr dünn besiedelt und landwirtschaftlich kaum nutzbar. Die Südtäler des Hohen Himalaya sind Siedlungsgebiet der Bhotia (*bhot* bedeutet Tibet), Menschen tibetischen Ursprungs, zu denen u. a. die Sherpa gehören. Der Hohe Himalaya im Osten des Ganesh Himal bildet die Grenze zwischen Nepal und China (Tibet) und zwischen Nepal und Indien (Sikkim).

In West-Nepal, an der breitesten Stelle des Landes, reicht das nepalische Gebiet auch bis jenseits des Hohen Himalaya. Nördlich davon folgt eine Zone breiter Hochtäler (Bhot-Täler) mit einer weniger zerklüfteten Landschaft, ähnlich wie in Tibet. Dazu gehören das Tal von Dolpo und die legendäre Gegend von Mustang. Die dünn besiedelte Gegend wird schon vom ariden Klima der tibetischen Hochebene bestimmt. Diese Region schließt eine Bergkette ab, die schon dem Trans-Himalaya, der siebten Landschaftszone Nepals, zugerechnet wird.

> »Der Tarrai (Terai, Tarihani) ist die erste Vorstufe des Himalaya: ein fast undurchdringlicher sumpfiger Waldstreif von sehr verschiedener Breite, der von der Westgrenze Assams über die Gangesströme hinaus bis in das Indusgebiet reicht, und in welchem sich durch die Vereinigung von Hitze und Feuchtigkeit die Tropenvegetation im üppigsten Wachsthum entfaltet. Ehe man ins Hochgebirge gelangt, wo so viele europäische Pflanzenformen auftreten, daß man sich oft in heimische Gegenden versetzt glaubt, wird man hier noch einmal mit der ganzen Flora und Fauna des heißen Asiens vertraut. Doch große Vorsicht erheischt der Aufenthalt in der feuchten, giftgeschwängerten Luft dieser Region, besonders in der Regenzeit, wo selbst Affen und Tiger und das ganze Geschlecht der Vierfüßler sammt der Vögeln den Ort des Todes verlassen.«

Bevölkerung

Nepal ist durch Kontraste ganz verschiedener Landschafts- und Klimazonen, die auf engstem Raum aufeinandertreffen, gekennzeichnet. Auch bei der Bevölkerung Nepals – 1991 waren es 18 462 081 Menschen – springen diese Gegensätze ins Auge. In den Straßen Kathmandus kann man eine verwirrende ethnische Vielfalt beobach-

Lebensraum Nepal

Eine Newar-Frau in Bhaktapur und tibetische Mönche in Svayambhunatha

»*Eine unabsehbare Schaar des fremdartigsten Volkes bedeckte die Terrassenfelder. Wir sahen da die seltsamsten Kostüme; besonders auffallend waren die Bhotanleute mit plumpen Zeugstiefeln, groben Filzröcken, dicken Haarzöpfen und vollkommen mongolischer Gesichtsbildung. Männer und Weiber tragen sich auf gleiche Weise. Die Newara oder alte Bevölkerung trägt trotz der kühlen Luft wenig mehr, als ein weites Baumwolltuch; die Ghorka gehen in Jacken und Beinkleidern und haben sogar Schuhe an den Füßen.*«
Dr. Hoffmeister

ten. Über die Jahrhunderte war diese Berggegend Rückzugsgebiet für Menschen aus dem Norden und Süden. Den Einwanderungswellen der frühen Zeit folgten die Rajput-Kshatriyas, die im 12. Jh. vor den Muslim-Eroberern Indiens flohen. Das 20. Jh. erlebte schließlich den tibetischen Exodus. Alle diese Bevölkerungsverschiebungen spiegeln nahe und ferne politische Verwerfungen.

Bis heute haben die Einwanderer in der Regel mehr oder weniger starke Züge ihrer alten Gruppenidentität bewahrt. Sie haben sich andererseits aber auch ihrer neuen gesellschaftlichen Umgebung angepaßt. Die ethnische Vielfalt ist das Ergebnis von jahrhundertelanger Vermischung zweier Hauptgruppen: den Indo-Ariern aus dem Süden und den mongoliden Völkern aus dem Norden. Mit diesen beiden verbinden sich auch verschiedene Religions- und Lebensformen: aus dem Süden kommen Hindu-Reisbauern, die in Siedlungen des Unterlandes bis in eine Höhe von 1800 m leben und Reis auf bewässerten Feldern ziehen. Aus dem Norden kommen buddhistische Hirten und Gerste-Bauern. Ihre Dörfer liegen in größerer Höhe, umgeben von Feldern mit Hirse, Gerste und Weizen. Diese zwei Gruppen sind in Nord- und Süd-Nepal noch deutlich zu unterscheiden. Die traditionellen Bewohner des Terai sind indo-arische Hindus und Muslime, die während der letzten 200 Jahre eingewandert sind. Der hohe nördliche Teil Nepals wird von Menschen bewohnt, die aus Tibet stammen. Dazu gehören Sherpa, Thakali und Bhotia (traditionell werden alle Himalaya-Völker in Nepal als Bhote bezeichnet).

Das Zentrum des Landes ist gekennzeichnet durch zahlreiche ethnische Gruppen sowohl indo-arischen als auch mongoliden Ursprungs und von Mischungen der zwei, zu denen auch die Newar, die ursprüngliche Bevölkerung des Kathmandu-Tals, gehören. Die klaren Unterschiede der indo-arischen und der mongoliden Gruppen – hier Hindus, da Buddhisten – haben sich verwischt, so daß viele mongolide Bergbewohner heute Hindus sind. Offiziell werden in Nepal 17 verschiedene ethnische Gruppen gezählt. Ethnologen, die auch ganz kleine Gruppen berücksichtigen, schätzen ein Mehrfaches davon.

Sprachliche und ethnische Vielfalt

Die Muttersprache ist unter anderem ein Indiz für Gruppenzugehörigkeit. 1981 haben 85 % der Bewohner Nepali als ihre Muttersprache angegeben. Diese offizielle Landessprache hat sich aus dem Khasa Kura des Karnali-Flußgebiets West-Nepals entwickelt. Sie stammt letztlich vom klassischen Sanskrit ab und ist mit Hindi, der Staatssprache Indiens, verwandt. Nepali wird wie Sanskrit und Hindi in Devanagari-Schrift geschrieben; traditionell sprechen es hauptsächlich Angehörige der Hindu-Kasten als Muttersprache. Entsprechend den verschiedenen Bevölkerungsgruppen überschneiden sich in Nepal zwei soziale Systeme, zum einen das orthodoxe Kastenwesen der Hindus und zum anderen das eher nicht hierarchisch organisierte Leben der tibetischen Volksgruppen.

Diejenigen, die das Geschäftsleben und die Politik Nepals seit der Staatsgründung im späten 18. Jh. bestimmen, gehören zur Hindu-Priesterkaste der Brahmanen und zur Hindu-Kriegerkaste der Kshatriya. Eine Untergruppe der Kshatriya sind die Thakuri. Die Mitglieder dieser beiden höchsten orthodoxen Kasten der nepalischen Gesellschaftshierarchie tragen die heilige Schnur und trinken keinen Alkohol. Sie sind die primären Sprecher des Nepali. Diese Gruppen sind – und mit ihnen die Sprache – von West-Nepal nach Osten in Richtung auf das Kathmandu-Tal gewandert. Nepali ist auch die Muttersprache der west-nepalischen Hindu-Berufskasten, die früher zu den sogenannten Unberührbaren (Parias) zählten. Dazu gehören die Schneider und Musikanten, Schuster und Grobschmiede. Angehörige dieser Kasten tragen keine heilige Schnur und sie dürfen Alkohol trinken.

»Die Newars, die Ursassen des Landes, welche in eine Menge von kleinen Stämmen zerfallen, sind ein höchst industriöses Volk und selbst in den Künsten der Architektur, Skulptur und Malerei allen ihren Nachbarn überlegen. Die Viehzucht dagegen und auch den Handel überlassen sie mehr den Bhutiyas, denen sie, die äußere Erscheinung abgerechnet, fast in allen Stükken gleichen, auch in ihrer Sprache, die ein Dialekt des Tübetischen ist. Sie gehen einfach und leicht gekleidet, nach Art der Hindus, von denen aber dieser kräftige und thätige Menschenschlag in seinem Aeußern sowohl als in Betreff seiner reinlichen Wohnungen sehr vortheilhaft absticht.«

Tibetisch-sprechende Enklaven in Nepal

Lebensraum Nepal

>»Die Bhutiyas oder Bhotias, wie der Sanskritname ist, während sie selbst sich Bod-po, das heißt Eingeborne von Bod oder Tübet nennen, haben in der That die Sprache und das Aeußere ihrer transhimalayischen Brüder beibehalten und zerfallen in eine Menge Unterstämme: Rongbo, Khat, Serpa und so weiter. Die eigentlichen Bhutiyas, welche nur die höchsten Berge des Landes, nahe der Region des ewigen Schnees bewohnen, gehen, den Kopf ausgenommen, völlig bekleidet. Sie sind ein muntres und gutmüthiges, aber schmutziges und armes Volk: Große, kräftige, gelbe Gestalten, von dunkler Farbe und von wildem Aussehen, fast an die Lappländer erinnernd, mit schwarzem, struppigen Haar. Ihre Kleidung besteht aus großen Schaafpelzen, rothen Beinkleidern und Strümpfen und einem langen Untergewande; dazu im Gürtel ein gerades Schwert. Sie sollen Bücher haben, sowohl geschriebene, als gedruckte, und viele unter ihnen sollen lesen können.«

Die Ideale und Werte der nepalischen Gesellschaft werden durch die Brahmanen und Kshatriya geprägt. Zwar können Angehörige niederer Hindu-Kasten ihren traditionellen gesellschaftlichen Status, in den sie hineingeboren sind, nicht heben. Dagegen ist es vielen ethnischen Gruppen, die früher nicht von der Kastenordnung erfaßt waren, gelungen zu konvertieren, sich innerhalb der traditionellen Hierarchie einzuordnen und einen relativ hohen Platz zu erreichen. Zu diesen Gruppen, die jetzt etwa den Platz der Kshatriya einnehmen, gehören die Gurung, Magar, Rai und Limbu und die Tharu. Diese mongoliden Ethnien sprechen trotzdem weiterhin ihre eigenen Sprachen. Die Hinduisierung ist eine starke vereinheitlichende gesellschaftliche Kraft in Nepal.

Die Gurung sind eine ursprünglich buddhistische Bevölkerung in West-Nepal. Ihre Sprache gehört zur tibeto-burmesischen Familie und wird von 1,16 % der Gesamtbevölkerung gesprochen. Etwa die Hälfte der Gurung hat aber zum Nepali gewechselt, und die meisten sind Hindus geworden. Die Magar sind ein mongolides Volk West-Nepals, die einmal ein eigenes Königreich in Palpa hatten; auch sie sind Hindus geworden (1,41 %). Die mongoliden Limbu und Rai sind gemeinsam als Kirati bekannt. Im Hindu-Epos Mahabharata werden die Kirati als Gebirgsvolk mit bemerkenswerter Geschicklichkeit im Bogenschießen und in der Kriegskunst gerühmt. Bis etwa zum 3./4. Jh. n. Chr. waren sie die Herrscher im Kathmandu-Tal, danach lebten sie im äußersten Osten (0,86 % Limbu- und 1,47 % Rai-Sprecher gibt es noch in Nepal). Ein weiteres hinduisiertes Volk sind die Tharu im Terai (3,63 % Sprachanteil).

Neben Nepali die zweitstärkste Sprachgruppe ist mit 11 % Maithali, das hauptsächlich im Terai und im benachbarten indischen Bihar gesprochen wird. In allen Regionen des Terai gelten die Sprachen der benachbarten indischen Provinzen, wie z. B. im mittleren Terai die Bhojpuri-Sprache (7,61 % der Gesamtbevölkerung). In Ost-Terai lebt die Minorität der Satar (Santhal), eine dravidische Bevölkerung, deren Sprache zur austro-asiatischen Familie gehört.

Buddhisten geblieben sind die Tamang, deren tibeto-burmesische Sprache von 3,48 % der Gesamtbevölkerung gesprochen wird, die Sherpa (0,49 %) und die Lopa, die ansässige Bevölkerung in Mustang, die nach ihrem Herkunftsort Lo in Tibet benannt sind.

Die Newar mit tibeto-burmesischer Sprache bilden im Kathmandu-Tal 44 % der Bevölkerung, und 3 % der Gesamtbevölkerung Nepals. Nach den Newari wurde Nepal benannt, oder umgekehrt das Volk nach dem Land. Ursprünglich meinte der Name Nepal nur das Kathmandu-Tal. Nach 1768 wurde er auf das ganze heutige Staatsgebiet übertragen. Die Newari sind keine einheitliche ethnische Gruppe, sie bilden eher eine kulturelle und nationale Einheit mit einem eigenen Kastensystem, dessen Hierarchie Buddhisten wie Hindus umfaßt. Die Newari sind, nimmt man die Sprache Nepali aus, die Schöpfer der Kultur, die für das heutige Nepal zur prägenden Nationalkultur geworden ist.

BM 316720

भक्तपुर नगरपालिका

WELCOME TO THE CITY OF CULTURE

Rs. 300.00

LET US PRESERVE OUR COMMON HERITAGE!

BHAKTAPUR MUNICIPALITY

09 April 1999 -

This ticket valid for 1 week

Geschichte

Geschichtlicher Überblick

Nepal, auf dessen Boden Buddha geboren wurde, ist gerade erst etwa 200 Jahre alt. Die Shah-Könige eroberten 1768 von Gorkha her das Kathmandu-Tal und dehnten bis in die ersten Jahre des 19. Jh. ihr Herrschaftsgebiet als west-östlich verlaufenden Riegel zwischen Tibet und der Ebene Nord-Indiens aus. Dieser Vorgang, bei dem ein kleines Königreich nach dem anderen geschluckt wurde, wird in Nepal »Vereinigung« genannt. Dabei bewegten sich die Gorkha in einem Vakuum zwischen den Interessensphären von zwei Großmächten, zwischen den Briten im Süden, die das Erbe des Mogul-Reichs in Ost-Indien angetreten hatten, und den Chinesen im Norden, die Tibet militärisch und außenpolitisch vertraten.

Die Geschichte Nepals bis zurück in die Zeit von Buddhas Geburt ist also nicht die Geschichte eine Staates oder einer Nation, sondern die Geschichte einer Region, die aus vielen kurz- und längerlebigen Fürstentümern bestand, die später zu diesem Staat zusammengefügt wurden und jetzt erst langsam zu einer Nation zusammenwachsen.

Die politischen und kulturellen Zentren haben sich innerhalb der Region Nepal mehrfach verschoben. In den Jahrhunderten vor Chri-

Die Darstellung aus dem Jahr 1877 zeigt das enge Plateau von Svayambhunatha mit dem Stupa, den beiden Shikara-Türmen und der Pilgertreppe mit dem großen Vajra

Geschichte

> *»Auf einem höchst angenehmen schattigen Pfade durch den dichten Wald stiegen wir etwa 3000(bis zu dem klaren Strome hinab; hohe Farrenkräuter, die ersten, welche wir auf dem Kontinente sahen, versteckten die zahlreichen kleinen Bäche, die an den Abhängen hinabrieselten. Am Flusse selbst hört der Wald auf. Das Gestein, welches hier zu Tage liegt, Grauwackenschiefer und ein lockerer Thonschiefer, bedingt den Charakter des Flußbetts, welches sich tausendfach gekrümmt durch ein zakkiges Schieferthal windet. Viel Kupfer und Eisen wird hier gewonnen; Eisenschlacken sah ich an vielen Stellen liegen. Bemerkenswerth ist, daß der Kuhdünger auch hier als Brennmaterial zum Ausschmelzen des Metalls aus den Erzen gebraucht wird, obgleich es an Holz nicht fehlt. Wir kamen nicht weit von den Gruben vorbei, doch wurde es nicht gestattet, die Gewinnung des Erzes in den Bergwerken zu sehen.«*
> *Dr. Hoffmeister*

stus lagen sie am Fuß des Himalaya, im Terai, in enger und engster Beziehung zu den städtischen Zentren der Reiche der Ganges-Ebene. Seit dem 4. Jh. n. Chr. verlagerte sich das Schwergewicht aus der Ebene in das geschützte Kathmandu-Tal. Hier ist der einzige Bereich der Region, in dem über einen Zeitraum von mehr als 1500 Jahren eine kontinuierliche Entwicklung stattgefunden hat. Die Veränderungen aller Regionen im Terai wurden, durch politische Umwälzungen in Nord-Indien bedingt, schon sehr früh unterbrochen, und die Entwicklungen in den Bergregionen haben erst in der Zeit nach 1000 eingesetzt und meist auch nur eine kurze Blüte hervorgebracht.

Wie heute auch, stand die Region Nepal seit frühester Zeit in einem internationalen Beziehungsgeflecht, in einer komplexen Interaktion zwischen Indien im Süden und Tibet im Norden. Sieht man sich die Entwicklungsschritte in Nepal und bei den Nachbarn vergleichend an, so stellt man eine auffallende Parallelität fest: Geschehnisse in Nepal waren häufig der Reflex auf ferne Vorgänge. Die Ursache dafür liegt in geopolitischen Komponenten, die bis heute ihre Wirkung zeigen.

Der Südrand des Himalaya war oft auch Randgebiet der frühen indischen Großreiche, die in Ost-Indien ihre Machtbasis hatten. Die nepalische Region konnte innerhalb oder außerhalb deren Grenzen gelegen haben, sie lag aber immer in der Einflußsphäre von bedeutenden politischen und kulturellen Zentren Indiens. Die Geschichte Nepals ist deshalb Teil der Geschichte des indischen Subkontinents, die sich hier unter den besonderen Verhältnissen der Nahtstelle zu Hoch- und Zentral-Asien vollzog.

Der kulturelle und finanzielle Reichtum des Kathmandu-Tals stammt von seiner strategischen Lage an der Trans-Himalaya-Handelsroute zwischen Indien und Tibet. Hier war der Rastplatz für Karawanen, die vielleicht das Ende der Malaria-Periode (in der Regenzeit im Sommer) des südlichen Terai abwarteten, oder das Tauen des Schnees, der die nördlichen Pässe nach Tibet blockierte.

Frühe Geschichte

Die Dämmerung der indischen Frühgeschichte hellte sich erst in der spät-vedischen Phase im Laufe des 6. Jh. v. Chr. auf. In dieser Zeit beginnt auch die historisch faßbare Geschichte in der Region Nepal am Nordrand der Ganges-Ebene. Buddha Shakyamuni wurde um 560 v. Chr. in Lumbini im Terai als Sohn des gewählten Herrschers in der Adelsrepublik der Shakya geboren. Es ist nicht unwahrscheinlich, daß sich einheimische Familien beim Vordringen der Indo-Arier in das östliche Indien bis nach Oudh und Bihar in den Vorbergen des Himalaya festgesetzt hatten. Die Adelsrepubliken der Shakya in Kapilavastu in Nepal, der Malla und der Licchavi in Vaishali (nördlich von Patna, südlich des Kathmandu-Tals), deren Nach-

Geschichte

Die Ansicht des shivaitischen Heiligtums von Pashupatinatha (1887) zeigt rechts den Haupttempel in Form einer zweidachigen Pagode auf einem Plateau über der Bagmati. Am Flußufer sieht man Arya Ghat mit zwei großen Pilgerhäusern des 19. Jh. Auf der gegenüberliegenden Flußseite eine Reihe von Gedächtnisschreinen, die Pandra Shivalaya (s. auch Abb. S. 158)

kommen in der nepalischen Geschichte eine Rolle spielen sollten, hatten ihre Blüte im 6. Jh. v. Chr. (Mahavira, der Begründer des Jainismus, entstammt einer Adelsfamilie in Vaishali.) Das politische und wirtschaftliche Zentrum Indiens verlagerte sich im 6. Jh. v. Chr. in die Städte der Ganges-Ebene, in ein Gebiet, das in vedischer Zeit als Barbarenland galt. Noch zu Buddhas Lebzeiten entstanden in der Ganges-Ebene die absolutistischen Machtstaaten von Magadha (Bihar) und Kosala (Oudh), die Anfang des 6. Jh. v. Chr. die nördlichen Adelsrepubliken ausschalteten. Kosala, im Westen von Magadha, erstreckte sich vom Reich von Kashi (Benares), das es sich einverleibt hatte, bis hinauf zu den Vorbergen des Himalaya. Kapilavastu, die Hauptstadt der Shakya im Terai, wurde noch vor Buddhas Tod 483 v. Chr. von Kosala zerstört. Magadha stieg zum mächtigsten Reich des damaligen Indien auf. König Bimbisara (ca. 540–490 v. Chr.) war Zeitgenosse und Förderer von Buddha Shakyamuni. 458 gründete er die neue Hauptstadt Pataliputra (Patna) am Ganges (im heutigen indischen Bundesstaat Bihar), die zeitweilig die größte Stadt der Welt war, in unmittelbarer Nähe Nepals lag und für mehr als 700 Jahre das Zentrum indischer Großreiche blieb.

327–325 v. Chr. zog Alexander der Große, König von Makedonien, nach Nordwest-Indien, das damals zu den Randgebieten des Perserreiches gehörte. Nach seinem frühen Tod (323 v. Chr.) trat das Seleukiden-Reich das Erbe des großen Alexanders in Vorderasien an. Parallel dazu entstand das erste indische Großreich unter den Maurya (ca. 320–183). Es erstreckte sich vom Indus bis Bengalen, vom Himalaya bis zum Vindhya-Gebirge; Hauptstadt war Pataliputra (Patna). Das Maurya-Reich erlebte unter dem Förderer des Buddhismus, Kaiser Ashoka (ca. 269–232), seine Blütezeit und ver-

Geschichte

fiel bald darauf. Um 250 v. Chr. besuchte Kaiser Ashoka den Geburtsort Buddhas, Lumbini. Er errichtete dort, wie anderenorts in seinem Reich, eine Gedenksäule. Die Ashoka-Ediktsäulen und -felsen sind die ältesten Schriftdenkmäler in Indien. Im Kathmandu-Tal, wie es die Legende will, ist Ashoka wahrscheinlich nicht gewesen, doch förderte er die buddhistische Missionierung, die womöglich bis ins Kathmandu-Tal ausstrahlte.

Der Thron der buddhistischen Maurya wurde von der brahmanischen Shunga-Dynastie (ca. 180–72 v. Chr.) usurpiert und unter ihnen wurde auch der Einfluß des Buddhismus zurückgedrängt. Aus dieser Zeit stammt ein brahmanischer, apsidialer Ziegeltempel in Bhediari im Ost-Terai. Im 1./2. Jh. n. Chr. eroberten die indo-skythischen Kushan Nord-Indien. Kaiser Kanishka (Regierungsdaten umstritten) regierte ein buddhistenfreundliches Großreich, das bis Afghanistan und Turkestan reichte. Zentrum war Purushapura, das heutige Peshawar in Pakistan; Mathura (nahe dem heutigen Delhi) fungierte als Winterhauptstadt. Das Reich Magadha (im indischen Bundesstaat Bihar) blieb von den Kushana selbständig. Mathura hat, direkt oder indirekt, künstlerischen Einfluß auf die Skulptur des Kathmandu-Tals ausgeübt. In den ersten Jahrhunderten n. Chr. entwickelt sich aus sektarischen brahmanischen Bewegungen shivaiti-

Das Gesicht dieser Garuda-Figur ist wahrscheinlich ein Porträt des Königs Manadeva

scher und vishnuitischer Prägung der Hinduismus. Hinduismus, Buddhismus und Jainismus sind im 3. Jh. n. Chr. in nahezu allen Gebieten des Subkontinents verbreitet. Sie sind wichtige Faktoren einer gesamtindischen Kultur. Diese Zeit ist durch wechselnde politische Verhältnisse und Unsicherheit gekennzeichnet. Die Kushan verlieren ihre Macht, kleine hinduistische Reiche entstehen in Nord-Indien. Auf dieser Grundlage entwickelt sich im folgenden Jahrhundert das Gupta-Reich. Diese Periode (320–540) brachte eine Hochzeit der indischen Kultur und Blüte des wirtschaftlichen Lebens. Der internationale Handel reichte vom Golf von Bengalen bis zum Mittelmeer. Die Gupta förderten die drei großen indischen Religionen: Hinduismus, Buddhismus und Jainismus. Das Zentrum ihrer Macht lag in Magadha. Durch ein Feudalsystem banden sie kleinere Fürstenhäuser an sich. Chandragupta I. (ca. 310–ca. 330) heiratete die Licchavi-Prinzessin Kumaridevi, deren Sohn Samudragupta (ca. 330–375) nannte in seiner Inschrift auf der Ashoka-Säule in Allahabad (im heutigen indischen Bundesstaat Uttar Pradesh) Nepal als tributpflichtigen Staat des Gupta-Reichs.

Die Licchavi-Periode im Kathmandu-Tal

Die vorhistorische Periode im Kathmandu-Tal reicht bis ca. 300 n. Chr. Die mythischen Dynastien sind die der Gopala (Kuhhirten) und die der Mahishapala (Büffelhirten), deren Zentrum in Matathirtha (südwestlich von Kathmandu) gelegen haben soll. In den ersten Jahrhunderten n. Chr. herrschten die Kirata.

ca. 300 n. Chr.- ca. 750 n. Chr.

Die ältesten Ortsnamen des Kathmandu-Tals sind tibetoburmesischer Herkunft. Die Licchavi betraten den Schauplatz des Kathmandu-Tals um 300 n. Chr., etwa gleichzeitig mit den Gupta in Indien. Sie schufen ein zentralisiertes halbautonomes Königreich. Diese Periode gilt als das Goldene Zeitalter der nepalischen Geschichte und Kultur; seine Blütezeit reichte vom späten 5. bis zum 7. Jh. Unter den Licchavi wurde das abgelegene Kathmandu-Tal Teil der indischen, von den Gupta geprägten Welt. Die Licchavi des Kathmandu-Tals stammen wahrscheinlich von den Licchavi der alten Adelsrepublik Vaishali in Nord-Bihar ab. Wie auch später die Malla und die Shah waren sie Emigranten aus Indien, die vor dem politischen Druck in der indischen Tiefebene in die geschützten Himalaya-Berge auswichen. Um 450 soll König Dharmadeva den Dharmadeva-Stupa in Chabahil gegründet und dem Changu Narayana- und dem Pashupatinatha-Tempel Stiftungen gemacht haben. Die berühmte Inschrift des Herrschers Manadeva (464–505) auf der Säule in Changu Narayana aus dem Jahr 464 ist das älteste Schriftdokument im Kathmandu-Tal. Sie berichtet u. a. von den Eroberungszügen dieses Königs, die sein Einflußgebiet entlang der Flüsse weit über die Grenzen des Tales ausdehnten. Aus der Zeit Manadevas stammen auch die ersten datierten Skulpturen. Dieser bedeutende

Geschichte

Die Kontrolle über die Bergpässe war ein entscheidender Machtfaktor in der Geschichte Nepals

König förderte neben dem Vishnuismus auch den Buddhismus und den Shivaismus. Nicht nur diese Tatsache verband die Licchavi mit den Gupta in Indien; auch die offizielle Sprache der königlichen Dokumente, die in Stein eingraviert wurden, war das klassische Sanskrit – dasselbe, das auch die Gupta verwendeten. Außerdem war die nepalische Verwaltung nach dem indischen Vorbild organisiert. 540 wurde das Gupta-Reich durch die Einfälle der Hephthaliten, der Weißen Hunnen, von Nordwesten zerstört.

Spätestens seit dem 7. Jh. begann Nepal eine Rolle zwischen Nord-Indien auf der einen und Tibet und China auf der anderen Seite zu spielen. Die Öffnung der Straße von Nord-Indien über Nepal und den Kherung-Paß nach Lhasa und weiter nach China in dieser Zeit schuf eine kürzere Verbindung als der Weg über den Hindukusch und durch die Wüste Gobi. Mit der Entwicklung Lhasas und Tibets wurde aus dem abgelegenen Kathmandu-Tal ein kulturelles und wirtschaftliches Zentrum und eine Brückenstation auf dem Weg von Südost-Asien nach Zentral-Asien und weiter nach China. Auf den Zerfall des Gupta-Reichs im 6. Jh. und einer Periode der Kleinstaaterei, folgte zwischen 606–647 ein kurzlebiges, aber mächtiges nord-indisches Großreich unter Harshavardhana von Kanauj, der diplomatische Beziehungen zu China aufnahm. Die Gesandtschaften zwischen Harshavardhana und dem chinesischen Hof reisten durch das Kathmandu-Tal. Auch in Tibet entstand im 7. Jh. unter König Songtsen Gampo (ca. 620–ca. 649) ein mächtiger geeinter Militärstaat. Tibetische Armeen drangen nach West-China und nach Nord-Burma vor. Die Einführung des Buddhismus unter Songtsen Gampo, der mit einer chinesischen und angeblich auch einer nepalischen Prinzessin verheiratet war, öffnete Tibet für kulturellen Einfluß aus Nepal, wie er sich noch heute an den Skulpturen des Jokhang-Tempels in Lhasa zeigt.

Gleichzeitig mit den politischen Veränderungen in Indien und Tibet wandelt sich auch China; die Tang-Dynastie (618–907) gilt als das kosmopolitische Zeitalter der chinesischen Geschichte. Die expandierenden Chinesen stießen auf ebenfalls sich ausbreitende Tibeter, erlitten aber immer wieder militärische Niederlagen. 763 plündern die Tibeter sogar die Hauptstadt Chang'an (Xi'an).

629–645 pilgerte der chinesische Mönch Xuanzang nach Indien und besuchte auch Lumbini und Kapilavastu. 651 reiste die erste nepalische Gesandtschaft nach China. Die frühesten Landesbeschreibungen Nepals stammen von zwei Chinesen dieser Zeit. Das Kathmandu-Tal wurde zum Umschlagplatz zwischen Indien und Tibet. Über die neue Straße kam Reichtum ins Land, der zu einer ausgesprochen städtischen Kultur, neben der die Landwirtschaft zweitrangig war, führte. Doch schon damals wurden Kanäle für ein Bewässerungssystem angelegt, um im Kathmandu-Tal unabhängig vom Monsunregen ganzjährig Landwirtschaft betreiben zu können. Den Höhepunkt der künstlerischen und politischen Entwicklung dokumentieren die unter Vishnugupta (633–643) entstandenen monumentalen Vishnu-Skulpturen (640/641) in Budhanilkantha und in Balaju.

Die »Dunkle Periode«

Nach Jayadeva II. (713–733), dem letzten bedeutenden Licchavi-Herrscher, begann das »Dunkle Zeitalter« in der nepalischen Geschichte. Es heißt so, weil historische Informationen für diese Zeit fast vollständig fehlen, denn um 750 endet der reiche inschriftliche Bestand abrupt. Es muß eine Phase gewesen sein, die von starken inneren Erschütterungen geprägt war. Die hoch entwickelte städtische Kultur unter den Licchavi wird wohl – wahrscheinlich in der zweiten Hälfte des 8. Jh. – zerstört worden sein. Während langer Perioden war das Land in eine Vielzahl von kleinen Herrschaftsbereichen zersplittert. Chroniken berichten von Einfällen von bis dahin unbekannten Bevölkerungsgruppen und von einer Fülle neuer Gottheiten und Kulte.

Im Jahr 879 wird am Pashupatinatha-Tempel eine neue Zeitrechnung im Kathmandu-Tal eingeführt, die bis heute gültig ist. Der Anlaß für diese Maßnahme ist unbekannt. Gunakamadeva, der um 990–998 hier König war, ist die herausragende Gestalt des Dunklen Zeitalters, eine Art Kulturheros. Ihm werden erstaunlich viele Neueinrichtungen zugeschrieben, nicht zuletzt die Gründung Kathmandus und anderer Ortschaften. In dieser Phase politischer Zersplitterung begann die Vajrayana-Richtung das religiöse Leben der

»After the second quarter of the 8th century, …, epigraphy, numismatics and foreign sources abruptly stop, and we are nearly completely in the dark about the subsequent history, down to about 1000 A. D. … This gap of 250 years is filled solely by the scanty and hopelessly contradictory material of the chronicles; it represents, as it were, a comeback of mythology in the very middle of sober history.«
Luciano Petech, Medieval History of Nepal

Geschichte

Buddhisten zu bestimmen: Indien war ein hinduistisches Land geworden, nur die Pala-Dynastie (um 740–1150) in Bengalen und Magadha vertrat noch den Buddhismus, der damals seine letzte indische Blütezeit erlebte. Aus dem Pala-Reich erhielt auch der Buddhismus Tibets neue Anstöße. Padmasambhava, ›der aus dem Lotos Geborene‹, wurde um das Jahr 770 von der buddhistischen Universität Nalanda aus nach Tibet berufen, um den Buddhismus zu verbreiten und die einheimischen Gottheiten zu besänftigen. 836 wurden die Buddhisten in Tibet verfolgt, um 850 brach die tibetische Monarchie zusammen. Bis zum Ende des 10. Jh. herrscht im tibetischen Reich – parallel zum Dunklen Zeitalter in Nepal – Anarchie. Die zweite Verbreitung des Buddhismus in Tibet wird Atisha (gest. 1054) zugeschrieben. Atisha reiste auf seinem Weg von Bengalen nach Tibet 1040 durch Nepal.

Um diese Zeit spielen sich in Indien schwerwiegende politische Veränderungen ab, an deren Ende die islamische Eroberung großer Teile Indiens steht. Die Zeit nach der Jahrtausendwende ist sowohl in Indien als auch in Nepal durch Einfälle und Raubzüge gekennzeichnet. Um 1000 unternahm der afghanisch-türkische Herrscher Mahmud von Ghazni (999–1025) mehrere Überfälle auf Nord-Indien. Im Terai, am Unterlauf der Bagmati, bestand von 1097 bis 1324 die bedeutende Stadt Simraungarh (s. S. 294) als Hauptstadt des Reiches Tirhut und als handelspolitischer Konkurrent des Kathmandu-Tals. Die Herrscher von Simraungarh versuchten immer wieder, ins Kathmandu-Tal einzudringen, und wurden bei den internen Kämpfen 1097–1324 um die Macht dort zur Unterstützung einer Partei gerufen.

Etwa gleichzeitig mit der Gründung von Simraungarh wurde in der Karnali-Region in West-Nepal das Königreich der Khasa gegründet (um 1100). Es bestand bis zum 14. Jh., und die Khasa kontrollierten in diesen Jahrhunderten den Handel zwischen Indien und Tibet, der auf einer neuen Straße im Westen durch das Karnali-Flußgebiet führte. Auf seinem Höhepunkt umfaßte dieses Reich das tibetische Guge und das nepalische Gorkha in der Gandaki-Region.

Die frühe Malla-Zeit im Kathmandu-Tal

ca. 1200-1482

Die Malla-Zeit wird gewöhnlich in zwei Perioden unterteilt, einmal in die Zeit von ca. 1200 bis 1482, dann in die Epoche der drei Königreiche, 1482–1768, die mit der Eroberung des Tales unter Prithvi Narayan Shah endete. Der Beginn der Malla-Herrschaft um 1200 fiel mit der muslimischen Eroberung Nordost-Indiens zusammen. Die Zerstörung der buddhistischen Universität Nalanda 1197 markierte das Ende des Buddhismus in Indien. In Bihar und Bengalen blieb kein Tempel erhalten, denn diese buddhistischen Hochburgen wurden von den muslimischen Zerstörungen besonders schwer getroffen.

Geschichte

Mit der Gründung der ersten Dynastie des Sultanats von Delhi 1206 endet die frühe Phase der muslimischen Eroberung Indiens. Delhi wurde Zentrum der muslimischen Herrschaft, der ganz Nord-Indien mit Bengalen und Bihar, bis an die Grenzen Nepals, unterstand. Die Sena-Dynastie (ca. 1125–1225), Nachfolger der Pala in Ost-Indien, wurde aus ihrer Hauptstadt vertrieben, behielt aber noch für einige Jahre ihre Macht. Auch im Norden Nepals ändert sich die politisch-kulturelle Landkarte grundlegend: 1207 unterwarf sich Tibet der mongolischen Oberherrschaft unter Dschingis Khan. Die Mongolen bedrohten auch die Grenzen Indiens, und bis ins 14. Jh. war die Hauptanstrengung der muslimischen Herrscher darauf gerichtet, die Mongolen daran zu hindern, von Nordwesten her nach Indien einzufallen.

Der Buddhismus der tibetischen Richtung, der Lamaismus, wurde die Staatsreligion der Mongolen. Der mongolische Herrscher Khublai Khan (1260–1294) gründete in China die Yuan-Dynastie (1260–1368). Die Lage am Rande eines Weltreichs brachte für Nepal neuen Aufschwung. 1260 (nach anderen Angaben 1278) wurde eine Gruppe von 80 nepalischen Künstlern, zu denen auch der Skulpteur A-ni-ko (1243–1306) gehörte, nach Tibet gerufen, um dort einen goldenen Stupa zu erbauen. A-ni-ko vollendete seine künstlerische Karriere am Hof Kaiser Khublai Khans in China.

Der wirtschaftliche und politische Schwerpunkt des Kathmandu-Tals verlagerte sich nach Bhaktapur und in das benachbarte Banepa-Tal. Nach dem verheerenden Erdbeben von 1255 wurde der neue Tripura-Palast in Bhaktapur erbaut. 1294 wurde das Indreshvara-Linga in Panauti gestiftet.

Im späten 13. und frühen 14. Jh. war das Kathmandu-Tal von Westen und Süden bedroht. Die Khasa aus West-Nepal, deren mächtigem Königtum auf der Säule in Dullu (bei Surkhet in der Karnali-Region) mit der ersten Inschrift in nepalischer Sprache 1357 ein Denkmal gesetzt wurde, schoben ihre Grenze bis dicht an das Kathmandu-Tal vor. Sie suchten es in den Jahren 1288 und 1289 und wiederum 1312 und 1328 heim und besetzten das Tal manchmal monatelang.

Die Doya, d. h. die Leute aus Tirhut (Simraungarh), griffen Nepal 1291 und 1300 von Süden an und rückten bis Bhaktapur vor. 1311/1312 erschienen sie wieder, zerstörten den Palast und weitere Teile Lalitpurs und plünderten den Schatz von Pashupatinatha. 1324 wurde Simraungarh selbst auf einem der zahlreichen, damals üblichen Raubzüge durch Indien von Sultan Gyas ud-din Tugalak (1320–1325) von Delhi zerstört und das Reich vernichtet. Königin und Thronfolger von Simraungarh flohen nach Bhaktapur und brachten ihre Stammgöttin Taleju mit, die unter den Malla zur Staatsgottheit des Kathmandu-Tals wurde. Kurz nach Ankunft der Flüchtlinge wurde im Jahr 1342 Mul Chok im Palast von Bhaktapur errichtet.

»Es sollen in Nepâl nicht weniger als zehn verschiedene Sprachen und Mundarten geredet werden. Nur eine von diesen Sprachen, die der Khas oder Parbatiyas, (das ist Hochlandsbewohner), welche im dreizehnten bis funfzehnten Jahrhundert hier von Süden her eindrangen, ist hinduischen, die neun andern aber sind transhimalayischen Ursprungs. Doch hat das Parbatiya sich sehr verbreitet, besonders westlich des Trisul Ganga, wo auch der Hauptsitz des Brahmathums ist, unter den drei oben genannten Kriegerstämmen, zu deren einem, den Khas, auch die Gorkhas gehören.«

Geschichte

1338 machte sich Bengalen vom Delhi-Sultanat unabhängig und erst 1576 wurde es vom Mogul-Reich erobert. Auch Jaunpur in Bihar war von 1396 bis 1476 nicht von Delhi abhängig. Diese beiden muslimischen Staaten begrenzten Nepal im Süden. Der Herrscher Shams ud-din Ilyas von Bengalen zog 1349 plündernd über Tirhut, Janakpur, Sindhuli und Banepa ins Kathmandu-Tal. Er raubte die Tempelschätze, zerstörte das Linga von Pashupatinatha und ließ das Tal nach sieben Tagen in Schutt und Asche zurück. Nicht anders erging es den hinduistischen und buddhistischen Heiligtümern in Nord-Indien, für die es aber auch meist das Ende ihrer Existenz bedeutete.

Im abgelegenen Kathmandu-Tal dagegen konnten die heiligen Stätten langsam wieder aufgebaut werden. Das zerstörte Linga von Pashupatinatha wurde 1360 durch eine genaue Kopie ersetzt. Der Stupa von Svayambhunatha wurde 1372 wiederhergestellt. 1381 baute der mächtige Mahatha von Banepa, Jayasimharama Varddhana (ca. 1360–1396), den Pashupatinatha-Tempel in Deopatan wieder auf.

Nach einer langen Zeit des Chaos, in der die faktische Macht im Kathmandu-Tal in den Händen von mächtigen Adligen gelegen hatte, wurde Jayasthiti Malla (1382–1395) der wichtigste Herrscher der frühen Malla-Periode.

Jayasthiti stammte aus einer bedeutenden Maithili-Familie und heiratete die Erbin des Throns von Bhaktapur und Enkelin des letzten Königs von Simraungarh. Jayasthiti Malla war ein glühender Anhänger des Vaishnava-Kults. Er ist der Schöpfer einer eigenen nepalisch-newarischen Kultur und Nation, die sich deutlich von dem damaligen muslimischen Nord-Indien absetzt und sich damit nach außen stark abschließt. Er stellte die gesamte soziale Struktur des Landes auf eine bis ins 18. Jh. hinein gültige neue Basis. Er hat die rigorose Hinduisierung des Landes durch die Schaffung einer Kastengesetzgebung, in die auch die Buddhisten integriert wurden, durchgesetzt. Der vom Mönchtum bestimmte Buddhismus alter Prägung wurde damit aufgehoben.

Sein bedeutendster Nachfolger war Yaksha Malla (1428–1482), der als Eroberer bekannt wurde und dessen Überfälle bis nach Bihar und nach West-Nepal führten. Er annektierte auch das Tal von Banepa, Nuwakot und die tibetischen Pässe. Seit der Zeit von Yaksha Malla betreuen südindische Brahmanen den Pashupathinatha-Tempel. Der König erbaute in Bhaktapur den Yaksheshvara (Pashupatinatha)- und den Dattatreya-Tempel.

In West-Nepal entstanden im 15. Jh. nach dem Zerfall des buddhistischen Khasa-Reichs in der Karnali-Region die hinduistischen Baisi Rajya, die ›22 Königreiche‹; im Gandaki-Flußgebiet bildeten sich die hinduistischen Chaubisi Rajya, die ›24 Königreiche‹, heraus, zu denen u. a. auch Gorkha gehörte. Alle diesen kleinen, voneinander unabhängigen Fürstentümer wurden zwischen 1786 und 1790 Teil von Nepal.

Geschichte

Die späte Malla-Zeit:
Periode der drei Stadtkönigtümer Kathmandu, Patan und Bhaktapur

Das unter Yaksha Malla geeinte und nach außen gefestigte Land zerfiel nach seinem Tod 1482. Drei seiner Söhne machten Teile des Reiches zu ihren eigenen Einflußbereichen: Ratna Malla riß die Macht in Kathmandu an sich, Raya Malla in Bhaktapur und Rama Malla in Banepa. In Lalitpur übernahmen die mächtigen Familien der Stadt, die Thakuri, die Herrschaft. Erst 1597 gelangte Lalitpur in die Hände des Malla-Königs in Kathmandu und wurde 1619 unter dem Herrscher Siddhinarasimha Malla (1619–1661) selbständig.

Die Bildung eines indisch-islamischen Großreichs gelang erst im 16. Jh., aber dann brachte das Mogul-Reich (1526–1757) im späten 16. und 17. Jh. eine Blütezeit der Kultur. Sie übte auf Nepal, was höfisches Leben und Vorstellung anging, eine starke Wirkung aus, wie dies der Krishna-Tempel in Lalitpur und die Tracht der Malla-Könige auf den Säulen vor den Palasttempeln zeigen. Der bedeutendste Mogul-Herrscher und eigentliche Schöpfer des Großreiches war Akbar (1556–1605), der als Ideal eines toleranten Machthabers gilt. Er eroberte nahezu ganz Indien, seiner Herrschaft unterstanden auch Bihar, Bengalen und Orissa, die von einer afghanischen Dynastie regiert wurden. Der letzte große Machthaber war Aurangzeb

Kathmandu - die mächtige Figur des Kala Bhairava aus einem einzigen Stein (Ansicht vom Ende des 19. Jh.) wurde im 17. Jh. beim Graben eines Kanals entdeckt, zum Palast transportiert und dort aufgestellt

1482-1768

Geschichte

(1658–1707), der durch hindu-feindliche Politik, besonders die Zerstörung der Hindu-Tempel, traurige Berühmtheit erlangt hat. Unter ihm hatte das Mogul-Reich seine größte Ausdehnung, fiel aber nach seinem Tod auseinander. Oudh und Bengalen, die beiden südlichen Nachbarn, wurden unter ehemaligen Gouverneuren selbständig.

Die Zeit des 16. bis 17. Jh. ist durch relativ stabile Verhältnisse in Indien und Tibet gekennzeichnet, die keine Bedrohung für das Kathmandu-Tal darstellten und den Handel begünstigten.

Womöglich war es diese Rivalität der drei Reiche und gleichzeitig ihr Gefühl, eine Einheit darzustellen, die diese Periode zu einer Blütezeit der Kunst und Kultur machte.

Und doch ist die damalige Geschichte des Kathmandu-Tals gezeichnet durch einen ständigen zermürbenden Machtkampf der drei Königreiche untereinander, die sich, in immer wechselnden Konstellationen, miteinander verbündeten und gegen das dritte zu Felde zogen. Der zentrale Punkt der Auseinandersetzung waren der Tibet-Handel und die Beherrschung der beiden Tibet-Straßen. Die drei selbständigen Königreiche verstanden sich trotz ihrer kriegerischen Auseinandersetzungen dennoch als Einheit, so daß etwa zu bedeutenden Feiern alle Herrscher anwesend waren. Auch wurde ein neuer Machthaber in einer Stadt durch einen seiner Bruderkönige eingesetzt. Die jeweiligen Hauptstädte wurden mit einer ungeheuren Energie und in vollständiger Parallelität zueinander ausgebaut und ausgeschmückt.

Woher stammte das Geld, das diese großen Bauvorhaben und besonders die prächtigen vergoldeten Bronzearbeiten verschlangen? Zwar brachte die Besteuerung des regulären Tibet-Handels den Staatskassen erheblichen Gewinn, die Hauptquelle des nepalischen Reichtums dieser Zeit aber lag noch in etwas anderem: Es ist eine merkwürdige Tatsache, daß die Tibeter kein eigenes Münzwesen besaßen. Als Zahlungsmittel dienten Silberbarren und Beutel mit Goldstaub. Beide waren sehr umständlich und mußten bei jeder Transaktion erneut genau nachgewogen werden. Auch mußte die Reinheit des Goldstaubs immer wieder geprüft werden. Daher benutzten die Tibeter über 200 Jahre lang zur Zahlung nepalische Münzen, die als Mahendramalli, benannt nach König Mahendra Malla (1560–1574) von Kathmandu, ungehindert auf den tibetischen Märkten zirkulierten. Unmengen an Silber für die nepalischen Münzen flossen aus China nach Tibet. Die tibetischen Kaufleute transportierten es trotz des mühseligen Weges zum Prägen in die drei Malla-Königreiche weiter. Sie erhielten dagegen von den Malla Münzen zum selben Gewicht. Der Gewinn, den die nepalischen Münzanstalten in Kathmandu, Lalitpur und Bhaktapur machten, stammte aus der Differenz zwischen dem Feinsilber und der jeweiligen Legierung der Münzen, die die Tibeter im Tausch dafür erhielten. Der Silbergehalt der Mahendramalli schwankte. Er war letztlich abhängig vom finanziellen Bedarf des jeweiligen Königs. Während der Regierungszeit des letzten Herrschers von Bhaktapur, Ranajita Malla (1722–1769), des Erbauers des Sun Dhoka (›Goldenes Tor‹, 1753/54), hatten die Münzen nur noch einen Silberanteil von 51 %. Die Frage des tatsächlichen Edelmetallanteils scheint bei der Wertschätzung der Mahendramalli in Tibet nie eine Rolle gespielt zu haben. Die Lieferungen für die Münzen des Kathmandu-Tals kamen auf den beiden Tibet-Straßen – der einen über Nuwakot und der anderen über den Kuti-Paß. Um Konkurrenten außerhalb des Kathmandu-Tals von der Teilnahme an diesem gewinnbringenden Geschäft auszuschließen, wurde die Straße über Kalimpong und Sikkim (beides im heutigen Indien) auf Betreiben der Malla-Könige geschlossen. Die Herrschaft über eine oder über beide Tibet-Straßen auf nepalischem Gebiet bedeutete automatisch die Kontrolle über den Gewinn, den dieser Silbermünzhandel mit Tibet abwarf. Die wichtigere der beiden Verbindungen, die Straße über Nuwakot und den 1900 m hohen Rasuwa Bhanjyang-Pass (westlich des Langtang-Gebiets) nach Tibet, wurde den größten Teil der Zeit von Kathmandu problemlos gehalten. Die andere Straße, die über den über 6600 m hohen Kuti-Paß (da wo auch heute der Arniko Highway nach Tibet führt) lief, wurde zwar meist von Bhaktapur beherrscht, konnte aber von Kathmandu und auch von Lalitpur aus angegriffen werden. Die dauernden Kriege der Malla-Könige untereinander waren der Kampf um den Reichtum, der über diese Pässe in die Staatskassen floß.

Ratna Malla (1484–1520) war der erste Malla-König von Kathmandu. Er annektierte Nuwakot an der westlichen Tibet-Straße. Von den Chaubisi Rajya (›24 Königreiche‹) im Gandaki-Flußgebiet in West-Nepal expandierte König Mukunda Sena (1518–1553) von Palpa bis Ost-Nepal und fiel 1526 im Kathmandu-Tal ein. Drabya Shah (1559–1570) eroberte 1559 Gorkha und wurde erster Shah-König. Das Zentrum der wirtschaftlichen und kulturellen Entwicklung war das Kathmandu-Tal.

Unter König Mahendra Malla (1560–1574) wurden beim Palast in Kathmandu großartige Bauten, besonders aber der riesige Taleju-Tempel (1564), ausgeführt. Er ist ein Denkmal, das den wirtschaftlichen Erfolg Kathmandus unter diesem König, einem Zeitgenossen des Mogul-Herrschers Akbar, widerspiegelt. Purandarasimha Singh (1560–1597), der Machthaber in Lalitpur, wetteiferte durch seinen Char Narayana-Tempel (1566) mit Kathmandu. Shivasimha Malla (1578–1619) von Kathmandu annektierte Lalitpur und auch Dolakha (1595) an der Tibet-Straße über den Kuti-Paß. Unter Siddhinarasimha Malla (1619–1661) erlebte Lalitpur, als es von Kathmandu wieder unabhängig war, das Goldene Zeitalter seiner Baukunst. Unter diesem König wurden der Vishveshvara- (1627) und der Krishna-Tempel (1637), das Mogul-Kleinod der nepalischen Architektur, errichtet. Dem gegenüberliegenden Palast fügte er das Degutale-Heiligtum und besonders Sundari Chok (1647) an. Eine bedeutender König dieser Zeit in Gorkha war Rama Shah (1606–1623), der als Reformer gilt: Er führte ein System von Maßen und Gewichten ein, kodifizierte das Recht und verbesserte die Rechtsprechung. Seine Eroberungen in Tibet bedrohten die wichtige Handelsroute von Kathmandu über Nuwakot nach Kerung (Gyriong) in Tibet.

Geschichte

Der »Palast der 55 Fenster« in Bhaktapur wurde 1697 unter Bhupatindra Malla errichtet

Eine exentrisch schillernde Persönlichkeit war Pratapa Malla (1641–1674), König von Kathmandu, der den Titel Kavindra, ›König der Dichter‹, annahm. Er war ein Verehrer des Mogul-Herrschers Jahangir (1605–1627) und schuf weniger neue Riesenbauten, sondern hinterließ wirkungsvolle Akzente, wie z. B. die Rahmung des Svayambhunatha-Stupas durch zwei Shikhara-Tempel, die Pratapa Malla-Säule (1670) vor dem Degutale-Tempel, das monumentale Mahakala-Relief vor dem Palast und die Licchavi-Statuen, die er in seinen Palast umsetzen ließ. Dazu veranlaßte er, einen neuen Palastflügel, bestehend aus Sundari Chok und Mohan Chok (1649/1650) und den Panchamukhi Hanuman-Tempel (ca. 1650) zu errichten. Kathmandu und Tibet übernahmen gemeinsam die Hoheit über die Grenzstädte Kuti und Kerung, und Newari-Kaufleute durften 32 Handelshäuser in Tibet errichten. Pratapa Malla war ein Zeitgenosse des berühmten 5. Dalai Lama (1617–1682). Mit dem Ende der Ming- (1368–1644) und dem Anfang der Qing-Dynastie (1644–1911) lag die weltliche Macht Tibets nämlich in den Händen des Oberhaupts der Gelbmützen (Gelugpa-Schule). Seit dieser Zeit war der Dalai Lama auch politischer Führer Tibets. Der berühmte fünfte Träger dieses Titels, mit Namen Losang Gyatso, errichtete die mächtige Priesterburg Potala in Lhasa. Unter ihm erreichte die lamaistisch-tibetische Kultur einen Höhepunkt.

Bhupatindra Malla (1696–1722), König von Bhaktapur, der auf der Säule vor Sun Dhoka dargestellt ist, förderte wie Pratapa Malla die Dichtung und schrieb selbst 17 Dramen. Unter ihm wurden die Großbauten errichtet, die Bhaktapur bis heute prägen: der steinerne Vatsala Devi-Tempel (1696), der Palast der 55 Fenster (1697), der fünfdachige Nyatapola-Tempel (1702) und der mächtige Bhairava-Tempel in Taumadhi Tol (1717).

In der ersten Hälfte des 18. Jh. änderte sich das politische Umfeld Nepals im Norden und Süden. 1720 eroberten die Chinesen Lhasa, um die Angliederung Tibets an das Reich der west-mongolischen Oiraten zu verhindern. Tibet wurde chinesisches Protektorat, und seine Interessen vertrat China in Lhasa durch zwei Residenten und eine Militärgarnison. Nach 1720 stieg die Silbermenge, die aus Tibet ins Kathmandu-Tal floß, ganz enorm an: Das Silber wurde zur Kriegsführung gegen die Gorkha gebraucht.

Der Zerfall des Mogul-Reichs wurde im Jahr 1739 eingeleitet von der Plünderung Delhis durch Nadir Shah. Der Pfauenthron und der ganze zusammengeraffte, unermeßliche Reichtum wurden nach Persien verschleppt. Dieser Schlag begünstigte das Wiedererstehen von Regionalreichen und das Vordringen europäischer Mächte. Die südlich an Nepal angrenzenden Gebiete, Bengalen mit Bihar und Oudh, wurden selbständige Königreiche. Bengalen und Bihar wurden 1765 Staaten der britischen East India Company.

Die Shah-Dynastie und das Entstehen des modernen Nepal seit 1769

1743 wurde Prithvi Narayan Shah König von Gorkha und begann sofort mit militärischen Angriffen auf das Kathmandu-Tal. Schon im folgenden Jahr eroberte er Nuwakot und kontrollierte damit eine der beiden wichtigen Straßen nach Tibet. Im Süden des Kathmandu-Tals nahmen die Gorkha Makwanpur (1762) im Terai, im Kathmandu-Tal Kirtipur (1765), schließlich Kathmandu und Lalitpur (1768) und zuletzt Bhaktapur (1769). Für etwa ein halbes Jahrhundert, von 1768 bis 1817, dehnte Nepal seine Grenzen aus und verschlang ein kleines Königreich nach dem anderen. Unter Prithvi Narayan Shah floß enormer Reichtum aus den eroberten Ländern ins Tal. Seine Nachfolger, darunter König Rana Bahadur Shah (1777–1799, ermordet 1806), der besonders durch die riesige Shveta Bhairava Maske (1795) in Erinnerung geblieben ist, annektierten zwischen 1786 und 1790 mit List und Gewalt die Chaubisi Rajya in West-Nepal, zwischen 1786 und 1809 die Baisi Rajya. Rana Bahadur war mit fünf Königinnen verheiratet. Anstelle des legitimen Erben erklärte er aber Girvan Yuddha Bikram Shah zum Thronfolger und dankte zu dessen Gunsten 1799 ab. Nach dem Tod seiner Lieblingskönigin entweihte er Tempel. 1804 ermordete er Premierminister Damodar Pande, übernahm die Regentschaft für seinen Sohn Girvan Yuddha und

Geschichte

»Gegen die Mitte des vorigen Jahrhunderts hatte sich aber die Dynastie in drei Fürstenhäuser gespaltet; eines derselben rief den Radjah der Gorkha's, einen kleinen Bergfürsten im Westen von Nepâl, zur Hülfe gegen seine Vettern auf. Diese wurden besiegt, und was so oft geschehen, geschah auch hier: die Verbündeten unterjochten ihren Schützling und brachten nicht allein das Land der Newars, sondern auch durch Krieg und List, Bündnisse und Heirathen nach und nach das ganze Gebirgsland vom Tista bis zum Sudledj unter ihre Botmäßigkeit. So hinterließ der kühne Prithwi Narayan im Jahre 1771 seinen Nachfolgern das Reich, und nur deren unruhigem, kriegslustigen Geiste ist es zuzuschreiben, daß sie, die noch heutiges Tages dasselbe beherrschen, inzwischen (1815) einen Theil davon, im Westen des Kali, an die Briten verloren haben. Seitdem ist das gute Vernehmen mit diesen letzteren ungestört geblieben; sie haben sogar am Hofe von Katmandu einen Bevollmächtigten; auch ist daselbst eine Kompagnie britischer Truppen stationirt.«

ernannte Bhimsen Thapa zum Premierminister. Bhimsen Thapa, der ab diesem Zeitpunkt die nepalische Politik 30 Jahre lang bestimmte, wurde 1837 entmachtet und in den Tod getrieben.

Während der Regierungszeit von Girvan Yuddha Bikram (1799–1816) und Rajendra Bikram (1816–1847) geriet Nepal in seinem Expansionsdrang mit den Interessen seiner beiden mächtigeren Nachbarn, mit Tibet im Norden, das durch China verteidigt wurde, und mit Britisch-Indien im Westen, Süden und Osten in Konflikt. Bis 1794 hatten die Gorkha die Grenzen bis nach Sikkim im Osten und Kaschmir im Westen vorgeschoben. 1788 und 1791 unternahmen sie auch eine Invasion nach Tibet. Im Gegenzug rückte 1792 die chinesische Armee bis 30 km vor Kathmandu. Im Friedensvertrag von Nuwakot mußte Nepal erobertes tibetisches Gebiet und Kriegsgefangene zurückgeben und die Oberhoheit Chinas anerkennen. Nepal sollte alle fünf Jahre eine Tributgesandtschaft nach China schicken. Dieser Brauch wurde bis 1908 beibehalten. Im Gegenzug erhielt Nepal die Erlaubnis, in Tibet und China Handel zu treiben. Nach dem nepalischen Einfall in Tibet 1791 wurde die Stellung der chinesischen Residenten, denen die Verantwortung für Verteidigung und auswärtige Beziehungen übertragen war, verstärkt. Die nepalische Expansion nach Süden und Westen führte zum Zusammenstoß mit der britischen East India Company im Anglo-Nepalischen Krieg (1814–1816). Im Frieden von Sugauli mußte Nepal die gegenwärtigen Grenzen im Osten und Westen anerkennen und Teile des Terai wieder herausgeben. Außerdem wurde Nepal verpflichtet, einen britischen Residenten in Kathmandu zu akzeptieren.

König Rajendra Bikram Shah (1816–1847; Lebensdaten 1813–1881) stand zunächst unter der Regentschaft von Königin Tripura Sundari (1816–1832). Während dieser Zeit wurde der Palast Hanuman Dhoka modernisiert. Die Periode ist gekennzeichnet durch den Machtkampf der Familien Thapa und Pande. Rajendra wurde 1847 von Jang Bahadur Rana, einem Neffen von Mathabar Singh Thapa, abgesetzt. In Bhaktapur verbrachte er den Rest seines Lebens.

Der entscheidende Wendepunkt in der Geschichte des 19. Jh. war das Kot-Massaker 1846. Im *kot* (Nepali für Festung), dem militärischen Hauptquartier von Kathmandu, wurde der Adel des Landes – Mitglieder der mit den Thapa rivalisierenden Familie Pande – ermordet. Und am folgenden Tag hat man Jang Bahadur zum Premierminister ernannt. Mit diesem Kot-Massaker begann die Epoche der Rana-Herrschaft, die bis 1950/51 andauerte. Jang Bahadur Rana war Premierminister Nepals von 1846 bis 1877. 1850 reiste er zu einem Staatsbesuch nach Paris und London und entschied sich für eine konsequente Unterstützung der britischen Herrschaft in Indien. Seit 1856 führte Jang Bahadur den erblichen Titel des Maharaja von Kaski und Lamjung in Mittel-Nepal und war damit dem König im Rang nähergerückt; außerdem wurde durch königlichen Erlaß das Amt des nepalischen Premierministers in der Rana-Familie erblich. Während der Zeit der Rana-Autokratie hat Nepal sich selbst isoliert,

Geschichte

Chandra Shamsher Rana, Premierminister 1901-1929, der Erbauer des Singha Darbar-Palastes

und entsprechend stagnierte auch die Entwicklung des Landes. Aber in einem Balanceakt zwischen Indien und China brachte man es fertig, nicht kolonisiert zu werden und seine staatliche Unabhängigkeit zu bewahren. 1854–1856 führte Nepal Krieg gegen Tibet, unterwarf es und machte es zur Handelskolonie. 1855 erhielt Nepal als Belohnung für die Unterstützung bei der Niederschlagung des sogenannten Indian Mutiny (›indischer Aufstand‹) einen Teil der verlorenen Gebiete im Terai zurück. Damit waren die heutigen Grenzen erreicht. 1856 annektierte die britische East India Company Oudh mit der Hauptstadt Lucknow, das im Süden von Nepal lag. Die Sepoy-Meuterei (1857/58), der große Aufstand gegen die britische Herrschaft in Indien, wurde auch mit Hilfe von 8000 Gurkha-Truppen niedergeschlagen. Als Folge des Aufstands wurde die Ostindische Handelskompanie aufgelöst und Indien direkt der Krone unterstellt: 1877 wurde Victoria Königin von Großbritannien, zur Kaiserin von Indien (Kaisar-i-Hind) ausgerufen.

Chandra Shamsher (reg. 1901–1929) war der zweite Rana Premierminister, der eine Reise nach London (1908) unternahm. Nach dem Ersten Weltkrieg führte er einige wenige soziale Reformen wie z. B. die Abschaffung des Brauchs der Witwenverbrennung und der Sklaverei durch. Dazu kamen Ansätze einer Industrialisierung.

»Alle fünf Jahre geht eine Ambassade nach China, die von den Chinesen mit Hunden und andern unerlaubten Speisen bewirthet wird, weshalb sie bei ihrer Rückkehr in Noaköt auf drei Tage Halt macht, um die nöthigen Abwaschungen und Ceremonien vorzunehmen, wozu unter andern der Genuß einer bestimmten Quantität Wasser von dem des Noya oder Noa gehört.«

Geschichte

> »Die Straße über Hettandau dagegen führt durch dichte Hochwaldung, welche aus Politik der nepälesischen Regierung auf diesem Eingange in das Land so wenig wie weiter im Osten auf der zweiten Straße des Bhareh-Passes, die dem Bhagmattiflusse folgt, gelichtet ist, um so in diesen kaum zu passirenden Grenzwüsten eine natürliche Vertheidigung gegen einen Einfall der gefährlichen Nachbarn, der Briten, zu haben.«

Allerdings ist diese Zeit weniger durch die Sozialreformen als eher durch das neue Repräsentationsbedürfnis geprägt worden, das in Nepal im Hinblick auf British India und die Verwandtschaft der indischen Raja entstand. Der Regierungs- und Privatpalast von Singha Darbar (1901) von Chandra Shamsher und die königliche Thronhalle Gaddi Bhaitak im Hanuman Dhoka (1908) sind zwei Beispiele dafür.

Die britische Expedition unter Sir F. E. Younghusband (1903–1904) nach Lhasa und die chinesische Revolution von 1911, die das Ende der Qing-Dynastie brachte, entzogen Tibet fast vollständig dem chinesischen Einfluß. In der Folge der Younghusband-Expedition wurde die alte Handelsstraße von Indien über Sikkim nach Tibet (1904) wieder geöffnet. Damit verfügten die Engländer über einen eigenen Zugang nach Tibet. Im Ersten Weltkrieg kämpften 55 000 Gurkhas auf britischer Seite. Das wichtigste Ereignis der nepalischen Geschichte zwischen den beiden Weltkriegen war das katastrophale Erdbeben von 1934, dem, abgesehen von anderen Schäden, viele bedeutende Gebäude im Kathmandu-Tal zum Opfer fielen. Im Zweiten Weltkrieg waren 200 000 Gurkhas auf britischer Seite an allen Fronten eingesetzt.

Die Zeit nach dem Zweiten Weltkrieg

Das Ende des Zweiten Weltkriegs veränderte die politische Landschaft Asiens und beeinflußte letztlich auch die Entwicklung in Nepal. 1947 wurde Indien in die Unabhängigkeit entlassen. Im Oktober 1950 marschiert die Armee der Volksrepublik China in Tibet ein. Damit war auch Nepal, das seinen britischen Verbündeten verloren hatte, in den Sog der Auseinandersetzung neuer Mächte geraten. Die selbstgewählte Isolation mußte Nepal aufgeben. 1950/51 floh König Tribhuvan Bir Bikram Shah (1911–1955) aus der »Gefangenschaft« der Rana in die indische Botschaft und von dort nach New Delhi. Auf Druck Indiens wird 1951 das hundertjährige Rana-Regime gestürzt und Nepal in eine konstitutionelle Monarchie nach britischem Vorbild verwandelt.

Nachfolger von König Tribhuvan wurde König Mahendra Bir Bikram Shah (1955–1972). 1956 eröffnete er die erste Autostraße, die das Kathmandu-Tal mit der Außenwelt verband. Der Tribhuvan Rajpath war mit indischer Hilfe gebaut worden und führte vom Kathmandu-Tal zum nepalischen und indischen Tiefland. Seit 1966 ist Nepal mit Tibet durch eine Autostraße verbunden. Der Arniko Rajmarg führt von Kathmandu über Kodari nach Lhasa. Er wurde mit chinesischer Hilfe erbaut und folgt im wesentlichen der Strecke des alten Handelswegs.

1956 verzichtet Nepal in einem Vertrag mit China auf seine Vorrechte in Tibet. Der Aufstand in Tibet 1959 wurde niedergeworfen und endete mit der Flucht des Dalai Lama und dem Exodus Tausen-

Geschichte

Das Parlamentsgebäude in Kathmandu liegt im Park von Singha Darbar

der von Tibetern, von denen viele ins Kathmandu-Tal strömten und sich dort niederließen. Die Angliederung Tibets an die Volksrepublik China wurde 1965 mit Ausrufung der Autonomen Region Tibet formal vollzogen.

Politische Organisation und gegenwärtige Lage

In den Jahren 1959/60 machte Nepal Schritte in eine neue Richtung: Eine demokratische Verfassung wurde verabschiedet und allgemeine Wahlen abgehalten. Bald darauf folgt ein königlicher Staatsstreich, die Regierung wird abgesetzt, das Parlament aufgelöst, der König regierte als Autokrat und verbietet alle Parteien. 1961 erließ er eine neue Verfassung mit einem parteienlosen, pyramidal geordneten Rätesystem, Panchayat, das beinahe drei Jahrzehnte bestand. 1990 machte ein Aufstand der Herrschaft des Palastes ein Ende, das Panchayat-System wurde abgeschafft und König Birendra Bir Bikram Shah, der seit 1972 regierte, entmachtet.

Die neue Verfassung sieht ein Mehrparteiensystem mit konstitutioneller Monarchie vor. Das Parlament besteht aus dem Unterhaus, Pratinidhi Sabha, mit 205 Sitzen, und dem Oberhaus, Rashtriya Sabha, mit 60 Sitzen. Parlament und Regierungszentrum sind in den prachtvollen Gebäuden des Singha Darbar, des größten Palastes der Rana-Zeit, untergebracht.

Seit den letzten Wahlen 1994 wird Nepal von einer Koalition aus der eher sozialistischen Nepal Communist Party und der National Democratic Party (Konservative) regiert.

Zeittafel

Periode	Zeitgeschehen

Frühe Geschichte

um 560 v. Chr.	Geburt des Buddha Shakyamuni in Lumbini im Terai (um 560–480 v. Chr.)
um 550–49 v. Chr.	Aufstieg des Magadha-Reiches in Bihar
327–325 v. Chr.	Alexander der Große in Nordwest-Indien
ca. 322–183 v. Chr	Erstes indisches Großreich unter den Maurya
um 250 v. Chr.	Der Maurya-Kaiser Ashoka besucht den Geburtsort Buddhas in Lumbini
ca. 300–ca. 750	Licchavi-Periode, das Goldene Zeitalter der nepalischen Geschichte und Kultur
320–540 n. Chr.	Gupta-Reich in Indien, Blüte der indischen Kultur
um 450	Regierung von Dharmadeva, Gründung des Dharmadeva-Stupa in Chabahil
464	Inschrift König Manadevas (464–505) in Changu Narayana, ältestes Schriftdokument im Kathmandu-Tal
606–647	Nord-indisches Großreich unter Harshavardhana von Kanauj, diplomatische Beziehungen zwischen Kanauj und China
7. Jh.	Tibet wird unter König Songtsen Gampo (um 620–um 649) ein mächtiger, geeinter Militärstaat
7. Jh.	Öffnung der Straße von Nord-Indien über Nepal und den Kherung-Paß nach Lhasa und weiter nach China
640/641	Entstehung der monumentalen Vishnu-Skulpturen in Budhanilkantha und in Balaju unter Vishnugupta (633–643)
ab 643	Tibetische Oberherrschaft über das Kathmandu-Tal, Narendradeva (643–679) erlangte seinen Thron mit Hilfe Tibets
651	Erste nepalische Gesandtschaft nach China

Das »Dunkle Zeitalter« im Kathmandu-Tal

um 740–1150	Die Pala-Dynastie in Ost-Indien (Bengalen, Bihar) bedeutet eine Blütezeit des Vajrayana-Buddhismus; nach Jayadeva II. (713–733), dem letzten bedeutenden Licchavi-Herrscher, beginnt das »Dunkle Zeitalter«, politische Zersplitterung, Lalitpur wird zum Zentrum des Buddhismus, Erstarken des Vajrayana

Die Dachstützen am Woku Baha in Patan gehören zu den schönsten erhaltenen Holzschnitzereien Nepals

Zeittafel

um 770	Padmasambhava wird aus Nalanda (Bihar) nach Tibet berufen, um den Buddhismus zu verbreiten
um 850 – Ende 10. Jh.	Sturz der tibetischen Monarchie, Anarchie im tibetischen Reich parallel zum »Dunklen Zeitalter« in Nepal
879	Aus unbekanntem Anlaß Beginn einer neuen Zeitrechnung im Kathmandu-Tal
Ende des 10. Jh.	König Gunakamadeva (um 990–998), dem die Gründung Kathmandus zugeschrieben wird
um 1000	Raubzüge des afghanisch-türkischen Herrschers Mahmud von Ghazni (999–1025) nach Nord-Indien
1040	Atisha (gest. 1054) reist auf dem Weg von Bengalen nach Tibet durch Nepal
1097–1324	Reich von Simraungarh (Terai) am Unterlauf der Bagmati, häufige Einfälle ins Kathmandu-Tal und Parteinahme bei internen Kämpfen
ca. 1100	Gründung des Khasa-Königreichs in der Karnali-Region in West-Nepal (bis zum 14. Jh.)
um 1125–1225	Sena-Dynastie, Nachfolger der Pala in Ost-Indien

Die frühe Malla-Zeit im Kathmandu-Tal, Hauptstadt Bhaktapur

1200	Die Muslime erobern Bengalen und Bihar, die buddhistische Universität Nalanda wird 1197 zerstört
1200–1216	Ari Malla, Beginn der Malla-Dynastie im Kathmandu-Tal
1206	Sultanat von Delhi als Zentrum der muslimischen Macht in Nord-Indien gegründet
1207	Tibet ergibt sich Dschingis Khan, mongolische Oberherrschaft über Tibet
1255	Verheerendes Erdbeben im Kathmandu-Tal; der neue Tripura-Palast in Bhaktapur wird erbaut
1260–1368	Khubilai Khan (reg. 1260–1294) ruft Yuan-Dynastie in China aus, Lamaismus als Staatsreligion
1294	Indreshvara-Linga in Panauti gestiftet
spätes 13. Jh./ frühes 14. Jh.	Raubzüge der Khasa aus der Karnali-Region und der Doya aus Simraungarh ins Kathmandu-Tal
1324	Zerstörung von Simraungarh durch Sultan Gayas ud-din Tugalak von Delhi, Flucht der Königin und des Thronfolgers mit ihrer Stammgöttin Taleju nach Bhaktapur
1342	Gründung von Mul Chok im Palast in Bhaktapur
1349	Raubzug des muslimischen Herrschers Shams ud-din Ilyas von Bengalen ins Kathmandu-Tal, Raub der Tempelschätze, Zerstörung des Lingas von Pashupatinatha, Zerstörung aller älteren Gebäude
1357	Inschrift in Nepali mit Stammbaum der Khasa-

Zeittafel

	Könige auf der Säule in Dullu (Karnali-Region) von Prithvi Malla, König von Sinja
1360	Das zerstörte Linga von Pashupatinatha wird durch genaue Kopie ersetzt
1372	Restaurierung des Svayambhunatha-Stupas
1381	Jayasimharama Varddhana von Banepa (reg. ca. 1360–1396) baut den Pashupatinatha-Tempel in Deopatan wieder auf
1382–1395	Jayasthiti Malla, König im Kathmandu-Tal, bedeutender Herrscher nach einer langen Zeit des Chaos, Hinduisierung der Gesellschaft
1398	Tamerlan in Indien; Plünderung von Delhi
15. Jh.	Bis dahin nepalischer künstlerischer Einfluß auf Tibet, seit dem 16. Jh. tibetischer Einfluß auf das buddhistische Nepal
seit 15. Jh.	Als Nachfolger des Khasa-Reichs (Karnali-Region) die Baisi Rajya, ›22 Königreiche‹, im Gandaki-Flußgebiet die Chaubisi Rajya, ›24 Königreiche‹
1428–1482	Yaksha Malla, König im Kathmandu-Tal, soll Teile von Bihar, West-Nepal, Banepa, Nuwakot und die tibetischen Pässe erobert haben, er fördert die Newari-Sprache, erbaut den Yaksheshvara- und den Dattatreya-Tempel in Bhaktapur

Späte Malla-Zeit, die Drei Königreiche im Kathmandu-Tal

1482	Teilung des Kathmandu-Tals in drei Malla-Königreiche
1484–1520	Ratna Malla, erster Malla-König von Kathmandu
1518–1553	Unter König Mukunda Sena von Palpa (West-Nepal) Expansion bis Ost-Nepal, 1526 Einfall ins Kathmandu-Tal
1526–1757	Mogul-Reich in Indien, Blütezeit der Kultur, der Verfall dieses Reiches im späteren 17. und 18. Jh. erleichtert das Eindringen europäischer Mächte
1559–1570	Drabya Shah eroberte Gorkha in West-Nepal und wurde erster Shah-König
1560–1574	Mahendra Malla, König von Kathmandu, förderte Kunst, Taleju-Tempel (1564) und Kunsthandwerk, blühender Handel
1560–1597	Purandarasimha Singh, Herrscher in Lalitpur, Char Narayana-Tempel (1566)
1578–1619	Shivasimha Malla, König von Kathmandu, annektierte Lalitpur und Dolakha (1595) in Ost-Nepal an der Tibet-Straße
1601	Vollendung des Mahabuddha-Tempels in Lalitpur
1606–1623	Rama Shah, Reformerkönig in Gorkha, dessen Eroberungen in Tibet die wichtige Handelsroute von Kathmandu nach Kerung bedrohten

Zeittafel

1610	Innere Unruhen in Tibet
1617–1682	Der 5. Dalai Lama errichtet den Potala, seit 1642 (Ende der Ming-Dynastie) weltliche Macht in Tibet beim Oberhaupt der Gelbmützen
1619–1661	Siddhinarasimha Malla in Lalitpur; Blütezeit der Architektur in Lalitpur: Vishveshvara- (1627) und Krishna-Tempel (1637) im Mogul-Stil
1641–1674	Pratapa Malla, König von Kathmandu, Kathmandu und Tibet übernahmen gemeinsam die Hoheit über die Grenzstädte Kuti und Kerung, Newari-Kaufleute durften 32 Handelshäuser in Tibet errichten
1661–1684	Shrinivasa Malla, König von Lalitpur, errichtete nach einem verheerenden Brand bedeutende Tempel in Lalitpur und baute den Palast wieder auf, er dankte zugunsten seines Sohnes Yoganarendra 1684 ab
1684–1705	Yoganarendra Malla, König von Lalitpur: Yoganarendra Malla-Säule (1693), Mani Mandapa (1694)
1687–1700	Bhupalendra Malla, König von Kathmandu, Regentin war seine Mutter Riddhi Lakshmi, der Pashupatinatha-Tempel und der Tempel von Changu Narayana wurden wiederhergestellt, Riddhi Lakshmi errichtete einen Shiva-Tempel vor Gaddhi Baithak
1696–1722	Bhupatindra Malla, König von Bhaktapur, Zeit der großen Baukunst: Vatsala Devi-Tempel (1696), Palast der 55 Fenster (1697), Nyatapola-Tempel (1702), Aufstockung des Bhairava-Tempels (1717) in Taumadhi Tol, Bhupatindra Malla-Säule (ca. 1722)
1720	Tibet wird chinesisches Protektorat
1722–1769	Ranajita, letzter Malla-König von Bhaktapur, errichtet Sun Dhoka (1753/54) und Pujari Matha (1763)
1739	Plünderung Delhis durch Nadir Shah, Zerfall des Mogul-Reichs
1743	Prithvi Narayan Shah wird König von Gorkha
seit 1744	Militärische Angriffe der Gorkha auf das Kathmandu-Tal
1765	Bengalen und Bihar werden ein Staat der britischen East India Company

Schnitzereien am Basantapur Darbar in Kathmandu

Die Shah-Dynastie, seit 1769 Vereinigtes Nepal

1768/69	Vereinigtes Nepal, von 1768 bis 1814 dehnte Nepal seine Grenzen bis nach Sikkim (1794) im Osten und Kashmir im Westen aus
1788 und 1792	Nepalische Invasion in Tibet, im Gegenzug 1792

Zeittafel

> *»So war Martabars Vater, der während der Minorennität des Vaters des jetzigen Radjah Minister gewesen, ermordet und sein Körper den Hunden vorgeworfen worden, wofür Martabar nicht verfehlt hat, sich später auf gleiche Weise an den Feinden seines Vaters zu rächen. Kurze Zeit nach der Abreise des Prinzen wurde auch Martabar, der gefürchtete allmächtige Mann, auf Befehl des alten Radjah ermordet. Sein eigener Neffe vollführte die blutige That, wurde darauf Oberbefehlshaber der Armee, ein Jahr darauf, 1846, nach einem schrecklichen Gemetzel, das er unter den Großen am Hofe angerichtet, sogar Premierminister und erschien als solcher im Jahr 1850 zu London als außerordentlicher Gesandter.«*

	die chinesische Armee bis 30 km vor Kathmandu, im Friedensvertrag von Nuwakot erhält China formelle Souveränität über Nepal
1799–1832	Girvan Yuddha Bikram Shah, König von Nepal unter der Regentschaft von Königin Tripura Sundari, von 1816–1832 regierte sie dann für dessen Sohn
1814–1816	Anglo-Nepalischer Krieg aufgrund nepalischer Expansion, im Frieden von Sugauli mußte Nepal Teile des Terai wieder herausgeben und einen britischen Residenten in Kathmandu akzeptieren
1846	Kot-Massaker, Mitglieder der mit den Thapa rivalisierenden Adelsfamilie Pande werden in Kathmandu ermordet, Beginn der Rana-Herrschaft
1846–1877	Jang Bahadur Rana Premierminister, durch königlichen Erlaß wird dieses Amt in der Rana-Familie erblich, Familienautokratie bis 1951
1847–1881	König Surendra Bikram Shah, ohne Interesse an Staatsangelegenheiten
1854–1856	Krieg gegen Tibet, Tibet wird Handelskolonie von Nepal
1855	Als Belohnung für die Unterstützung während des Indian Mutiny erhält Nepal von den Briten einen Teil der verlorenen Gebiete im Terai zurück
1856	Annektion des Nachbarstaates Oudh (Hauptstadt Lucknow) durch die britische East India Company
1857/58	Sepoy-Meuterei, der große Aufstand gegen die britische Herrschaft in Indien wird mit Hilfe von 8000 Gurkha-Truppen niedergeschlagen, die britische East India Company wird aufgelöst und Indien direkt der Krone unterstellt
1877	Victoria, Königin von Großbritannien, wird zur Kaiserin von Indien
1896	Hanuman Dhoka wird als Residenz der Könige aufgegeben, neuer Palast in Narayanhiti
1901–1929	Chandra Shamsher Rana Premierminister, große Paläste entstehen: Singha Darbar (1901), heute Sitz der Regierung, Gaddi Baithak des Hanuman Dhoka (1908), Kaiser Mahal (ca. 1926)
1904	Öffnung der Route von Indien über Sikkim nach Tibet und Verlagerung des Indien-Tibet-Handels aus dem Kathmandu-Tal, die britische Expedition unter Sir F. E. Younghusband 1903–04 nach Lhasa und die chinesische Revolution von 1911 entziehen Tibet dem chinesischen Einfluß
1911–1955	König Tribhuvan Bir Bikram Shah verkündet 1951 die Demokratie in Nepal

Zeittafel

1914–1918	Im Ersten Weltkrieg kämpfen 55 000 Gurkhas auf britischer Seite
1934	Erdbeben zerstört viele Gebäude im Kathmandu-Tal
1939–1945	Im Zweiten Weltkrieg 200 000 Gurkhas auf britischer Seite an allen Fronten eingesetzt
1950	Im Oktober 1950 marschiert die Armee der Volksrepublik China in Tibet ein
1950/51	Flucht König Tribhuvans aus der Gefangenschaft der Rana in die indische Botschaft und dann nach New Delhi, 1951 Sturz des Rana-Regimes auf Druck Indiens, Nepal wird konstitutionelle Monarchie nach britischem Vorbild
1955–1972	König Mahendra Bir Bikram Shah
1956	Tribhuvan Rajpath, die erste Autostraße, die das Kathmandu-Tal mit der Außenwelt verbindet; Nepal verzichtet in einem Vertrag mit China auf seine Vorrechte in Tibet
1959	Aufstand in Tibet, Niederwerfung und Flucht des Dalai Lama und Exodus Tausender von Tibetern
1959/1960	Erste demokratische Verfassung Nepals, allgemeine Wahlen, danach königlicher Staatsstreich und Auflösung des Parlaments, Verbot aller Parteien
1961	Neue Verfassung mit einem parteienlosen, pyramidal geordneten Rätesystem, Panchayat, das bis 1990 bestand
1965	Mit Ausrufung der Autonomen Region Tibet ist die Angliederung an die Volksrepublik China formal vollzogen
1966	Der Arniko Rajmarg (Straße) verbindet Kathmandu mit Lhasa und folgt dabei im wesentlichen der Strecke des alten Handelswegs, erbaut mit chinesischer Hilfe
1972	Birendra Bir Bikram Shah wird König
Gegenwart	
1990	Aufstand, der zur Abschaffung des Panchayat-Systems und zur Entmachtung des Königs führt, die neue Verfassung sieht eine Regierung mit Mehrparteiensystem und konstitutioneller Monarchie vor, außerdem ein aus Ober- und Unterhaus bestehendes Parlament
1994	Koalitionsregierung aus der eher sozialistischen Nepal Communist Party und der National Democratic Party (Konservative), die nächsten Wahlen finden 1999 statt

»Die Armee ist übrigens bei Weitem nicht mehr das, was sie einst [vor 1848] war: die letzten ohne Krieg verflossenen Jahrzehnte haben ihr sehr geschadet.«

Religion: Hinduismus und Buddhismus in Nepal

»Durch manche enge, finstere Straße und über Plätze, wo Buddhistische Pagoden mit den vielarmigen Götterbildern der Mahadevi Indra und Parabathi, und Bramanische Stockwerkstempel wechseln, erreichten wir das entgegengesetzte Ende der Stadt [Kathmandu].«
Dr. Hoffmeister

Nach einer Erhebung von 1981 verteilen sich die Gewichte der religiösen Zugehörigkeit in Nepal so: Fast 90 % der Bevölkerung sind Hindus (5,32 % Buddhisten, 2,66 % Muslime, 0,06 % Jains). Christen gibt es kaum und Missionieren ist auch verboten. Der überwältigende Teil der Nepali ist Hindu. Dagegen fällt der verhältnismäßig kleine Anteil der Buddhisten an der Gesamtbevölkerung auf, der sich zudem auf das Kathmandu-Tal und Nord-Nepal konzentriert. Betrachtet man den prägenden Einfluß des Buddhismus anhand der Kunstwerke im Kathmandu-Tal, würde man vielleicht den Anteil der Buddhisten höher einschätzen.

Nepal rühmt sich, das einzige Hindu-Königreich und das Geburtsland Buddhas zu sein. Diese zwei großen Weltreligionen haben der Kultur Nepals seit den frühesten Zeiten seiner Geschichte ihren Stempel aufgedrückt. Die Kunst Nepals ist beinahe ausschließlich Ausdrucksmittel der beiden Religionen. Die Werke stammen aus der Zeitspanne vom 4. Jh. v. Chr. bis zum Ende des 20. Jh. Hinduistische Kunst und buddhistische Kunst einer Epoche unterscheiden sich ikonographisch. Es gibt aber keine nepalische Hindu-Kunst, die sich stilistisch von einer nepalischen buddhistischen Kunst der gleichen Epoche unterschiede.

Religion besteht aus einer Verquickung von magischen, mystischen und spirituellen Vorstellungen, die noch heute das Leben in Nepal bestimmen. Unzählige Götter und Göttinnen bewohnen und beleben Tempel, Felsen, Bäume und Flüsse. Sie spiegeln die vielen Facetten der menschlichen Natur wider. Am ehesten läßt sich in Bräuchen und Festen die gelebte Volksreligion erfahren. In dem breiten Spektrum der gelebten Volksreligion bilden die obersten Gottheiten des Hinduismus und des Buddhismus dagegen nur kleine Ausschnitte. Hingegen bestimmen die höchsten Gottheiten Tempel und Kultbilder, die unter dem Patronat der Könige oder einflußreicher sozialer Gruppen entstanden.

Der Hinduismus

Hinduismus ist nicht nur eine Religion, sondern eher eine philosophische Weltauffassung und besonders eine Sozial- oder Kastenordnung mit den Brahmanen an der Spitze. Hinduismus ist dem Wortsinn nach ›die Religion der Inder‹ und keine Stifterreligion wie der Buddhismus oder der Islam.

Das Entstehen des Hinduismus verlief in drei großen Abschnitten. Die Anfänge liegen in der vedischen Epoche (ca. 1300–600 v. Chr.) und in einer Übergangszeit, die bis in die ersten Jahrhunderte n. Chr.

Garuda-Figur

Hinduismus

Der elefantenköpfige Ganesha ist auch der Gott des Anfangs

reicht. Erst in der anschließenden dritten Phase (seit dem 1. Jh. n. Chr.) entwickelten sich die großen Systeme des Shivaismus, Vishnuismus und Shaktismus. Seit dieser letzten Epoche werden die Götter in den Kultbildern dargestellt.

Die religiösen Vorstellungen der Indo-Arier, die im zweiten Jahrtausend v. Chr. in Nord-Indien einwanderten, sind in den vier Veden (*veda* bedeutet Wissen) enthalten, einer seit der Wende vom zweiten zum ersten Jahrtausend entstandene Hymnensammlung. Nur wenige der alten Götter der Veden wurden auch in den neueren Hinduismus übernommen. Die indo-arischen Einwanderer waren Anhänger eines Naturkults. Ihre Hymnen feiern mächtige männliche Götter wie den Himmel (Indra), die Sonne (Surya), den Mond (Chandra), das Feuer (Agni), den Wind (Vayu) und den Regen (Varuna). Weibliche Götter wie die Dämmerung (Ushas) und die Erde (Prithvi), mit denen noch nicht der Schrecken der späteren Muttergottheiten verbunden sind, spielen nur eine geringe Rolle. Im Zentrum des vedischen Kults stand das Opferfeuer, das mit einem komplizierten

»Ueberhaupt liegen Hunderte von Tempeln in dem weiten Thale zerstreut. Sie sind theils von Tschaitya-, das ist von buddhistischer Form, theils auch von rein- oder gemischt-brahmanischer Konstruktion, aber von den Buddhisten adoptirt und der Verehrung ihrer niedern Gottheiten, der sieben menschlichen Buddhas und vieler andern Götter geweiht.«

45

Ritual von den Brahmanen vollzogen wurde. Götterbildnisse gab es damals nicht.

Das 6. Jh. v. Chr. brachte einen Umbruch in der religiösen Entwicklung. Bengalen und Bihar in Ost-Indien waren die Kulturzentren des Subkontinents. Der Gründer des Jainismus, Mahavira, ›der Große Held‹, kam aus Ost-Indien. Sein Zeitgenosse war Buddha Shakyamuni, der in seiner Lehre, wie Mahavira auch, die Vorherrschaft der Brahmanen in Glaubensdingen, das Opferwesen und das Kastensystem in Frage stellte.

Die Texte, die in dieser Zeit entstanden, sind die Brahmanas, die Upanishaden und die Puranas. In der zweiten Hälfte des ersten Jahrtausends v. Chr. wurden die großen indischen Nationalepen, das **Mahabharata** und das **Ramayana**, ›Ramas Lebenslauf‹, schriftlich gefaßt. Das Mahabharata ist besonders berühmt wegen der **Bhagavadgita,** ›Gesang des Herrn‹, die über den volkstümlichen Gott Krishna in Gestalt eines Wagenlenkers berichtet. Die Geschichte wurde später zu einem beliebten Bildthema, ebenso wie das Ramayana, das die Geschichte von Rama und Sita erzählt. Im Leben Sitas spielt der Ort Janakpur im Süden Nepals eine Rolle. Dort wurde ihr Bildnis in einer Ackerfurche gefunden, dort wurde ihre Hochzeitsfeier mit Rama gehalten.

Am Anfang der dritten Phase des Hinduismus, in den ersten Jahrhunderten n. Chr., entwickelten sich die neuen Hindu-Götter parallel zu den Bodhisattvas des Mahayana-Buddhismus. Die neuen Impulse gingen von kleinen religiösen Bewegungen aus. Die orthodoxen Brahmanen nahmen diese neuen Sekten um die Gottheiten Vishnu und Shiva auf und entwickelten dazu die Vorstellung von einer Trias von drei höchsten Göttern: Brahma, Vishnu und Shiva. In dieser Gruppe erhielt Brahma die Funktion des absoluten Schöpfers des Universums, Vishnu die des Erhalters und Shiva die des Zerstörers zugewiesen. Die Gestalt Brahmas ist die Personifizierung einer theologischen Spekulation der Allseele, der ewigen, unendlichen Kraft, die alle Welt schafft. Brahma stand von Anfang an im Schatten der beiden anderen Götter, Vishnu und Shiva, und spielt heute im Volksglauben kaum mehr eine Rolle. Die religiöse Neuformierung war etwa im 4. Jh. n. Chr. abgeschlossen.

Der Vishnuismus und die Auffächerung der obersten Gottheit

Vishnu wird in Nepal gewöhnlich Narayana genannt. Für seine Anhänger ist Vishnu der höchste Gott. Innerhalb der hinduistischen Trinität – Brahma, Vishnu, Shiva – hat Vishnu die Rolle des Erhalters. Er ist das Ergebnis einer synkretistischen Bemühung, drei verschiedene frühere Gottesvorstellungen zu vereinigen, die des Mensch-Gottes Vasudeva-Krishna, des vedischen Sonnengottes Surya und des kosmischen Gottes der Brahmanas, Narayana.

Vishnuismus

Der vierarmige Gott Vishnu mit seiner Gefährtin Lakshmi und mit seinem Reittier Garuda in Changu Narayana

    Innerhalb des Vishnuismus wurde schon sehr früh ein System entwickelt, die oberste Gottheit Vishnu auf dreifache Weise den Gläubigen begreiflich zu machen:
1. in seiner ›höchsten Form‹, Para
2. in seinen Emanationen oder ›Erscheinungsformen‹, Vyuha
3. in seinen Inkarnationen oder ›Herabstiegen‹, Avatara (auch Vibhava).

Religion

Sadhu mit hl. Buch in Pashupatinatha

»Wir begegneten zahlreichen Fakiren, den einzigen Reisenden, welche diese öde Gegend wegen der heiligen Oerter in Nepaul betreten; einer sah noch abschreckender aus als der andere. Meist sind es junge Kerle, die durchaus nicht schlecht leben; denn ihre Unverschämtheit verschafft ihnen überall Geld. Sie gehen gewöhnlich nackt, oder mit einem orangenfarbenen Mantel bekleidet. Ihr Gesicht wie der ganze Leib ist mit Asche beschmiert, wodurch sie abscheulich leichenfarbig aussehn; ihr Haar, lang und wirr, ist halbrothbraun gebeizt, oder durch eine Perücke aus Zöpfen von Kameelhaaren bedeckt, die mit Asche eingepudert ist. Als Kopfbedeckung pflegen sie oft ihren eisernen Kochtopf noch darauf zu setzen, auch sieht man sie häufig eine Art Guitarre mit Drahtsaiten, oder eine Handtrommel tragen. Ueberall treten sie als Tyrannen des armen Volkes auf; oft sah ich sie beschäftigt, wie sie die Körbe der Lastträger visitirten und deren Lebensmittel sich zueigneten.«
Dr. Hoffmeister

Diese Systematik dient dazu, die große Vielfalt der Götterwelt letztlich als Ausdruck eines Höchsten Gottes zu verstehen. Ein gebildeter Anhänger des Vishnuismus würde hinter allen Emanationen und Inkarnationen den obersten Gott der Götter erkennen. Die Vyuha- und besonders die Avatara-Formen Vishnus bieten die Möglichkeit, neue Gottheiten in das vishnuitische Pantheon aufzunehmen und in Bezug zu Vishnu in seiner Para-Form zu setzen.

Vyuha

Eine frühe Stufe des Vishnuismus war der Kult um den Helden Vasudeva-Krishna. Dieser Kshatriya-Häuptling mit einigen seiner Verwandten, dem älteren Bruder Samkarshana, seinem ältesten Sohn Pradyuman und dessen Frau Rukmini mit deren Sohn Aniruddha, wurde späterhin vergöttlicht und in den Vishnuismus aufgenommen. Sie wurden unabhängig von ihren verwandtschaftlichen Beziehungen in linearer Weise als Emanationen *(vyuha)* der höchsten Gottheit angesehen. Aus der höchsten Gottheit ging Vasudeva-Krishna hervor, aus ihm Samkarshana, aus Samkarshana ging Pradyuman hervor und aus diesem Aniruddha. In einer späteren Entwicklung wurde die Liste dieser vier *vyuha* auf vierundzwanzig erweitert.

Avatara

Diesem Prinzip der Inkarnationen bzw. ›Herabkünfte‹ (*avatara* oder *vibhava*) liegt die Vorstellung zugrunde, daß der höchste Gott immer dann in dieser Welt erscheint und das Gesetz *(dharma)* wiederherstellt, wenn das Böse überhand nimmt. Die Anzahl dieser Inkarnationen oder Herabkünfte ist offen, denn der Gott handelt in jedem Zeitalter neu, so wie der Zustand des Universums es erfordert. Dennoch hat sich die Gruppe der Zehn Avatara (oder Dashavatara) von Vishnu durchgesetzt. Er erschien als Fisch (Matsya), Schildkröte (Kurma), Eber (Varaha), dann als Mensch-Löwe (Narasimha) und als Zwerg (Vamana) und ferner als Parashurama (Rama mit der Axt), Rama (Held aus dem Ramayana), Krishna und Buddha und wird in Zukunft als Kalkin (eine Rettergestalt) erscheinen.

In die Gruppe der Zehn Avatara von Vishnu sind drei frühere Vorstellungen zusammengefaßt, die sich in den Erscheinungsformen widerspiegeln: Erstens solche, die sich aus Legenden um Prajapati, einem ehemals wichtigen Schöpfergott, entwickelten, zweitens diejenigen Inkarnationen, die im Rigveda (›Veda der Verse‹) erwähnt werden, und drittens die, die sich um Heldengestalten ranken. Dabei fällt auf, daß Vasudeva-Krishna sowohl Vyuha als auch Avatara von Vishnu ist, jedoch wird er mit je verschiedenen Attributen dargestellt.

Der Shivaismus

In der hinduistischen Trinität ist Shiva die Rolle des Zerstörers zugefallen. Für seine Anhänger, die ihn für den höchsten Gott halten, ist Shiva auch der Schöpfer und Erhalter. Er wird unter verschiedenen Namen verehrt: Mahadeva, ›der Große Gott‹, Nataraja, der kosmische ›Herr des Tanzes‹, Mahakala, ›der Große Schwarze‹, und Pashupati, ›Herr der Tiere‹. Shiva vereinigt in sich Züge mehrerer älterer Gottheiten. Dazu gehören der wilde vedische Gott Rudra und ein nicht-vedischer Fruchtbarkeitsgott, von dem er sein Emblem, das Linga, und den Stier Nandi geerbt hat. Zwischen dem vedischen Rudra und den ersten Shiva-Bildnissen, die wie die frühen Vishnu-Bildnisse erst aus dem 1. Jh. n. Chr. stammen, liegen viele Jahrhunderte, in denen sich die Mutationen des Gottes vollzogen haben.

Im Shivaismus hat sich ein anderes System der Zuordnung von Göttern auf den höchsten Gott herausgebildet als im Vishnuismus. Shivas Manifestationen beziehen sich nicht wie die Inkarnationen und Herabkünfte Vishnus auf bestimmte Taten des Gottes, sondern sie verdeutlichen sein ambivalentes Wesen, seine verschiedenen Aspekte. In der Nachfolge von früheren Göttern besitzt Shiva zwei Hauptaspekte, den des Zerstörers und den des Schöpfers. Man kann auch sagen, er besitzt einen schrecklichen Aspekt *(ghora* oder *ugra)* und einen friedlichen Aspekt *(saumya)*. In den Brahmanas werden acht verschiedene Manifestationen von Shiva genannt, von denen

»*Hier lebt der Onkel des Ministers, ein ehemals an Rang und Ehren reicher Mann, als Fakir. Der Mann, ganz in ein gelbes Gewand gehüllt, auf dem Kopf ein gelbes Käppchen, hatte einen angenehmen, ruhigen und mit sich selbst einigen Ausdruck. Er hat der Welt entsagt und, wie er sich ausdrückte, seine Befriedigung darin gefunden, wie die Vögel zu leben, aus der Hand in den Mund. Ich fragte ihn, ob er sich mit dem Lesen von Büchern beschäftigte. ›Nein, das, was geschrieben steht, lebt Alles in meinem Innern.‹*«

Religion

sich je vier einem der beiden Aspekte von *ghora* und *saumya* zuordnen lassen. Auch hier ist das System der Manifestationen ein theologischer Überbau, in das ältere Götter aus anderen Traditionen eingeordnet wurden. Diese Vorstellung ist offen, weitere Gottheiten können noch hinzukommen oder ihre Stellung kann sich wandeln. Das kann soweit gehen, daß eine Gottheit, die beispielsweise den *ghora*-Aspekt manifestierte, plötzlich eher den friedlichen *saumya*-Aspekt Shivas verdeutlicht und umgekehrt.

Die blutdürstige Göttin Kali am Tripura Sundari-Tempel in Kathmandu

Shaktismus

Der Shaktismus rückt die Verehrung des weiblichen Prinzips in den Mittelpunkt. Diese Strömung des Hinduismus entwickelte sich aus einem nicht-arischen Kult um die Große Mutter. Im wesentlichen wurde der Kult vom Shivaismus aufgenommen. Auch im Vishnuismus ist der Shaktismus – wenn auch nicht so stark – vertreten. Nach der Übernahme dieses Mutterkults in den Hinduismus wurde jedem männlichen Gott eine weibliche Entsprechung zugeordnet. Dahinter steht die Vorstellung, daß nur *der* Gott wirklich seine Kraft aktivieren könne, der mit einer weiblichen Gottheit vereint sei. Die weiblichen Gottheiten, die ursprünglich aus den Mutterkulten ganz verschiedener Gegenden stammten, wurden schließlich von dem Konzept einer einzigen großen Muttergottheit, die hinter all den verschiedenen Erscheinungsformen steht, überhöht. Diese wurde als Uma zur Gefährtin Shivas; ein Beinahme Shivas ist Umapati, ›Herr Umas‹. Entsprechend den beiden Hauptaspekten Shivas, dem schrecklichen und dem friedlichen, nehmen nun auch die verschiedenen Shaktis entweder den schrecklichen oder den friedlichen Aspekt an. Es ist auffällig, daß im Volksglauben die große Muttergottheit vornehmlich als schrecklich erscheint. Die Große Göttin in ihrem schrecklichen Aspekt ist die Gefährtin von Bhairava, des schrecklichen Aspekts Shivas. Viele Göttinnen verlangen als Opfer das Leben gebende Blut, das sie trinken, und bis vor wenigen Jahrzehnten wurden der Großen Mutter auch Menschen geopfert. Der Ablauf der Jahreszeiten wird gleichgesetzt mit dem menstrualen Zyklus der Göttin.

Buddhismus

Der weltweit verbreitete Buddhismus begann als eine philosophische Reformbewegung, eine von vielen, die aus der Krise der vedisch-brahmanischen Religion im 6. Jh. v. Chr. entstanden. Ihr Stifter ist der historische Buddha (563–483 v. Chr.), der um 563 v. Chr. in Lumbini, im Süden des heutigen Nepal, als Prinz Siddhartha geboren wurde. Nach seinem Familiennamen Shakya wurde er später auch Shakyamuni genannt, ›der Weise (aus dem Geschlecht der) Shakya‹. Im Alter von neunundzwanzig Jahren verließ er eines Nachts heimlich seine Familie und zog sieben Jahre als Wanderasket umher. Unter dem Feigenbaum in Bodh-Gaya (im indischen Bundesstaat Bihar) erlangte er die erlösende Erleuchtung *(bodhi)*, die Einsicht in das Wesen des menschlichen Daseins. Danach verkündete Buddha vier Wahrheiten. Die erste ist die Wahrheit vom Leiden, die zweite die vom Ursprung des Leidens, die dritte die von der Aufhebung des Leidens und die vierte ist die Wahrheit vom Weg zur Aufhebung des Leidens. Mit Leiden meint Buddha das geistige Verhaftetsein der Menschen in der Welt. In dem ›Edlen Achtfachen Weg‹ faßt er Verhaltensweisen zusammen, die zur Aufhebung des Leidens führen. Die endgültige Befreiung ist jedoch nur durch die Vernichtung von Gier, Haß und Verblendung, durch das ›endgültige Verlöschen‹ *(nirvana)* der Individualität, zu verwirklichen. Damit erreicht das Wesen das Ende des als naturgesetzlich angesehenen Kreislaufs der Wiedergeburten *(samsara)*.

Die Hauptrichtungen, die sich aus den Anfängen des Buddhismus entwickelten, sind die drei ›Fahrzeuge‹ *(yana):* Hinayana, Mahayana und Vajrayana. Die älteste Schule, das orthodoxe **Hinayana**,

»Eine der buddhistischen Sagen über die Entstehung des Menschen ist, daß die Bewohner Abhaswara's, eines der Himmel Buddha's, die Erde von Zeit zu Zeit besuchten. Obgleich zweierlei Geschlechts, kannten sie, der Reinheit ihrer Seele wegen, die sinnlichen Triebe nicht. Bei einem dieser Besuche erweckt Adi-Buddha in ihm das Bedürfniß des Essens; sie essen Erde, die wie Mandel schmeckt, können darauf nicht mehr zurückfliegen, müssen Früchte und so weiter essen, werden sinnlich und – Menschen.«

Religion

Die Fünf Transzendenten Buddhas mit ihren Shaktis und den Bodhisattvas

I AKSHŌBHYA. RATNASAMBHAVA. VA

II LŌCHANĀ. MĀMAKĪ. VAJR

III VAJRAPĀNI. RATNAPĀNI. SAM

›das kleine Fahrzeug‹, strebt durch Selbstdisziplin nach der Eigenerlösung, die nur wenige Gläubige erreichen können. Diese in Sri Lanka, Burma und Thailand verbreitete Richtung beruht auf dem überlieferten, gesprochenen Wort Buddhas; sie wird auch als Theravada, ›die Lehre der Alten‹, bezeichnet. Um 20 v. Chr. wurde in Sri

Buddhismus

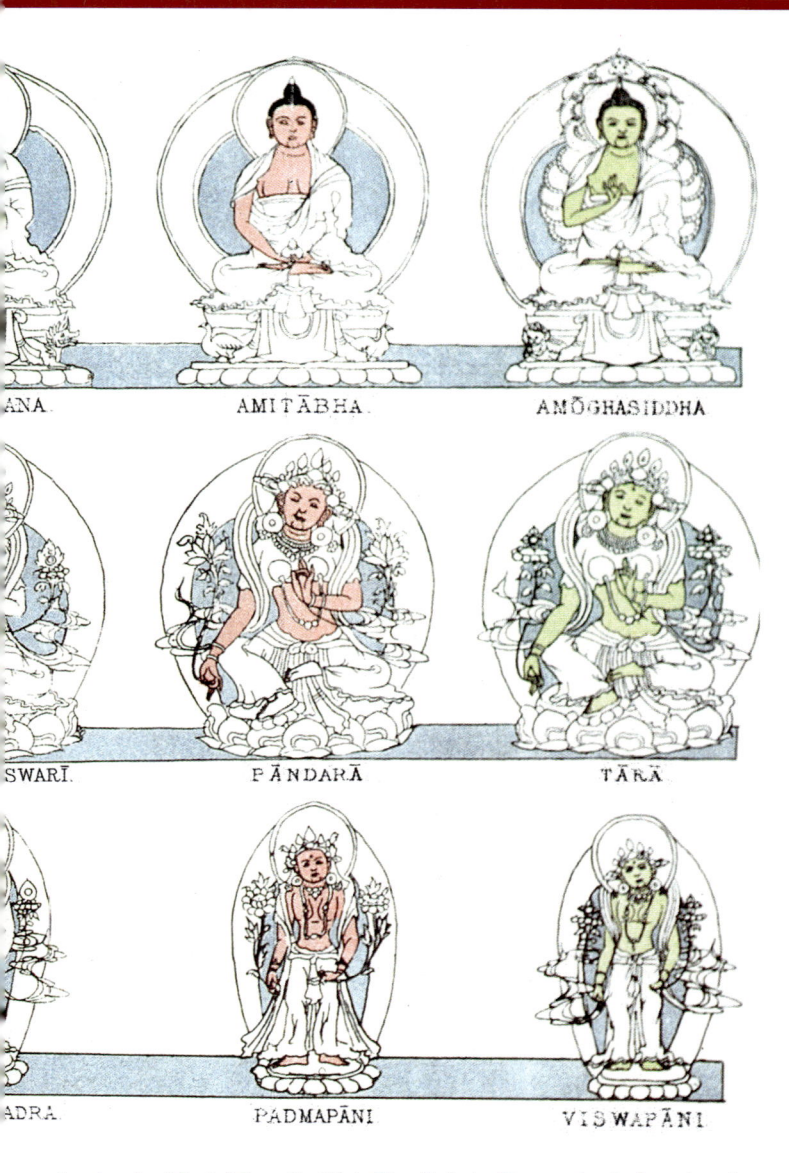

ANA.   AMITĀBHA.   AMOGHASIDDHA

SWARĪ.   PĀNDARĀ   TĀRĀ

ADRA.   PADMAPĀNI   VIŚWAPĀNI

Lanka der bis dahin mündlich überlieferte Kanon der Lehrreden des Buddha in der Pali-Sprache niedergeschrieben.

Das zweite ›Fahrzeug‹ des Buddhismus ist das hauptsächlich in Nord- und Ost-Asien und auch im Kathmandu-Tal verbreitete **Mahayana,** das ›Große Fahrzeug‹. Sein Ziel ist die Erlösung aller

53

Religion

> »... eintreten in diese hohen Laubhallen, die den Gewölben gothischer Kirchen gleichen und die dem müden, sonnverbrannten Wanderer Kühlung spenden unter den breiten Blättern des »Asvatthabaumes« [Bodhi-Baum] welche die sengende Gluth nicht durchlassen. Vom Indus bis zum Ganges ist dieser Baum heilig. Dem Brahma-Diener ist der Asvatthabaum der Baum des Wiedergebärens und der Verjüngung, und unter dessen Laubdach sein Aufenthalt am gesegnetsten; er ist ihm das Symbol der zeugenden Kraft und das Sinnbild der Ewigkeit. Unter ihm ward Wischnu geboren; in seine Blätterwohnung flüchtete sich das Götzenbild des Djaggarnât, als gottlose Völker dessen Heiligthum zerstörten. – Den Buddhisten dagegen ist er das Bild der Gottheit selbst, hoch verehrt von ihnen auf Ceylon, wie in Tübet und Birma. Es ist ein von der Natur in diesen Gegenden gegründeter Tempel, in dessen dunklen Laubgewölben oft Tausende begeisterter Pilger, hergewallt aus weiter Ferne beten. Ihn zu zerstören, gilt für ein todeswürdiges Verbrechen.«

Wesen. Mit dem Entstehen des Mahayana in den ersten Jahrhunderten n. Chr. vollzieht sich die Wandlung zu einer Religion. Zunächst trat die historische Persönlichkeit des Shakyamuni in den Hintergrund. Gleichzeitig gewann die Vorstellung von einer Folge von irdischen Buddhas, den Buddhas der Vorzeit, an Bedeutung. Die Lehre des historischen Buddha soll demnach schon von anderen vor ihm verkündet worden sein. Nach dem historischen Shakyamuni werde noch ein Buddha der Zukunft, Maitreya, kommen. (Im Jahr 248 v. Chr. galt der Besuch des Kaisers Ashoka dem Geburtsort des historischen Buddha in Lumbini und – in der Gegend des benachbarten Kapilavastu – den Geburtsstätten von zwei Vorzeit-Buddhas.)

Die irdischen Buddhas der Vorzeit sind bereits alle ins Nirvana eingegangen. Sie können den Gläubigen auf ihrem Weg zur Erlösung nicht mehr unterstützen. Hilfe kann nur von Wesen kommen, die über alle Naturgesetze erhaben sind. Dies sind die Transzendenten Buddhas. Im 3. Jh. n. Chr. entwickelte sich die Lehre von den ›Drei Leibern‹ *(trikaya)*. Diese Vorstellung sieht die irdischen Buddhas, zu denen Shakyamuni, die Vorzeit-Buddhas und Maitreya gehören, als Abbild zeitlos-ewiger Transzendenter Buddhas. Die Transzendenten Buddhas sind ihrerseits Erscheinungen des Absoluten. Dieses System der dreifach stufenweisen Auffächerung des Höchsten hat auffallende Ähnlichkeiten mit Vorstellungen des Hinduismus. Das Absolute wurde später in Adibuddha (Urprinzip, Höchster Gott) personalisiert.

Im Mittelpunkt der gläubigen Verehrung steht in Nepal nicht der historische Buddha Shakyamuni, sondern der Transzendente Buddha Amitabha, der ›Buddha von unermeßlichem Glanz‹. Amitabha herrscht über das Reine Land Shukhavati, das im Westen liegt. Dieses Paradies ist ein vorläufiger Aufenthaltsort. Der Gläubige erhofft seine Wiedergeburt in diesem Reinen Land durch die Gnade Amitabhas. Dort kann er Gier, Haß und Verblendung in sich vernichten und dann ins Nirvana eingehen.

Bereits im 1. Jh. n. Chr. entstand im Mahayana das Leitbild des Bodhisattva. Seine beiden Grundeigenschaften sind Weisheit *(prajna)* und Mitleid *(karuna)*. Ein Bodhisattva, ›dessen Wesen die Erleuchtung ist‹, ist ein Heilswesen, das die Erleuchtung, und damit die Erlösung, bereits erlangt hat. Voll Mitgefühl und Liebe verzichtet es darauf, ins Nirvana einzugehen, um andere Menschen, die dazu aus eigener Anstrengung nicht imstande sind, zu unterstützen, dieses Ziel zu erreichen. Eine solche Vorstellung war dem Hinayana fremd. Die Hilfe bei der Erlösung aus dem Kreis der Wiedergeburten ist der zentrale Gedanke des Mahayana. Der Bodhisattva Avalokiteshvara, ›der Herr, der mitleidsvoll auf die (Leiden der) Welt herabsieht‹, hat viele Eigenschaften mit Shiva gemeinsam, wie schon das Namenssuffix *ishvara* (›Herr‹) andeutet. Der Bodhisattva Manjushri, ›der von lieblicher Schönheit‹, ist der Kulturheros des Kathmandu-Tals.

Das dritte ›Fahrzeug‹ des Buddhismus ist das **Vajrayana**, ›das Diamantfahrzeug‹. Es ist die buddhistische Form des Tantrismus,

Votiv-Stupas in Chabahil

einer Bewegung, die sich auch im Hinduismus, namentlich im Shivaismus, vor allem in Form des Shaktismus auswirkt. Der hinduistische Tantrismus verwendet für die Gefährtin den Ausdruck Shakti, ›Kraft‹, der Buddhismus nennt sie Prajna, ›Weisheit‹. Jedem der Transzendenten Buddhas wird eine Gefährtin zugeordnet. Grundlage dieser Richtung sind die Tantras (›Gewebe, Lehrsystem‹). Diese esoterischen Schriften betonen Mystik, Symbolik, Riten sowie geistige und körperliche Übungen als Mittel auf dem Weg zur Erleuchtung. Zum Ausdruck der Vereinigung aller Gegensätze in der Erlösung bedient sich der Tantrismus auch des Bildes der sexuellen Vereinigung in den ›Vater-Mutter‹ (tibetisch *yab-yum*)-Darstellungen. Diese Spätform des Buddhismus und Hinduismus ist die vorherrschende Strömung innerhalb des nepalischen und tibetischen Buddhismus. Von Ost-Indien verbreitete sich das Vajrayana im Kathmandu-Tal und bis nach Tibet. Bei dieser Wanderung nahm es viele andere Götter auf, sowohl aus dem Hinduismus als auch aus Naturkulten. Bereits im 8. Jh. verbreitete ein berühmter indischer Lehrer, Padmasambhava (auch als Guru Rinpoche bekannt), die Vajrayana-Lehre in Tibet. Seine Reise führte ihn durch Nepal, wo seine Spuren noch heute verehrt werden.

Der Buddhismus war in Indien selbst spätestens seit dem Ende des 12. Jh. erloschen. Der Buddhismus des Kathmandu-Tals ist der letzte lebende Überrest des mittelalterlichen indischen Mahayana und Vajrayana. Seine Anfänge im Kathmandu-Tal liegen im dunklen, aber im 4. Jh. n. Chr. ist der Mahayana-Buddhismus dort belegt. In seiner heutigen Form ist der newarische Buddhismus vollständig vom Vajrayana durchdrungen. Möglicherweise hat ihm diese Tatsache ein Überleben in einer zwangsweise hinduisierten Gesellschaft ermöglicht. Unter König Jayasthiti Malla (1382–1395) wurden die Buddhisten in ein rigoroses, neu geschaffenes Kastensystem eingegliedert. Ehelose Mönche wurden zu verheirateten Priestern mit einer erblichen Kastenstellung. Die früheren klösterlichen Bahal verwandelten sich in familiäre Wohnquartiere der Nachkommen dieser Mönchsgemeinschaften. Die Zahl der Gläubigen, gegenwärtig ein Drittel der Newari, nimmt ständig weiter ab, da viele zum Hinduismus übertreten.

Der nepalische Festkalender

Eine besondere Attraktion des Kathmandu-Tals bilden die vielen Feste, die heute noch wie vor Jahrhunderten gefeiert werden. Trotz aller Modernisierung, die die Lebensverhältnisse der Menschen tiefgreifend verändert, bilden die Feste eine Art Kontinuum, das die Vergangenheit in lebendiger Weise mit Gegenwart und Zukunft verbindet. Die Feste, die an Tempeln, rituellen Badeplätzen und auf den Straßen gefeiert werden, sind öffentlich. Sie zeigen die Seele Nepals vielleicht deutlicher als es die Kunstwerke der Vergangenheit können. Einige haben nur lokale Bedeutung, andere werden im ganzen Tal gefeiert, wieder andere im gesamten Land und auch in Indien. Die folgende Zusammenstellung kann nur die bedeutendsten nennen. Man gewinnt den Eindruck, daß an jedem Tag an irgendeiner Stelle im Kathmandu-Tal ein Fest begangen wird.

Die zwölf **Mondmonate** des nepalischen Kalenders sind:
1. Monat Vaishakha (April/Mai)
2. Monat Jyeshtha (Mai/Juni)
3. Monat Ashadha (Juni/Juli)
4. Monat Shravana (Juli/August)
5. Monat Bhadrapada (August/September)
6. Monat Ashvina (September/Oktober)
7. Monat Karttika (Oktober/November)
8. Monat Marga (November/Dezember)
9. Monat Pausha (Dezember/Januar)
10. Monat Magha (Januar/Februar)
11. Monat Phalguna (Februar/März)
12. Monat Chaitra (März/April)

Mondkalender

Bisket Yatra dauert eine Woche und ist das größte Ereignis des Jahres in Bhaktapur

Die Feste Nepals folgen allgemein – wie bei uns Ostern mit allen davon abhängenden Festen – dem Mondkalender. Daher sind die Daten mit den Mitteln des gregorianischen Kalenders, der auf dem Sonnenjahr basiert, nicht zu erfassen. Der Mondmonat besteht aus der hellen Monatshälfte des zunehmenden Mondes und der dunklen Monatshälfte des abnehmenden Mondes. Die Tage jeder Hälfte werden gezählt. Dabei spielt sicher eine gewisse Zahlenmystik eine Rolle. Große Bedeutung haben der **Vollmond, Purnima,** und der Tag vor dem **Vollmond** oder dem **Neumond, Chaturdasi** (der 14. Tag). Der **elfte Tag, Ekadasi,** jeder Mondmonatshälfte ist Vishnu

Feste

> »Im Osten jenes Flusses sind die Bewohner größtentheils Buddhisten. Der Hauptstamm derselben, die Newars, die namentlich in den Städten überall die Mehrzahl bilden, weicht jedoch in Hinsicht der Religion von dem tübetanischen Muster sehr ab, indem er nicht dessen alte, mönchische Einrichtung hat, dagegen eine Kasteneintheilung besitzt und mehrere seiner Lehren vor dem großen Haufen geheim hält. Statt der Lama's haben sie eigene Priester, »Bangra« genannt. Diese tragen den heiligen Gürtel der Brahmanen und verbrennen die Todten, opfern aber zugleich im Tempel des Buddha und genießen das Fleisch von allen Thieren.«

geweiht. Besonders viele Feste finden in der zweiten Monsunhälfte August/September statt. Diese Zeit umfaßt die zweite Hälfte des Monats Shravana, den ganzen Monat Bhadrapada und die erste Hälfte des Monats Ashvina. Der Monat Pausha (Dezember/Januar) gilt als unglückbringend, daher finden kaum Feste statt.

Bisket Yatra ist das größte, eine Woche andauernde Ereignis in Bhaktapur. Es wird zusammen mit Navavarsha, dem nepalischen Neujahrsfest, gefeiert und richtet sich nach dem offiziellen nepalischen Sonnenkalender. Navavarsha findet Mitte April statt und ist ein nationaler Festtag. Bei Bisket Yatra werden Bhairava, Bhadrakali und die Muttergottheiten in Tempelwagen durch die Stadt gezogen. Dabei spielt die traditionelle Rivalität der Ober- und Unterstadt eine große Rolle. Das Fest gipfelt in der Ankunft des Wagens von Bhairava am Ufer des Hanumante-Flusses und der Aufrichtung eines hohen Mastes als Linga am Vorabend von Neujahr. Am nächsten Tag, dem ersten Tag des neuen Jahres, wird der Mast wieder umgelegt. Anschließend finden in der Umgebung, in Thimi und Bode, Feierlichkeiten statt.

Matatirtha Puja, eine Art Muttertag, wird am letzten Tag der dunklen Monatshälfte im Monat Vaishakha (April/Mai) begangen. Diejenigen, deren Mutter verstorben ist, pilgern nach Matatirtha nahe bei Thankot, um dort zu baden.

Buddha Jayanti, das Geburtsfest Buddhas an Vaishakha Purnima (dem Vollmond im April/Mai); an diesem Buddha-Fest wird auch seiner Erleuchtung und seines Nirvanas gedacht. Die Zentren der Verehrung und der Feierlichkeiten sind Svayambhunatha, Bodhnatha und Lumbini; die Buddhisten verehren die Bildnisse von Buddha auch in ihren Häusern.

Rato Matsyendranatha Ratha Yatra, die Wagenprozession des Roten Matsyendranatha, ist das höchste Fest Patans. Die Feierlichkeiten beginnen 14 Tage vor dem Umzug, am ersten Tag der dunklen Monatshälfte im Monat Chaitra (Ende April); die Prozession beginnt am vierten Tag der hellen Monatshälfte des Monats Vaishakha (April/Mai) in Pulchok, westlich von Patan. Sie verläuft über eine vorgeschriebene Route durch einen Teil von Patan. Matsyendranatha wird als Schutzgottheit Nepals, besonders Patans, betrachtet. Die Prozession endet etwa zwei Monate später zu Beginn des Monsuns in Jawalakhel mit der Bhoto Dekhaune-Zeremonie, bei der ein juwelenbestickter Mantel, der Matsyendranatha vom König der Schlangen gestiftet wurde, dem Volk gezeigt wird. Die hinduistisch-buddhistische Gottheit steht in enger Beziehung zum Wasserkult. Zusammen mit dem Wagen des Matsyendranatha wird ein kleinerer, der des Minanatha, geführt. Alle 12 Jahre führt die Prozession bis nach Bungamati.

Ghantakarna, eine Art Dämonenaustreibung am 14. Tag der dunklen Monatshälfte im Monat Shravana (Juli/August), ist traditionell der letzte Tag des Reispflanzens und wird im ganzen Land begangen. Das Fest stellt den Sieg über den Dämon Ghantakarna (›Ohrglocke‹) dar. Während des Tages werden an Wegkreuzungen Strohpuppen aufgestellt, die den Dämon symbolisieren. Am Abend werden sie dann zum Flußufer geschleift und dort verbrannt.

Guriadharma (Gunla), der heilige Monat der Buddhisten, beginnt im Monat Shravana (Juli/August) 14 Tage vor dem Vollmond und dauert bis 14 Tage danach. Es ist eine Art Fasten- und Bußmonat, der in einem fröhlichen Fest endet. Außerdem macht man in dieser Zeit die Pilgerfahrt zum Heiligtum von Svayambhunatha, die einzeln oder in Gruppen - manchmal auch mit ekstatischer Musik - unternommen wird.

Panchadan, die Zeremonie der ›Fünf Opfer‹ ist ein Teil von Gunla, das im Monat Shravana (Juli/August), am achten Tag der hellen Monatshälfte begangen wird. Es ist ein Fest, das nur von der buddhistischen Bevölkerung Kathmandus und Patans gefeiert wird: Priester – als Nachfolger Buddhas – gehen eine Woche lang durch die Straßen und betteln in alter Tradition der Mönche um Almosen.

Naga Panchami im Monat Shravana (Juli/August), am fünften Tag der hellen Monatshälfte, ehrt am Beginn der Regenzeit die Naga, Schlangen, als Wassergottheiten. An den Hauseingängen werden kleine Votivbilder mit Darstellungen eines Naga angebracht.

Harishayani Ekadasi ist ein vishnuitisches Fest im Monat Shravana (Juli/August). An diesem Tag fällt Vishnu für vier Monate in tiefen Schlaf, aus dem er erst im Monat Karttika (Oktober/November) wieder erwacht. Die Hindus besuchen an Harishayani Ekadasi alle vishnuitischen Heiligtümer, merkwürdigerweise aber besonders den shivaitischen Tempel von Pashupatinatha.

Gai Yatra im Monat Bhadrapada (August/September) beginnt am Tag nach Vollmond und dauert acht Tage. Zunächst ist es ein Fest zum Gedächtnis an Verwandte, die im vergangenen Jahr verstorben sind. Die betroffenen Familien senden am ersten Tag wirkliche Kühe oder als Kühe maskierte Jungen auf einem vorgeschriebenen Weg durch die Altstadt Kathmandus, um damit den Verstorbenen Frieden zu bringen. Am Nachmittag schlägt die Stimmung des Festes um in eine Art Karneval, bei dem soziale, wirtschaftliche und politische Mißstände auch in Zeiten der Diktatur karikiert werden können. Der zweite Tag wird als eines der wichtigsten buddhistischen Feste vornehmlich in Patan begangen. Die Gläubigen besuchen alle Viharas der Stadt, und entlang der Prozessionswege werden Butterlampen aufgestellt. Die sonst verborgenen Schätze von Klöstern und

Tempeln wie Statuen, Handschriften (in Thamel) und Reliquien (z. B. Reiskörner u. ä.) werden öffentlich ausgestellt. Neben Indra Yatra ist Gai Yatra die Gelegenheit, bei der an bestimmten Plätzen traditionelle Tänze von verschiedenen Gruppen aufgeführt werden.

Krishna Jayanti im Monat Bhadrapada (August/September) erinnert an Krishnas Geburtstag zur Mitternacht am siebten Tag der dunklen Monatshälfte und wird besonders in Patan am Krishna-Tempel gefeiert. Überall in der Stadt werden Bilder aufgehängt, die vom Leben Krishnas erzählen. Das Zentrum der Feierlichkeiten aber ist der Krishna-Tempel vor dem Palast in Patan. Das Fest wird mit einem Tanz beendet, bei dem der Lakhe, ein Dämon, der von Kirshna getötet wurde, vorgeführt wird.

Kumari Yatra in Thimi

Gokarna Aunsi im Monat Bhadrapada (August/September) ist eine Art Vatertag an Aunsi, dem letzten, d. h. 15. Tag der dunklen Monatshälfte. Diejenigen, deren Vater bereits gestorben ist, pilgern zum Gokarneshvara-Tempel in Gokarna und baden in der Bagmati.

Indra Yatra im Monat Bhadrapada (August/September) beginnt am 12. Tag des zunehmenden Mondes und ist eines der größten Ereignisse in Nepal. Das einwöchige Fest beginnt mit der Errichtung eines Mastes vor Hanuman Dhoka. Der Mast wird aus Nala geholt, an seinem Fuß wird ein Bildnis von Indra, auf einem Elefant sitzend, angebracht. Abends werden zum Totengedenken Lampen vor den verschiedenen Schreinen entlang der Prozessionsstrecke aufgestellt. Das wiederholt sich auch an den folgenden Abenden. Den Höhepunkt des Festes bildet der Umzug, bei dem die lebende Göttin

Kumari, begleitet von Ganesha und Bhairava, die von zwei Jungen repräsentiert werden, in Tempelwagen durch die Stadt gezogen werden. Am ersten Tag geht die Prozession durch den südlichen, am folgenden Tag durch den nördlichen Teil von Kathmandu.

Durga Puja oder **Dashain**, das wichtigste Nationalfest, wird im Monat Ashvina (September/Oktober) in der hellen Monatshälfte zehn Tage lang gefeiert und erreicht seinen Höhepunkt zum Vollmond. Die ersten neun Tage, auch Navaratri (›neun Nächte‹) genannt, gelten der allmächtigen Göttin Durga oder Bhagavati, die den Büffeldämon Mahisha tötete und Götter und Sterbliche vor ihm rettete. Die Bewohner besuchen frühmorgens verschiedene Schreine von Gottheiten und baden in den heiligen Flüssen. Am siebten Tag beginnt das Hauptfest mit einer Staatsprozession, die, angeführt von den königlichen Priestern, vom Hanuman Dhoka-Palast in die Gegend von Tundikhel und wieder zurück zieht. Bei Anbruch der Nacht werden acht Büffel im Mul Chok des Hanuman Dhoka-Palasts geopfert und etwa gegen Mitternacht nochmals 108 Büffel, dazu Ziegen. Am neunten Tag findet eine regelrechte Blutorgie gegenüber vom Hanuman Dhoka-Palast statt, wo die verschiedenen Regimenter Ziegen und Büffel opfern. Der zehnte Tag ist ein Familienfest; die Menschen gehen zu ihren älteren Verwandten, um von ihnen Tika und Segen zu empfangen, die Regierungsbeamten aber begeben sich zum König.

Tihar oder **Divali** ist ein Licht- und Erntedankfest im Monat Karttika (Oktober/November); das Fest gilt auch dem Totengott Yama. Es beginnt am 13. Tag des abnehmenden Mondes: Am ersten Tag verehren die Menschen Krähen, am zweiten Hunde als Inkarnationen von Gottheiten. Am dritten Tag werden Kühe als Inkarnationen der Göttin Lakshmi verehrt. Am Abend dieses Lakshmi geweihten Tags wird die ganze Stadt hell erleuchtet. Der folgende vierte Tag ist der newarische Neujahrstag. Am Morgen werden Stiere verehrt, am Nachmittag gedenken die Newari ihres eigenen Körpers. Am letzten, fünften Tag des Festes würdigen die Schwestern ihre Brüder.

Haribodhini oder **Thulo Ekadasi** ist das Fest des Erwachens Vishnus (Hari) aus seinem viermonatigen Schlaf am elften Tag des zunehmenden Mondes im Monat Karttika (Oktober/November), vier Tage vor dem Vollmond. Zentrum des mehrere Tage dauernden Festes ist Budhanilkantha. Die Gläubigen pilgern auch zu den anderen wichtigen Vishnu-Heiligtümer im Tal. Der Beginn dieser hier endenden viermonatigen Periode ist das Fest Harishayani Ekadasi.

Bala Chaturdasi ist ein Totengedächtnisfest am 14. Tag der dunklen Monatshälfte im Monat Marga (November/Dezember). Bala ist ein Mensch, der in einen Dämon verwandelt wurde. Pilger kommen aus dem ganzen Land nach Pashupatinatha, besonders zum Hügel von

Feste

Mrigasthali, der als Wohnstätte unzähliger Gottheiten gilt. Das Füttern der Affen in dieser Gegend im Namen verstorbener Familienmitglieder soll den Toten ewigen Frieden bringen. Am Abend werden unzählige Lampen angezündet, morgens baden die Pilger in der Bagmati.

Sita Vibaha Panchami, die Hochzeit *(vibaha)* des göttlichen Paars Sita und Rama, wird am fünften Tag des hellen Mondes im Monat Marga (November/Dezember) gefeiert. Seit etwa der Mitte des 20. Jh. wird die Heirat der beiden hinduistischen Idealgestalten in Janakpur mit einer prunkvollen Festprozession begangen.

Seto Matsyendranatha Snan, ›das Bad von Herrn Weißer Matsyendra‹, beginnt am achten Tag des zunehmenden Mondes des Monats Pausha (Dezember/Januar) im Hof des Matsyendranatha-Tempels in Kathmandu. Dem Fest wohnt auch die Göttin Kumari bei; die Feierlichkeiten dauern bis zum Vollmond.

Vasanta Panchami oder **Shri Panchami,** das Frühlingsfest, wird am fünften Tag des zunehmenden Mondes im Monat Magha (Januar/Februar) gefeiert; gleichzeitig ist dies der Geburtstag von Sarasvati, der Göttin der Bildung. Besonders Studenten besuchen den Sarasvati-Schrein in Svayambhunatha. Der Frühlingbeginn (Vasanta) wird eingeleitet durch eine Staatszeremonie im Hanuman Dhoka-Palast in Kathmandu, wo der königliche Priester vor den wichtigsten Beamten des Staates, oft in Gegenwart des Königs, den Frühling verkündet.

Losar, das tibetische Neujahrsfest im Monat Magha (Januar/Februar) oder Phalguna (Februar/März), ist das größte Fest am Bodhnatha; es wird von der tibetisch-sprachigen Bevölkerung in Nord-Nepal als Familienfest mit Tänzen und Gesängen gefeiert, besonders in Kumbhu und Helambu.

Shivaratri, ›Shivas Nacht‹ an Neumond im Monat Phalguna (Februar/März), erinnert an die Hochzeit von Shiva und Parvati; eines der bedeutendsten Feste im Hinduismus. Aus allen Teilen Nepals und aus Indien kommen Tausende von Pilgern, dazu auch viele Sadhus und Fakire, zum Pashupatinatha-Tempel. In der Nacht und am Morgen gehen die Pilger zum Pashupatinatha, baden in der Bagmati, besonders an deren Ostseite gegenüber Arya Ghat, fasten den ganzen Tag und verehren Shiva. Am Nachmittag findet auf dem Tundikhel in Kathmandu in Anwesenheit des Königs ein Salutschießen zu Ehren des Gottes statt.

Holi, ein Frühlingsfest an Vollmond im Monat Phalguna (Februar/März). Im Kathmandu-Tal färben vornehmlich Jugendliche ihre Gesichter mit Zinnoberpuder und bespritzen sich und Vorübergehende mit gefärbtem Wasser. Das ursprünglich einwöchige Fest wird

»Am 11. Februar besuchte der Prinz den berühmten Wallfahrtsort Sambunât, wo man, da ein Fest gefeiert wurde, Hunderte von Pilgern antraf, besonders Frauen, die alle à la chinoise koiffirt waren und sich in ihrer rothen oder weißen Kleidung mit der prächtigen Rhododendron-Blume im schwarzen Haare und stark geschminkt sehr gut ausnahmen. Dieses Heiligthum der Buddhisten, im Westen von Katmandu auf einem jener isolirten Sandsteinhügel, die sich in dem weiten Thalkessel erheben, ist angeblich das älteste Baudenkmal in Nepâl.«

Feste

An fast jedem Tag wird irgendwo im Kathmandu-Tal ein Fest gefeiert und geopfert

eingeleitet von der Errichtung eines Mastes vor dem Basantapur-Turm des Hanuman Dhoka-Palastes, und es endet mit der Verbrennung dieses Mastes am Flußufer. Dieser mit farbigen Bändern geschmückte Mast symbolisiert den Baum, in dem Krishna die Kleider von Gopinis, Kuhhirtinnen, die er beim Baden überrascht hatte, versteckt hielt. Das Verbrennen des Baumes verdeutlicht auch das Ende des nepalischen alten Jahres.

Pahachare wird an Chaturdasi, dem 14. Tag des abnehmenden Mondes im Monat Chaitra (März/April), gefeiert. Pahachare (*paha* bedeutet Gast, *chare* ist Feier) ist ein mehrtägiges Fest der Freude und zeichnet sich durch Essen, Trinken und andere Lustbarkeiten aus. Am Morgen des ersten Tages gehen die Gläubigen zu den Kali-Heiligtümern Bhadrakali, Shvetakali, Kankeshvari u. a. Am Abend verehren sie Luku Mahadyo, den an unreinen Plätzen verborgenen Shiva. An Aunsi, dem 15. oder letzten Tag der dunklen Monats-

Feste und Kunst

hälfte, folgt Ghora Yatra, das Pferdefest. Besonders in Tundikhel finden Pferderennen und andere sportliche Vorführungen des Militärs in Anwesenheit des Königs statt. Am folgenden Tag werden die Bildnisse von Kali und anderen Gottheiten in tragbaren Schreinen durch die Stadt geführt. Am Nachmittag versammeln sich Kankeshvari, Bhadrakali und Tebaha Bhadrakali in Asan Tol. Teil des Festes bildet auch die Bewirtung des Dämons Gurumapa in Tundikhel.

Balaju Yatra am Vollmond des Monats Chaitra (März/April) gilt von allen zwölf Vollmonden des Jahres als besonders heilig. Zentrum des Festes ist die Umgebung des Nagarjun-Bergs; die Buddhisten pilgern zum Svayambhunatha, die Hindus baden in Balaju.

Matsyendranatha Yatra in Kathmandu beginnt am achten Tag der hellen Monatshälfte im Monat Chaitra (März/April). Die Wagenprozession, in der der weiße Matsyendranatha durch einen Teil von Kathmandu gezogen wird, dauert vier Tage. Sie beginnt in Jana Bahal und endet in Lagan Tol, wo der Wagen wieder auseinandergenommen und die Gottheit in ihren Tempel zurückgebracht wird.

Die Kunst des mittelalterlichen Kathmandu-Tals

»Indische und chinesische Architektur sind hier in Nepāl zu einem eigenthümlichen Ganzen bereinigt, das durch seine Neuheit frappirt.«

Die Kunst des geschützten Kathmandu-Tals entstand in der Zeit von etwa 1700 Jahren, vom 3. Jh. bis in die Gegenwart. Künstlerische Höhepunkte sind das 5.–8. Jh. und – tausend Jahre später – das 16.–18. Jh. Die künstlerische Einheit der städtischen Plätze und Tempelhöfe ist im wesentlichen eine Leistung der Malla-Zeit (1482–1768).

Viele Stätten im Kathmandu-Tal sind als Gesamtkunstwerke zu sehen – Ensembles aus Architektur und Skulptur. Die Werke der Baumeister, Steinmetze, Holzschnitzer und Bronzekünstler sind nicht Vertreter ihrer jeweiligen Gattungen, vielmehr stehen sie noch in ihrem ursprünglichen künstlerischen und sogar auch noch in ihrem funktionalen Zusammenhang. Ein Versuch, diese traditionelle Einheit als Gesamtkunstwerk zu realisieren ist daher sinnvoll und gewinnbringend für den Betrachter.

Die Architektur des Kathmandu-Tals ist seit dem Beginn der Licchavi-Zeit (4. Jh. n. Chr.) faßbar. In dieser frühen Phase ist sie Teil der indischen Entwicklung. Die großen Tempel für Changu Narayana und Pashupatinatha, die an landschaftlich besonders markanten Stellen außerhalb der späteren drei Hauptstädte des Tals liegen, wurden gegründet, und ebenso der Stupa von Svayambhunatha auf einem das Kathmandu-Tal überschauenden Bergkegel.

Der Stupa

Der massive, skulpturenhafte Stupa ist der einzig spezifisch buddhistische Architekturtyp in Nepal. Er wird hier meist als Chaitya bezeichnet, im Tibetischen als Chörten. Die Grundform der Halbkugel geht auf einen Grabtumulus zurück. Der Stupa ist kein Gebäude im eigentlichen Sinn, da er keinen betretbaren Innenraum hat. Er ist eher eine Plastik, ein Denkmal, das Buddhas Eingehen ins Nirvana symbolisiert und darüber hinaus das Universum verkörpert. Ein Stupa kann die Größe eines Monumentalbaus annehmen. Einer der größten Stupas der Welt ist in Bodhnatha. Er kann aber auch als kleiner privater Votiv-Chaitya dienen, der, ähnlich wie das Votiv-Linga, zum Gedächtnis an Verstorbene gestiftet wurde. Die Grundform des Stupa besteht aus einer einfachen Halbkugel, die *anda*, ›Ei‹, genannt wird. Darauf sitzt ein kastenförmiger Aufsatz, *harmika*, über dem sich ein turmartiger schlanker Aufbau erhebt, der aus 13 Ringen und dem bekrönenden Ehrenschirm besteht. Harmika und Turm sind bei den bedeutenden Stupas wie Svayambhunatha und Bodhnatha mit vergoldetem Kupfer verkleidet.

Eine nepalische Besonderheit sind die Augen des allessehenden Buddha, mit denen jede Harmika-Seite geschmückt ist. Sie blicken in alle vier Himmelsrichtungen. Die frühen Stupas, wie der des Tukan Bahal in Kathmandu und der Svayambhunatha, stehen direkt auf dem Boden, sieht man von einem einfachen runden Podest ab.

In der Luftaufnahme vom großen Stupa von Bodhnatha kann man deutlich den Aufbau und auch die Mandala-Struktur der Anlage erkennen

Kunst

»Auf schmalen aber gepflasterten Straßen, zwischen eingezäunten Terrassen und freundlichen Dörfern gelangten wir bis an die erste Brücke des Bischmutti, einem zierlichen Bauwerk aus rothem Backstein, doch nur mit Balken überbaut; denn das Gewölbe ist hier unbekannt. Auf die Wege war viel Fleiß verwandt; in jedem Dorfe findet man sie mit Backsteinen gepflastert, ähnlich den holländischen Städten.«
Dr. Hoffmeister

Bei späteren Stupas wie dem Chilandya Chaitya in Kirtipur (17. Jh.) und dem Bodhnatha (15./16. Jh.) erhebt sich die Halbkugel über einem mandalaförmigen Stufensockel (s. Abb. S. 55), der auch zur rituellen Umwandlung, Pradakshina, in der Richtung des Sonnenlaufs (Uhrzeigersinn) dient.

Zu den ältesten Stupas des Kathmandu-Tals sollen die vier an den Kardinalpunkten der Stadtanlage von Lalitpur (Patan) liegenden Stupas gehören, deren Gründung die Legende sogar dem indischen Kaiser Ashoka zuschreibt. Gesicherte Informationen darüber gibt es allerdings nicht, da Kultbauten archäologisch nicht untersucht werden können.

Das wichtigste Heiligtum des nepalischen Buddhismus ist der Stupa von Svayambhunatha auf einem Hügel im Westen von Kathmandu. Der ursprüngliche aus der Zeit um das Jahr 400 stammende Baukörper ist später ummantelt worden. In den vier Himmelsrichtungen wurden kleine Schreine oder Kapellen für die (vier bzw. fünf) Transzendenten Buddha angefügt. Im Gegensatz zum historischen Buddha Shakyamuni, der ins Nirvana einging und für den Gläubigen unerreichbar ist, bleiben die Tanszendenten Buddhas immer gegenwärtig.

Der Raub von Kunstwerken, häufig nur von Köpfen oder anderen schönen Details, hat schon viele alte Kunstensembles zerstört und führt zu solchen Häßlichkeiten wie bei der abgebildeten Brahma-Figur in Chapagaon

Materialien

Die wenigen Sakralbauten aus Stein und viele der Brunnen zeigen, daß die Steinbearbeitung im Kathmandu-Tal mit besonderer Kunstfertigkeit beherrscht wurde. Jedoch sind Ziegel bis heute das natürliche Baumaterial im Kathmandu-Tal. Reine Ziegelbauten, vergleichbar den Steinbauten, gibt es jedoch nicht, da alle konstruktiven und alle dekorativen Elemente eines traditionellen Ziegelbaus aus Holz bestehen. Die traditionelle Ziegel- und Holzarchitektur des Tales zeichnet sich durch erstaunliche Homogenität in der Verwendung von Materialien und Konstruktionsmethoden für alle Arten von Gebäuden aus. Selbst die Dekormotive der sakralen und profanen Gebäude sind grundsätzlich überall gleich und variieren nur entsprechend der Funktion der Bauten. Neben dem steilen, weit überkragenden Dach ist für die traditionelle Architektur der Türsturz typisch, der, wie der Schwellbalken, seitlich weit über die Pfosten auskragt und den Portalen eine flügelartige Erscheinung gibt. Weitere wichtige Elemente sind die Gesimse und die um 45 Grad geneigten, figural geschnitzten Dachstützen, die vom Gesims bis zur Kante der überhängenden Dächer reichen. Die verschiedenen Motive der traditionellen Architektur des Kathmandu-Tals stammen aus der frühen indischen Architektur, von der Kushana- bis zur Gupta-Periode, wo sie, mit Ausnahme der Dachstützen, allerdings schon vor 1000 Jahren aus dem Repertoire verschwanden.

Einige Votiv-Stupas in Stein mit Darstellungen von Gesimsen, Säulen, Kapitellen geben eine Vorstellung von der Architektursprache der Licchavi-Zeit, die sich ganz an indischen Vorbildern orientiert. Ein Schlüsselwerk ist der Votiv-Chaitya im Dhvaka Bahal in Kathmandu (7. Jh.), der einen hohen pavillonartigen Unterbau – offenbar eine Holzkonstruktion – mit stehenden Figuren in Nischen besitzt. Die Details zeigen wesentliche Schmuckelemente, die noch tausend Jahre später während der Malla-Zeit in der Architektur verwendet werden.

Häuser und Rasthäuser

Die Bewohner des Kathmandu-Tals haben eine ausgesprochen städtische Architektur entwickelt, für die es anderswo auf dem indischen Subkontinent kaum Beispiele gibt. Die zwei- bis dreigeschossigen Häuser fügen sich zu geschlossenen Straßenfronten aneinander. Es entsteht eine städtische Situation mit gepflasterten Straßen, Plätzen, Innenhöfen und Brunnenanlagen und aufeinanderbezogenen Gebäuden mit einer Vielzahl an unterschiedlichen Funktionen wie privaten Wohnhäusern, öffentlichen Rasthäusern (Sattal), Palästen (Darbar), Klöstern (Vihara) und den verschiedenen Arten von Götterschreinen. Zwei der schönsten erhaltenen städtischen Plätze im Kathmandu-Tal sind Tachapal Tol und Taumadhi Tol in Bhaktapur.

»*... wie erfreut man sich dagegen hier an dem Anblick der netten aus Holz oder gebrannten Steinen errichteten Häuser, die nicht blos Reinlichkeit, sondern auch Zierlichkeit und Geschmack verrathen. Der untere Theil der Gebäude hat eine Art Vorhalle, deren Dach auf geschnitzten Säulen ruht, und die vier oder fünf Mittelfenster des ersten Stocks sind mit einem Aufwand von schönem Holzschnitzwerk verziert, welcher mich lebhaft an Kairo erinnerte. Die Dächer bestehen aus kleinen doppelt gekrümmten Ziegeln.*«
Dr. Hoffmeister

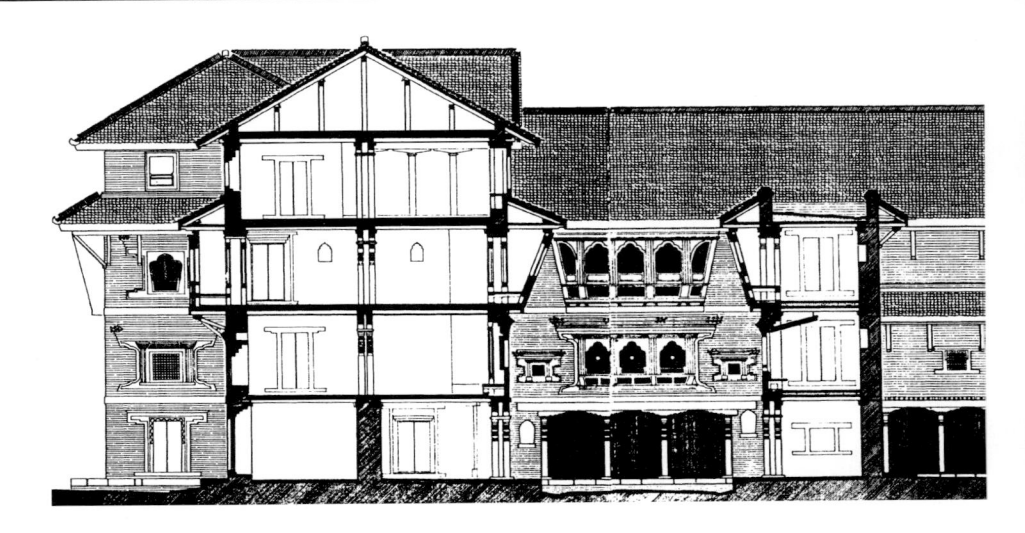

Schnitt durch das hinduistische Priesterhaus Pujari Matha in Bhaktapur; es ist ein repräsentatives Wohngebäude mit mehreren Innenhöfen; die Wohnräume liegen in den Obergeschossen (Schnitt von Norden nach Süden)

Häufigste öffentliche Bauten im Kathmandu-Tal sind die Rasthäuser (Dharmashala, Sattal). Sie sind ein Beleg für den wirtschaftlichen Reichtum des Kathmandu-Tals während der Malla-Zeit. Rasthäuser, Sattal, sind mehrgeschossig und zur Unterkunft von Pilgern und anderen Reisenden bestimmt, einfache Schutzbauten werden Pati genannt. Mandapa ist eine offene Halle, die als Versammlungsgebäude dient. Das bekannteste und größte Beispiel einer traditionellen Halle ist der Kashthamandapa, von dem auch der Name der Hauptstadt abgeleitet wurde. Der dreigeschossige Hallenbau im Zentrum Kathmandus stammt in seinem Kern aus der Zeit um 1100. Er ist – wenn auch restauriert – das älteste bekannte Gebäude im traditionellen Stil, ohne die allerdings sonst üblichen Dachstreben.

Mit Ausnahme dieses Beispiels geht die Errichtung beinahe sämtlicher noch existierender Bauten im Kathmandu-Tal erst auf die Zeit nach einem Einfall aus Bengalen (1349) zurück, als in der späten Malla-Periode (1482–1768) die drei Handelsplätze Bhaktapur, Patan und Kathmandu zu jeweils kultisch selbständigen Königsresidenzen ausgebaut wurden.

Klöster und Gotteshäuser

Zwischen profaner und sakraler Architektur stehen die buddhistischen Klöster (Vihara), die manche Züge mit Palasthöfen (Chok) und Wohnbauten reicher Bürger gemeinsam haben. Die im Kathmandu-Tal bestehenden buddhistischen Klöster sind, wenn sie nicht neuere tibetische Einrichtungen sind, nie von Mönchen oder Nonnen bewohnt worden. Sie stammen alle aus einer Zeit, als die Bud-

Klöster und Gotteshäuser

dhisten bereits in das hinduistische Kastensystem eingegliedert worden waren und ein zölibatäres Mönch- oder Nonnentum nicht mehr existierte. Vihara sind also nicht Stätten klösterlichen Lebens, sondern kultischer Mittelpunkt eines kleinen Stadtviertels, das von den Nachkommen der ehemaligen buddhistischen Mönche und Nonnen besiedelt wird. Im newarischen Buddhismus existieren zwei Arten von Vihara-Bauten, Bahal und Bahil (in Newari Baha und Bahi): Bahil ist ein Klostertyp, bei dem beide Geschosse zum Hof hin völlig offen sind, mit Ausnahme des Schreins. Ein Vertreter dieses Typs ist I Bahil Bahal in Lalitpur. Bahal ist eine Klosterform, deren Obergeschoß in einzelne geschlossene Räume gegliedert ist. Besonders schöne Beispiele, die den Idealtyp des Bahal verkörpern, sind der Chaturvarna Mahavihara (17. Jh.) in Bhaktapur, zwischen dem Darbar-Platz und Taumadhi Tol, und Chusya Bahal (17. Jh.) in der nördlichen Altstadt von Kathmandu. Beiden Typen gemeinsam ist ein quadratisch umbauter Hof. Auf der Seite, die dem Eingang gegenüber liegt, ist der Kultbildschrein; die übrigen drei Seiten haben einen Umwandlungsgang, von dem die ursprünglichen Mönchszellen zugänglich waren. Die vier Flügel stehen erhöht auf einem umlaufenden Sockel. Die Mitte des Hofes ist immer durch einen Chaitya als Symbol Buddhas ausgezeichnet.

Chusya Bahal in Kathmandu hat die Idealform eines buddhistischen Klosters; die zweigeschossigen Flügel liegen um einen quadratischen Hof und sind nur einen Raum tief; gegenüber vom Eingang liegt der Kultbildschrein

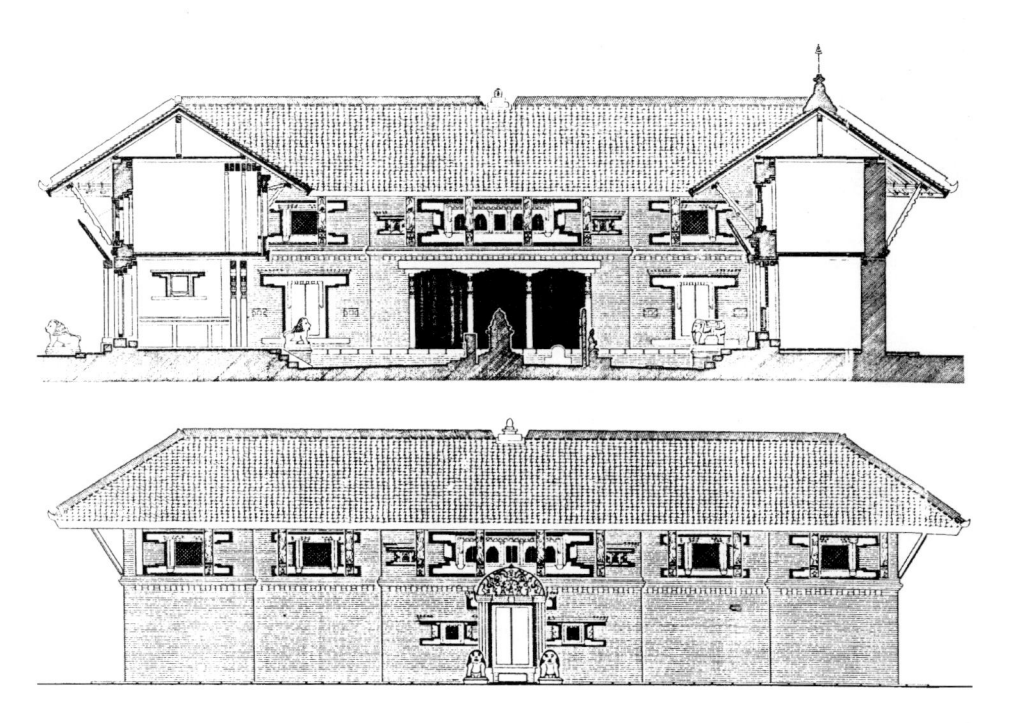

Die klare vierflügelige Anlage um einen quadratischen Hof ist auch der Grundtypus der Palastbauten, die aus einer Folge von aneinandergereihten einzelnen Höfen (Chok) bestehen. Auch nach außen sind diese als Einzelbauten erkennbar. Die Fassade des Palastes in Lalitpur mit Mul Chok und Sundhari Chok ist ein Beispiel.

Dega oder Deval, von Sanskrit *devagriha*, ›Gotteshaus‹, ist die allgemeine Bezeichnung für Tempel im Pagoden-Stil und für Shikharas. Eine andere, synonym verwendete Bezeichnung für Tempel ist Mandir. Charakteristisch für die Architektur des Kathmandu-Tals ist die Pagode. Sie ist ein turmartiger Tempel für hinduistische oder für hindu-buddhistische Gottheiten mit mehreren übereinandergeschichteten, weit vorkragenden Dächern. Die geschnitzten Dachstrebebalken sind neben den Portalrahmungen das wichtigste Schmuckelement der sakralen Architektur im Kathmandu-Tal. Unter jedem Dach umsteht ein Kranz von Gottheiten den zentralen Turm der Pagode, die aus einer himmlischen Welt auf Gläubige und Ungläubige herabblicken. Ursprünglich waren es Baumnymphen und Fruchtbarkeitsgottheiten, Shalabhanjika, die in gelockerter Haltung stehen, bei der die Beine überkreuzt sind. Daraus wurden Erscheinungsformen der Gottheit, der der Tempel geweiht ist. Die Gottheit, die im Tempel verehrt wird, ist über dem Portal in einem tympanonähnlichen, meist vergoldeten Aufsatz dargestellt, der als Torana (›Tor‹) bezeichnet wird. An der Spitze sind in der Regel eine zornige Monstermaske oder Garuda dargestellt, der seine Feinde, die Schlangen verschlingt.

Der Staatstempel

»Der fallende Regen hinderte uns nicht, die Schönheit manches alten Prachtgebäudes, die kunstvolle Darstellung der geschnitzten Elephanten, Pferde und Schlachtscenen an den Häusern, die reichen Muster der Fensterrosetten, die kolossale Größe der scheußlichen, steinernen Ungeheure, der Löwen und Krötenköpfen, der Drachen und Rhinozerosse und der vielarmigen, rothbemalten Götterbilder zu bewundern.«
Dr. Hoffmeister

Der nepalisch hinduistische Tempel hat keinen eigenen Andachtsraum für die Gläubigen in der Art einer Kirche oder Moschee. Er ist ausschließlich Behältnis für das Kultbild. Die Geschichte des Schreins von Pashupatinatha, des höchsten Gottes des Kathmandu-Tals, geht bis ins 4. Jh. zurück. Der heutige Bau stammt aus dem 17. Jh., entspricht aber einem sehr frühen nepalischen und letztlich indischen Prototyp des quadratischen, vierseitig geöffneten Tempelschreins. Für hinduistische und synkretistische Gottheiten von nationaler Bedeutung wurde der Typus eines Staatstempels nach dem Vorbild des Pashupatinatha üblich, von dem Repliken bei den Regierungspalästen der drei Hauptstädte errichtet wurden. Beispiele sind der Yaksheshvara-Tempel in Bhaktapur (1460), der Jagannatha-Tempel in Kathmandu (1563) und der Char Narayana-Tempel in Lalitpur (1566).

Kennzeichnend für diesen Typus ist die dreiteilige Portalrahmung auf jeder der vier Seiten des Bauwerks. Durch diese mächtigen Portale gelangt man in einen geschlossenen Umwandlungsgang, Pradakshinapatha, und von dort in die Kultbildzelle in der Mitte des Tempels, die *garbha griha*, ›Mutterschoß-Kammer‹, heißt. Darüber ist eine Leerzelle. Der früheste Typ hat nur zwei Dächer. Der ursprünglich nur durch eine einfache Plattform vom Erdboden gehobene Bau wurde während der Malla-Zeit durch weitere Dächer und einen hohen Stufensockel monumentalisiert. Der größte Tempel, der den Typ des Pashupatinatha-Tempels monumentalisiert, ist der Taleju-Tempel (1564) beim Hanuman Dhoka-Palast in Kathmandu. Andere Schreine haben statt des geschlossenen Umgangs um die Cella einen offenen Säulengang. Die für das Kathmandu-Tal charakteristische Form ist der quadratische, nach allen vier Seiten ausgerichtete Tempel. Dieser Anordnung entspricht auch das Kultbild, das genau in der Mitte aufgestellt und nach allen vier Seiten gleichmäßig gestaltet ist, d. h. keine Schauseite hat. Bei den Shiva-Tempeln ist es ein Linga, oft ein Chaturmukha Linga, bei Vishnu-Tempeln eine Chaturmurti-Stele.

Das Linga

Shiva wird im Kathmandu-Tal fast ausschließlich in abstrakter Form des Lingas dargestellt. Linga bedeutet ›Kennzeichen, Merkmal, Phallus‹. Die Steinplatte, in der das Linga steht, symbolisiert die Vulva. Das bedeutendste Linga dieser urtümlichen Art ist das heute unter freiem Himmel stehende Rajarajeshvari Linga in Pashupatinatha. In der Regel wird das rein abstrakte Linga zum Träger einer bildlichen Darstellung von einem oder vier menschlichen Gesichtern,

Das viergesichtige Nepaleshvara-Linga in Hadigaon bei Kathmandu stammt aus der Licchavi-Zeit

mukha, die direkt an den Schaft angesetzt sind. Diesen Typus nennt man daher Mukhalinga, ›Gesichts-Linga‹. Sie zeigen Shiva in seinen verschiedenen Aspekten: mit einem (Ekhamukha) oder vier (Chaturmukha) Gesichtern, die sich durch ihre verschiedenen Frisuren und Mienen unterscheiden. Das Linga im Zentrum des Pashupatinatha-Tempels ist ein Chaturmukha Linga. Eine nepalische Besonderheit im Kathmandu-Tal ist das hinzugefügte Paar Hände, das in der Regel einen Rosenkranz aus Rudraksha-Perlen und ein Gefäß mit Nektar *(amrita)* hält.

Auch bei Shivas Shaktis ist es eine abstrakte Darstellung, die die Göttin repräsentiert, eine Vase, die in der Mitte der Cella steht und nach allen vier Seiten wirkt. Bei der Pagode des Vatsala-Schreins am Ufer der Bagmati in Pashupatinatha befindet sich ein zugängliches Beispiel.

Vishnu-Darstellungen

Bei Vishnu-Tempeln steht statt des Lingas der Shiva-Tempel in der Mitte des Schreins eine Chaturmurti-Stele: *murti* ist die Form oder das Bildnis, Chaturmurti ist die ›viergestaltige‹ Gottheit. Vishnu steht in vierfacher Gestalt um eine pfeilerförmige Stele. Das bedeutendste, sehr heilige Beispiel ist das Chaturmurti-Bildnis im Narayana-Tempel in Narayanhiti beim heutigen Königspalast in Kathmandu. Es wurde von dem Licchavi-König Vishnugupta im 7. Jh. gestiftet. Auch die Kultbilder des Char Narayana-Tempels in Lalitpur (1566) und des Jagannatha-Tempels in Kathmandu (1563) sind in dieser Art.

Tragetiere und Säulen

Vor den Tempeln sind verehrend Tragetiere *(vahana)* der Gottheiten aufgestellt, so bei Shiva der Stier Nandi, ›der Glückliche‹, und bei Vishnu der mythische Vogel Garuda. Die vor dem Changu Narayana-Tempel errichtete Siegessäule mit der Inschrift König Manadevas (464 n. Chr.) ist die älteste Garuda-Säule vor einem Tempel im Kathmandu-Tal.

Garuda, der jetzt auf dem Boden kniet, hat ehemals die Säule bekrönt. Wahrscheinlich ist sein Gesicht ein Porträt des Königs. Ein weiteres frühes Beispiel ist die Garuda-Säule (6./7. Jh.) vor dem Satya Narayana-Tempel in Hadigaon nördlich von Deopatan. Die Garuda-Säule vor dem Krishna Mandir in Lalitpur (1637) ist das einzige Beispiel seiner Art auf einem Darbar-Platz der Malla-Zeit. Dagegen sind die hohen Säulen mit den vergoldeten Stifterstatuen von Königen für die Darbar-Plätze der drei Malla-Hauptstädte charakteristisch geworden. Bei diesem neuen Bildtyp für die königliche Selbstdarstellung erscheinen Pratapa Malla in Kathmandu (1670),

Garuda auf seiner Säule in Bhaktapur

Vishnu-Darstellung aus Pashupatinatha: Der Gott auf Schlangen im kosmischen Ozean ruhend

Bhupatindra Malla in Bhaktapur (1722) und Yoganarendra Malla (1684–1705) in Lalitpur in ihren prachtvollen Mogul-Kostümen verehrend vor den Tempeln der Hausgöttin Taleju und Degutale. Diese Sitte wurde außerhalb des Tals sogar in Gorkha nachgeahmt. Urahne der freistehenden Säulen mit Figuren ist letztlich die Ashoka-Säule in Lumbini, die ursprünglich ein Pferd trug.

Shikhara-Tempel

Die riesigen Monolithe der Säulen, die tief in die Erde versenkt werden mußten, um stehen zu können, zeigen, daß die Kunst der Steinbearbeitung beherrscht wurde. Als Baumaterial wurde Stein bei Pagoden nicht verwendet, sondern vorzugsweise beim Tempeltyp des Shikhara. Neben Schreinen in der Form traditioneller nepalischer Pagoden mit gestuften Dächern wurden im Kathmandu-Tal Tempel gebaut, die einen kurvig gebogenen Turmaufbau über der Kultbildzelle besitzten. Dieser Typus heißt Shikhara, ›Bergspitze‹. Shikhara-Tempel waren im 13./14. Jh. in West-Nepal im Gebiet des alten Khasa-Königreichs verbreitet, möglicherweise früher als im

Kunst

Kathmandu-Tal. Eines der ältesten belegten Beispiele des Kathmandu-Tals ist der Narasimha-Tempel (1589) auf dem Darbar-Platz in Lalitpur. Der zentrale Shikhara-Turm hat vorgebaute Pavillons auf allen vier Seiten. Obwohl viele Shikharas wie die Pagoden in Ziegel errichtet wurden, hat sich für diesen Typus behauener Stein als geeignetes Baumaterial durchgesetzt. Beim Krishna Mandir (1637) und beim achtseitigen Chasilin Devala (1723, beide auf dem Darbar, Lalitpur) verbindet sich die Tradition des Shikhara-Turms mit Elementen zeitgenössischer Mogul-Architektur Nord-Indiens. Shikhara- und Pagoden-Tempel haben als Dachspitze ein glocken- oder stupaförmiges Element *(gajura)* in vergoldeter Bronze, manchmal auch einen Miniatur-Shikhara, wie im Falle der privaten Familientempel im Palast in Kathmandu und in Lalitpur.

Brunnen und Ghats

Eine bedeutende Rolle in der Stadtarchitektur, aber auch in den Palästen, spielen große, oft tief in die Erde versenkte Brunnenbecken, Dhara oder Hiti, die in einer Nachbarschaft als Wasserquelle, Bad, Waschraum und vor allem als sozialer Mittelpunkt dienen. Bei manchen sind alte Steinskulpturen an den Rändern der stufenförmigen Terrassen aufgestellt oder in Nischen in die Wand eingelassen, die die Dhara zu besonderen Sammelplätzen für die Kunstwerke der Vergangenheit, die aus ihrem ursprünglichen Zusammenhang gerissen wurden, machen. Beispiele in Lalitpur sind Konti Hiti beim Kumbheshvara-Tempel und Chakbalho Hiti vor dem Minanatha-Tempel. Das Wasser fließt aus großen steinernen Wasserspeiern, die in Form von Fabelwesen, Makara, gehauen sind. Oft ist der Weise Bhagiratha mit dem Muschelhorn unterhalb des Wasserspeiers dargestellt, der die himmlische Ganga auf die Erde herablenkte. Gespeist werden diese Dhara durch ein Kanalsystem aus Tonröhren. Auch der Ablauf ist vorgesehen. Am Rand der Städte sollen große gemauerte Wasserreservoirs, Pokhari, helfen, die langen Trockenzeiten des Jahres zu überwinden. Eindrucksvolle künstliche Seen dieser Art liegen im Westen vor Bhaktapur.

Der Zutritt zu Flüssen an besonders markanten heiligen Stellen, wie Einmündungen anderer Gewässer oder in der Nähe der Schluchten von Pashupatinatha und Gokarna, ist mit aufwendigen Stufenanlagen, Ghat, gestaltet, die bis ins Wasser führen. Vorzugsweise stehen an diesen Stellen Shiva-Tempel oder die Schreine von weiblichen Gottheiten, die Erscheinungsformen von Durga sind. Vishnu-Heiligtümer haben dagegen keinen Bezug zum Wasser. Diese Ghats können für alle alltäglichen Verrichtungen verwendet werden, so wie die Dharas in den Städten. Hinzu kommen rituelle Reinigungen und das Verbrennen der Toten, das außerhalb der Städte am Flußufer vollzogen wird. Dafür sind runde steinerne Podeste vorgesehen, von denen aus die Asche dem Fluß übergeben wird.

»In den Dörfern bemerkte man zwischen den netten Häusern eine Menge kleiner Kapellen, einfache, mit einem Dache überbaute Steinerhöhungen, welche Lingams und Götterbilder enthielten; auch Tempel von sechs Stockwerken, zierliche Brunnen, tief ausgemauert und mit steinernen oder metallenen Ausgußröhren versehen.«
Dr. Hoffmeister

Metallbearbeitung

Metallbearbeitung

Künstler und Kunsthandwerker wie Maler und Metallhandwerker gehören zu Kasten, die nur ein geringes soziales Ansehen haben. Ihre Arbeit richtet sich nach Handbüchern, in denen Körper- und Handhaltung, Gesichtsausdruck, Farbe, Embleme und Kleidung der Figuren genau vorgeschrieben sind. Die Übereinstimmung des Werks mit dem ikonographischen Kanon ist die Voraussetzung für die kultische Richtigkeit. Nur dann kann sich eine Verbindung zwischen Figur und Gottheit, deren Erscheinungsform genau festgelegt ist, ergeben.

Alles wird kunsthandwerklich bearbeitet - nicht einmal ein einfaches Schloß bleibt ohne Schmuck (Tor in Bhaktapur)

Kunst

Die führende Kunst während der Malla-Zeit war die Metallkunst. Vergoldete Bronze und Kupfer galten mehr als Holz und Stein. Vom vergoldeten Tempelschmuck bis zu schlichten Gebrauchsgegenständen für den Haushalt gab es ein florierendes Metallhandwerk. Die Vielfalt der Haushaltsutensilien läßt sich noch an den Votivgaben am Adinatha-Tempel in Chobar studieren. Die meisten kleineren Kultfiguren der Zeit sind aus Bronze. Heute benutzen die Bildhauer meist das preiswertere Messing. Zwei Herstellungstechniken sind vorherrschend. Die erste ist das Gußverfahren der verlorenen Form, bei der der Handwerker die Figur in Wachs über einem groben Tonkern modelliert und dann mit einer anschmiegsamen Schicht aus Lehm und Reisschalen überzieht, die die Gußform bilden soll. Nachdem die Schicht getrocknet ist, wird das Wachs zwischen Gußform und Kern ausgeschmolzen und in den entstandenen Hohlraum die Bronze oder das Messing gegossen. Nach dem Erkalten des Metalls wird die Oberfläche des Stücks geschliffen, poliert und die feinen Details werden eingraviert. In manchen Fällen wird die Figur noch ganz- oder teilvergoldet.

Das andere Verfahren ist die Treibarbeit. Bei dieser Technik werden Kupferbleche von der Rückseite in die gewünschte Form getrieben. Diese Technik hat die großflächige verschwenderische Fülle des Metallschmucks der Tempelfassaden, beispielsweise in Svayambhunatha, ermöglicht. Große Figuren, wie die Königsstatuen auf den Darbar-Plätzen, sind in einer Kombination von Treibarbeit und Gußtechnik hergestellt.

Zwar wird heute viel produziert, aber es gibt nur noch wenige gute Handwerker. Ihre Aufträge stammen hauptsächlich von tibetischen Gompas, von denen in den letzten Jahrzehnten in Nepal viele neu gegründet wurden. Ein Zentrum der Metallhandwerker ist die Gegend des Mahabuddha-Tempels in Lalitpur. Eines der Kriterien zur Beurteilung der Qualität des Stücks ist die Sorgfalt, mit der auf der Vorder- und Rückseite feine Details ausgeführt wurden. Nicht zuletzt auch Hände und Füße verraten dies; Finger und Zehen sollten einzeln ausgearbeitet sein.

Malerei

Malerei hat im traditionellen Kult des Kathmandu-Tals nicht die Bedeutung gehabt wie Skulptur. Das Hauptkultbild ist immer eine Skulptur, Fresken spielen eine begleitende Rolle. Neben Illustrationen auf Palmblattbüchern und Buchdeckeln ist eine wichtige alte Bildform die Tempelfahne. Die Bilder sind auf Stoff gemalt und können eingerollt werden. Sie werden in Sanskrit als Pata, in Newari als Paubha und in Tibetisch als Thangka bezeichnet. Diese Malerei hatte sich hauptsächlich in Tibet erhalten. Durch die tibetischen Flüchtlinge ist sie in Nepal wiederbelebt worden. Die vielfigurigen, stark farbigen Bilder werden in großen Mengen hergestellt. Wie bei

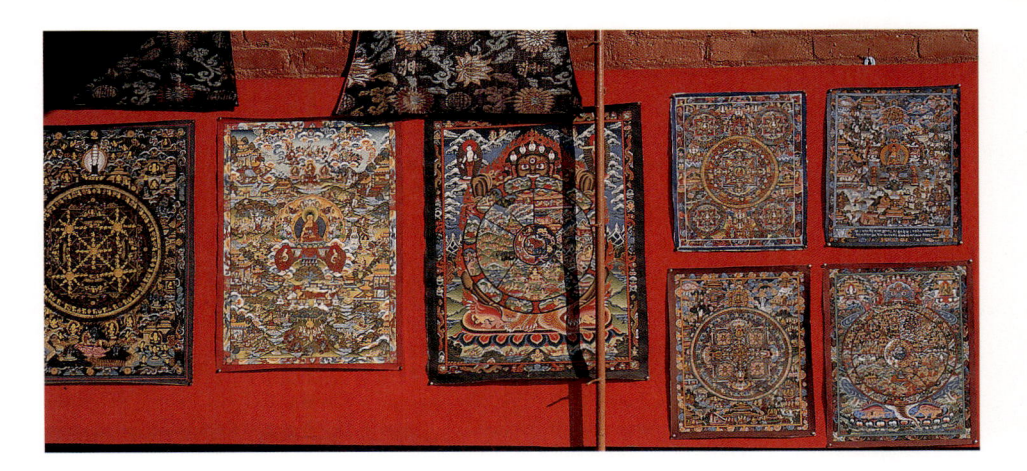

Die moderne Thangka-Malerei hält sich manchmal nicht mehr an die alten ikonographischen Angaben

den Bronzefiguren ist ein wichtiges Kriterium für gute Arbeiten die Qualität der Details.

Neue Ansätze in der Malerei kommen aus volkstümlichen Quellen. Perma und Gyaltsen Sherpa, zwei Brüder aus dem Dorf Khumjung, haben sich von den engen ikonographischen Vorschriften der Thangka-Malerei gelöst und phantastische Gebirgsszenerien geschaffen, die von Yaks und Wolken belebt sind. Dieser naive Malstil wurde von Binod Moktan, einem früheren Thangka-Maler, auch auf das Kathmandu-Tal übertragen.

Einer anderen Quelle entstammt die Malerei aus Mithila. Mit diesen Bildern haben Frauen ursprünglich die Lehmwände ihrer dörflichen Häuser in Mithila, heute Janakpur, geschmückt. Gefördert durch ein Frauenprojekt, werden die großfigurig, volkstümlich flächigen Motive in Tempera auf Papier gemalt. Sie werden auch in Kathmandu angeboten.

Die Situation der Handwerker heute

Die nepalische Gesellschaft durchlebt einen radikalen Umbruch. Dieser wirkt sich auch auf die Künste aus. Metallarbeiten, Holzschnitzereien und Malerei sind Ausdrucksformen, deren ehemaliger religiöser Sinn mit der alten Schicht der Auftraggeber untergegangen ist. Abgesehen von den großen, mit ausländischen finanziellen Mitteln durchgeführten Restaurierungsprojekten, die der Holzschnitzerei zu einem Wiederaufleben verholfen haben, sind die Touristen die einzige Kundschaft, die sich anbietet. Mit ihnen als bedeutendsten Abnehmern für Malerei und Metallkunst wandelt sich das Wesen des Produkts, aus religiöser Kunst wird ein Andenken. Technik und Form bleiben allerdings vorerst die gleichen.

Galerie bedeutender Persönlichkeiten

A-ni-ko (1243–1306)
Skulpteur, machte eine für das Weltreich der Mongolen charakteristische internationale Karriere: Er wurde an der Spitze einer Gruppe von 80 Künstlern nach Tibet berufen, um dort einen goldenen Stupa zu erbauen. A-ni-ko vollendete seine künstlerische Laufbahn am Hof Kubilai Khans in China.

Ashoka (reg. ca. 269–232 v. Chr.)
Ashoka war Kaiser des ersten indischen Großreiches, um 250 v. Chr. besuchte er den Geburtsort Buddhas, Lumbini, und errichtete dort eine steinerne Säule. Diese Ashoka-Ediktsäulen und -felsen sind die ältesten Schriftdenkmäler in Indien. Der Legende nach soll der Herrscher auch im Kathmandu-Tal gewesen sein.

Die Inschrift des Kaisers Ashoka in Lumbini ist eines der ältesten Schriftdenkmäler des indischen Subkontinents

Buddha (ca. 563–483 v. Chr.)
Der historische Buddha wurde als Prinz Siddharta in Lumbini im Terai geboren. Er wird auch Shakyamuni, ›der Weise aus dem Geschlecht der Shakya‹, genannt, da er aus der Adelsrepublik der Shakya stammt, deren gewählter Herrscher sein Vater war. Buddha ist ein Mensch, der die vollkommene Erleuchtung verwirklicht hat und daher, vom Kreislauf der Wiedergeburten befreit, ins ewige Verlöschen, Nirvana, eingegangen ist.

Galerie bedeutender Persönlichkeiten

Chandra Shamsher (reg. 1901–1929)
Er war der zweite Rana Premierminister, der eine Reise nach London (1908) unternahm. Nach dem Ersten Weltkrieg führte er einige wenige soziale Reformen, wie z. B. die Abschaffung des Brauchs der Witwenverbrennung (Sati, 1924) und der Sklaverei (1926) durch. Dazu kamen Ansätze einer Industrialisierung, die er förderte. Prägend für die Zeit sind die riesigen Palastbauten, Regierungs- und Privatpalast Singha Darbar (1901), die königliche Thronhalle Gaddi Baithak im Hanuman Dhoka-Palast (1908) und der Kaiser Mahal (1926).

Dr. Alois Anton Führer
Er arbeitete für den Archaeological Survey of India und entdeckte 1895/1896 in Rummindei im Terai eine Säule, die Kaiser Ashoka um 250 v. Chr. in Erinnerung an seine Wallfahrt aufstellen ließ. Durch die Inschrift auf der Säule konnte der unbekannte Ort im Urwald als Geburtsstätte Buddhas, Lumbini, identifiziert werden.

Gunakamadeva
Als König (um 990–998) im Kathmandu-Tal ist er die herausragende Gestalt des »Dunklen Zeitalters« der nepalischen Geschichte, in der er die Rolle eines Kulturheros spielt. Ihm werden erstaunlich viele Neueinrichtungen zugeschrieben, nicht zuletzt die Gründung Kathmandus und anderer Ortschaften.

Jayasthiti Malla (reg. 1382–1395)
Er war der bedeutendste Herrscher der frühen Malla-Periode und stammte aus einer Familie in Maithili im Terai. Verheiratet war er mit der Thronerbin von Bhaktapur, die die Enkelin des letzten Königs von Simraungarh war. Jayasthiti Malla ist der Schöpfer einer eigenen nepalisch-newarischen Kultur und Nation, die sich deutlich von dem damaligen muslimischen Nord-Indien absetzt.

Jang Bahadur Rana (reg. 1846 bis 1877)
Jang Bahadur Rana wurde nach dem Kot-Massaker 1846 Premierminister Nepals. Er ist der Begründer der bis 1951 währenden Rana-Autokratie, bei der der König nur eine nominelle Rolle spielte. 1850 reiste Jang Bahadur zu einem Staatsbesuch nach Paris und London und unterstützte konsequent die britische Herrschaft in Indien. In seiner Regierungszeit erhielt Nepal als Belohnung für die Unterstützung bei der Niederschlagung des Indian Mutiny (1855) einen Teil der 1816 verlorenen Gebiete im Terai zurück.

Juddha Shamsher Rana
Juddha Shamsher Rana war von 1931–1945 Premierminister. Er war es, der die Gründer der fortschrittlichen Prajaparishad Party, an die das große Märtyrerdenkmal in Kathmandu erinnert, 1941 hinrichten ließ.

Jang Bahadur Rana mit Gewehr und Ehrenschirm auf einer Säule vor dem Kalamochana-Tempel in Kathmandu

Galerie bedeutender Persönlichkeiten

Keshar Shamsher Rana (1892–1968)
Als Sohn von Premierminister Chandra Shamsher war er schon per Geburt General und wurde jung mit einer Schwester König Tribhuvans verheiratet. Er machte eine Weltreise und aus seiner Verehrung für Kaiser Wilhelm II. änderte er seinen Namen Keshar in Kaiser, den er auch auf den Palast übertrug, daher Kaiser Mahal. 1933/34 führte er Ausgrabungen in Lumbini durch; er war Verteidigungsminister (1951–1952) und Botschafter in London. Kaiser Mahal birgt noch heute seine umfangreiche Bibliothek westlicher, vornehmlich englischer Belletristik, die nach seinem Tod 1968 von seiner jungen Frau dem Staat geschenkt wurde (Keshar Library, öffentlich zugänglich).

Lalit Tripura Sundari Shah
Sie führte von 1805 bis zu ihrem Tod 1832 die Regentschaft für zwei unmündige Könige. Sie war die jüngste von fünf Königinnen von König Rana Bahadur Shah (reg. 1777–1799, ermordet 1806). Anstelle des legitimen Erben der zweiten Frau hatte dieser nämlich den Sohn der Lieblingskönigin Kantimati (gest. 1800), Girvan Yuddha Bikram (1797–1816, reg. 1799–1816) zum Thronfolger ernannt und zu dessen Gunsten abgedankt.

Der Weg von Lalit Tripura Sundari zur Macht war frei, als Premierminister Bhimsen Thapa die erste Königin, die bisherige Regentin für Girvan Yuddha, zwang, mit ihrem erschlagenen Mann Sati zu begehen. Lalit Tripura Sundari übernahm zunächst die Regentschaft für den Stiefsohn Girvan Yuddha, der 1816 an Pocken starb, und danach für den Stiefenkel Rajendra Bikram Shah (1813–1881, reg. 1816–1847).

Während dieser Periode verlor Nepal die Angriffskriege gegen Britisch-Indien; der Hanuman Dhoka-Palast wurde modernisiert.

Lalit Tripura Sundari ließ sich als erste Frau in traditioneller Weise auf einer Säule abbilden

Mahendra Malla (reg. 1560–1574)
Unter dem König Mahendra Malla von Kathmandu, der Zeitgenosse des Mogul-Kaisers Akbar (1556–1605) war, erlebte Kathmandu einen großen wirtschaftlichen Aufschwung, besonders im florierenden Tibet-Handel. Er errichtete wichtige Teile des Hanuman Dhoka-Palastes, vor allem den großen Taleju-Tempel (1564), der der neue unübersehbare kultische Mittelpunkt der Stadt wurde.

Manadeva (reg. 464–505)
Er regierte als König der Licchavi-Dynastie das Kathmandu-Tal. Die Inschrift König Manadevas auf der Säule in Changu Narayana (464 n. Chr.) in klassischem Sanskrit und in der Schrift der zeitgenössischen indischen Gupta-Dynastie ist das älteste Schriftdokument im Kathmandu-Tal. Sie berichtet u. a. von den Eroberungszügen dieses Königs, die sein Herrschaftsgebiet entlang der Flüsse weit über die Grenzen des Tales ausdehnten. Er förderte neben dem Vishnuismus auch den Buddhismus und den Shivaismus.

Galerie bedeutender Persönlichkeiten

»Wir stiegen ab und wurden hineingeführt; doch hatten wir kaum Platz genommen, als die Ankunft des MInisters Martabar Singh (Großherziger Löwe) angekündigt wurde. Er erschien gleich einer aufgehenden Sonne, ganz in Goldstoff gekleidet, von Gold, Diamanten, Smaragden und Perlen strahlend, von Sandel und Rosenöl duftend, daß es den Athem benahm. Auf der Brust trug er drei große Goldplatten mit Insignien und Inschriften, die Zeichen seiner Würde, um den Hals dicke Perlenschnüre, auf dem Kopfe den flachen nepaulesischen Turban von chinesischem Brokat, mit Perlen besetzt und einem Paradiesvogel darauf, in den Ohren große Goldreife, Brillantringe an den Armen und allen Fingern.
Ein hohes, weißes Roß mit blauen Augen und goldenem Geschirr trug ihn.«
Dr. Hoffmeister

Mathabar Singh Thapa
Mathabar Singh Thapa war von 1843–1845 nepalischer Premierminister. Am 17. Mai 1845 wurde er bei einem Komplott der Königin Rajya Lakshmi Devi Shah von seinem Neffen Jang Bahadur Rana ermordet. Nur drei Monate vorher hatte Mathabar Singh Prinz Waldemar von Preußen zu Gast (s. S. 85).

Galerie bedeutender Persönlichkeiten

Die Inschrift Pratapa Mallas

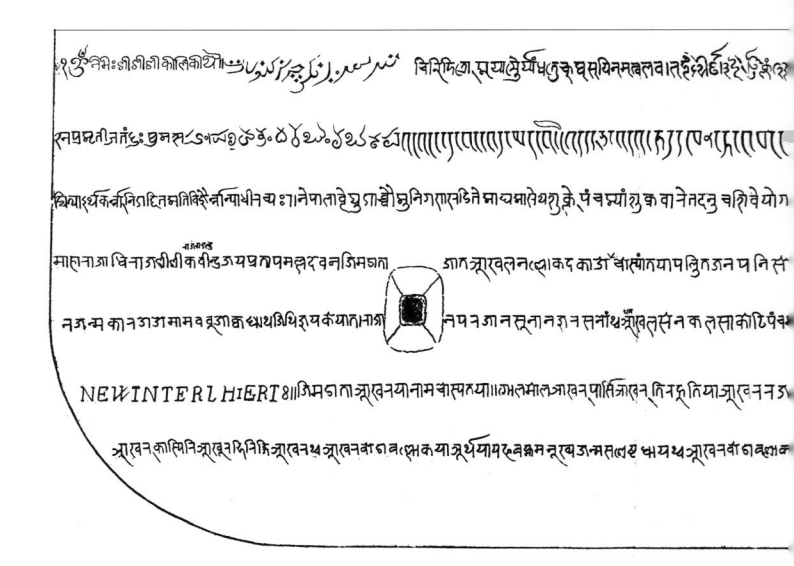

Matsyendranatha (um 1200)
Der große Magier stammt aus dem benachbarten Königreich Kamarupa; Matsyendranatha und Gorakhnatha – ein Yogi, der den Shiva-Kult förderte und als Inkarnationen Shivas gilt – standen wahrscheinlich in einem Lehrer-Schüler-Verhältnis. Matsyendranatha (›Herr des Fisches‹) wurde später in das buddhistische Pantheon als Wasser- und Regengottheit aufgenommen.

Padmasambhava
›Der aus dem Lotos Geborene‹, indischer buddhistischer Lehrer (Acharya) erhielt um 786 die Einladung des tibetischen Königs, ins Schneeland zu kommen, um die ›Dämonen‹ zu vertreiben. Durch übernatürliche Fähigkeiten *(siddhi)* bezwang er sie und machte die Bön-Götter zu buddhistischen Schutzgottheiten. Er hatte fünf Frauen, Yoginis, darunter die Tochter des Königs von Soar, die ihm aus Indien nach Tibet gefolgt war, und auch zwei nepalische Gemahlinnen.

Pratapa Malla (reg. 1641–1674)
Er war König von Kathmandu und eine exzentrische Persönlichkeit. Pratapa nahm den Titel Kavindra, ›König der Dichter‹, an. Er verehrte den Mogul-Herrscher Jahangir (reg. 1605–1627) wegen dessen Architektur- und Kunstverständnis und war außerdem ein Zeitgenosse des berühmten 5. Dalai Lama (1617–1682). Pratapa Malla war, nach Mahendra Malla, einer der ganz großen Kunstförderer in Kath-

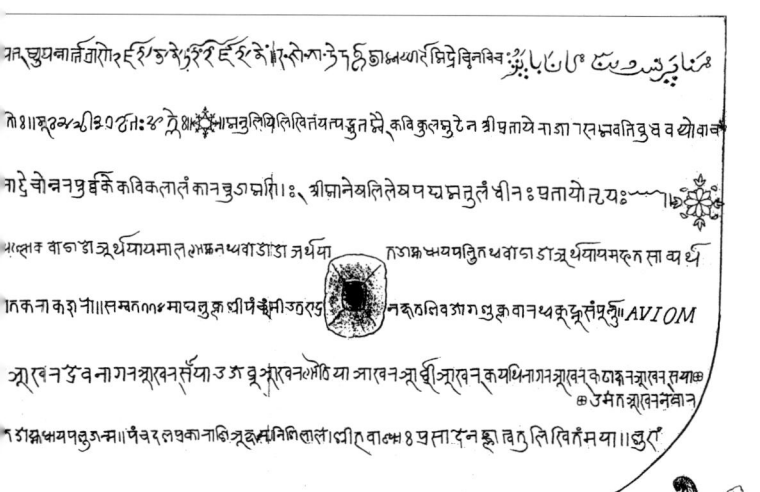

mandu. Vor allem verewigte er sich in Inschriften und ganz besonders in den Monumentalskulpturen der Licchavi-Zeit, die er in und um den Hanuman Dhoka-Palast aufstellen ließ. Durch ihn gelangte auch die Figur Hanumans, nach der das Portal *(dhoka)* und die ganze Anlage seit 1672 Hanuman Dhoka genannt wird, vor das Palastportal.

Prithvi Narayan Shah (1723–1775)
Er gilt als »Baumeister der Nation«, wurde 1743 König von Gorkha und begann sofort mit militärischen Angriffen auf das Kathmandu-Tal. Schon 1744 eroberte er Nuwakot und kontrollierte damit eine der beiden wichtigen Straßen von Kathmandu nach Tibet. Im Süden des Kathmandu-Tals gewann er 1762 Makwanpur (Terai), im Kathmandu-Tal eroberte er – nach zwei vergeblichen Anläufen – 765 Kirtipur, schließlich 1768 Kathmandu und Lalitpur und zuletzt Bhaktapur 1769. Er machte Kathmandu und den Hanuman Dhoka-Palast zum Sitz seiner Herrschaft.

Rajyavati
Sie war die Mutter von König Manadeva (464–505), eine aus Indien stammende Prinzessin, die sich auf Bitten ihres Sohns Manadeva nicht mit der Leiche ihres Mannes, König Dharmadeva (um 450–464), verbrennen ließ. Anschließend unterstützte sie aktiv die Politik ihres Sohns.

Galerie bedeutender Persönlichkeiten

Rama Shah (reg. 1606–1623)
Der König von Gorkha gilt als Reformer. Er führte ein System von Maßen und Gewichten ein, kodifizierte das Recht und verbesserte die Rechtsprechung. Seine Eroberungen in Tibet bedrohten zeitweise die wichtige Handelsroute von Kathmandu über Nuwakot nach Tibet.

Riddhi Lakshmi
Witwe von König Parthivendra (reg. 1680–1687), die für ihren unmündigen Sohn Bhupalendra (König 1687–1700) die Regierung führte. Ihr Premierminister Lakshmi Narayan Joshi wurde 1690 im Palast ermordet. Sie ließ Changu Narayana (1694) und Pashupatinatha (1696) wieder aufbauen.

Siddhinarasimha Malla (1619–1661)
Siddhinarasimha Malla war König von Lalitpur. Unter ihm erlebte die Stadt das Goldene Zeitalter ihrer Baukunst: Vishveshvara-Tempel (1627) und Krishna-Tempel (1637), das Mogul-Kleinod der nepalischen Architektur, wurden errichtet. Dem Palast fügte er den Degutale-Tempel und besonders Sundari Chok (1647) hinzu. Siddhinarasimha Malla dankte zugunsten seines Sohns Shrinivasa Malla ab.

Prinz Waldemar von Preußen (1817- 1849)
Der Prinz machte auf seiner Indien-Reise einen Abstecher nach Nepal und war vom 10.–27. Februar 1845 im Kathmandu-Tal, begleitet von Graf Eduard von Orilla, der schon mit Prinz Adalbert nach Brasilien und auf dem Amazonas gereist war, Graf von der Gröber, einem Jugendfreund des Prinzen, und dem Arzt und Naturforscher Dr. Hoffmeister. »Zur Erinnerung an die Reise des Prinzen Waldemar von Preußen nach Indien in den Jahren 1844–1846« erschien nach dem frühen Tod Waldemars 1853 ein prachtvoll illustriertes Erinnerungsbuch.

Xuanzang
… oder auch Hsüan-tsang, war ein chinesischer Pilger, der von 629 bis 645 durch die buddhistischen Länder reiste. Aus seinen Aufzeichnungen wissen wir über die Existenz und die Sehenswürdigkeiten von Lumbini.

Yoganarendra Malla
Yoganarendra Malla war von 1684–1705 König von Lalitpur. Seine Säule und Figur stehen vor dem Degutale-Tempel; für ihn wird noch täglich Essen und das Bett im Palast bereitet. Er wurde vergiftet, als er einen Angriff gegen Bhaktapur vorbereitete und hinterließ keinen legitimen Thronerben. Angeblich sollen mit seiner Leiche auch seine 31 Königinnen verbrannt worden sein.

Die Reise des Prinzen Waldemar von Preußen

Der erste deutsche Tourist in Nepal

Nepal war für Europäer vom späten 18. Jh. bis 1950 ein verbotenes Land. Zwar gab es in Kathmandu seit 1816 einen britischen Residenten und eine kleine britische Garnison, das änderte aber nichts an der nepalischen Politik, jeden Kontakt der eigenen Bevölkerung mit dem Westen zu vermeiden. Wer der erste deutsche Tourist war, der unter diesen Verhältnissen Nepal während der Shah-Dynastie besuchte – diese Frage läßt sich beantworten: Prinz Waldemar von Preußen bekam als erster Deutscher die Einreiseerlaubnis. Die Reise des Prinzen und seiner Begleiter im Februar und März 1845 nach Nepal war ein Abstecher von der großen Rundreise durch das britische Indien. Sie hatte den Charakter eines privaten fürstlichen Besuchs. Prinz Waldemar von Preußen (1817–1849) war ein Enkel des preußischen Königs Friedrich Wilhelm II. Bildungs- und Forschungsreisen waren ein wichtiges Thema der Familie. Prinz Waldemar hatte bereits in Begleitung seines Vaters Prinz Wilhelm von Preußen (1783–1851), der Generalgouverneur der Rheinprovinz und von Westfalen war, zusammen mit seinem älteren Bruder Adalbert das Schweizer Alpengebiet und Italien bereist. Prinz Adalbert (1811–1873) unternahm 1842–1843 »seine denkwürdige und lehrreich beschriebene Expedition nach Brasilien und dem Amazonasstrome«, wie der Naturforscher Alexander von Humboldt (1769–1859) sie bezeichnet. Als Pendant zur Brasilien-Reise seines Bruders reiste Prinz Waldemar 1844–1846 nach Indien. Die Gruppe seiner Begleiter bestand aus Graf Orilla, der schon mit Prinz Adalbert in Brasilien gewesen war, Graf von der Gröber, dem Jugendfreund des Prinzen, dem Leibarzt und Naturforscher Dr. Werner Hoffmeister und Unteroffizier Karl Werner, der als einziger Indien-Erfahrung besaß.

Die Abreise von Berlin war am 3. September 1844. Die Fahrt ging über Triest und Ägypten. Mitte November gelangte man in Ceylon an. Madras war die nächste Station. Über See erreichte man Anfang Januar 1845 die Ganges-Mündung. In Calcutta wohnten Prinz Waldemar und seine Begleiter im Palast des Generalgouverneurs Lord Hardinge, der ein Freund von Waldemars Vater aus den Tagen von Waterloo war. Am 19. Januar reisten die Herren weiter nach Patna. Am 31. Januar war Aufbruch nach Nepal, nachdem die Gesellschaft bis zum Schluß im ungewissen geblieben war, ob ihr der Eintritt erlaubt würde. Am 4. Februar erreichte man die Grenzwaldung im Terai. Der Weg nach Kathmandu entsprach etwa der Route des heutigen Tribhuvan Rajpath über Churia Ghati und die Talebene von Hetauda. Ab Bhainse verlief der Anstieg auf einer Abkürzung über Bhimpedi, Chisapani und Chitang nach Thankot. Nach dem

»Dr. Hoffmeister trat an das Piano und spielte einige Walzer. Dann erschienen vier Tänzerinnen und zum großen Erstaunen setzte sich deren eine ebenfalls an das Instrument und trug ein paar deutsche und englische Stücke vor, darauf mit einer zweiten zusammen einige quatre-mains, dann auf dem Aeolodikon eine Kantate und zuletzt Stücke auf der Orgel. Als der Prinz erfahren, daß sie selbst komponire und indische und nepälesische Gesänge in Musik gesetzt habe, mußte sie dieselben vorspielen und mit ihrer Genossin zusammen singen; sie klangen ganz melancholisch und lieblich, obgleich etwas eintönig. Martabar erzählte von dieser Virtuosin, seiner Lieblings-Sklavin oder Frau, die er in Kalkutta hatte ausbilden lassen, daß sie eben so trefflich mit der Büchse schieße als auf dem Klavier spiele, und eben so tapfer als klug sei; ihm selbst habe sie auf einer Tigerjagd das Leben gerettet. Sie wurde auch sehr hoch geachtet.«

Prinz Waldemar von Preußen

Zeitgenössische Darstellung von Nuwakot, das Prinz Waldemar bereiste

beschwerlichen Weg erreichte die Gruppe sechs Tage später Kathmandu am 10. Februar. Am 27. Februar trat man von Kathmandu aus die Rückreise an. Am 3. März traf die Gruppe in der Grenzstation ein und beschloß den Nepal-Aufenthalt mit einer achttägigen Tigerjagd.

Waldemar erlebte Nepal während der kurzen Amtszeit des Premierministers Mathabar (Martabar) Singh Thapa (reg. 1843–1845), drei Monate vor dessen gewaltsamen Tod. Er wurde von seinem Neffen Kaji Jang Bahadur, dem späteren Jang Bahadur Rana, am 17. Mai 1845 in einem Komplott des Königs Rajendra ermordet. Unter der Shah-Dynastie wurde Nepal bis zur Mitte des 19. Jh. von Ministerpräsidenten regiert, von denen keiner eines natürlichen Todes starb. Mathabar Singh Tapa hatte es mit drei rivalisierenden Parteien zu tun: dem König, Rajendra Bikram Shah (1813–1881, reg. 1816–1847), dessen jüngerer Königin Rajya Lakshmi Devi Shah und dem Thronfolger. Sie war seit 1843 Mitregentin und unterstützte Mathabar zunächst, wollte aber ihren ältesten Sohn anstelle des legitimen Surendra zum Thronfolger machen. Die dritte Partei wurde angeführt von dem Thronfolger Surendra Bikram Shah (König 1847–1881), der den Vater entmachtet hatte und durch sein überspanntes Auftreten auffiel. Am 12. Februar fand die Vorstellung des Prinzen und seiner Begleiter bei Hofe statt. Der Empfang durch den alten König Rajendra Bikram Shah und den neuen König (den Thronfolger) Surendra Bikram Shah, von dem es einen Bericht von Prinz Waldemar gibt, fand nicht im Hanuman Dhoka-Palast statt, sondern im Arsenal. Das Empfangspalais dient heute als Teil des National Museums auf dem Weg nach Svayambhunatha.

Die Bewegungsfreiheit der Reisenden war streng auf das Kathmandu-Tal begrenzt. Ihr Interesse war besonders auf einen direkten Weg vom Terai zum Kathmandu-Tal entlang der Bagmati gerichtet, der von den Nepali aus Angst vor Eroberung streng abgeschirmt

»Trotz der ausgesuchtesten Höflichkeit Martabar Singhs gegen den hohen Gast gelang es doch nicht, die Erlaubniß zum weiteren Vordringen in das Innere des Landes und über dessen Grenzen nach Tübet von ihm zu erhalten. Auf eine sehr feine Art dies ablehnend, gestattete er dem Prinzen nur, bis Naokot zu gehen.«

Prinz Waldemar von Preußen

wurde. Auf dieser Reise auf der alten Tibet-Straße bis nach Nuwakot wurden, wie sonst auch, Landschaften und Gebäude gezeichnet und naturwissenschaftliche Beobachtungen angestellt. Das Besichtigungsprogramm im Kathmandu-Tal umfaßte Svayambhunatha und Pashupatinatha, Balaju, Budhanilkantha, eine Flußpartie nach Sankhamul und Bhaktapur. Standesgemäße Vergnügungen waren eine Jagd, eine Truppenrevue, ein Besuch in Mathabar Singhs Palast Bagh Darbar und die Teilnahme an der Hochzeitsfeier einer Tochter des Königs mit Feuerwerk.

Die Reise wurde durch mehrere Publikationen dokumentiert. Von Leibarzt Dr. Werner Hoffmeister aus Braunschweig, der in der Schlacht gegen die Sikhs am 21. Dezember 1845 gefallen war, erschienen 1847 postum »Briefe aus Indien«. Sie wurden zu einem Bestseller und auch ins Englische und Französische übersetzt. Prinz Waldemar starb 2 Jahre und acht Monate nach seiner Rückkehr am 17. Februar 1849. Sein Sarg ist in der Berliner Domgruft erhalten. 1853 ließen seine Geschwister, Admiral Prinz Adalbert von Preußen, Prinzessin Elisabeth von Hessen und Königin Marie von Bayern, Gemahlin von König Maximilian und Mutter von Ludwig II. »Zur Erinnerung an die Reise des Prinzen Waldemar von Preußen nach Indien in den Jahren 1844–1846« ein prachtvoll illustriertes Werk herausgeben. Als Textquellen dienten das Tagebuch, Aufsätze, Notizen und Briefe des Prinzen, außerdem die »Briefe aus Indien«. Die Einleitung verfaßte kein Geringerer als Alexander von Humboldt. Die große Masse der Handzeichnungen Waldemars wurde durch »talentvolle Künstler umgearbeitet und lithographiert«. Von diesem Prachtwerk erschien 1857 noch eine Textausgabe.

»Nach der Rückkehr auf den vaterländischen Boden wurde Prinz Waldemar wegen seines tapferen Benehmens in dem Feldzuge gegen die Sickhs zum General-Major ernannt. Das zurückgebrachte Herbarium umfaßt vier Hundert sechs und fünfzig Arten, unter welchen Hundert acht neu sind, und zwei Hundert siebenzig Gattungen. Ein hoher Strauch von der Familie der Rhodoraceen, ausgezeichnet durch Blüthenpracht und Belaubung, hat von Dr. Klotzsch den Namen Waldemaria argentea erhalten, weil sie der Prinz entdeckt hat.«

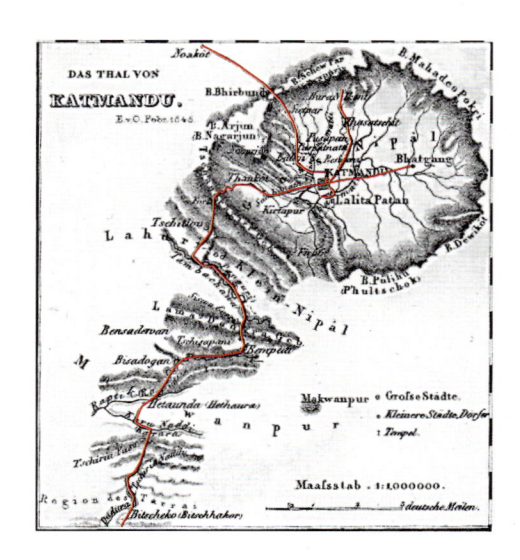

Die Reiseroute des Prinzen Waldemar

Reisen in Nepal

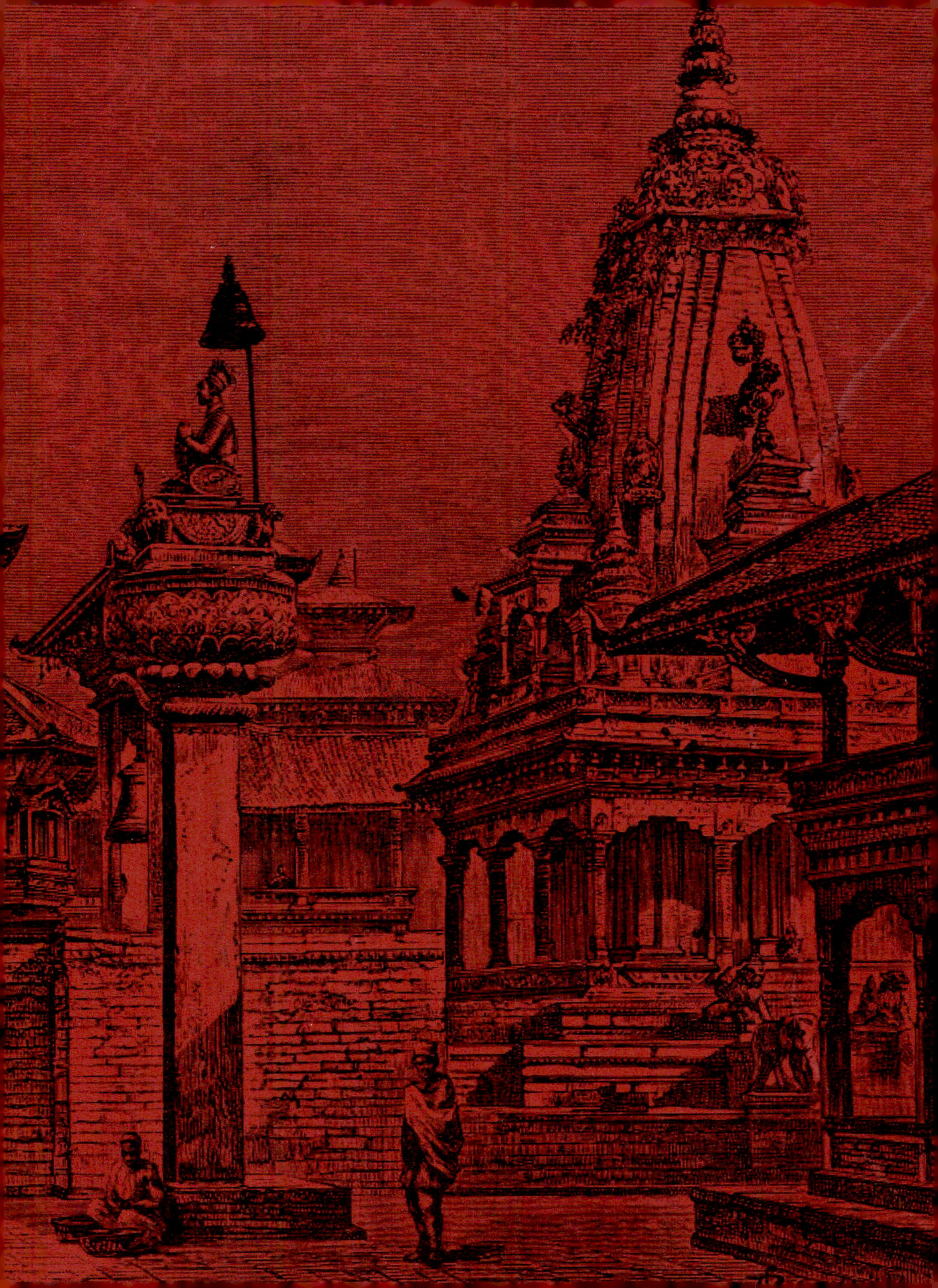

Kathmandu

Das alte Königreich Kathmandu

Erst der Eroberer Prithvi Narayan Shah machte 1768 Kathmandu zur Hauptstadt Nepals. In den drei Jahrhunderten davor, während der späten Malla-Zeit von 1482 bis 1768, war Kathmandu neben Bhaktapur und Lalitpur einer von drei Stadtstaaten im Tal. Die drei Städte waren formell gleichberechtigt, doch war Kathmandu immer das reichste der drei Geschwister. Die Fülle und die Größe der Bauten im Palastbezirk von Kathmandu demonstriert das heute noch unübersehbar. Die Stadt hat nach offiziellen Angaben ca. 419 000 Einwohner (1991), der gesamte Distrikt 670 000 (1991) bei einer Größe von 395 km².

Die Altstadt von Kathmandu liegt auf dem geschützten Steilufer am Zusammenfluß von Bagmati und Vishnumati. Sie hat die Form eines großen Rechtecks von etwa 5 km², das von der Vishnumati im Westen, der Bagmati im Süden, Kanti Path und Tundikhel im Osten klar begrenzt wird und nach Norden in den Stadtteil Thahiti übergeht.

Kathmandu
Besonders sehenswert
Balaju
Bodhnatha ☆
Changu Narayana ☆☆
Hanuman Dhoka ☆☆
Kashthamandapa
Kumari Chok ☆
Matsyendranatha-Tempel
Pashupatinatha ☆☆
Singha Darbar
Svayambhunatha ☆☆
Vajra Yogini

Geschichte

Die ersten Belege für die Existenz Kathmandus stammen aus der frühen Licchavi-Zeit im 4. Jh. Eine Neugründung in Nepals dunkler historischer Epoche, dem 10. Jh., verdankt die Stadt einer Legende zufolge König Gunakamadeva. Eines Nachts habe Göttin Mahalakshmi dem König im Traum aufgetragen, eine Stadt an der Mündung der Flüsse Vishnumati und Bagmati zu erbauen, denn dort wäre das Bildnis des Gottes von Kanteshvara. Täglich kämen Indra und andere Götter dorthin, um Lokeshvara zu besuchen. Die neue Stadt solle in Form des Schwertes der Devi erbaut werden und Kantipur, ›Stadt des Lichts‹, heißen. Der Handel solle darin blühen. Entsprechend gründete Gunakamadeva die Stadt an einem glückverheißenden Tag und verlegte seine Residenz von Lalitpur nach Kathmandu. Die Stadt erhielt 18 000 Häuser, und durch die Gnade der Göttin Mahalakshmi war Gunakamadeva imstande, einen goldenen Brunnen, Suvarnapranali, zu bauen, der an der Straße nach Thankot neben dem Bhimsen-Tempel liegt. Danach nannte er die Stadt Suvarnapranali-Kantipur. Dann siedelte der König in Kantipur verschiedene Gottheiten, die er hierher brachte, an. So Chandeshvari aus dem Osten und Raktakali aus Dakshin Kali, die in Kathmandu den Namen Kankeshvari erhielt. Auch erbaute er Tempel für die Neun Durgas, einmal innerhalb der Stadt und einmal um die Stadt herum.

Die Altstadt Kathmandus besteht traditionell aus zwei Teilen, einem oberen, nördlichen, und einem unteren, südlichen. Sie ent-

»Die Bänke zwischen den Flußarmen sind auf das Sorgfältigste von unten bis oben in Terrassen von 2 bis 4 Fuß Höhe abgetheilt, je nach der Steigung des Bodens, und zum Ackerbau benutzt. Es giebt dies dem Thale von Kathmandu das Ansehn eines Amphitheaters, in welchem diese Terrassen die Stufen ringsum bilden.«
Dr. Hoffmeister

◁ *Svayambhunatha*

Kathmandu

Stadtplan Kathmandu

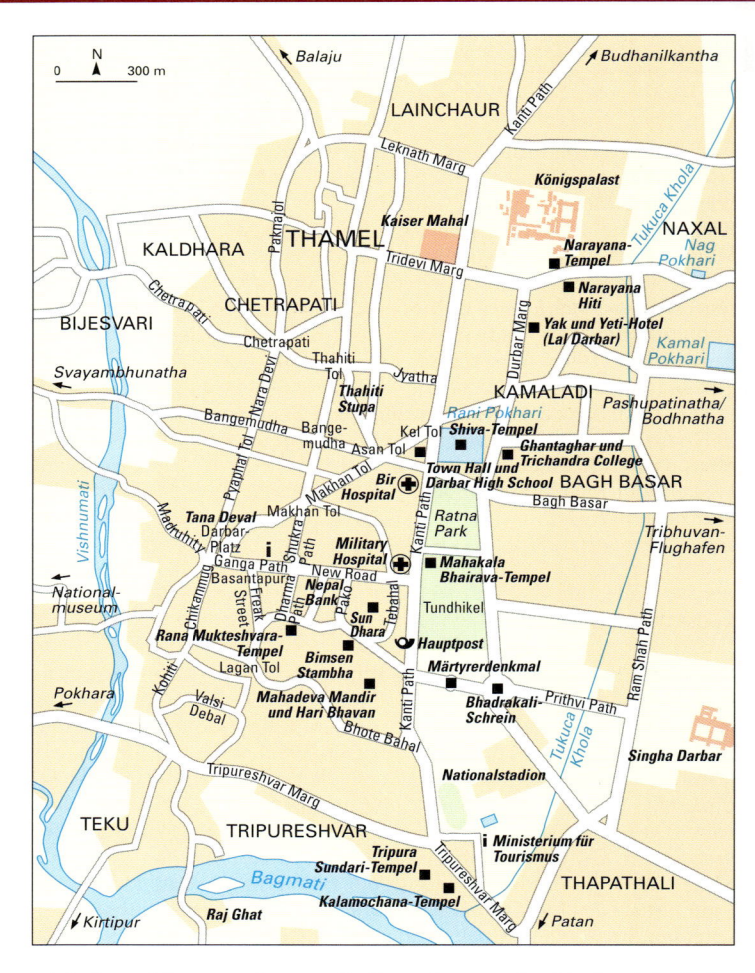

wickelten sich aus mehreren Siedlungskernen der Licchavi-Periode. Erst während der Malla-Zeit wuchsen sie zu einer Stadt zusammen. Die Trennlinie verläuft bei Makhan Tol, dem nördlichen Ende des Darbar-Platzes. Bis ins 19. Jh. wurde die Rivalität zwischen den zwei Stadtkernen bei einem jährlichen Kampf (mit Steinen als Waffen) zwischen den Einwohnern beider Seiten ausgetragen. Das Fest hatte nichts mit Folklore zu tun, denn verwundete Teilnehmer wurden weggeschleppt und am Kankeshvari-Tempel der Göttin geopfert. Der Brauch wurde erst abgeschafft, als der britische Resident, der dem Fest beiwohnte, von einem Stein getroffen wurde.

In der Zeit vor 1452 war Kathmandu in 12 *tol*, das sind Viertel oder Nachbarschaften, gegliedert, die von selbständigen Rajas beherrscht wurden. Später dehnte sich die Stadt auf 32 *tol* aus; sie war von einer Mauer umgeben, deren Reste noch bis ins 19. Jh. zu sehen waren. Der Prozessionsweg beim jährlichen großen Indra Yatra-Fest folgt noch heute dem Verlauf der ehemaligen Stadtmauern.

Das Stadtbild wird bestimmt durch eine Folge von parallel in nordsüdlicher Richtung verlaufenden Straßen, die von Ostweststraßen gekreuzt werden. Dieses Rastersystem wird von einer Diagonalen geschnitten, der Basarstraße, deren Verlauf mit einem uralten Handelsweg von Indien nach Tibet identisch ist. Dies deutet darauf hin, daß das Rastersystem jüngeren Datums ist als der Verlauf der Basarstraße. Die vereinheitlichende Stadtplanung geht auf König Mahendra Malla (1560–1574) zurück, der die Stadt entscheidend prägte. Nicht nur, daß er den riesigen Tempelberg für die Göttin Taleju Bhavani mitten in der Stadt errichtete, er legte die rechteckigen Straßenzüge an und holte viele Menschen nach Kathmandu.

Ursprünglich war Kathmandu eine hauptsächlich buddhistische Stadt. In den Vierteln nördlich und südlich des heutigen Altstadtzentrums sind, hinter den Straßenfronten verborgen, eine große Zahl klosterähnlicher Anlagen, die seit der Säkularisierung des Buddhismus zum städtischen Siedlungsraum gehören. Die Höfe kann man betreten. Manche sind noch kleine Museen nepalischer Kunst, die teilweise auf eine mehr als tausendjährige Geschichte zurückblicken können. Dagegen ist das Stadtzentrum mit dem Königspalast und den vielen Gedächtnistempeln der Malla-Zeit eindeutig hinduistisch geprägt; es trägt den Stempel der hinduistischen Herrscherschicht.

Vom Kashthamandapa zum Taleju Bhavani Mandir und zum alten Darbar von Kathmandu

Das Zentrum der Altstadt von Kathmandu wird von einem zusammenhängenden Geflecht aus Palasthöfen, Plätzen und Tempeln eingenommen, das den königlichen Bezirk des Hanuman Dhoka-Palastes bildet. Dieser Darbar-Bezirk von Kathmandu ist ebenso wie die entsprechenden Plätze in Bhaktapur und Lalitpur in die UNESCO-Liste des Weltkulturerbes aufgenommen worden.

Ähnlich wie die gesamte Stadt ist auch der Palastbereich von zwei Zentren aus zu seiner heutigen Gestalt zusammengewachsen. Diese Entwicklung erfolgte entlang der Diagonalen der alten Indien-Tibet-Straße. Das eine Zentrum war die Gegend um den Taleju Bhavani Mandir im Nordosten, das andere der Kashthamandapa im Südwesten. Die Gebäude im Palastbereich stammen mit zwei Ausnahmen aus der Zeit zwischen der Mitte des 16. Jh. und 1908. Die Bauten, deren Geschichte in die Zeit vor dem 16. Jh. zurückreicht, sind Tana Bahal (11. Jh.) und der Kashthamandapa (11. oder 12. Jh.). Auch im ersten Jahrtausend muß die Gegend des Königspalastes

»*Die Nachbarschaft der mit ewigem Schnee bekleideten Berge, vor Allem aber die hohe Lage des Thals, ist die Ursache, daß Katmandu eine für seine geographische Breite, nur vier Grade im Norden des Wendekreises, so milde Temperatur hat. Die mittlere Wärme des Jahres von dreizehn bis vierzehn Grad Reaumur kommt der von Neapel und Palermo gleich, während die des Sommers neunzehn bis zwanzig, die des Winters aber nicht mehr als sieben Grad Reaumur beträgt, so daß in den meisten Jahren Schnee fallen soll. Dem entsprechend gedeihen hier unter Anderem Gerste, Erbsen, Linsen und fast alle europäischen Küchengewächse, aber auch Baumwolle, Reis und Zuckerrohr, Bataten, Bananen, und die schönsten Organen und Ananas werden noch zur Reife gebracht.*«

Kathmandu

Kashthamandapa

»Unter den Gebäuden, deren Dächer überall in aufwärts gekrümmten Hörnern endigen, fielen besonders die zahllosen Tempel auf, die an jeder Straßenecke, auf jedem Plätzchen stehen, und die mit ihren kolossalen Steinbildern und den drei- bis vierfachen, weit vorstehenden, vergoldeten und oft mit kleinen Glocken behängten Dächern einen ganz eigenthümlichen, auffallenden Gegensatz zu der Bauart der Wohnhäuser bilden. Hierzu kamen die gepflasterten, mit Rinnsteinen versehenen Straßen, welche Katmandu ein bei weitem besseres Ansehen gaben, als die Reisenden es bisher in irgend einer indischen Stadt gefunden hatten.«

bereits eine bedeutendere Rolle gespielt haben. Ein Beweis dafür sind die vielen Licchavi-Skulpturen, die beim Ausschachten für die Polizeidienststelle gegenüber dem Kala Bhairava-Relief gefunden wurden. Dazu muß man auch die bedeutende Garuda-Figur zählen, die in der Nähe von Tana Bahal steht. Die wichtigsten Beiträge zum Ausbau des Palastes und seiner Tempel leisteten die Könige Mahendra Malla (1560–1574), Pratapa Malla (1641–1674), Prithvi Narayan Shah (1768–1775) und Rajendra Bikram Shah (1816–1847).

Unter Mahendra Malla entstanden innerhalb von drei Jahren nicht nur der Taleju-Tempel, sondern auch der Jagannatha- (1564), der Kotilingeshvara- (ca. 1562) und der Mahendreshvara-Tempel (1562). Diese gewaltige Bauleistung wurde finanziell durch einen florierenden Tibet-Handel ermöglicht. Die Lage der drei genannten Pagoden in der Nähe der diagonalen Basarstraße sowie von Mul Chok in einer Nordsüdachse mit dem Taleju Bhavani Mandir zeigt schon die Grundstruktur des heutigen Palastes. Während die Paläste in Lalitpur und Bhaktapur eine geradlinige Front haben, begrenzt der Bau in Kathmandu auf zwei Seiten einen unregelmäßig ausgebildeten Platz, dessen dritte Seite durch den Verlauf der Basarstraße angegeben wird. Die einzelnen quadratischen Palasthöfe *(chok)* zwischen Taleju- und Degutale-Tempel sind nicht entlang der Basarstraße angeordnet. Sie liegen in einem rechten Winkel und bilden eine Art von Vorplatz. Diese von Lalitpur und Bhaktapur abweichende Lösung hat ihren Grund in einem Konflikt zwischen der kultischen Forderung, die Bauten auf die vier Himmelsrichtungen zu beziehen und dem städtebaulichen Wunsch, die Schauseite des Palastes entlang der Basarstraße, die von Nordosten nach Südwesten verläuft, zu legen.

Nach Mahendra war erst wieder etwa 80 Jahre später Pratapa Malla einer der ganz großen Kunstförderer. Die Bauten Pratapa Mallas im Palast sind später alle stark verändert worden. Er errichtete Mohan Chok und Sundari Chok. Den Spuren von Pratapa Malla begegnet man heute vor allem in Inschriften und besonders in den Skulpturen, mit denen dieser exzentrische König dem Palast seinen Stempel aufdrückte. Er ließ Monumentalskulpturen der Licchavi-Zeit hierher schaffen, das Hauptportal, Dhoka, neu gestalten und die Figur Hanumans dort aufstellen. Nach dieser Plastik wird das Tor seit 1672 Hanuman Dhoka genannt. Hanuman Dhoka ist auch der Name für den ganzen Palast.

Die kultische Ausstattung des Palastbezirkes besteht aus Schreinen für Haus- und Familiengottheiten, die als Dachtempel des Palastes nur Mitgliedern der Königsfamilie zugänglich waren. Hinzu kommen Anlagen für die Staatsgottheiten, die vor dem Palast lagen. Von diesen ist noch der Jagannatha-Tempel erhalten. Ebenfalls vor dem Palast liegen die Gedächtnistempel für verstorbene Könige und Thronfolger der Mallas. Da der Platz vor dem Hanuman Dhoka-Portal bald zugebaut war, erschlossen die Nachfolger Pratapa Mallas weiter südwestlich davon, ebenfalls an der Basarstraße, einen weiteren Platz, der im späten 17. und im 18. Jh. bebaut wurde. Der erste Tempel war der Trailokya Mohan Mandir (1680), der letzte Bau der Malla-Zeit Kumari Chok (1757). Mit diesem Bereich wurde der Anschluß an den Hallenbau von Kashthamandapa, der als städtisches Zentrum lange vor der Malla-Zeit entstanden war, geschaffen.

Hanuman Dhoka blieb auch unter der Shah-Dynastie zwischen 1768 und 1896 Königsresidenz. Der Komplex wurde entsprechend verändert und gibt auch für diese Zeit Zeugnis, während besonders der Palast in Patan durch Neubauten nicht mehr verändert wurde. Während Prithvi Narayan Newar-Architektur monumentalisiert, orientiert sich Rajendra Bikram Shah stilistisch an neuen Vorbildern in Nordindien. Zwischen Taleju- und Degutale-Tempel wurde eine lange einheitliche Hauptfront in Anlehnung an nordindisch-islamische Paläste geschaffen. Der alte Maßstab änderte sich, die einzelnen Trakte werden länger, höher und voluminöser. Die weiß verputzten Bauten sind ein neuer fremder Klang in der traditionellen Architektur, deren charakteristische Eigenschaft Ziegelbauweise mit farbigen Holzschnitzereien und vergoldeten Kupferdächern und Portalen war. Ihren Abschluß fand die Bautätigkeit in der Errichtung einer pompösen Thronhalle im barocken Stil im Jahre 1908, zwanzig Jahre nach dem Umzug des Königs in den neuen Narayanhiti-Palast.

»Die wunderbare Stadt breitete sich mit ihren bunten Tempeln und zierlichen Backsteingebäuden, mit ihren Gärten voll fruchtbeladener Orangen, voll Kirsch- und Pflaumenbäumen in voller Blüthenpracht, vor unseren erstaunten Blikken aus. Die Brücken drohten zu brechen von der Masse des Volkes, welches sich drängte, uns durch den letzten Arm des Bischmuttiflusses passiren zu sehen; denn die Elephanten mußten den Fluß durchwaten, da die Brücken für die Last der gewaltigen Thiere zu schwach waren. Wir traten durch einige sehr enge Straßen in die Stadt selbst ein; sie waren so schmal, daß die Elephanten ihre ganze Breite ausfüllten. Die Verschwendung von Holzschnitzwerk an den Fensterrosetten, Säulen, Tragbalken und Dachecken erinnerte fast an manche alte deutsche Handelsstadt; doch trat auf der andern Seite das orientalische Gepräge wieder sehr stark hervor.«
Dr. Hoffmeister

Kathmandu

»Die Menge dieser fremden, wunderbaren Gestalten, der betäubende Lärm, welcher aus den Tempeln hervorschallt, die alten düstern Häuser mit ihren breiten Dächern, diese ganze finstere Pracht erweckt das Gefühl, als ob man um ein Jahrtausend zurückversetzt sei, und unwillkürlich erinnerte ich mich an die Beschreibung, welche Herodot von dem alten Babylon giebt.«
Dr. Hoffmeister

In dieser Thronhalle und besonders in Nasal Chok wird bis heute der Königskult Nepals zelebriert, der Darbar-Platz ist immer noch das Zentrum, wo die Hauptfeste des Landes gefeiert werden.

Der Königspalast umfaßte im ausgehenden 19. Jh. 40 bis 50 Höfe, heute sind nur noch zehn, wenn auch die wichtigsten Höfe, erhalten. Beispielsweise liegt anstelle der Stallungen des Hatti Chok, ›Elefantenhof‹, der heutige Basantapur-Platz. 1974 wurden große Teile des Palastes einschließlich der Dächer mit Hilfe der UNESCO renoviert. Dabei wurden auch viele alte Fassaden im Newar-Stil wieder von dem weißen Verputz, den sie im 19. Jh. im Sinne der Einheitlichkeit der Fassaden erhalten hatten, befreit.

Der Kashthamandapa und Maru Tol

Das alte städtische Wahrzeichen von Kathmandu ist der **Kashthamandapa (1)**. Der Name bedeutet einfach ›Mandapa aus Holz‹; ein *mandapa* ist eine Versammlungshalle. Der Kashthamandapa ist die größte und älteste Halle des ganzen Tales. Der Name »Kathmandu« stammt von diesem urtümlich breitgelagerten Kashthamandapa her. Der Bau liegt am Maru Tol an der Kreuzung alter Handelswege. Ein bedeutender Weg verlief von Nordwesten am Heiligtum von Kankeshvari über die Vishnumati und hinauf zum Maru Tol. Von dort aus ging der Weg über die sich anschließende Basarstraße und Asan Tol nach Tibet. Der Bau steht am Rande des Plateaus über der Niederung der Vishnumati. Die von Westen aus Indien kommenden Reisenden konnten den Kashthamandapa schon von weitem sehen. Maru Tol war ein selbständiges Stadtzentrum. Erst im Laufe des 17.

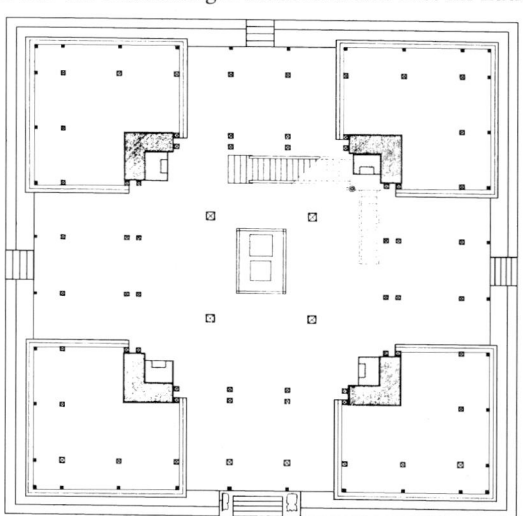

Grundriß des Kashthamandapa

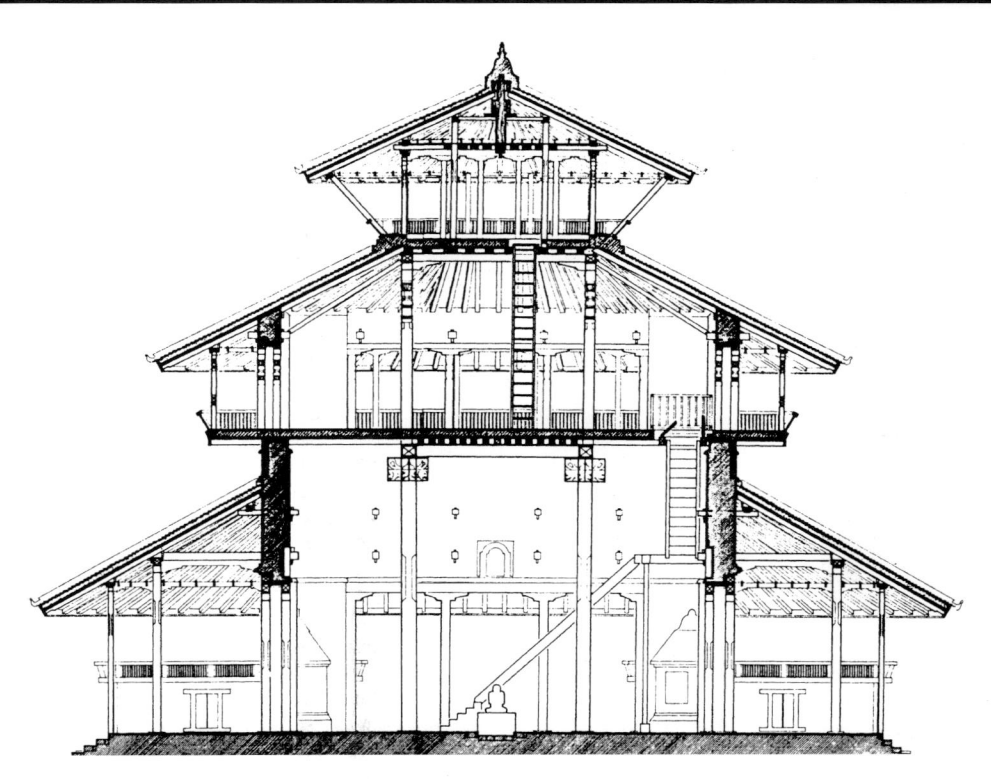

Jh. dehnte sich der Palast mit den vielen Gedächtnistempeln von Nordwesten bis hierhin aus. Damals verschmolzen diese Bereiche.

Der Bau existiert seit dem 11. Jh. Der Name Kashthamandapa wurde 1143 erstmals für die Siedlung um die Versammlungshalle gebraucht. Um diese Zeit war Kathmandu in 12 einzelne Bezirke *(tol)* aufgeteilt, jeder mit einem eigenen Herrscher. Zusammen bildeten sie einen gemeinsamen Rat. Die Tatsache, daß der Name der Halle auf die ganze Stadt übertragen wurde, deutet nicht so sehr darauf, daß sie das höchste oder größte Gebäude war, sondern vielmehr darauf, daß hier der Sitz des gemeinsamen Rates lag. Das gesamte Gebiet, das diesem Rat im Kashthamandapa unterstand, wurde folglich Kashthamandapa bzw. Kathmandu genannt.

Schnitt durch den Kashthamandapa; der dreigeschossige Hallenbau wurde später in einen Tempel für Gorakhanatha verwandelt

Baubeschreibung

Der Kashthamandapa mit dem größten erhaltenen Innenraum der newarischen Architektur ist eine offene Halle mit quadratischem Grundriß auf einer Ziegelplattform. Darüber liegt eine zweite Halle,

Kathmandu

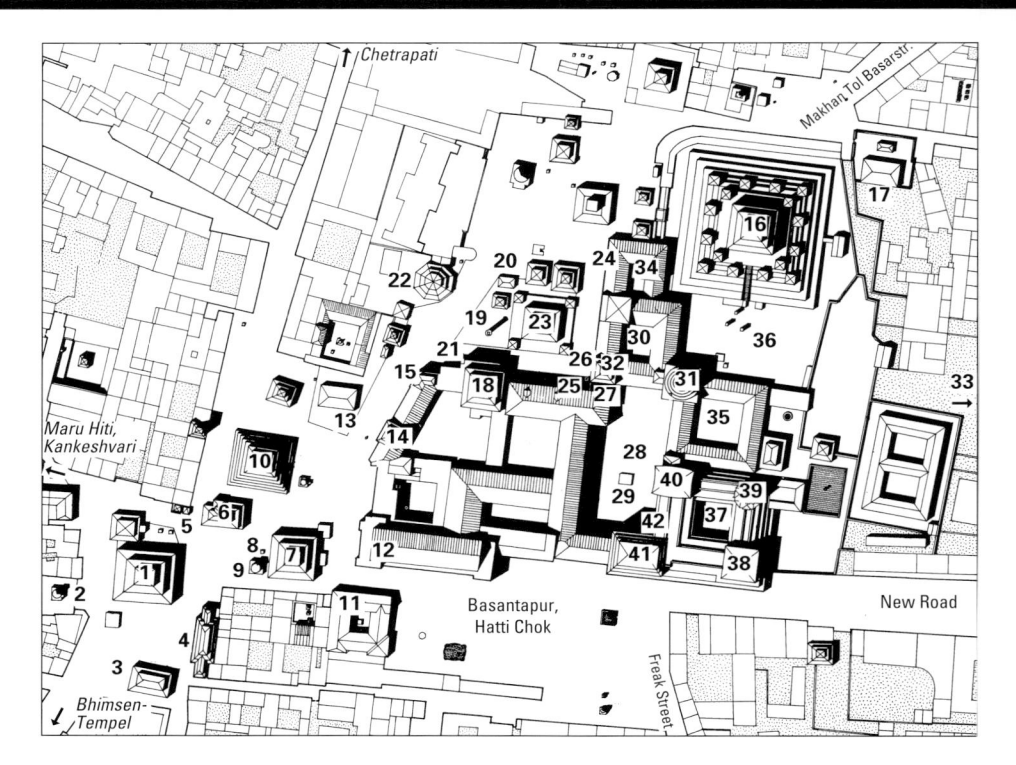

Hanuman Dhoka-Palast und Tempel auf dem Darbar
1. Kashthamandapa
2. Shikhara-Tempel
3. Singha Sattal
4. Kavindrapura
5. Ashoka Vinayaka-Schrein
6. Lakshmi Narayana Sattal
7. Trailokya Mohan Mandir
8. Garuda
9. Bhimaleshvara-Tempel
10. Maju Deval
11. Kumari Chok
12. Gaddi Baithak
13. Nava Durga-/Shiva Parvati-Tempel

und das dritte Geschoß bildet ein Pavillon. Beide Obergeschosse sind, ganz im Gegensatz zu den Pagoden, begehbar. Der Bau ist im wesentlichen eine Ziegelkonstruktion mit mächtigen Holzpfeilern und -decken. Er hat eine Seitenlänge von 21 m und eine Höhe von 19 m. Die vier hölzernen Mittelpfeiler sind 7 m hoch und enden in mächtigen geschnitzten Kapitellen. Pfeiler und Kapitelle gehören zu den ältesten architektonischen Holzteilen Nepals. Ob sie aus dem 11. Jh. stammen, ist nicht gesichert.

Eine Legende erzählt über ihre Entstehung folgendes: Unter König Lakshminarasimha Malla (1620–1641) soll Kalpa Vriksha, der Wunschbaum, in Gestalt eines Mannes beim Fest von Indra Yatra oder Matsyendranatha Yatra unter den Zuschauern gewesen sein. Er wurde aber von einem Heiligen erkannt. Diesem Heiligen versprach er, solange in Kathmandu zu bleiben, wie Salz und Öl nicht zum gleichen Preis verkauft würden. Kalpa Vriksha gab dem Heiligen vier Baumstämme, mit denen dieser den Kashthamandapa erbaute. Dieser riet dem König, den Bau nicht zu weihen, sonst würde Kalpa Vriksha die Stadt verlassen.

König Jayasthiti Malla übergab 1379 den Kashthamandapa der shivaitischen Natha-Sekte. Seitdem dient die Halle als Schrein für

Gorakhanatha und bis in jüngste Zeit auch als Unterkunft für die Anhänger Gorakhanathas auf ihrer Pilgerfahrt zu den heiligen Stätten des Himalaya. Gewöhnlich wird Gorakhanatha durch seine Fußabdrücke *(paduka)* dargestellt, nur selten, wie hier, in Form eines Bildnisses. Er hat lange Haare, Ohrringscheiben und eine Amulettschachtel. Seine rechte Hand hält er vor der Brust. Die Figur steht nicht in der exakten Mitte des Baus. Sie ist leicht nach Westen versetzt. Dies widerspricht zwar den Regeln kultischer Architektur, wonach das Bildnis der Gottheit genau in der Mitte stehen soll, zeigt aber, daß die Figur nachträglich aufgestellt wurde. In der tatsächlichen Mitte des Baus ist eine quadratische Vertiefung mit einem eiförmigen Stein als Kultobjekt.

Eine spätere Ergänzung sind auch die vier Ganesha-Schreine, die in die Ecken des Kernbaus eingefügt wurden. Jeder ist in eine andere Himmelsrichtung gerichtet. Darin stehen die vier Beschützer des Kathmandu-Tals: Surya Vinayaka (im Nordwesten, blickt nach Osten), Ashoka Vinayaka (im Nordosten, blickt nach Süden), Jal Vinayaka (im Südosten, blickt nach Westen) und Karya Vinayaka (im Südwesten, blickt nach Norden). Vinayaka ist ein alter Name für Ganesha. Diese vier Schreine im Kashthamandapa vertreten die originalen Ganesha-Heiligtümer, die an vier verschiedenen Orten im Kathmandu-Tal liegen (Chandra Vinayaka fehlt). Von diesen ist Ashoka Vinayaka ein direkter Nachbar vom Kashthamandapa.

Die unmittelbare Umgebung des Kashthamandapa

An der Südseite vom Kashthamandapa liegt ein kleiner rechteckiger Platz mit einer geschlossenen historischen Bebauung. Er wird diagonal von der alten Indien-Tibet-Straße geschnitten. Unabhängig von deren Verlauf sind die Gebäude an den vier Himmelsrichtungen orientiert. Der älteste Bau neben dem Kashthamandapa steht zurückgesetzt an der Westseite des Platzes: Es ist ein schöner Shiva geweihter **Shikhara-Tempel (2)** aus Ziegeln mit einem Portikus.

An der Südseite des Platzes, gegenüber vom Kashthamandapa, steht **Singha Sattal (3)**, der ›Löwen-Pavillon‹. Benannt ist er nach den fremdartig wirkenden Löwenfiguren, die im 19. Jh. in den Ecken des Obergeschosses angebracht wurden. In der oberen Etage des ursprünglich als Herberge dienenden Gebäudes wurden nachträglich eine Kultbildzelle eingerichtet und ein Bildnis aufgestellt, das 1863 bei Ausschachtungsarbeiten in der Nachbarschaft entdeckt wurde. Dargestellt ist Harikrishna, eine Verbindung von Vishnu (Hari) und dem volkstümlichen Hirtengott Krishna. Der vierarmige Gott sitzt auf seinem Reittier, dem Garuda. Zwei Hände benützt er zum Spielen der Flöte, in den beiden anderen hält er die Embleme Vishnus, die Muschel *(shankha)* und den Diskus *(chakra)*. Das Kultbild wird hoch verehrt und ist teilweise unter Schmuck verborgen. Während des Dashain-Festes im Oktober/November wird hier

14 *Bhagavati-Tempel*
15 *Elfenbeinfenster*
16 *Taleju Mandir*
17 *Tana Deval*
18 *Degutale-Tempel*
19 *Pratapa Malla-Säule*
20 *Kala Bhairava*
21 *Shveta Bhairava*
22 *Krishna Mandir*
23 *Jagannatha-Tempel*
24 *Pratapa Malla-Inschrift*
25 *Hanuman Dhoka-Portal*
26 *Hanuman-Statue*
27 *Narasimha-Statue*
28 *Nasal Chok*
29 *Krönungsplattform*
30 *Mohan Chok*
31 *Panchamukhi Hanuman Mandir*
32 *Agama Chen*
33 *Bhandarkhal mit Jalashayana Narayana-Statue*
34 *Sundari Chok*
35 *Mul Chok*
36 *Trishuli Chok mit Säulen*
37 *Lohan Chok*
38 *Lalitpur-Turm*
39 *Bhaktapur-Turm*
40 *Kirtipur-Turm*
41 *Vasantapura-Turm, Nautale*
42 *Vaikunthanatha-Statue*

Kathmandu

Prachtfenster mit Gold und Elfenbein an der Nordwest-Ecke des Palastes

»*Der Platz vor dem ›Durbar‹, das ist Pallast, von Katmandu ist der größte in der Stadt. Tempel drängt sich hier an Tempel, Alle mit vergoldeten Dächern und Thüren. An jeder Ecke des Platzes steht ein besonders großer von acht Stockwerken.*«

eine hölzerne dreiköpfige Bhairava-Maske aufgestellt. Rechts vom Singha Sattal führt die alte Straße bergab zum Bhimsen-Tempel, links am Singha Sattal vorbei geht die Straße zum Jaisi Deval.

Die Ostseite des Platzes vor dem Kashthamandapa wird von **Kavindrapura (4)** eingenommen. Der repräsentative, langgestreckte palaisartige Bau hat ein vorkragendes drittes Geschoß. Der Mittelteil ist vorgesetzt und um ein viertes Geschoß erhöht. Kavindrapura wurde 1673 von König Pratapa Malla (1641–1674) im Zusammenhang mit Tanzaufführungen im Hanuman Dhoka-Palast errichtet. Im unteren Geschoß steht eine jetzt kopflose Kopie des tanzenden Shiva, Nasa Dyo, die Pratapa für Nasal Chok im Hanuman Dhoka-Palast anfertigen ließ. Das Bild wird von Tänzern verehrt. Eine newarische Stiftung (Guthi) veranstaltet den Narasimha-Tanz, der von Pratapa Malla begründet wurde. Als Förderer der Künste hatte sich Pratapa den Titel Kavindra, ›König der Dichter‹, zugelegt.

Der **Ashoka Vinayaka-Schrein (5)** neben dem Kashthamandapa liegt an der Einmündung des Weges, der bei Kankeshvari den Vishnumati-Fluß überquert. Der Schutz des elefantenköpfigen Ganesha erstreckt sich besonders auf Reisende. Ganesha (Vinayaka), der Gott des Anfangs, beseitigt alle Hindernisse. Er ist der Sohn Shivas und Parvatis. Das Heiligtum soll einmal unter einem Ashoka-Baum

Lakshmi Narayana Sattal

Der Kala Bhairava am Hanuman Dhoka (s. auch Abb. S. 29)

gestanden haben, der Shiva geweiht ist. Das vergoldete Dach des kleinen Schreins wurde von König Surendra Bir Bikram Shah 1847 gestiftet. Wie alle anderen Gottheiten auch hat Ganesha sein eigenes Reittier: eine Ratte, die vor seinem Schrein steht. Das unscheinbare und gleichzeitig prächtige kleine Heiligtum spielt eine Rolle im Staatskult. Die Verehrung von Ashoka Vinayaka durch König und Königin ist Teil der Krönungszeremonie und des Indra Yatra-Festes. Im Gegensatz zum kleinen, außerordentlich beliebten Ganesha-Heiligtum kann man im Palastbereich von Kathmandu viele Tempel sehen, die trotz ihrer Größe heute kultisch unwichtig sind. Sie wurden als Gedächtnistempel für Herrscher erbaut und ihre Bedeutung ging mit diesen dahin.

Ähnlich wie Singha Sattal ist **Lakshmi Narayana Sattal (6)** eine ehemalige Herberge (16. Jh.?). Sie besitzt noch schön geschnitzte originale hölzerne Bauteile. An ihrer Nordseite wurde später ein vishnuitischer Schrein angebaut, der Vishnu und seiner Gemahlin Lakshmi in einer Gestalt geweiht ist. Das Lakshmi Narayana Sattal steht als Riegel zwischen dem alten Handelszentrum von Maru Tol und dem Palastbereich von Hanuman Dhoka, der sich im späten 17. Jh. entlang der Basarstraße nach Südwesten bis hierhin ausdehnte.

»Vor Allem war der Anblick des Marktplatzes überraschend, obwohl derselbe nicht sehr groß war. Ein großer Tempel stand zu jeder Seite, dessen acht Stockwerke mit vergoldeten Dächern von unzähligen Mainas und Sperlingen bevölkert waren. Große Steintreppen, auf denen ein paar Ungeheure Wache halten, führen zum Eingang der Tempel hinauf; oben sind riesige Bilder von Rhinozerossen, Affen und Pferden zur Verzierung angebracht.«

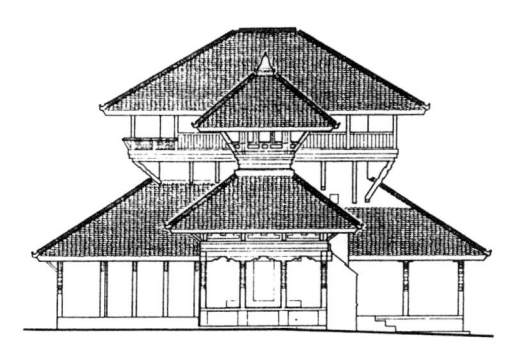

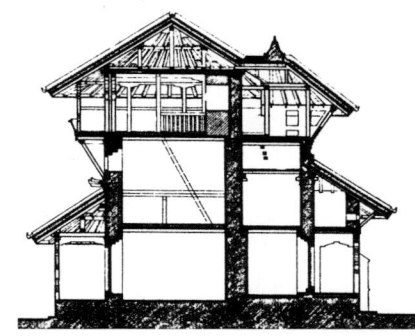

Auf den Zeichnungen (links und rechts) vom Lakshmi Narayana Sattal sieht man deutlich das zweigeschossige alte Rasthaus und den später angebauten Schrein für Lakshmi Narayana

Der Bereich um den Trailokya Mohan Mandir

Der Platz vor dem Königspalast Hanuman Dhoka wurde im späten 17. Jh. entlang der Basarstraße durch einen zusätzlichen neuen Tempelplatz im Südwesten erweitert. Die Bauten dieses Platzes spiegeln die Architekturentwicklung Nepals von etwa 1700 bis kurz nach 1900 wider. Im 19. Jh. wurden die Ziegeltempel des 18. Jh. weiß verputzt, um sie den islamisierenden und europäisierenden Palastbauten dieser Zeit anzugleichen. Die ursprüngliche Farbigkeit des Shiva- und Parvati-Tempels *(mandir)* und des Kumari Bahal wurden in den letzten Jahren wiederhergestellt.

Der älteste Tempel in dieser Gegend ist der 1680 von König Parthivendra Malla (1680–1687) zum Gedächtnis an seinen Bruder König Nripendra Malla (1674–1680) errichtete **Trailokya Mohan Mandir (7).** Er ist Vishnu, dem höchsten Gott der »Drei Welten« geweiht. Neu ist, daß ein Gedächtnistempel auf eine mehrstufige Basis erhoben wird. Da der Bau beim Erdbeben von 1934 zerstört wurde, sind nur noch wenige Teile original. Die dreidachige Pagode mit Arkadengang um die Kultbildzelle steht auf einem fünfstufigen Sockel, die Dachstreben zeigen Inkarnationen Vishnus. Beim Indra Yatra-Fest spielt der Bau eine besondere Rolle. Hier führen Tänzer die »Zehn Herabstiege« Vishnus auf. Vishnu erschien in zehn verschiedenen Formen auf der Erde, um sie und die brahmanische Weltordnung vor dem Untergang zu retten. Auch Parthivendra starb, wie sein Bruder Nripendra, bereits nach kurzer Regierungszeit. Parthivendras Witwe, Riddhi Lakshmi, die für ihren unmündigen Sohn Bhupalendra die Regierung führte, ließ 1690 zusammen mit ihrem damaligen Minister Lakshmi Narayan Joshi vor der Westseite des Tempels, wo auch der Durchgangsverkehr verlief, die mächtige Statue des knienden **Garuda (8),** Vishnus Reittier, aufstellen. Er kniet hier in menschlicher Gestalt, durch seine Flügel als Vogel ausgezeichnet, vor seiner Gottheit im Tempel. Oft ließen Könige sich in dieser Form darstellen. Als Vorbild der Kultfigur vor dem Trailokya

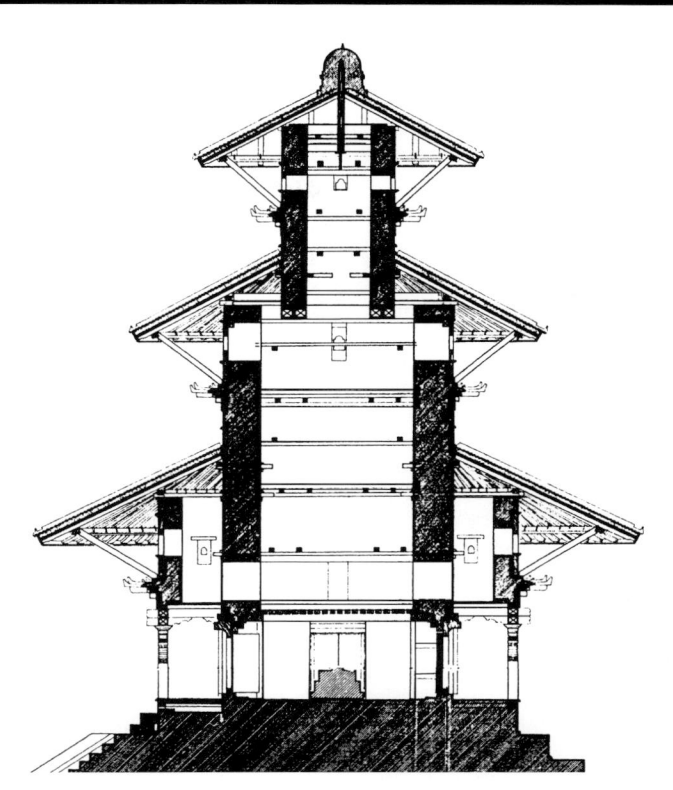

*Maju Deval wurde
von der Regentin
Riddhi Lakshmi erbaut*

Mohan Mandir diente der Garuda in Narayanhiti, der aus dem 8. Jh. stammt. Beide haben die gleiche Art des Diadems und der Frisur. Nur wenige Jahre nach dem Garuda wurde 1693 der kleine Shiva geweihte **Bhimaleshvara-Tempel (9)** hinzugesetzt. Der aus Stein errichtete Bau hat Kolonnaden, sich verjüngende Dachkränze und darüber eine zwiebelförmige gedrehte Kuppel, die deutlich von der indischen Mogul-Architektur beeinflußt ist.

Auf der gegenüberliegenden Seite der Straße wird der Platz von **Maju Deval (10)** beherrscht, was wörtlich ›Schwiegermuttertempel‹ heißt. Die schlichte, dreidachige Pagode mit umlaufender, auf jeder Seite fünfteiligen Arkade ist Shiva geweiht. Erbauerin ist die Regentin und Königinwitwe Riddhi Lakshmi. Der Tempel wurde 1690, also im Jahr der Aufstellung der Garuda-Statue vor dem gegenüberliegenden Trailokya Mohan Mandir, errichtet. Das Vorbild Trailokya Mohan Mandir wird durch einen noch höheren Sockel übertroffen. Eine Kopie dieses Maju Deval errichtete Riddhi Lakshmi im Süden Kathmandus, Jaisi Deval. Der Legitimationszwang der regierenden Witwen hat in Kathmandu und auch in Lalitpur und Bhaktapur Bedeutendes zum Bild der Städte beigetragen.

Der Kumari Chok

Der letzte bedeutende Bau, den die Malla-Könige in Kathmandu hinterließen, ist der **Kumari Chok (11)** in der Nähe des Trailokya Mohan Mandir. Der schön proportionierte dreigeschossige Bau um einen quadratischen Hof ist eine Mischung aus einem buddhistischen Kloster und einem newarischen städtischen Wohnhaus. Kumari Chok ist eng mit dem Königtum verknüpft. Das Haus ist der Wohnsitz der lebenden Göttin Kumari (›Jungfrau‹). Sie wird als kleines Mädchen für dieses Amt ausgewählt und dazu strengen psychischen und physischen Tests unterzogen. In einer Staatszeremonie wird die neue Kumari in ihren Tempel eingeführt. Mit der ersten Menstruation ist ihre Karriere beendet, aber auch dann, wenn sie aufgrund einer Wunde bluten sollte. Nur ein einziges Mal im Jahr darf das Mädchen ihr Haus verlassen, um während des Festes von Indra Yatra in einem Prozessionswagen durch die Straßen gefahren zu werden. Die Göttin wird dabei von lebenden Verkörperungen Bhairavas und Ganeshas begleitet. Die Prozession geht im Uhrzeigersinn etwa auf der Strecke, auf der früher die Stadtmauern standen. Teile des Prozessionswagens werden vor dem Haus gelagert.

Die Geschichte der Kumari

Von allen Städten im Tal besitzt nur Kathmandu ein derartig prächtiges Haus für die Göttin Kumari. Die Erklärung liegt in der besonderen Verehrung, die der letzte Malla-König von Kathmandu, Jayaprakasha Malla (1736–1768), Kumari zollte. In der Zeit, als er aus Kathmandu vertrieben war und sich im Tempel von Guhyeshvari versteckt hielt, betrat eines Tages ein Buddhist aus Kathmandu das Heiligtum, und als er den verlassenen König sah, erzählte er ihm, daß seine Tochter in diesem Jahre Kumari geworden sei. Darauf bat der König diesen Mann, daß er es einrichten möchte, daß er Kumari verehren könnte, ohne nach Kathmandu gehen zu müssen. Der Mann brachte daher eines Nachts seine Tochter verhüllt in die Gegend von Narayanhiti. Auch der König erschien dort um Kumari zu verehren. Sie versicherte ihm, er würde seine Herrschaft zurückerlangen, und befahl ihm, in vier Tagen nach Kathmandu zu kommen. An diesem Tag konnte Jayaprakasha Malla mit Hilfe von Guhyeshvari Kathmandu zurückerobern und seinen Palast wieder betreten. Aus Dank errichtete er in seinen letzten Regierungsjahren eine Wohnstatt für Kumari in der Nähe seines Palastes. Seitdem besteht ihre eigentliche Aufgabe darin, den König jedes Jahr neu in seiner Herrschaft zu bestätigen. Dabei richtet sich die Göttin in der Regel nach den bestehenden Machtverhältnissen. So ist es auch nicht verwunderlich, daß Kumari wenige Jahre nachdem Jayaprakasha Malla ihr den schönen Palast erbaut hatte, dem Eroberer Prithvi Narayan Shah die Herrschaft übertrug.

Keramik-Relief im Innenhof von Kumari Chok

Die Anlage

Der Bau besticht durch den Reichtum und die sorgfältige Ausführung aller Details, besonders der Holzschnitzarbeiten der Tür- und Fensterrahmungen, wie z. B. dem Pfauenfenster an der Front. Das Mittelfenster im Obergeschoß ist aus vergoldetem Kupfer. Den Eingang von der Straße bewacht ein Paar Löwen. Das tympanonähnliche Relief über dem Eingang, das Torana, zeigt die hinduistische Göttin Durga als Mahishasuramardini, als ›Vernichterin des Mahishasura‹, des Büffeldämons. Die buddhistische Kumari ist indirekt eine Inkarnation der hinduistischen Göttin Durga, die zu den Acht Muttergottheiten, Ashtamatrika, gehört. Direkt ist sie eine Inkarnation von Taleju Bhavani, die im Hanuman Dhoka-Palast einen großen Tempel besitzt.

Der Innenhof ist wie bei einem Kloster vertieft und hat einen umlaufenden Sockel. Genau in der Mitte steht ein Chaitya. Gegenüber dem Haupteingang, in der Mitte der Südseite, ist der Kultbildschrein in den Gebäudetrakt eingegliedert. Er enthält die Bildnisse der Fünf Transzendenten Buddhas. Auf dem Torana über dem Schreineingang sind sie in ihrer tantrischen Form dargestellt, alle sind dreiköpfig und sechsarmig, in ihren mittleren Händen halten sie Vajra und Glocke. Im Zentrum sitzt Vairochana und darüber, an der Spitze des Torana, der Urbuddha Vajrasattva. Im Geschoß darüber liegt ein besonderer Schrein für Kumari, der mit Wandmalereien aus der Erbauungszeit geschmückt ist. Die größeren Fenster im Hof haben ebenfalls jedes ein eigenes Torana, auf dem die büffeltötende Mahishasuramardini Durga dargestellt ist. Die Gitter des Hofbalkons sind besonders fein gearbeitet. Gelegentlich zeigt sich dort Kumari ihren Verehrern. Profane Themen behandelt das umlaufende Fries am Sockel aus Keramikplatten, das Menschen, Tiere und Blumenvasen zeigt.

Kathmandu

Shiva und Parvati zeigen sich dem Volk vom Obergeschoß des Nava Durga-Tempels

Um den Kumari Chok

Im Osten schließt sich an Kumari Bahal ein weiter neuer Platz an. Die Fläche entstand erst nach dem verheerenden Erdbeben von 1934. Früher lagen dort Stallungen, in denen die Elefanten untergebracht waren. Ebenfalls nach 1934 wurde die sich anschließende New Road, die breite Straße nach Osten, in das alte Stadtgefüge Kathmandus gebrochen. Der eigentliche Name der Straße ist Juddha Sadak. Sie ist nach ihrem Erbauer, Premierminister Juddha Shamsher Rana (1932–1945), benannt, dessen Statue auf dem Rondell steht. Die New Road sollte eine repräsentative Verbindung vom Gaddi Baithak zum modernen Teil der Stadt herstellen.

Die pompöse, neoklassizistische Thron- und Audienzhalle **Gaddi Baithak (12)** wurde, wie die an der Stirnseite angebrachte originale Inschrift in englischer Sprache von 1908 besagt, anstelle eines abgebrochenen Palastflügels errichtet, nachdem Premierminister Chandra Shamsher Jung Bahadur Rana von einem Staatsbesuch in England zurückgekommen war. Auch für das nepalische Königshaus sollten britisch-indische imperiale Repräsentationsformen gelten, nachdem Chandra Shamsher bereits vorher für sich den gewaltigen

Singha Darbar errichtet hatte. Der Bau von Gaddi Baithak besteht in seinem Hauptgeschoß aus einer riesigen durchgehenden Halle mit Stukkaturen, Wandgemälden und Kristallüstern, ganz so, wie man es beim Besuch in London bewundert hatte. Gaddi Baithak ist im heutigen Zustand um ein wesentliches Element verstümmelt: Die große Freitreppe, die zu den Eingängen der Stirnseite von der Straße emporführte, fehlt. In gewisser Weise korrespondierte sie mit den Stufensockeln der Tempel auf dem Platz vor Gaddi Bhaitak. Die vielen Treppen bilden auch heute noch einen großartigen Theaterraum für Indra Yatra. An diesem Fest versammeln sich hier der König und die königliche Familie.

Im Norden wird der Platz vor Gaddi Baithak durch den Shiva Parvati-Mandir, eigentlich ein **Nava Durga-Tempel (13)**, abgeschlossen. Der Bau erhielt seine heutige Gestalt 1777–1799, in den ersten Jahren der Herrschaft der Shah-Dynastie im Kathmandu-Tal. Die Plattform ist älter und diente ursprünglich als Ort für Tanz- und Theateraufführungen. Die Steinfenster der Ostseite stammen von einem älteren Bau, ebenso wie ein Teil der Holzschnitzereien. Der zweigeschossige Bau hat ein mächtiges fünfteiliges Prunkportal auf seiner Breitseite. Dahinter liegt ein längsrechteckiger Raum, an dessen Nordwand die großen Reliefbildnisse der Neun Durgas *(nava durga)* angebracht sind. Ein vergleichbarer, wenn auch kleinerer Bau steht in Panauti. Das Besondere des Nava Durga-Tempels ist das Mittelfenster im Obergeschoß. Darin zeigen sich Shiva und seine Gemahlin Parvati dem Volk genauso, wie es die Herrscher der damaligen Zeit auch machten, wenn sie den Indra Yatra-Feierlichkeiten beiwohnten. Wenig südöstlich auf der anderen Straßenseite findet sich ein schöner **Bhagavati-Tempel (14)**.

Die Malla-Könige nahmen am Festgeschehen vor ihrem Palast teil, indem sie sich in dem prachtvoll gerahmten mehrteiligen **Elfenbeinfenster (15)** im dritten Geschoß an der Ecke des gegenüberliegenden Palastflügels zeigten. Das Hauptfenster mit eckigem Abschluß ist umrahmt von einem Geflecht von sieben Schlangenkörpern, die ihre Köpfe über der Mitte beschirmend erheben, darüber tanzt die zehnarmige Göttin auf Nandi, dem Stier, und dem Löwen. Die Rahmung des mittleren Fensters ist aus getriebenem vergoldetem Kupfer; die beiden die Mitte flankierenden Fenster kontrastieren wirkungsvoll: Sie sind aus Elfenbein geschnitzt.

Im Schatten der Göttin Taleju: Der Königspalast Hanuman Dhoka

Aus dem Basarviertel ragt der Tempel der blutrünstigen Göttin Taleju Bhavani majestätisch auf. Die dreidachige Pagode auf einem künstlichen Hügel mit 12 Terrassen erreicht insgesamt eine Höhe von 37 m. Früher war der **Taleju Mandir (16)** der höchste Bau der Stadt. Man sollte ihn bis nach Bhaktapur sehen können, denn von dort war Taleju Bhavani nach Kathmandu abgewandert. Die tantrische Gottheit, eine Form von Durga, war Schützerin der Malla-Herrscher und erfüllt diese Funktion noch heute für die Shah-Könige. Sie wird gewöhnlich durch eine Vase *(kalasha)* dargestellt. Ihr besonderes Fest ist Navaratri (›neun Nächte‹), die der Göttin Durga oder Kali während Dashain geweiht sind.

Der Taleju-Tempel ist das Symbol der Herrschaft der Malla-Dynastie in Kathmandu. Diese Göttin soll Ratna Malla (reg. 1482–1520) aufgefordert haben, von Bhaktapur nach Kathmandu zu ziehen und dort sein eigenes Königreich zu gründen. 1481 unterwarf Ratna Malla die Herrscher der einzelnen Stadtteile Kathmandus. Zu seiner Legitimation entführte er die Göttin aus ihrer angestammten Residenz in Bhaktapur in sein neues Königreich. In Kathmandu lag ihr erster Schrein im benachbarten Tana Bahal oder **Tana Deval (17)**. Dieser wurde 1501 von Ratna Malla errichtet, wahrscheinlich anstelle eines älteren Palastes, den er bewohnte. Als Schutzgottheit gehörte Taleju in den Herrscherpalast. Von Tana Bahal, der direkt an der Basarstraße liegt, sollte sich der Königspalast im Laufe der nächsten Jahrhunderte nach Südwesten ausdehnen. Der entscheidende Schritt zum heutigen Hanuman Dhoka geschah aber erst 1564, als der gewaltige dreidachige Taleju-Tempel direkt neben Tana Bahal errichtet wurde.

Legende und Geschichte

Die Legende berichtet, Taleju habe König Mahendra Malla (1560–1574) befohlen einen hohen Tempel in Form eines *yantra*, eines magischen Diagramms, zu errichten. Die Baumeister, die der König beauftragte, waren dazu jedoch nicht imstande. Erst durch eine besondere Erleuchtung konnten sie schließlich den ungewöhnlichen neuartigen Bau vollenden. Dann erschien die Göttin in Gestalt einer Biene im Tempel, und die Einweihung wurde unter großen Feierlichkeiten begangen. Danach erlaubte der König den Bewohnern von Kathmandu, ihre Häuser höher als bisher zu bauen. Einen besonderen Staatsakt erlebte der Bau 1664, als Pratapa Malla (1641–1674) seinen Sohn auf der Terrasse vor dem Taleju Bhavani-Tempel nach dem Vorbild der Moguln mit Silber aufwiegen ließ und dies der Göttin stiftete.

1768 nutzte Prithvi Narayan Shah das Fest Indra Yatra, um Kathmandu in einem Überraschungsangriff zu erobern. Jayaprakasha Malla (1736–1768) zog sich in den Taleju-Tempel zurück und wartete den Ausgang des Kampfes ab, der nur zwei Stunden gedauert haben soll, denn seine Truppen und die Bevölkerung waren wegen des Festes betrunken. Als der König die Stadt verloren sah, streute er Schwarzpulver auf den Tempelstufen aus, bevor er nach Lalitpur floh. Beim Eindringen der Sieger ereignete sich eine Explosion, bei der viele getötet wurden. Das Kultbild der Göttin soll später von dem blindwütigen Rana Bahadur Shah (1775–1805), der auch am Sitala-Tempel in Svayambhunatha seine bösen Spuren hinterlassen hatte, zerstört worden sein.

Baubeschreibung

Auch heute dürfen nur der König, Mitglieder seiner Familie und die Priester das Innere betreten. Hindus können den Tempelbezirk nur einmal im Jahr, während des großen Indra Yatra-Festes durch das Singha Dhoka (*dhoka* bedeutet Tor) im Westen betreten. Die mächtigen Steinlöwen, nach denen das Tor benannt ist, wurden 1663 von Pratapa Malla in Bhaktapur geraubt. Auf allen drei Seiten führen Treppen zum Tempel hinauf. Etwa auf halber Höhe ist ein Absatz. Dort ist der Stufenberg von einem Kranz von zwölf kleinen Pagoden umgeben, die Wächtergottheiten beherbergen. Der folgende innere Tempelbezirk ist durch eine Mauer mit eigenen Portalen abgetrennt. Dahinter stehen an den Ecken vier größere Schreine. An den vier Ecken der obersten Plattform befinden sich Pfeiler mit verschiedenen Symbolen: An der NO-Ecke ein Fisch, an der SO-Ecke ein Löwe, an der SW-Ecke ein Hanuman, an der NW-Ecke ein sitzender Ganesha. Die beiden Glocken wurden von Pratapa Malla 1564 und von Bhaskara Malla 1714 gestiftet.

Die imposanteste dreidachige Pagode ist im Prinzip ein vergrößerter Pashupatinatha-Tempel, der auf einen Stufenberg gesetzt ist und ein drittes Dach bekommen hat. Charakteristisch für diesen Pagodentypus sind die breiten Portale mit drei Eingängen. Diese führen von allen vier Seiten des Tempels in einen Umwandlungsgang, der die Cella in der Mitte des Turmbaus umschließt. Obwohl im Prinzip bei diesem Typus alle vier Seiten gleich sind, wird die Südseite durch die Ausstattung auf der obersten Terrasse als Hauptseite betont. Genau in der Achse dieser Südseite liegt ein Palasthof, Mul Chok, wo die Gottheit ihren zweiten Wohnsitz innerhalb des Palastes hat. Das Torana über dem Portal der Südseite stellt Taleju dar, während die anderen Durga, Bhavani und Mahishasuramardini zeigen. Diese und andere weibliche Gottheiten werden auch auf den Dachstreben dargestellt. Aus den Fenstern sehen Bhairava-Masken. Die Dachstreben des untersten Daches sind in das hölzerne Gitterwerk eines umlaufenden Balkons eingefügt. Sie wechseln sich dort mit kleineren Streben der Balustrade ab. Nicht nur die Dächer sind aus Kupfer und vergoldet, sondern auch teilweise die Türen und Toranas. An den Dachrändern hängen Windglöckchen, an den Ecken Kupferfahnen und Vasen. Der fünfteilige Dachaufsatz, der die Pagode krönt, zeigt die hohe Bedeutung des Tempels an. Im Süden, zwischen dem Stufenberg und Mul Chok, liegt ein großer Vorhof, Trishul Chok, in dem drei Steinsäulen stehen. Eine davon wurde 1645 von Pratapa Malla errichtet. Sie trägt eine Potraitstatue des Regenten im Alter

»*Das Dach eines halbzerfallenen Hauses schien zur Uebersicht der großartigen Landschaft, welche zu unsern Füßen ausgebreitet lag, ein passender Punkt. Es wurde erklettert; aber wie bitter fanden wir uns getäuscht, als ein plötzlich heraufziehender dicker Nebel Alles wie mit einem Schleier überzog. Von den Schneebergen, so nahe wir ihnen waren, konnte man nur den am meisten nach Westen gelegenen Theil in undeutlichen Umrissen erkennen; die drei großen Städte und die zahlreichen Dörfer des Kathmanduthales erschienen nur in trüber unbestimmter Form. Wir ahnten nicht, welche Pracht das ungünstige Wetter unsern Blicken verbarg, bis wir die Aussicht in voller Schönheit bei unserm Rückwege genossen.*«
Dr. Hoffmeister

Kathmandu

Drei Tempel für weibliche Gottheiten im Palast in Kathmandu: Bhagavati, Degutale und Taleju Mandir (von rechts nach links)

von 21 Jahren. Eine weitere Säule zeigt Bhaskara Malla (1700–1714), der einen neuen Dachaufsatz stiftete.

Der zweite monumentale Tempel des Palastes, der **Degutale-Tempel (18)**, ist mit einer Höhe von 29 m nur wenig niedriger als der Taleju-Tempel. Degutaleju und Taleju sind Göttinnen des Shakti-Kults. Sie sind Manifestationen des furchterregenden Aspekts derselben Göttin. Degutale wurde, ähnlich wie Taleju, zu einer Haus-Gottheit der Mallas. Während Taleju den Aspekt der staatlichen Herrschaft versinnbildlicht, ist Degutaleju eine Art Stammgottheit. Dies entspricht einem allgemeinen Brauch im Kathmandu-Tal. Noch heute verehren Newar-Familien ihre Gottheiten in einem besonderen Fest, Degu Puja, das im Frühjahr gefeiert wird. Der Tempel wurde an einer Ecke des Palastes in der Nähe der Basarstraße Ende des 16. Jh. von König Shivasimha Malla (1578–1619) errichtet. Der Degutaleju-

Tempel ist der größte der königlichen Dachtempel im Palast. Die mächtige dreiachige Pagode erhebt sich hoch oben auf der Terrasse eines turmartigen Unterbaus. Sie gehörte zum privaten Wohnbereich des Königs. Der Bautyp entspricht, wie der Taleju-Tempel, dem von Pashupatinatha. Auf den schön geschnitzten Dachstreben sind Götterpaare dargestellt. 1670 stiftete Pratapa Malla ein vergoldetes Dach und eine fünfteilige Bekrönung wie beim Taleju-Tempel. Er und seine Familie verehren in luftiger Höhe auf einer Säule die Hausgöttin der Mallas. Ihnen gegenüber ist das dreiteilige Portal des Degutale-Tempels mit Silber verkleidet. Diese kostbare Stiftung erfolgt 1815 unter der Shah-Dynastie für die Familiengottheit der Mallas. Bereits 1797 ließ ein Shah-König auf der gegenüberliegenden Seite der Basarstraße für Degutaleju die beiden großen Trommeln sowie die daneben aufgehängte Glocke anbringen.

Der Palastvorplatz

Der Höhepunkt dieses platzübergreifenden kultischen Ensembles des Degutaleju-Tempels ist die **Pratapa Malla-Säule (19).** König Pratapa Malla (1641–1674) ließ 1670 vor dem Bau eine hohe Säule aufrichten, die genau in der Nordachse des Tempels liegt. Der Monolith ist über der Erde etwa 20 m hoch, das mächtige Kapitell mit den Figuren erreicht die Höhe der Plattform des Tempels. Die vergoldete Figurengruppe auf dem Löwen- und Elefantenthron besteht aus dem überlebensgroßen König in der Mitte, beschirmt von einem vielköpfigen Naga und umgeben von kleineren Figuren, seinen vier Söhnen an den Ecken des Thrones, und, ganz winzig, seinen beiden Frauen Anantapriya Devi und Prabhavati Devi sowie einem unmündigen Sohn. Auf der Säule ist eine lange Inschrift. Die Pratapa Malla-Säule wurde zum Vorbild für ähnliche Denkmäler in Lalitpur und in Bhaktapur. Während der Malla-Zeit wurden Säulen mit den Bildnissen von Königen und ihren Familien nur vor den Tempeln von Taleju und Degutale aufgestellt.

Nördlich von Pratapa Mallas Säule steht das riesige, aus einem einzigen Stein gearbeitete etwa 3 m hohe Relief von **Kala Bhairava (20),** wörtlich der »Schwarze Schreckliche«. Die sechsarmige, grell bemalte Gottheit ist eine Manifestation von Shiva in seiner zerstörenden Form. Bhairava hat ein zorniges Gesicht, ein drittes Auge auf der Stirn, seine Krone ist geschmückt mit fünf Totenschädeln, von seinen Schultern hängt eine Kette aus Schädeln. In einer seiner Hände hält er ein Bündel mit Köpfen. Er trampelt auf einer Leiche. Das Kultbild wurde in der Nähe des damaligen Gerichtshofs aufgestellt, der an der Stelle des heutigen Polizeipräsidiums auf der anderen Straßenseite lag. Vor diesem Kala Bhairava sollte Wahrheit offenbar werden und Lügner verbluten. Daher brachte man Angeklagte hierher, um sie mit einem Gottesurteil zu richten. Wichtig ist auch die Herkunft des Reliefs: Es wurde bei Ausschachtungsarbeiten

»Das Feuer durfte in den ersten acht Tagen im Kamin nicht ausgehen; denn sehr oft stand bei Sonnenaufgang das Thermometer auf $^1/_2$ oder gar 0°. Um Mittag steigt bei unbewölktem Himmel die Temperatur wieder auf 20–22° [Anfang Februar]. Es regnete nur selten andauernd; dagegen traten öfter des Morgens gegen sieben Uhr sehr dichte Nebel ein, welche bis Mittag anhielten.«
Dr. Hoffmeister

für die Wasserleitung von Budhanilkantha zum Königspalast entdeckt. Wie andere alte Monumentalskulpturen auch, ließ der König das Kala Bhairava-Relief nach Kathmandu schaffen und in der Umgebung des Palastes aufstellen. Da das Bildnis auch als Hatapadeo bekannt ist, stammt es wahrscheinlich aus Hatapa; die Datierung ist noch unklar.

Ein zweiter Bhairava, **Shveta Bhairava (21),** der ›Weiße Schreckliche‹, ist als 3,5 m hohe, zornig verzerrte Maske hinter einem schön geschnitzten Holzgitter verborgen, das eine große Rundbogennische neben dem Degutale-Tempel verschließt. Nur einmal im Jahr, während des Indra Yatra-Festes, ist der Riesenkopf unverhüllt zu sehen. Aus dem Maskenmaul fließt dann durch ein Bambusrohr geweihtes Reisbier. Das ist einer der Höhepunkte von Indra Yatra, der nicht ohne Rauferei unter den Jugendlichen abgeht, die in den Genuß des Trankes kommen wollen. Die vergoldete Maske wurde von König Rana Bahadur Shah, unter dem viele kleine Fürstentümer für Nepal annektiert wurden, 1795 gestiftet.

Der Westrand des Vorplatzes wird vom **Krishna Mandir (22)** bestimmt, einer achteckigen, dreidachigen Pagode auf einem steilen Stufensockel. Das Besondere an ihr ist die Gestaltung der Kapitelle des Arkadenumgangs, die sich deutlich an sino-tibetischen Vorbildern orientiert. Dieser ungewöhnliche Bau mit seinen schlicht und elegant geschwungenen Seiten wurde von Pratapa Malla 1649 zum Gedächtnis an seine beiden ersten Frauen errichtet, die in diesem Jahr verstorben waren. Das Kultbild im Inneren stellt Krishna zusammen mit seinen Gattinnen Rukmini und Satyabhama dar. Krishna ist eine der Inkarnationen Vishnus und ein Heros des Mahabharata-Epos. Die Bildnisse sind Portraits von Pratapa und seinen beiden Frauen. Diese Identifizierung von Gottheit mit Menschen kann man in Nepal häufiger feststellen. Ein schöner Inschriftenstein mit Blüten und Vögeln steht links vom Eingang.

Der Jagannatha-Tempel

Der **Jagannatha-Tempel (23)** gehört zu den ältesten Kultbauten im Palastbereich. Er ist in zweiter Linie ebenfalls Krishna geweiht und war ursprünglich ein Vishnu-Heiligtum. Der Bau wurde etwa gleichzeitig mit dem Taleju-Tempel kurz nach 1560 von König Mahendra Malla errichtet, das Kultbild 1563 aufgestellt. Die zweidachige Pagode steht auf einem niedrigen Podest, das an den Ecken vier später zugefügte Miniaturschreine besitzt. Der Haupttempel entspricht, wie Taleju und Degutaleju, dem Typus des Staatstempels, wie er durch Pashupatinatha repräsentiert wird. Im Inneren steht in der Mitte ein viergestaltiger Vishnu in Form eines kurzen viereckigen Pfostens, auf dessen Seiten Vasudeva, Shankarshana, Pradyumna und Aniruda dargestellt sind. Wahrscheinlich wurde dieses Kultbild nach dem Vorbild in Narayanhiti (6./7. Jh.) geschaffen. Dagegen sind auf die Mitteltüren der dreiteiligen Portale die Zeichen Shivas, die drei Augen und Dreizack, gemalt, während die seitlichen Türen die Zeichen des Shakti-Kults tragen, eine Vase mit drei Kerben darüber. Die geschnitzten Dachstreben stellen in der unteren Reihe sechs mal vier Erscheinungsformen Vishnus dar, die, vierköpfig und mit acht Armen, in der Haltung von Baumgottheiten stehen. Seine eigentliche Berühmtheit hat der Tempel wegen der kleineren Felder unten an den Dachstreben. Die erotischen Szenen sind wegen ihrer unverhüllten Eindeutigkeit unter Einheimischen und Fremden gleichermaßen bekannt und beliebt.

Die heutige Widmung des Tempels an Jagannatha, »Herr des Universums«, bezieht sich auf den berühmten gleichnamigen Bau in Puri im indischen Bundesstaat Orissa. Puri ist einer der vier großen Hindu-Pilgerorte Indiens. (Die anderen drei sind Badrinath im Norden, Rameshvaram im Süden, und Dvaraka im Westen.) König Pratapa Malla ließ analog zum Tempel in Puri die Bildnisse von Krishna (Jagannatha), seiner Schwester Subhadra und seines älteren Bruders Balarama im Umgang der Ostseite aufstellen. Im Sockel dieser Seite ist eine lange **Inschrift Pratapas (24)** eingelassen. Er verwandelte so den Tempel direkt vor seinem Palast in eine Ersatzpilgerstätte für Puri.

Eine weitere Inschrift Pratapas, datiert 1664, ist schräg gegenüber an der Außenseite von Mohan Chok erhalten. Dieses kuriose Dokument der Begegnung Pratapas mit der Außenwelt ist aus indischen Sprachen, Persisch, Arabisch und auch Wörtern aus europäischen Sprachen, französisch und englisch, oder, wenn man will, deutsch, wahllos zusammengesetzt (s. Abb. S. 82, das fragliche Wort ist ›winter‹). Pratapa Malla erklärt dazu, er habe fünfzehn verschiedene Schriften verwendet. Wenn jemand diese Schriften liest und die Bedeutung der Verse erkennt, sei er ein großer Mensch. Wenn sie jemand nicht versteht, sei er ein Tier.

Das Hanuman Dhoka-Portal

Der zeremonielle Weg in den Königspalast von Kathmandu führt traditionell von Westen durch das **Hanuman Dhoka-Portal (25)**. Es liegt in einer Linie mit dem Portal zum Mul Chok, auf das man direkt zuläuft. Das Portal selbst ist nach der großen Statue des Affengenerals **Hanuman (26)** benannt, die 1672 von Pratapa Malla neben dem Tor auf einem hohen Sockel aufgestellt wurde. Täglich empfängt der mit einem roten Tuch bekleidete und mit Girlanden geschmückt sitzende Hanuman sein Frühstück und jährlich wird er neu mit einem Gemisch von Senföl und Zinnoberpuder eingerieben. Die Statue ist inzwischen völlig entstellt. Hanuman, der Anführer des Affenheeres im Ramayana-Epos, ist der treue Gefolgsmann Ramas. Da die Malla-Dynastie ihre Abstammung auf Rama zurückführte, wurde Hanuman folglich zur Schutzgottheit der Mallas und zum Symbol ihres

Kathmandu

Der Eingang zum Hanuman Dhoka-Palast; das Hanuman-Bildnis links wird täglich gespeist

Sieges. Die Legende berichtet, Pratapa Malla habe diese Statue und das Portal errichtet, um böse Geister, Hexen, Pocken und andere Epidemien vom Palast fernzuhalten.

Das Portal wird von einer breiten Nische mit farbig gefaßten Figuren bekrönt. In der Mitte erscheint vielarmig und -köpfig Vishvarupa, ›der Allgestaltige‹ Vishnu in seiner universellen Manifestation. Eine frühe Form dieser Darstellung ist in Changu Narayana zu sehen. Neben Vishvarupa steht der Pandava-Prinz Arjuna, der Vishnu gebeten hatte, sich in dieser Form zu zeigen. Diese Szene wird in der Bhagavadgita des Mahabharata geschildert. Die Dreiergruppe in der linken Nische besteht aus Krishna umgeben von seinen Gemahlinnen Rukmini und Satyabhama. Dieses Thema deutet auf Pratapa Malla und seine beiden ersten Frauen, deren Trias im achtseitigen Krishna-Tempel gegenüber dem Palast das Hauptkultbild bildet. Krishna wird häufig mit blauer Hautfarbe gezeigt, da er als Kind die von einem Dämon vergiftete Milch getrunken hatte. In der rechten Nische ist ein lautespielender König begleitet von einer weiblichen Gestalt, vermutlich Pratapa mit einer seiner Königinnen, dargestellt.

Das Portal Pratapa Mallas wurde Anfang des 19. Jh. stark verändert und überbaut. Ursprünglich stand es, vermutlich wie Sun Dhoka in Bhaktapur, frei zwischen zwei Palastflügeln und bildete den zeremoniellen Durchgang zu Mul Chok. Es wird flankiert von einem Paar steinerner Löwen. Auf dem rechten männlichen Tier reitet der vierarmige Shiva und auf der Löwin seine Shakti. Das goldene Tor wurde 1810 unter König Girvan Yuddha Bikram Shah eingesetzt. Es soll mit dem Erlös aus dem Verkauf von Hunderten von Kupfertafeln finanziert worden sein, die ehemalige Stiftungen der Malla-Zeit festhielten und zu Beginn der Shah-Periode eingeschmolzen wurden.

Der Nasal Chok

Der Durchgang zum Nasal Chok wird von **Narasimha (27)** beherrscht. In einem silbernen Baldachinschrein steht der lebensgroße, schwarzsteinerne und mit Gold- und Silberbeschlägen geschmückte löwenköpfige Narasimha, eine Inkarnation Vishnus als »Mensch-Löwe«. Der Legende nach steht er auf der Hausschwelle – daher der Standort dieser Figur – und reißt dem Dämon Hiranyakashipu die Eingeweide heraus. Die Statue wurde 1673 von Pratapa Malla gestiftet. Er folgte bei der Aufstellung dieses Bildnisses an seiner Hausschwelle dem Vorbild Lalitpurs, wo schon etwas früher Narasimha als Wächter vor dem Palasteingang aufgestellt worden war. Er wollte mit dieser Statue die Gottheit besänftigen, die er fürchtete erzürnt zu haben, als er öffentlich als Narasimha kostümiert tanzte. Eine andere Folge dieses Tanzereignisses ist die Erbauung von Kavindrapura beim Kashthamandapa (s. S. 96).

Der weite Palasthof unter dem Namen **Nasal Chok (28)** ist heute das Herzstück des gesamten Schloßareals. Dieser Hof hat eher den Charakter eines weiten Platzes, der von Gebäuden verschiedenster Art begrenzt wird. Seit dem Beginn der Shah-Zeit finden hier die Krönungsfeierlichkeiten statt. Für diesen Zweck wurde der Hof stark erweitert. Schauplatz der Staatszeremonien ist die heilige **Plattform (29)** unter freiem Himmel. Während der Malla-Zeit wurden an dieser Stelle religiöse Tänze aufgeführt. Der Name Nasal Chok stammt noch aus dieser Periode. Er bezieht sich auf Shiva als Nataraja, ›König des Tanzes‹. Sein Bildnis steht in einem kleinen weißen Schrein auf der Ostseite von Nasal Chok.

Die lebensgroße Figur des Narasimha

Baugeschichte des Palastes

Die stilistisch verschiedenen Gebäude um den Hof verkörpern mehrere Bauphasen: In der frühen Shah-Zeit, unter König Rajendra Bikram Shah (1816–1847), wurde der Palast durchgreifend verändert, um den neuen Repräsentationsbedürfnissen vor allem im Hinblick auf die indisch-britischen Nachbarn zu entsprechen. Die Fassaden auf der Nord- und Westseite von Nasal Chok, aber auch zum Darbar-Platz, wurden in einem an Vorbildern aus Rajasthan angelehnten Stil vereinheitlicht. Kennzeichnend sind größere Stockwerkhöhen, der weiße Putz, Pilaster und islamisierende Blendbögen

Kathmandu

Prinz Waldemar beschreibt das Innere des Hanuman Dhoka-Palastes 1845:
»Innen nehmen den Besucher weitläufige Räume auf; kostbare indische Teppiche schmücken den Fußboden, seidene Vorhänge verschließen die spitzbögigen Eingänge; die Gesimse und Thürpfosten sind mit Elephanten, Pferde und Schlachtenscenen darstellenden Schnitzereien verziert. Diese Hallen entbehren aller Möbel; nur niedrige Divans mit reich gestickten Polstern laden zur Ruhe ein. Trotz der großen Wunderlichkeit der einzelnen Theile verfehlt doch das Ganze nicht, auf den Besucher den Eindruck des Erhabenen und Großartigen zu machen.«

sowie hohe Fensteröffnungen. Neue, hohe Flügel wurden erbaut, wie der zwischen dem Hanuman Dhoka-Portal und dem Degutale-Tempel, der im Obergeschoß einen großen Festraum enthält (ähnlich dem Trakt, der im Palast in Bhaktapur eingefügt wurde). Zum Teil verkleidete man auch alte Bauten der Malla-Zeit mit modernen Fassaden. Das gilt für die Nordseite von Nasal Chok. Aus dieser Zeit stammt der Arkadengang, der als Audienzhalle diente. In der Mitte ist ein einfacher Thron. Während des Vasanta Panchami-Festes erweisen die Fünf Transzendenten Buddhas der König im Darbar ihre Reverenz. Der König ist entweder in Person oder in Vertretung durch sein Schwert anwesend; dieser Brauch geht auf die Malla-Zeit zurück. Die gepolsterten Sitze geben noch eine Vorstellung vom ursprünglichen Zustand. Die Rückwand der Halle ist mit Portraits von Shah-Königen geschmückt.

Der dreigeschossige **Mohan Chok (30)** wurde 1649 von Pratapa Malla erbaut und 1822 von Rajendra Bikram Shah islamisierend modernisiert. Aus den Dächern von Mohan Chok ragt auf jeder Seite des Gevierts ein Steinmast mit einer Figur, die vom Hof aus nach außen blickt: im Westen Garuda, den man auch vom Jagannatha-Tempel aus sehen kann, im Norden ein Löwe, im Osten Hanuman, im Süden, zum Nasal Chok, ein Fisch. Die gleiche Figurenkonstellation ist auch an den Ecken des Taleju-Tempels zu beobachten. Diese und der reiche skulpturale Schmuck des Hofs stammen noch aus der Zeit Pratapas. In der Hofmitte ist der königliche Badebrunnen eingesenkt. Der vergoldete Wasserspeier *(sun dhara)* ist das Endstück eines viele Kilometer langen Kanal- und Rohrsystems, das frisches Wasser aus Budhanilkantha in den Palast leitet. Darunter befindet sich die Figur des Weisen Bhagiratha. Dieser bat einst die himmlische Ganga, ihren Lauf zu ändern und sich über die Erde zu ergießen. Hier führte der König sein rituelles Morgenbad aus, bestieg danach den steinernen Thron und vollendete dort sein Morgengebet. Neben dem Brunnen sollen die Malla-Könige auch zum Sterben niedergelegt worden sein.

Einzigartig ist ein Steinfries, der das höfische Leben des 17. Jh. darstellt. Man sieht elegante europäische Damen und Herren. Darunter ist eine junge Frau mit einem Schoßhündchen, eine andere raucht eine Zigarette, und ein Junge hält ein Teleskop. Überliefert ist, daß die Jesuitenmissionare Grueber und d'Orville bei ihrer Rückkehr von Peking nach Rom via Lhasa in Kathmandu einige Tage Station machten. Sie schenkten Pratapa ein Fernglas, das er im Krieg gegen Bhaktapur ausprobierte. Es verleitete ihn aber zu einigen Fehlentscheidungen, da er Schwierigkeiten hatte, die wahrgenommenen Entfernungen auf die Wirklichkeit zu übertragen.

Die beiden turmartigen Schreine für Schutzgottheiten auf den südlichen Ecken von Mohan Chok (bzw. den beiden nördlichen Ecken, von Nasal Chok aus gesehen) stammen von Pratapa Malla. Auf der Südostecke steht der **Panchamukhi** (›fünfköpfig‹) **Hanuman Mandir (31)**, errichtet 1650. Die Pagode fällt durch ihre runde

Form und die fünf Dächer auf. Sie verbindet zwei wichtige Gebäudeteile der Malla-Zeit, den Wohnhof Mohan Chok und den Zeremonialhof Mul Chok. An der südwestlichen Ecke von Mohan Chok, über dem Hanuman Dhoka, ließ Pratapa Malla 1650 einen Familienschrein, **Agama Chen (32)**, in Form einer dreidachigen Pagode auf dem Palast bauen. Während des Festes Indra Yatra residiert Taleju in diesem Schrein, der schräg oberhalb des Hanuman Dhoka-Portals liegt und die westliche Palastfront mit bestimmt. Alle drei Dächer haben schön geschnitzte Dachstreben mit Götterpaaren. Als Dachspitze dient ein Miniatur-Shikhara aus vergoldeter Bronze.

Der ›Schatzgarten‹ und seine Legende

Im Osten des Palastbezirks ließ Pratapa den Bhandarkhal (›Schatzgarten‹) anlegen. In einem Gewölbe soll während der Malla-Zeit der Staatsschatz gelegen haben. Mit **Bhandarkhal (33)** wurde bereits in der Licchavi-Periode ein Palast bezeichnet, der jedoch nicht näher lokalisiert ist. Dort gab es einen See, in dem ein Bildnis von Vishnu im Wasser ruhend, auch Jalashayana Narayana genannt, lag. Pratapa legte ebenfalls einen See an und begab sich, um Rat zu holen, zum nämlichen Vishnu-Bildnis in Budhanilkantha. Die Gottheit sagte ihm, er solle nichts Neues für diesen See anfertigen lassen. Folglich ließ Pratapa eine alte Skulptur, die in einem Teich nahe Gyaneshvara lag, in seinem neuen in Bhandarkhal gegrabenen See einsetzen. Diesen See wollte er mit Wasser aus Budhanilkantha speisen. Nachdem die Gottheit von Budhanilkantha ihm das erlaubt hatte, ließ er einen schmalen Verbindungskanal bauen. Wegen Geländeschwierigkeiten drohten die Arbeiten zu scheitern. Der König schwor, solange seinen Palast in Kathmandu nicht mehr zu betreten, bis das Wasser dort angelangt sei. Erst als nach einem Jahr Wasser aus Budhanilkantha den See in Bhandarkhal füllte, kehrte er zurück. In einem Traum erfuhr er, daß er und seine Nachfolger nicht mehr nach Budhanilkantha gehen dürften oder sie würden sterben. Angeblich hat seit dieser Zeit kein nepalischer König mehr Budhanilkantha besucht.

Nicht nur die Wasserzufuhr aus diesen Ort, auch der Transport der riesigen Figur des Jalashayana Narayana aus Gyaneshvara sind technische Meisterleistungen. Das aus einem einzigen Stein gehauene Bildnis ist 6 m lang. Es zeigt Vishnu im kosmischen Ozean auf Schlangenkörpern wie auf einem Bett in kontemplativem Schlaf ruhend. Das Lager wird gebildet durch den Schlangenkönig Shesha Naga. Die Skulptur ist etwa um 640 n. Chr. entstanden. Man kann sie sehr gut von der Terrasse des Crystal-Hotels aus sehen.

Pratapa Malla hat noch zwei weitere Großfiguren, Kaliya Damana und Garuda, die aus den Trümmern einer Licchavi-Hauptstadt stammten, in seinen Palast überführt. Da Garuda an seinem neuen Ort viel Ärger verursachte, ließ ihn Pratapa wieder aus dem Palast entfernen und in Narayanhiti, in der Nähe des heutigen Königspalastes, aufstellen. Kaliya Damana blieb in **Sundari Chok (34)**. Beim Kaliya Damana (7. Jh.) ist eine der Heldentaten dargestellt, die der Knabe Krishna vollbrachte. Er zwang den Schlangenkönig Kaliya, den Yamuna-Fluß, der durch diesen Dämon vergiftet worden war, zu verlassen und ins Meer zurückzukehren. Kaliya hat einen menschlichen Oberkörper, sein Kopf ist mit einem königlichen Diadem geschmückt und von einem Kranz aus Kobraköpfen beschirmt. Angstvoll erhebt er sich aus einem Schlangengewirr, das einen zweistufigen Berg bildet, dessen unterer Teil meist von Wasser verdeckt wird. Aus den Windungen schält sich rechts unten die Schlangenfrau des Dämons und bittet Krishna um Gnade. Der kleine Krishna turnt auf dem Kopf des Kaliya herum und prügelt auf den Schlangenkönig ein. Sundari Chok (›Schöner Hof‹) wurde von Pratapa Malla 1649 anschließend an Mohan Chok errichtet und direkt vor die Westseite des Stufenbergs geschoben, auf dem der Taleju-Tempel steht.

Mul Chok und Lohan Chok

Genau in der Südachse des Taleju-Tempels liegt der **Mul Chok (35)** (›Haupthof‹) des Palastes. Er bildet mit einer Seite einen Teil der Ostseite von Nasal Chok. Von dort aus gesehen, erscheint der Mul Chok recht unscheinbar. In der Malla-Periode bildete er den Rahmen für sämtliche Staatszeremonien, die heute im Nasal Chok abgehalten werden. Der westliche Eingang zum Mul Chok liegt in einer Achse mit dem Hanuman Dhoka-Portal. Der Bau wurde von Mahendra Malla 1564 nach dem Vorbild des Mul Chok im Palast von Bhaktapur erbaut. 1709 wurde er von Königin Bhuvana Lakshmi, die für ihren unmündigen Sohn König Bhaskara Malla (1700–1714) regierte, erneuert. Der Mul Chok ist wie ein Kloster über quadratischem Grundriß errichtet und entfaltet seinen kostbaren Schmuck zum Innenhof hin. Auf der Südseite des Hofes ist der Schrein der Göttin Taleju, der ihr zeitweilig als Residenz dient. Er wird flankiert von den großen Figuren der von Bhuvana Lakshmi gestifteten Flußgöttinnen Ganga und Yamuna. Auf der Ostseite des Hofes liegt der Schrein einer weiteren tantrischen weiblichen Gottheit. Der Hof ist nur einmal im Jahr während des Dashain-Festes, wenn Hunderte von Büffeln und Ziegen der Göttin geopfert werden, für Hindus geöffnet. Nördlich davon befindet sich **Trishuli Chok (36)** mit einigen alten Säulen.

Im Süden von Mul Chok, ebenfalls in der Achse des Taleju Mandir, liegt der von Turmpavillons bekrönte Palast der frühen Shah-Zeit, **Lohan Chok (37)**. Der viergeschossige Bau um einen quadratischen Hof diente den Shah-Königen bis zur Mitte des 19. Jh. als Wohnsitz; seine Geschichte ist allerdings nicht ganz klar. Einer Inschrift zufolge sind die beiden ersten Shah-Könige, Prithvi Narayan (1768–1775) und Pratapa Singh (1775–1777), seine Erbauer, doch muß noch geklärt werden, inwieweit dabei Teile eines

Mul Chok und Lohan Chok

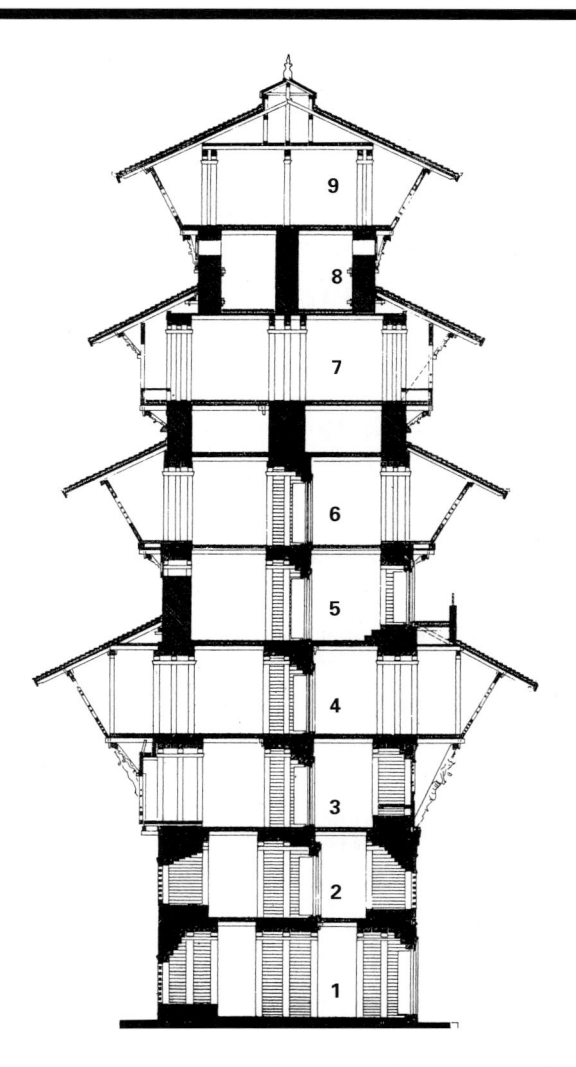

Der neungeschossige Vasantapura-Turm

Malla-Gebäudes verwendet wurden. Der Palast wurde in den 80er Jahren mit finanzieller und technischer Unterstützung der UNESCO restauriert. Auffällig sind die enormen Geschoßhöhen, die im Verhältnis zum anstoßenden Mul Chok etwa 2 : 1 betragen. Drei Ecken von Lohan Chok sind Pavillons aufgesetzt, jeder in einer anderen Form. Am auffälligsten ist der Aufbau im Nordwesten mit seinem kuppelartigen Dach und den weit herabgezogenen Dachecken, was zunächst an die traditionelle Bauweise in Bengalen erinnert. Insgesamt verraten die Pavillons jedoch eine starke Anlehnung an nordindische Palastarchitektur. Die traditionellen Mittel nepalischer Architektur werden verwendet, jedoch in einer Art, daß der Bau höfische Mogul-Vorstellungen widerspiegelt. Die drei Pavillons wurden nach eroberten Städten des Kathmandu-Tals benannt: **Lalitpur (38)** im Südosten, **Bhaktapur (39)** im Nordosten und **Kirtipur (40)** im Nordwesten. Zeichen des Sieges der Shah-Dynastie ist auch der hohe im Südwesten an Lohan Chok anstoßende **Vasantapura Darbar (41)**. Mit Sicherheit ist der 30,5 m hohe, vierdachige, aber neungeschossige Turm, der mit der Südwestecke dieses Baues verbunden ist, von Prithvi Narayan Shah (1723–1775) aufgestockt worden. Seine unteren Geschosse stammen noch aus der Zeit um 1630. Sie sind älter als Lohan Chok, wie man an den überbauten Profilen und Fensterrahmen an den Nahtstellen sieht. Der Turm wurde 1770 vollendet und analog zu den drei Turmpavillons des Lohan Chok benannt. Vasantapura ›Stadt des Frühlings‹ ist eine mittelalterliche Bezeichnung für Kathmandu. Der Turmtypus erinnert an den ebenfalls von Prithvi Narayan errichteten siebengeschossigen Palastwohnturm in Nuwakot. Der Bau, der nicht nur die Südseite von Nasal Chok bestimmt, hat innerhalb des Gesamtzusammenhanges eine dominierende Funktion und ist Zeichen des Sieges von Prithvi Narayan Shah über die Malla-Dynastie und über das ganze Kathmandu-Tal.

Auf der Westseite von Lohan Chok ist in der Arkade ein Glasschrein eingebaut, der ein prachtvolles und ungewöhnliches Bildnis eines tantrischen zwölfarmigen und fünfköpfigen Vishnu schützt. Auf der unteren Ebene sind drei Köpfe, die beiden seitlichen sind der eberköpfige Varaha und der löwenköpfige Narasimha. Sie sind charakteristisch für Vishnu als **Vaikunthanatha (42),** ›Herr des Himmels‹. Auf dem Schoß sitzt seine Shakti. Die vergoldete Bronzefigur stammt aus dem Maha Vishnu-Tempel vor dem Palast, der beim Erdbeben von 1934 zerstört wurde. Dieser Bau war wahrscheinlich von Jagatjaya Malla (1722–1736) zur Erinnerung an seinen Sohn Rajendra Malla errichtet worden.

Wanderungen durch Kathmandu:

Auf den Spuren des alten Kathmandu

Aus dem wohlgepflegten Palastbezirk führt der Weg durch die Altstadt, die weitgehend ohne konservatorischen Schutz von einem Bauboom erfaßt ist, der immer mehr historische Spuren verwischt. Der Rundweg durch die nördliche und südliche Stadt Kathmandu öffnet Dimensionen, die im Palastbezirk nicht vertreten sind. Dieser ist im wesentlichen eine Schöpfung der späten Malla- (1482–1768) und der folgenden Shah-Zeit (ab 1768). Die Tempel dienten dem Staatskult und sind daher alle hinduistisch. Das Bild, das die Stadt

Altes Kathmandu

Auf den Spuren des alten Kathmandu
1 Garuda
2 Tana Bahal
3 Indra Chok: Akasha Bhairava-
4 und Shiva-Schrein
5 Matsyendranatha-Tempel
6 Krishna-Tempel und Tilanga Ghar
7 Annapurna-Tempel
8 Jvala Mai in Tyauda
9 Dhoka Bahal
10 Chusya Bahal
11 Musya Bahal
12 Thahiti
13 Indrayani-Tempel
14 Kathesimbhu
15 Bangemudha
16 Nau Dega
17 Kilagal Tol
18 Itum Bahal
19 Naradevi-Tempel
20 Akhache
21 Lakshmi Narasingha-Tempel
22 Bhuluka Dega
23 Yatkha Bahal
24 Kankeshvari-Tempel
25 Maru Hiti
26 Kashthamandapa und Darbar-Platz
27 Bhimsen-Tempel
28 Ko Hiti und Rama Chandra Mandir
29 Jaisi Devala
30 Tukan Bahal
31 Manjunatha

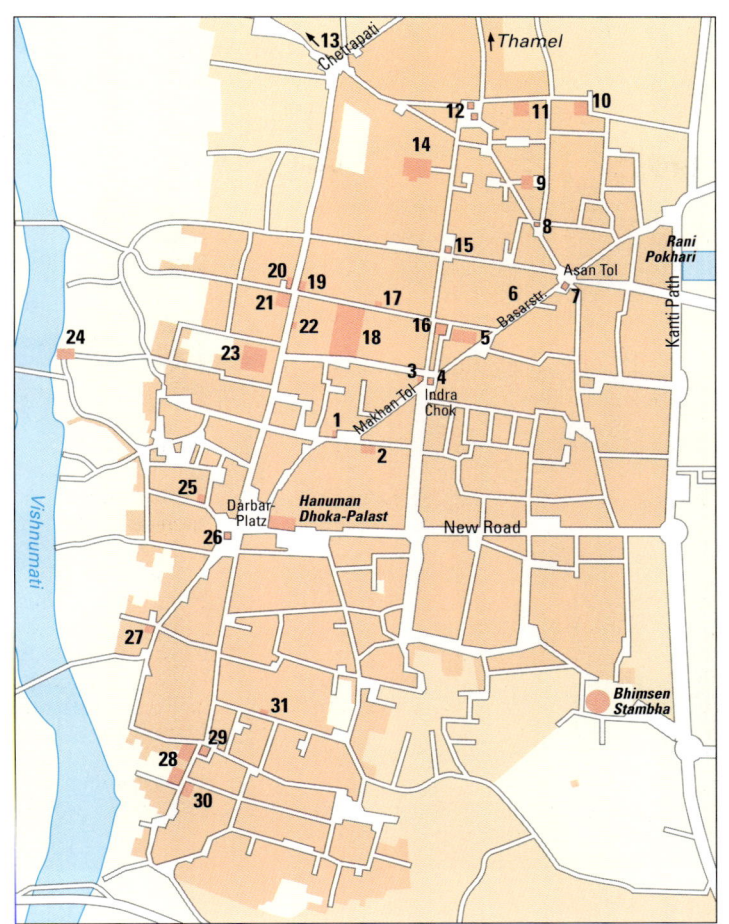

bietet, ist vielschichtiger, es geht bis ins 6. Jh. zurück. Die städtische Bevölkerung war seit frühester Zeit überwiegend buddhistisch. Davon zeugen die Stupas und Klosteranlagen. Innerhalb des Stadtgebiets lagen Herrschaftszentren, die viel älter waren als der Bezirk des Hanuman Dhoka-Palastes. Die Basarstraße, die ein kleiner Abschnitt der Indien-Tibet-Straße ist, durchschneidet diagonal das gerasterte Straßensystem der Altstadt von Kathmandu, das erst nach dem Jahr 1000, vielleicht von König Gunakamadeva, angelegt wurde. Ausgangspunkt für den Rundweg ist die Basarstraße an der Nordseite des Taleju-Tempels: Die älteste Skulptur in der Umgebung des Hanuman Dhoka-Palastes ist der große kniende **Garuda (1, 6. Jh.)**, der etwa gleichzeitig mit dem Garuda in Changu Narayana

Der buddhistische Matsyendranatha-Tempel ist eines der wichtigsten Heiligtümer des Kathmandu-Tals

entstanden ist und zu den bedeutenden frühen Skulpturen des Kathmandu-Tals gehört. Bis vor wenigen Jahren steckte die Figur halb in der Erde. Sie ist jetzt auf einen neuen Sockel gehoben worden. Der Tempel, zu dem die Monumentalskulptur ursprünglich gehört haben muß, ist verschwunden. Die auf dem Rücken zusammengelegten Flügel sind das einzige Element, das direkt auf das mythische Vogelwesen hindeutet. Um Hals und Oberarm trägt Garuda Schlangen, seine Locken werden durch ein Haarband zusammengehalten, in den Ohren hat er Ringe.

Auf der anderen Seite von Makhan Tol (›Butter-Tol‹), nordöstlich des Taleju-Tempels, liegt das bereits erwähnte **Tana Bahal (2),** auch Tana Deval genannt. Eine Inschrift stammt aus der Zeit um 756. Durch ein Tor gelangt man in den Tempelbezirk, der zwei Schreine umfaßt. Tana Deval, ein unscheinbarer niedriger Bau, der die Südseite begrenzt, wirkt wie ein Trakt eines Bahal-Hofs, bei dem die anderen drei Flügelbauten fehlen. Die große Bedeutung der Göttin in Tana Deval wird durch einen fünfteiligen Gajura-Aufsatz auf dem Dach demonstriert. Auf dem Torana erscheint Durga Mahishasuramardini. Die Identität der Göttin in Tana Deval nicht klar. An der Stelle lag ein altes Herrschaftszentrum, in dessen Nähe der Taleju-Tempel und der Hanuman Dhoka-Palast angelegt wurden. Vor dem Schrein, mitten im Hof, steht ein neuer Schutzbau für ein altes Vishnu-Heiligtum der Epoche vor den Malla. Die Stele zeigt den vierarmigen Vishnu, neben ihm Lakshmi und Garuda. Westlich davor steht eine Miniatursäule mit einem Garuda.

Die Kreuzung von Indra Chok wird durch den **Akasha Bhairava-Tempel (3)** bestimmt. Der breite wohnhausartige Bau mit drei Geschossen ist einer der wichtigen Tempel der Basarstraße. Der Schrein ist im Obergeschoß, nach außen gekennzeichnet durch vergoldete dreiteilige Portalrahmungen. Im Inneren ist die riesige blaue Maske des ›Himmel‹ (Akasha)-Bhairava, die beim Indra Yatra-Fest eine Rolle spielt. Daneben stehen Bronzebildnisse von Bhimsen und Bhadrakali und Silberfiguren der beiden Shiva-Söhne Ganesha und Karttikeya. Der **Shiva-Schrein (4)** auf der kurzen Strecke zwischen Indra Chok und dem Matsyendranatha-Tempel ist ein steinerner Shikhara-Tempel. Händler verwenden die Stufen des hohen Sockels direkt an der Basarstraße zum Auslegen ihrer Stoffe.

Von der Basarstraße durch einen europäisierenden Torbau mit klassischen Säulen hindurch kommt man in den Hof des buddhistischen **Matsyendranatha-Tempels (5),** einer der wichtigen Heiligtümer des Kathmandu-Tals. Matsyendranatha wird als Erscheinung des mitleidvollen Bodhisattva Padmapani Avalokiteshvara von Buddhisten und Hindus verehrt. Die zweidachige, prächtig geschmückte und vergoldete Pagode für den Weißen (Seto, Shveta) Matsyendranatha von Kathmandu steht wie ein Hindu-Tempel frei in dem weiten Hof des Jana Bahal (Kanaka Chaitya Mahavihara) in Kel Tol. Der Kult des Weißen Matsyendranatha in Kathmandu soll von König Gunakamadeva (10. Jh.) in Nachahmung des Rato (Roten) Matsyendranatha-Kults von Lalitpur eingeführt worden sein. Unter König Yaksha Malla (1428–1482) wurde die Gottheit an ihren gegenwärtigen Ort gebracht und der Tempel im Jana Bahal errichtet. Da das Bildnis in Jamala aufgefunden worden war, wird es in shivaitischer Art als Jamaleshvara, ›Herr von Jamala‹, bezeichnet. Die berühmte Matsyendranatha-Wagenprozession durch die Stadt beginnt auch noch heute am Fundort Jamala.

Der Bau wurde im 17. Jh., 1883 und später erneuert. Die Pagode hat, im Gegensatz zu anderen Bauten dieses Typs, eine ausgesprochene Hauptfront auf der Ostseite und nur dort ein dreiteiliges Portal, das im 19. Jh. prächtig ausgestattet wurde. Im Inneren des Schreins steht die weiße Figur des Padmapani Avalokiteshvara, die völlig bedeckt ist mit Kleidungsstücken und Schmuck. Über dem Portal ist eine dreiteilige Bekrönung aus drei Toranas, die in Art von

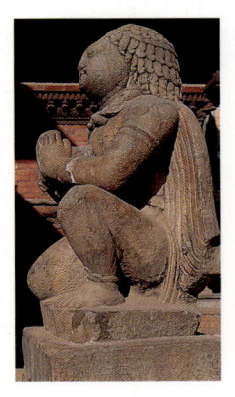

Der große kniende Garuda stammt aus dem 6. Jh.

Astwerk ornamental zusammengehalten werden. Hauptfigur des Torana ist Sahasrabhuja Lokeshvara, ein Avalokiteshvara mit elf Köpfen und tausend Armen. Das linke Torana hat eine Figur von Amoghapasha Lokeshvara, des achtarmigen ›Lokeshvara mit der unfehlbaren Schlinge‹. Die Figur des rechten ist gestohlen worden. Die farbig gefaßten Dachstreben zeigen ebenfalls verschiedene vielarmige Erscheinungsformen von Avalokiteshvara. Von den zwei Kupferdächern hängen in Treibarbeit hergestellte Kupferbanner; sowohl Banner als auch Dächer sind vergoldet. Direkt vor dem Haupteingang zum Tempel steht ein durch ständig erneuerten Kalkanstrich ganz formlos gewordener Chaitya, in dem man einen Licchavi-Chaitya vermutet. Neben dem engen Durchgang von der Basarstraße zum weiten gepflasterten Hof ist ein Raum für Bhajan-Musik, wo Gläubige morgens und abends Musik spielen und singen. Ein schmaler Durchgang an der Westseite des Hofs führt zu einem kleinen Töpfermarkt.

Vom Jana Bahal weiter auf der Basarstraße nach Nordosten folgt auf der linken Seite ein Ensemble aus zwei ganz verschiedenen Bauten, bestehend aus dem achtseitigen, reich geschnitzten **Krishna-Tempel (6)**; angebaut ist ein repräsentatives Wohnhaus, **Tilanga Ghar (6)**, aus dem frühen 19. Jh. mit großen verglasten Fenstern und einem langen Stuckfries mit Soldaten, ähnlich demjenigen in Nuwakot. An der alten zentralen Kreuzung von Asan Tol, von der sechs Straßen sternförmig ausstrahlen, steht der **Annapurna-Tempel (7)**. In der kleinen dreidachigen, prächtig vergoldeten Pagode residiert eine tantrische Gottheit, die in Form einer silbernen Vase verehrt wird. Annapurna ist die Patronin der Getreidehändler, die hier ihren Markt hielten. Sie ist eine Erscheinung von Parvati, der Gefährtin von Shiva. Auf der Kreuzung stehen außerdem ein kleiner Narayana-Schrein und ein zweidachiger Ganesha-Schrein.

Wir verlassen bei Asan Tol die Basarstraße Richtung Nordwesten und kommen an **Jvala Mai (8)** in Tyauda vorbei, einer dreidachigen Pagode (ca. 18. Jh.), die an einer Kreuzung steht, von der Wege nach San Tol, Thahiti und Jyatha führen. Dem Namen des Schreins zufolge müßte es sich um eine brennende Flamme handeln, jedoch ist im Inneren ein Harihara-Standbild, bei dem Vishnu und Shiva in einer Person dargestellt sind. Im Hof von **Dhoka Bahal (9**, Dhvaka Baha, Henakara Mahavihara) in Tyauda mit neuer Bebauung steht dennoch eine Kostbarkeit, ein Chaitya (7. Jh.) aus der Licchavi-Periode mit großen stehenden Gestalten in Nischen. Dieser Votiv-Chaitya gehört zu den herausragenden buddhistischen Plastiken Nepals. Von den vier stehenden Bildnissen sind drei Buddha-Figuren und eines der Bodhisattva Avalokiteshvara. Über diesem hohen monolithischen, vierfigurigen Schrein erhebt sich ein Stupa mit vier meditierenden Buddhas in den Nischen. Die schön ausgearbeiteten Details geben eine Vorstellung von der sonst verlorenen Baukunst der Licchavi-Periode. (Der Aufsatz ist ergänzt.) Im Hof ist ein kleiner Chaitya, der aufgrund seiner Inschrift in die Mitte des 7. Jh. datiert werden kann.

Der Bodhisattva Avalokiteshvara in einem Licchavi-Chaitya zählt zu den kostbarsten buddhistischen Plastiken im Kathmandu-Tal (Dhoka Bahal)

Dhoka Bahal

Kathmandu

Grundriß von Chusya Bahal (Aufriß s. S. 69)

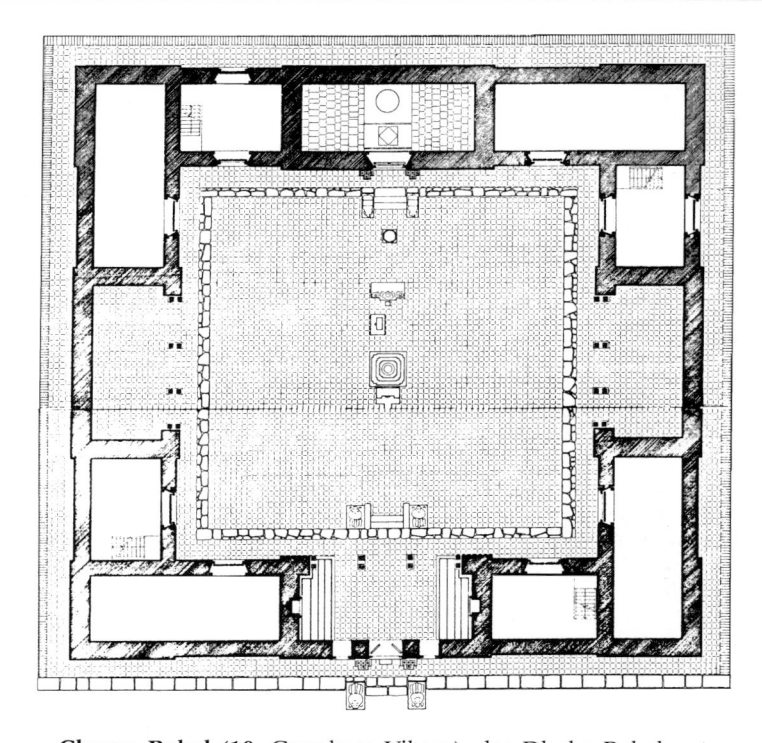

Chusya Bahal (10, Gunakara Vihara), das Dhoka Bahal untersteht, ist eines der wenigen buddhistischen Klöster, die noch weitgehend ihre originale Form erhalten haben (sehr renovierungsbedürftig). Der Bau wurde 1648 vollendet; ob Neubau oder Wiederherstellung ist unsicher. Die ursprünglich farbigen Dachstreben stammen von einem Vorgängerbau. Die zweigeschossige Anlage um einen quadratischen Innenhof zeigt eine besonders reine Form des buddhistischen Klosters im Kathmandu-Tal. Genau in der Mitte des vertieften Hofs steht ein Chaitya, der der eigentliche kultische Mittelpunkt des ganzen Klosters ist. Der Schrein ist auf der Südseite, der Eingang auf der Nordseite. Das Portal der Straßenfront wird von zwei steinernen Löwen bewacht. Über dem Portal ist ein schön geschnitztes Torana (1673). In der Mitte zeigt es den vierarmigen weiblichen Bodhisattva Prajna Paramita, ›Vollkommene Weisheit‹, der die buddhistische Lehre verkörpert. In seinen oberen Händen hält er Buch und Rosenkranz, die unteren Hände zeigen den Gestus des Verkündigens der Lehre, *dharmachakra mudra.* Das überkragende Dach wird außen von zwölf Dachstreben gestützt. Sie stellen zehn furchterregende Gottheiten, begleitet von Ganesha und Mahakala, dar. Alle Figuren stehen in der uralten Shalabhanjika-Haltung, in der sonst Baumgöttinen gezeigt werden, mit einem Arm einen Ast umfassend, das Spielbein das Standbein überkreuzend. Diese und die 22 Dachstreben im Inneren sind beschriftet. Innerhalb des Haupteingangs wachen die beiden Schutzgottheiten Ganesha und Mahakala zu beiden Seiten. Im gepflasterten, vertieften Innenhof ist direkt beim Eingang ein hoher Chaitya in Form eines Shikhara-Tempels. Davor sitzen drei Stifterfiguren, die den 1648 inschriftlich genannten Vajracharya Gunajyoti in Gestalt des Adibuddha Vajrasattva – in den Händen Vajra (Donnerkeilzepter) und Ghanta (Glocke) – und seine beiden Gemahlinnen darstellen. Sie sind von besonders feiner Qualität. Das Portal zum Schrein auf der Südseite wird von zwei Elefanten flankiert. Er enthält eine Figur des Buddha Shakyamuni mit der Geste der Erdberührung. In der Mitte des Torana (dat. 1676) über dem Schreineingang ist der Transzendente Buddha Akshobhya auf seinem Reittier, dem Elefanten, dargestellt. Er hat drei Köpfe und sechs Arme und wird flankiert von Vairochana auf einem Löwen (links) und rechts von Amitabha auf einem Pfau. Die Dachstreben des Innenhofes können ikonographisch in vier Gruppen gegliedert werden: Beginnend auf der Ostseite stellen die Dachstreben 1–6 Gottheiten dar, die für Musik und Tanz bei der Anbetung sorgen und die entsprechenden Attribute tragen. Die Dachstreben 7–10 zu beiden Seiten des Schreins zeigen vier der Fünf Transzendenten Buddhas, jeder mit acht Armen und drei Köpfen. Die Streben 11–15 stellen Schutzgottheiten gegen Naturkatastrophen dar; 16–22 schließlich zeigen sechs Göttinnen sowie Ganapati. (Diese Gruppen stimmen nicht genau mit den Gebäudeseiten überein. Der Beginn der Zählung ist die zweite Dachstrebe links auf der Ostseite des Innenhofs!) Ähnlich wie Chusya Bahal ist **Musya Bahal (11,** 17. Jh.), das noch Reste von Wandmalereien aufweist.

Thahiti (12) ist ein geräumiger, aus dem Häusergefüge ausgesparter Platz; in der Mitte findet man einen weiß getünchten Stupa (1432) auf einem steilen, profilierten Sockel, an dessen Ecken Licchavi-Chaitya aufgestellt wurden. Oben um den Stupa sieht man vier Reliefs mit vier tantrischen Wächterkönigen des Buddhismus: Dhvaja Raja (Siegesstandarte), Vina Raja (Laute), Khadga Raja (Schwert), und Chaitya Raja (Chaitya). Bei diesem Stupa befand sich im Mittelalter das wichtige nördliche Stadttor Kathmandus. Der Legende nach soll der Stupa über einem goldenen Brunnen (Hiti) errichtet worden sein, der sich nur noch im Namen der Gegend erhalten hat. Der Nriteshvara-Schrein an der Nordseite des Platzes ist dem tanzenden Shiva geweiht. Die Straße nach Westen führt weiter zum **Indrayani-Tempel (13).** Die dreidachige Pagode (1782) liegt an einem alten Verbrennungsplatz am Ufer der Vishnumati. Das tantrische Heiligtum soll im 10. Jh. von König Gunakamadeva gegründet worden sein. Indrayani, eine der acht Muttergöttinnen, wird in Form von einfachen Steinen im Tempel verehrt. Vor dem Tempel stehen ihre beiden Trägetiere, Löwe und Pfau (19. Jh.), auf Säulen.

Kathesimbhu (14, Shrigha oder Shantighata Chaitya) in Naghal gilt als stellvertretendes Heiligtum für Svayambhunatha. Aber im

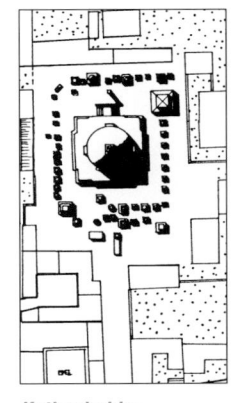

Kathesimbhu

Unterschied zu diesem ruht die Kuppel des Kathesimbhu auf einem zweistufigen Sockel in Mandala-Form. An den Ecken sind viele Licchavi Chaitya aufgesetzt, erkennbar an ihren leeren Nischen. Die Anlage hat, ähnlich wie der Svayambhunatha, Nischen mit den Bildern der Vier Transzendenten Buddhas, allerdings ohne ihre Shakti. Auf jeder Seite befindet sich ein Paar Augen. Der Turm darüber besteht aus 13 Ringen, bekrönt von einem großen Ehrenschirm.

Einer Legende zufolge soll der Kathesimbhu-Stupa mit dem restlichen Baumaterial des Svayambhunatha errichtet worden sein. Eine andere Geschichte bringt ihn mit dem heiligen Ort Benares am Ganges in Zusammenhang. In alten Zeiten soll dort ein buddhistischer König regiert haben, der den Stupa errichten ließ. Als er fertig war, sollte ein mit magischen Kräften begabter buddhistischer Priester die Weihe vollziehen. Jedoch fand man in der Stadt niemanden. Daher bat man einen nepalischen Acharya, der jeden Morgen im Fluß badete. Dieser war der berühmte Vakvajra, der Vorsteher des Kva Bahal im Norden von Thahiti in Kathmandu. Er nahm Wasser aus dem Fluß, sprenkelte es über den Stupa und erklärte ihn für geweiht. Mit dieser einfachen Zeremonie war das Volk nicht zufrieden. Über die Fortsetzung der Geschichte gibt es zwei verschiedene Varianten. Vakvajra forderte die Leute auf, den Stupa zu verrücken. Wenn sie es nicht könnten, würde er es mit Hilfe eines Mantras tun. Damit wollte er ihnen der Macht seiner Weihehandlung beweisen. Er bewegte den Stupa, ließ ihn sich erheben und flog mit ihm nach Nepal, wo er an der gegenwärtigen Stelle landete. Nach der anderen Version konnte er die Leute von der Wirksamkeit seiner Weihe überzeugen. Jedoch stellte sich bald heraus, daß der Ort von bösen Geistern besessen war. Daher entschied sich der König ihn zu versetzen. Man umwickelte den Stupa mit Seilen und spannte Pferde, Elefanten und Menschen davor, doch er rührte sich nicht. Da rief man Vakvajra zu Hilfe. Dieser rezitierte Mantras, erhob sich in die Lüfte und der Bau folgte ihm. Die Leute waren erstaunt und der König erklärte: »Du bist wahrhaftig kein Mensch, sondern die Inkarnation des Ur-Buddha Samantabhadra!« Vakvajra flog mit dem Stupa durch die Lüfte nach Nepal und brachte ihn nach Shanti Ghata, einen Ort, wo der heilige Wassertopf *(ghata)* aufbewahrt wurde.

Über den historischen Ursprung dieses großen Stupas ist wenig bekannt. Er soll 1450 begonnen worden sein, blieb unvollendet. König Pratapa Malla förderte den Bau seit 1647, starb aber darüber. 1872 wurde der Stupa restauriert.

In dem großen Hof um Kathesimbhu stehen bedeutende frühe Skulpturen, darunter eine schöne Stele des Bodhisattva Avalokiteshvara (9. Jh., zum Schutz vergittert). In seiner linken Hand hält er einen Stengel mit großer Lotosblüte. Ein weiterer, kleinerer Stupa steht im Westen des Hofs. In den kapellenförmigen Nischen befinden sich relativ große und schöne Transzendente Buddhas vor Thronrückwänden. Im Nordwesten des Hofs ist, wie in Svayambhunatha, ein Schrein für Hariti, die Schutzgöttin der Kinder.

Von Kathesimbhu auf der Straße nach Süden passiert man auf der Ostseite der Straße einen neuen Schrein mit einem Uma Maheshvara-Relief (9. Jh.) neben einer Ganesha-Statue und kommt dann nach **Bangemudha (15,** ›knorriges Holz‹), einem Platz an einer Kreuzung. Dort steht Ikhan Narayana Mandir, eine zweidachige kleine Pagode mit der Trias Vishnu, Lakshmi und Garuda (10. Jh.) im Inneren und einer Garuda-Säule davor. Vor den Häusern der Nordseite des Platzes steht eine Buddha Shakyamuni-Stele (6. Jh.), die zum Schutz gegen Diebstahl eingemauert wurde. Ein an der Südostecke des Platzes angebrachter Fetisch soll vor Zahnweh schützen. An diesem ›knorrigen Holz‹ vorbei geht es weiter nach Süden. An der nächsten Kreuzung steht **Nau Dega (16),** ein neuer Schrein auf einem Stufensockel anstelle eines alten, mächtigen Baus. Der ursprüngliche Tempel wurde 1675 vom Premierminister des Königs Nripendra Malla (1674–1680), Chikuti, errichtet. Das Shiva-Linga im Inneren wird umgeben von Vishnu, Ganesha, Surya und Devi, die zusammen die Gruppe der Panchayana-Götter bilden. Beim Tempel befindet sich ein Töpfermarkt; hinter den Häusern auf der Ostseite liegt der Matsyendranatha-Tempel.

Auf der Straße nach Westen passieren wir **Kilagal Tol (17),** einen kleinen Platz mit einem breiten buddhistischen Lokeshvara- und daneben einem Ganesha-Schrein in Form einer zweidachigen Pagode; gegenüber, auf der Südseite der Straße, sieht man ein Mahadeva Mandir.

Torana des Itum Bahal; dargestellt ist die Versuchung des meditierenden Buddha Shakyamuni durch Mara und seine Scharen

Die Gegend wird bestimmt durch das **Itum Bahal (18,** Keshavachandra Mahavihara). Die Anlage besteht aus einem langgestreckten Hof zwischen zwei parallelen westöstlich verlaufenden Straßen. Die Westseite dieses langen Hofes bilden nebeneinander drei Bahals. Der südliche davon ist der eigentliche Itum Bahal, der bedeutende frühe Holzschnitzereien bewahrt hat, er gehört zu den ältesten Klöstern in Kathmandu. Der Bahal hat eine historische Verbindung zum Mahakala-Tempel am Tundikhel dergestalt, daß ein kinderfressender Dämon namens Guru Mapa, der ehemals in Itum Bahal gehaust hatte, damit besänftigt werden konnte, daß man ihm vor der Stadt einen neuen Schrein baute und ihm Tundikhel stiftete, ein Gebiet, das nicht bebaut werden durfte. Das eigentliche Vihara des umfangreichen und relativ verfallenen Komplexes hat drei ausgezeichnete schöne Dachstreben (14. Jh.) über dem Haupteingang mit Darstellungen von Baumgottheiten, die mit denen in Woku Bahal in Lalitpur vergleichbar sind. Ein schönes Torana zeigt, wie die Truppen des Bösen, Mara, versuchen, Buddha bei seiner Meditation zu stören. Im Hof steht ein Chaitya mit hohem vierseitigem Unterbau und großen stehenden Buddha-Figuren (11./12. Jh.). Die Ausstattung des Klosters stiftete König Bardhana aus Banepa.

An der Kreuzung der Ostwest-Straße mit der wichtigen Nordsüd-Achse steht der **Naradevi-Tempel (19).** Die dreidachige Pagode ist reich geschmückt und vergoldet, die Fassade mit bunten Kacheln verkleidet. Der Tempel ist einer der acht Matrika (Chamunda, Shveta Kali) geweiht und soll von König Gunakamadeva im 10. Jh. gegründet worden sein. König Amara Malla (1530–1538) stiftete ein Fest, das nur alle 12 Jahre stattfindet. Dabei werden die Göttin und ihre Begleiter auf der gegenüberliegenden Plattform in einem Maskentanz dargestellt. Diesem Shveta Kali-Maskentanz dient das Haus, **Akhache (20),** das im Norden direkt an den Naradevi-Tempel anstößt. Das Torana über dem Eingang stellt Chamunda dar.

An der Südwestecke der Straßenkreuzung steht zurückgesetzt der **Lakshmi Narasingha-Tempel (21);** eine schlanke dreidachige Pagode, die eine Seite eines buddhistischen Klosterhofs bildet. Der Tempel ist Vishnu in seiner Menschlöwe-Erscheinungsform und der Gefährtin Lakshmi geweiht. Dieser Bau ersetzt einen älteren buddhistischen Schrein.

Von der Kreuzung geht es nach Süden zum **Bhuluka Dega (22),** einer dreidachigen Pagode auf einem Stufensockel. Das Innere enthält ein Linga zusammen mit den Bildnissen von Garudanarayana, Surya, Devi und Ganesha. Der Tempel soll von Lambarkarna Bhatta gestiftet worden sein, der der Berater und tantrische Magier von König Pratapa Malla (1641–1674) war. **Yatkha Bahal (23)** hat im Hof einen großen, aber unbedeutenden Stupa mit hohem Unterbau.

An der nächsten Ecke führt eine Straße bergab nach Westen zum **Kankeshvari-Tempel (24,** 1644), der vor der Stadt an einem alten Flußübergang über die Vishnumati (Richtung Svayambhunatha) liegt. Der Kankeshvari-Tempel war vor allem deshalb berühmt, weil sich bis ins 19. Jh. an dieser Stelle die männliche Jugend Kathmandus versammelte und ein Steinewerfen zwischen zwei Gruppen, die die Ober- und die Unterstadt repräsentierten, veranstaltete. Diejenigen, die getroffen wurden, opferte man hier der Göttin Kankeshvari. Dieser Brauch wurde verboten, als zufällig der anwesende britische

Resident einen Stein abbekam. Die dreidachige Pagode ist Chamunda, einer der acht Matrika geweiht, die in Form von einfachen Steinen verehrt wird. Bedeutende shivaitische und buddhistische Reliefs aus dem Tempelbezirk wurden, um sie vor Raub zu schützen, ins National Museum gebracht. Nach Südosten folgt man nun dem alten Weg ins Stadtzentrum um den **Kashthamandapa (26)**, vorbei an **Maru Hiti (25)**, einer alten Brunnenanlage. Rechts am Singha Sattal vorbei führt die alte Tibet Indien-Straße bergab zur Brücke über die Vishnumati. Auf halber Höhe steht der breite dreidachige **Bhimsen-Tempel (27**, 17. Jh.), eines der wichtigen Heiligtümer Kathmandus. Im Erdgeschoß sind Kaufläden, die Kultbildzelle ist im Obergeschoß unter dem ersten Dach. Sie enthält zwei Bildnisse von Bhimsen, einem der fünf Pandava-Brüder aus dem Mahabharata, der in einer Inschrift (1655) von Pratapa Malla als Form von Shiva gepriesen wird. Der Bhimsen-Kult, dessen Anhänger Kaufleute waren, soll aus Dolakha in Ost-Nepal an der Straße nach Tibet in diesen Tempel in Kathmandu verpflanzt worden sein. Neben dem Bhimsen-Tempel liegt ein alter Brunnen, Bhindyo Hiti.

Der Rundweg führt nicht bergab zur Vishnumati-Brücke, sondern auf halber Höhe weiter nach Süden und dann nach Osten bergauf zum Jaisi Deval. Unterhalb von Jaisi Deval liegt **Ko Hiti (28**, 1782). Die alte Brunnenanlage mit Shiva-Linga ist in den Abhang hineingebaut. In der Licchavi-Zeit gehörte die Stelle zum damaligen Stadtzentrum im Süden des heutigen Kathmandu.

Rama Chandra Mandir (28), in einem geräumigen großen Hof, ist einer der wenigen Tempel für Rama, Gemahl Sitas und Inkarnation Vishnus. Er wurde 1865 in einem Stilgemisch erbaut.

Der Süden Kathmandus wird dominiert von **Jaisi Deval (29)**. Die dreidachige Pagode auf einem achtstufigen Sockelberg steht an einer wichtigen Kreuzung. Ein Arkadengang umgibt die Kultbildzelle. 1688 erbaute sich der einflußreiche Lakshmi Narayan Joshi zu seinem Gedächtnis diesen Shiva-Tempel nach dem Vorbild von Maju Deval. 1790 wurde er im Königspalast ermordet. Der Bau liegt an einer historisch wichtigen Stelle, die während der Licchavi-Zeit ein Stadtzentrum gewesen war. Auf der Ostseite, der Rückseite des Tempels, ist eine Inschrift von König Vasantadeva (506–532).

Im Süden von Jaisi Deval liegt **Tukan Bahal (30**, Ratnakara Vihara). Von dem buddhistischen Kloster ist in einem engen Hof ein Stupa aus der Licchavi-Zeit erhalten, dem vier Schreine angefügt wurden. Das Besondere daran ist sein fein profilierter, verhältnismäßig breiter Steinsockel mit den schönen Reliefs des 7./8. Jh. Sie bestehen jeweils aus einem der buddhistischen Symbole in der Mitte und zwei flankierenden Gestalten, die auf stilisierten Felsensockel hocken. In einem Relief schmücken zwei sitzende Löwen einen Vajra, das Symbol des Vajrayana-Buddhismus. In einem anderen Relief umgeben zwei Antilopen mit wehenden Schals das Rad der buddhistischen Lehre. In dem weiteren verehren ein Mann und eine Frau eine Vase mit Blumen. Die symmetrisch hockenden Gestalten sind jeweils auf stilisierte Felsensockel gesetzt. Darüber fliegen Gestalten. Eine andere Abbildung in Stein (11. Jh.) zeigt den Schlangenkönig Vasuki, der in eleganter Haltung in den Windungen eines Schlangenkörpers sitzt, dessen vielköpfige Haube ihn beschützt.

Von Jaisi Deval zurück nach Norden und dann eine Straße nach Osten kommt man zu einer unscheinbaren zweidachigen Pagode, die unten mit bunten Kacheln verkleidet ist. Der Schrein bewahrt ein außergewöhnliches buddhistisches Kultbild aus dem 10./11. Jh. Es ist **Manjunatha (31),** eine Form von Manjushri, ein jugendlicher Prinz. Die höfisch elegante Figur steht noch streng frontal, ist aber als Rundfigur gearbeitet. Die bisher übliche stützende Reliefrückwand, die Mandorla, ist auf einen freistehenden Bogen reduziert. Die Figur trägt ein hohes Diadem, das wahrscheinlich noch dem königlichen Schmuck der Licchavi-Periode entspricht, anderes Geschmeide, die Brahmanenschnur und einen gemusterten Dhoti. Die rechte Hand hält eine Kugel, die linke fehlt. Der Bodhisattva Manjushri, ›der von lieblicher Schönheit‹, ist der Kulturheros des Kathmandu-Tals.

Das Kathmandu der Thapas und Ranas

s. Karte S. 92

Die mittelalterliche Stadt Kathmandu wurde seit dem Beginn des 19. Jh. im Osten und Südosten nach westlichem Vorbild durch eine Neustadt mit repräsentativen Bauten und Straßen planmäßig erweitert und zu einer modernen Stadt gestaltet. Ausgangspunkt für diese Entwicklung war eine große Freifläche im Anschluß an den Mahakala-Tempel. Premierminister Bhimsen Thapa machte daraus Tundikhel, den Paradeplatz in Kathmandu. Das Fanal für diese Entwicklung war der minarettartige **Bhimsen Stambha,** ein völlig neuer Bautyp, der den Taleju-Tempel und den Königspalast überragte und eine Kontrolle über die Stadt erlaubte. Bhimsen Thapa (reg. 1806–1837) baute diesen Turm bei seinem Palast. Beim Erdbeben von 1834 stürzte er ein und wurde von Mathabar Singh Thapa (reg. 1843–1845) wiederaufgebaut; auch nach dem Erdbeben von 1934 wurde er neu errichtet. Der Turm ist neungeschossig mit einem Balkon um das vorletzte Geschoß. Er steht auf einem runden, vielstufigen Sockel in einem achteckigen, von einer kunstvollen Mauer eingefaßten Hof. Ehemals reichte das offene militärische Gelände von Tundikhel bis zum Bhimsen Stambha, der heute durch Bauten der Post verstellt ist.

In der Nähe liegt **Sun Dhara,** der größte Badebrunnen des Kathmandu-Tals. Er wurde auf Wunsch der Regentin Tripura Sundari, ›die Schöne der drei Städte‹, von Premierminister Bhimsen Thapa im frühen 19. Jh. erbaut. Das große blütenförmige Brunnenbecken ist in drei breiten Terrassen abgesenkt und über eine breite Treppe zugänglich. An der Stirnseite sind drei vergoldete Wasserspeier, über jedem

Der Bhimsen-Turm

Mathabars Haus, Garten und den Bhimsen-Turm beschreibt Prinz Waldemar:
»In dem herrlichen, mit großer Sorgfalt angelegten Garten, der das Haus umgiebt,

ein kleiner Schrein; der mittlere enthält ein Garudanarayana-Bildnis. Zu dieser öffentlichen Einrichtung gehörten ursprünglich große Rasthäuser.

In der Nähe seines Palastes steht der **Mahadeva-Tempel**, ein überkuppelter Gedächtnistempel im muslimischen Stil, der vor 1823, wahrscheinlich von Bhimsen Thapa, gestiftet wurde. Ein größeres Heiligtum dieser Art ist der **Rana Mukteshvara-Tempel** in einem großen umbauten Hof (Purano Bhansar). Er wurde von Premierminister Bhimsen Thapa zum Gedächtnis an König Rana Bahadur Shah (1777–1799, ermordet 1805) am Rande des Kathmandu-Plateaus, westlich von Sun Dhara und Bhimsen Stambha errichtet.

Hari Bhavan (Bagh Darbar), südlich vom Bhimsen-Turm, ist einer der frühesten modernen Paläste des Tals. Unter Bhimsen Thapa hieß er Bagh Darbar, ›Tiger-Palast‹. Ein Käfig mit lebenden Tigern befand sich neben dem Palasteingang. Premierminister Mathabar Singh Thapa residierte ebenfalls in Bagh Darbar. Nach mehrfachem Besitzwechsel wurde der Bau 1940 erweitert und Residenz des namengebenden Hari Shamsher Rana.

Am Ufer der Bagmati liegen zwei bedeutende Gedächtnistempel, der eine für Königin Tripura Sundari, unter deren Regentschaft Bhimsen Thapa seine Macht entfalten konnte, der andere für Jang Bahadur Rana, den Begründer der Rana-Autokratie. Der **Tripura Sundari-Tempel** (auch Tripureshvara) ist eine dreidachige mächtige Pagode in Art des Taleju-Tempels auf hohem Stufensockel mit vier begleitenden Schreinen an den Ecken. Er steht inmitten eines regelmäßig umbauten Hofes, dem ein Ghat am Ufer der Bagmati vorgelagert ist. Dieses Shiva geweihte Heiligtum erbaute sich die Regentin Tripura Sundari 1818 zu ihrem Gedächtnis. In Anlehnung an die Königssäulen der Malla-Zeit ließ sie sich in Form einer Statue auf einer Säule vor dem Tempel darstellen. Daß eine Frau diese Bildform für sich in Anspruch nimmt, war neu. Die beeindruckende, geschlossene Anlage ist leider in einem Prozeß des raschen Verfalls begriffen.

In Nachbarschaft zum Tripureshvara steht der **Kalamochana-Tempel** (Hema Narayana Mandir). Der größte überkuppelte Tempelbau des Kathmandu-Tals wurde 1874 von Premierminister Jang Bahadur Rana (1846–1877) nicht weit von seiner Residenz Thapathali am Ufer der Bagmati zum Gedenken an den siegreichen Krieg mit Tibet (1854) und die militärische Unterstützung in Indien (1852) errichtet. Der große, nach dem Vorbild des Rana Mukteshvara-Tempels errichtete Bau ist von vier kleineren achteckigen, ebenfalls überkuppelten Schreinen umgeben. Auf einer Säule vor dem Tempel steht die vergoldete Statue von Jang Bahadur Rana. Neu daran ist, daß der Premierminister sich dieser bisher nur den Malla-Königen und einer Shah-Königin vorbehaltenen Form des Stifterbildnisses bedient. Neu ist auch, daß die Figur steht und nicht mehr in traditioneller Weise kniet. Zeitgenössisch ist die Bewaffnung: Jang Bahadur lehnt sich an ein Gewehr.

und in welchem sich die schönsten Baumarten Indiens mit den lieblichsten Zierpflanzen und den duftreichsten Gewächsen zu schattigen Alleen und Boskets vereinigten, standen hie und da kleine Pavillons mit schlanken Säulen und anmuthigen Kuppeln; weiterhin aber, gegen die Umfassungsmauer, eine hohe Säule, welcher, wegen der entzückenden Aussicht von ihrer Spitze, der Prinz einige Tage darauf, am 19. Februar, mit einem Teleskop bewaffnet einen eigenen Besuch widmete. Sie steht auf einem runden Piedestal von fünf und zwanzig Quaderstufen; eine Wendeltreppe von zwei Hundert zwei und zwanzig Stufen, jede zu sieben bis acht Zoll Höhe, führt zu einem kleinen Raum mit vier gothischen Fenstern, auf welchem ein minaretartiger Aufsatz sich erhebt. Der Bau macht einen sehr günstigen, gefälligen Eindruck; aus weiter Ferne sichtbar, überschaut er selbst das ganze Thal. Martabars Vater hatte schon eine ähnliche Säule erbaut; sie ist aber bei einem Erdbeben gestürzt, und ihre Trümmer bedecken noch jetzt die Stätte.«

Kathmandu

Der weite Paradeplatz Tundikhel (im Hintergrund der Glockenturm) und Rani Pokhari [oben] kurz vor dem Erdbeben von 1934. Die Bebauung des Randes von Tundikhel im 19. und frühen 20. Jh. stellte die moderne Fassade Nepals dar. Rani Pokhari [unten], das alte Wasserreservoir vor den Toren Kathmandus, auf der Westseite links sieht man die City Hall, rechts die Darbar High School. Der Shiva-Tempel in der Mitte des Sees stammt aus dem 19. Jh.

Altes Kathmandu

Die inzwischen bebaute Freifläche zwischen Bhimsen-Turm und Military Hospital
[oben]- die Zeile links sind Soldatenunterkünfte (dahinter liegt die Altstadt), die Baumreihe rechts
gehört zum Kanti Path - mit dem Leitungsmast in der Mitte als einem Zeichen des Fortschritts.
Unten das Military Hospital und eines der bronzenen Reiterdenkmäler, die inzwischen alle an andere
Stelle versetzt worden sind.

Kathmandu

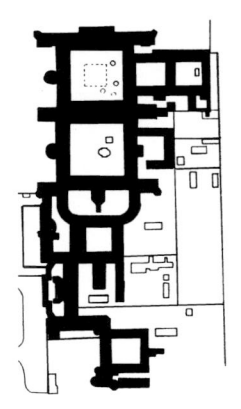

Singha Darbar vor dem Brand von 1973

Der Sitz der nepalischen Regierung, **Singha Darbar,** ›Löwen-Palast‹ (1901), ist der großartigste Palast der Rana-Zeit. Der Bauherr ist Premierminister Chandra Shamsher Rana (1901–1929), der die riesenhafte Anlage als seinen offiziellen und persönlichen Wohnsitz von den nepalischen Architekten Kumar und Kishor Narshingh in einer Bauzeit von etwas über zwei Jahren errichten ließ. 50 ha Land mußten eingeebnet werden. Der Hauptbau bestand aus sieben in Westost-Richtung hintereinanderliegenden Höfen und umfaßte etwa 1000 Räume. Die prachtvolle Hauptfront ist die Schmalseite des Palastes im Westen. Eine lange, imponierende Auffahrt mit einem Kanal in der Mitte und gepflegten Gartenanlagen führt auf diese breitgelagerte Säulenfront. Die Eingänge zu den Ministerien liegen im Süden. Von den Staatsräumen war der ›Englische Thronsaal‹, Belaiti Baithak, wegen seiner Größe und Ausstattung besonders eindrucksvoll. Er enthielt Kristallspiegel und belgische Kristalleuchter, französische Rokoko-Möbel, einen italienischen Marmorfußboden, Gemälde und Teppiche im europäischen Stil. 1973 brannte der Palast bis auf den Hauptflügel im Westen ab. In der Zwischenzeit wurden große Teile wieder aufgebaut. Das nepalische Parlament, Pratinidhi Sabha, ist heute im ehemaligen Theater im Park von Singha Darbar untergebracht.

Die Hauptfront von Singha Darbar ist auf dem Bhimsen-Turm als Blickachse im Westen ausgerichtet. Die breite Straße, Prithvi Path, die durch das offene Gelände von Tundikhel in die Stadt führt, wird durch zwei Straßenrondels gegliedert. Auf dem östlichen liegt der offene **Bhadrakali-Schrein,** in dem Chamunda, eine der acht Mütter, verehrt wird. Auf dem westlichen Straßenrondel steht das **Märtyrerdenkmal,** das 1961 zum Gedenken an Freiheitskämpfer errichtet wurde. Darin sind neben der Figur von König Tribhuvan Bir Bikram Shah (1911–1955) die Statuen von vier Gründungsmitgliedern der Nepal Prajaparishad-Partei aufgestellt, die nach einer Revolte gegen das Rana-Regime 1941 unter Premierminister Juddha Shamsher (1931–1945) hingerichtet wurden: Shukra Raj Shashtri, Dharma Bhakta Mathema, Dasharath Chand und Ganga Lal Shrestha. Hingegen erinnern die erstaunlich vielen **bronzenen Reiterdenkmäler** in der Nähe der Einmündung des Prithvi Path in den Kanti Path an Shah-Könige und Rana-Premierminister. Dargestellt sind u. a.: König Rana Bahadur Shah (1777–1799), der sich durch Sakrilege hervortat und 1805 ermordet wurde, der politisch bedeutungslose König Prithvi Bir Bikram Shah (1881–1911), Premierminister Ranoddip Singh (1877–1885), Bruder und Nachfolger von Jang Bahadur Rana, der bei einem Staatsstreich ermordet wurde, der Erbauer des Singha Darbar, Chandra Shamsher Rana (1901–1929), und der letzte autokratisch regierende Rana-Premierminister Juddha Shamsher (1932–1945).

Der **Kanti Path** ist eine der Hauptverkehrsadern Kathmandus, die als Nordsüd-Achse zwischen der östlichen Begrenzung der Altstadt und Tundikhel vorbeiführt. Die Straße ist nach Kanti Rajya Lakshmi

Shah, einer Königin von König Tribhuvan Bir Bikram Shah, benannt. Der Kanti Path wurde aber bereits im frühen 19. Jh. unter Bhimsen Thapa angelegt. Während der Rana-Zeit wurden auf der westlichen Straßenseite repräsentative Bauten für das Allgemeinwohl in westlichen Stilen aufgereiht. Dazu gehören (von Süden nach Norden) der Dreiflügelbau des **Military Hospital,** dann das **Bir Hospital,** das größte und älteste Krankenhaus in Nepal, das 1890 von Premierminister Bir Shamsher J. B. Rana (1885–1911) errichtet wurde; die **Town Hall** gegenüber von Rani Pokhari und die langgestreckte, zweigeschossige **Darbar High School** mit Arkaden in beiden Geschossen, die von Jung Bahadur Rana 1853 als erste englische Schule gegründet und später nach dem Dichter Bhanu Bhakta Acharya (1814–1861) benannt wurde.

Am Rand von Tundikhel, gegenüber dem Military Hospital, steht der **Mahakala Bhairava-Tempel.** Die dreidachige kleine Pagode auf einem Sockelgeschoß ist zwar ein Neubau, im Inneren birgt er aber die bedeutende Statue des buddhistischen Schutzgottes Mahakala, die sowohl von Buddhisten als auch von Hindus verehrt wird. Der ›Große Schwarze‹ ist die buddhistische Form des Kala Bhairava. Mahakala ist Schutzgott des Landes und der Klöster, sein Bild ist beinahe überall an den Eingängen aufgestellt. Wie bei vielen anderen Tempeln geht die Gründung auf König Gunakamadeva (10. Jh.) zurück, der hier die Gottheit zum Schutz des Landes vor den Toren seiner Hauptstadt ansiedelte. Nach einer anderen Version der Gründungslegende war der Mahakala von Tundikhel ein Dämon, der im Itum Bahal hauste. Die Statue ist ein überlebensgroßes, vermutlich sehr altes Kultbild aus schwarzem Stein, das mit Gold- und Silbergaben seiner Verehrer überladen ist. Mahakala trägt eine hohe Silberkrone, große scheibenförmige Ohrringe und eine lange Silberkette als Girlande. In seiner rechten Hand hält er ein Hackmesser, in seiner linken Hand ein Zepter, bekrönt ist er mit Menschenschädeln. Eine Schlange aus Silber bildet seinen Halsschmuck. Ursprünglich stand an dieser Stelle ein buddhistisches Kloster, zu dem auch die Chaityas der Licchavi-Zeit auf der gegenüberliegenden Straßenseite neben dem Military Hospital gehörten.

Rani Pokhari, ›See der Königin‹, ist ein künstlicher See vor der Altstadt. Er liegt zwischen zwei Straßen, die sich in Asan Tol gabeln und nach Osten laufen. Der See und der Shiva geweihte Tempel auf einer Insel in der Mitte wurden 1670 von König Pratapa Malla erbaut, um seine Gemahlin beim Tod ihres Sohnes Chakravartindra zu trösten. Der König reitet – als Plastik – am Südufer von Rani Pokhari auf einem Elefanten. Neben dem Elefantenreiter stammen auch die vier Schreine an den Ecken des Gewässers aus der Erbauungszeit. Der Hauptschrein in der Seemitte wurde nach dem Erdbeben von 1934 in neuer Form errichtet. Während die Westseite von Rani Pokhari in der Rana-Zeit mit Town Hall und Darbar High School eingefaßt wurde, errichtete Premierminister Bir Shamsher J. B. Rana auf der Ostseite von Rani Pokhari **Ghanta Ghar,** den

Kathmandu

Das alte Tor zum Narayanhiti-Palast, links daneben ist der Zugang zum Narayana-Tempel

höchsten ›Glockenturm‹ des Königreichs. Er mußte nach dem Erdbeben von 1934 neu gebaut werden. Daran baute Chandra Shamsher 1919 das **Trichandra (Tribhuvana Chandra) College** an, Vorläufer der 1959 gegründeten Tribhuvan University.

Darbar Marg ist eine neue breite Straße, die erst nach 1950 angelegt wurde. Sie verbindet die Ostseite von Rani Pokhari, die durch den Glockenturm gekennzeichnet ist, mit dem neuen Königspalast in Narayanhiti. Quer zur Richtung dieser Straße lagen eine Reihe von Rana-Palästen, die nur noch in wenigen Resten auf beiden Seiten von Darbar Marg erhalten sind. Dazu gehören der Speisesaal und der Kristallraum des **Yak und Yeti-Hotels.** Premierminister Bir Shamsher Rana (1885–1901) baute eine gigantische Kette von drei Palästen, die sich über mehr als einen Kilometer Länge erstreckte. Er begann im Osten mit dem Lal Darbar (1890–1892), fügte daran im Westen Seto (›weißer‹) Darbar (1893), dann folgte Phohara Darbar. Nach dem Brand des Palastes 1950 wurde die Straße Darbar Marg quer durch das Gelände gelegt.

Der ursprüngliche **Narayanhiti-Palast** wurde 1849 von Premierminister Jang Bahadur Rana für seinen Bruder und Nachfolger Ranoddip Singh errichtet. Nach dessen gewaltsamem Tod (1885) wurde der Palast Residenz der Shah-Könige. Seither wird der Hanuman Dhoka nur noch für Zwecke des Staatskults benutzt. 1889 wurde die königliche Wohnstatt vom Architekten Kumar Narshingh erweitert und der Bombay Chok mit einem prächtigen Treppenaufgang angefügt. Um den sich ändernden Repräsentationsbedürfnissen zu genügen, erbaute König Mahendra 1969 den neuen Palast, der der Zielpunkt von Darbar Marg ist.

Der Königspalast ist nach **Narayana Hiti** benannt, einer alten bedeutenden Brunnenanlage auf der gegenüberliegenden Straßenseite. Die Legende berichtet, daß an diesem Brunnen ein gewisser

König Dharmadeva von seinem Sohn unwissentlich getötet wurde. Dieses Vateropfer sollte wieder Wasser zum Fließen bringen, das versiegt war. Drei Wasserspeier versorgen das Becken, der mittlere aus vergoldetem Kupfer wurde 1884 von Dhir Shamsher Rana, Vater von Bir Shamsher und Chandra Shamsher, gestiftet. Darüber ist ein Garuda Narayana-Bildnis in eine Nische eingemauert. Heute durch die Straße abgeschnitten, gehörten ursprünglich Narayana Hiti und der gegenüberliegende **Narayana-Tempel** zusammen. Dieser Shikhara-Bau liegt erhöht hinter schützenden Mauern in einem baumbeschatteten schönen Hof mit bedeutenden alten Skulpturen. Der Zugang über einen Treppenweg ist direkt links neben dem alten Eingang zum Königspalast. Der Shikhara-Tempel (1793) enthält ein zentrales Kultbild (ca. 7. Jh.), das Vishnu in vier Erscheinungsformen auf den vier Seiten der Stele darstellt, die gewöhnlich unter Gewändern und Gold- und Silberschmuck verborgen sind. Vor dem Tempel kniet die Garuda-Statue (8. Jh.), die hier von König Pratapa Malla (1641–1674) aufgestellt wurde, nachdem sie im Hanuman Dhoka-Palast nicht beruhigt werden konnte. Eine Kopie dieses Garuda wurde 1690 vor dem Trailokya Mohan Mandir errichtet.

Das Grundstück des Königspalastes reicht im Westen bis zum Kanti Path. Auf der gegenüberliegenden Seite vom Kanti Path ist ein interessanter Rana-Palast, der teilweise zugänglich ist: **Kaiser Mahal** (Keshar Mahal). Die gewachsene, aus mehreren Höfen bestehende Anlage wurde, neben anderen Palästen auch, 1908 von Premierminister Chandra Shamsher erworben, um seine Söhne standesgemäß unterzubringen. Chandra Shamsher übergab den Palast an seinen dritten Sohn Keshar Shamsher (geb. 1892), der mit einer Schwester König Tribhuvans verheiratet war. Das Grundstück war ursprünglich 9 ha groß, ausgestattet mit Gärten, Brunnen, Pavillons und fremden Bäumen und Pflanzen, dazwischen Bronze und Steinstatuen. Aus seiner Verehrung für Kaiser Wilhelm II. heraus änderte er seinen Namen Keshar in Kaiser, den er auch auf den Palast übertrug. Der Hauptflügel wurde 1926 errichtet. Hauptsächlich ist im Palast das Ministerium für Erziehung und Kultur untergebracht, aber auch eine bedeutende Bibliothek westlicher Literatur, Kaiser Library, hat hier ihren Platz gefunden.

Svayambhunatha

Der Stupa von Svayambhunatha liegt etwa 3 km westlich von Kathmandu auf einem bewaldeten Hügel. Wie kein anderes Heiligtum, mit Ausnahme von Changu Narayana, überblickt der Stupa von Svayambhunatha das ganze Tal. Er ist eine der bedeutenden Stätten des Buddhismus und eines der ältesten Heiligtümer des Kathmandu-Tals. Svayambhunatha ist seit etwa zwei Jahrtausenden ein lebendiges

Svayambhunatha

Svayambhunatha
1 *Pilgertreppe und Hauptzugang von Osten*
2 *Vajradhatu-Mandala*
3 *Anantapura*
4 *Pratapapura*
5 *Svayambhu Mahachaitya*
6 *Buddha Akshobhya*
7 *Buddha Vairochana*
8 *Mamaki, die Shakti von Ratnasambhava*
9 *Buddha Ratnasambhava*
10 *Pandara, die Shakti von Amitabha*
11 *Buddha Amitabha*
12 *Tara, die Shakti von Amoghasiddhi*
13 *Buddha Amoghasiddhi*
14 *Lochana, die Shakti von Akshobhya*
15 *Flußgöttinnen Ganga und Yamuna und zwei Tara-Figuren auf Säulen*
16 *Rasthaus für Pilger, oben Gompa*
17 *Hariti-Schrein*
18 *Licchavi-Chaitya*
19 *Buddha Shakyamuni (stehend)*
20 *Buddha Akshobhya (sitzend)*
21 *Shantipura vertritt das mystische Element des Äthers (Himmel)*
22 *Agnipura (Feuer)*
23 *Vayupura (Wind)*
24 *Vasupura (Erde)*
25 *Nagapura (Wasser)*
26 *Tibetische Gompa, Karmaraja Mahavihara*
27 *Museum*
28 *Treppen zum Manjushri Chaitya*

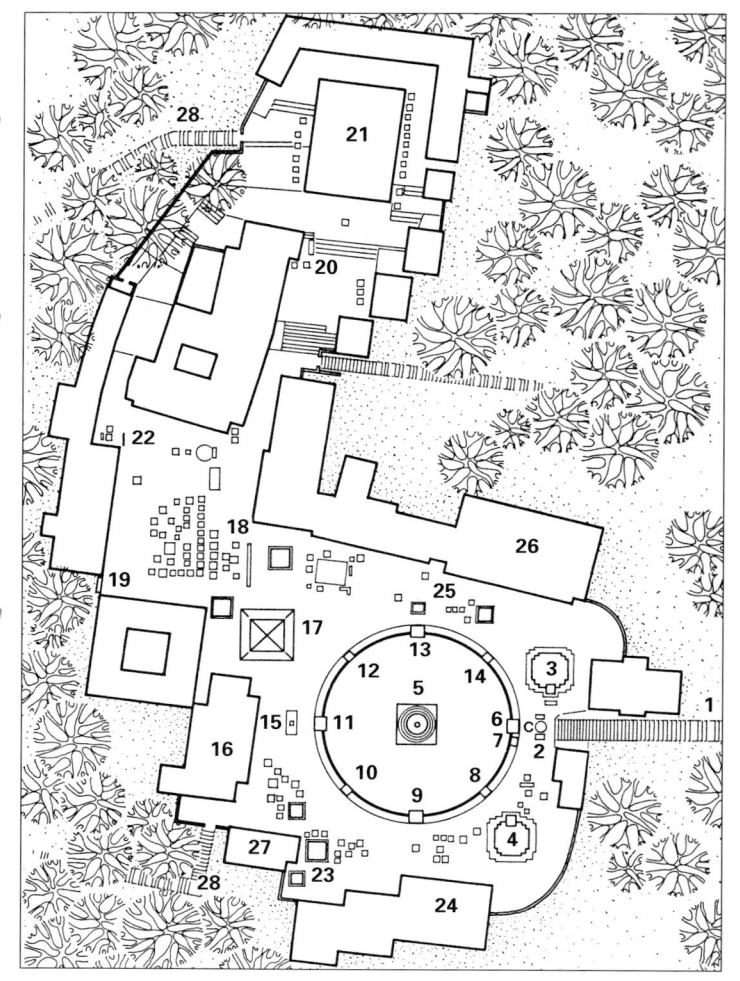

religiöses Monument, von newarischen und tibetischen Buddhisten verehrt und von Pilgern aus anderen buddhistischen Ländern aufgesucht. Svayambhunatha wurde in die UNESCO-Liste des Weltkulturwerkes aufgenommen.

Der Name Svayambhunatha bedeutet ›der Herr, der aus sich selbst entstand‹. Das Heiligtum ist Adibuddha, dem Urbuddha, der mit Vajrasattva, ›dessen Wesen der Vajra ist‹, identisch ist. Der Berg soll in grauer Vorzeit eine Insel in dem See gewesen sein, der das Kathmandu-Tal füllte, bis der Bodhisattva Manjushri mit seinem Schwert bei Chobar eine Kerbe in den Bergring schlug und so das Tal bewohnbar machte. Manjushri entdeckte die Gottheit Svayambhu, die in Form einer Flamme auf einem Lotus auf dem Wasser des Kathmandu-Tales erschien. Die Wurzeln des Lotus reichten bis nach Guhyeshvari, einem Heiligtum an der Bagmati nahe Pashupatinatha.

Geschichte

Nur ganz vereinzelt sind historisch belegte Nachrichten der frühen Geschichte des Platzes bekannt. Die älteste Inschrift im Tempelbezirk stammt aus der Zeit um 460 n. Chr. und erwähnt die Gründung eines Klosters *(vihara)* durch König Manadeva. Im 12. Jh. war der Stupa verfallen und wurde wiederaufgebaut. Der Mönch Dharmasvamin reiste 1234 von Tibet nach Nepal und lebte acht Jahre in Svayambhunatha. In dieser Zeit wirkte eine einflußreiche Schule im Tempelbezirk. Im Jahre 1349 wurde der Stupa von den Truppen des Sultans Shams ud-din von Bengalen auf der Suche nach Gold aufgebrochen und abgebrannt. Der Neubau erfolgte im Jahre 1372 und wurde von zwei Adligen aus Kathmandu finanziert. Alle Bronzeteile, auch der mit Juwelen besetzte Mast, wurden dort angefertigt und in einer Prozession nach Svayambhunatha getragen. Aus diesem Anlaß fand in Kathmandu ein viertägiges Lichterfest statt. Spätestens seit dem 14. Jh. hat der Stupa seine heutige Form. Die folgenden Stiftungen der Malla-Könige haben ihn zum prächtigsten Stupa des Kathmandu-Tals werden lassen – allein bei einer Wiederherstellung im 17. Jh. wurden 39 kg Gold verbraucht.

Der Stupa

Der heutige Charakter des Heiligtums von Svayambhunatha wird durch König Pratapa Mallas Umgestaltung bestimmt. Es lohnt sich, den alten, von ihm ausgebauten Pilgerweg, von Kathmandu aus zu gehen. Beim Indrayani-Tempel an der Nordwestecke Kathmandus errichtete er eine Brücke über die Vishnumati. Die Göttin dieses alten Mutterheiligtums ist auch als Luti Ajima bekannt und forderte früher Menschenopfer. Am anderen Ufer liegt der Schrein der Shobha Bhagavati (›Schöne Göttin‹), der berühmteste Durga-Tempel Kathmandus, mit einer Mahishasuramardini darstellenden Skulptur aus dem 12. Jh.

Der Berg von Svayambhunatha ist locker bewaldet und übersät mit riesigen Steinen, in die oft tibetische Gebetsformeln graviert sind. Um den Bergkegel führt ein Umwandlungspfad, der am Fuß der Treppe im Osten beginnt und – wie beim Stupa selbst – im Uhrzeigersinn herumführt. Der Pilgerweg von Kathmandu mündet in eine mehrläufige Treppe (ca. 360 Stufen!) auf der Ostseite des Berges; der Fuß der Treppe ist neuerdings durch eine große Ehrenpforte gekennzeichnet. Sie wurde von Buddhisten aus der Gegend von Manang

Svayambhunatha

»Am nächsten Tage besuchten wir einen uralten Wallfahrtsort in der Nähe Kathmandu's, das Heiligthum von Sambernath oder Sambuthnoth. Es liegt auf einem der isolirten Sandsteinhügel, deren sich mehrere in der Kathmanduebene erheben, ohne sichtbaren Zusammenhang mit den umgebenden Bergreihen, aber aus demselben Steine bestehend. Mächtige uralte Bäume umgeben das 50–60 Fuß hohe, glockenförmige Monument, über welchem sich zwölf vergoldete Tempelstockwerke erheben. Nahe an 300 Stufen führen bis zur Spitze des Hügels, auf welchem das Monument steht. Am oberen Ende der Treppe liegt auf einem steinernen Postamente Indri's Donnerkeil, ein 7 Fuß langer, dick vergoldeter Stab, welcher an beiden Enden in eine Art Scepterkrone ausläuft, deren Form an die französische Lilie erinnert. In der Umgebung des großen Heiligthumes finden sich noch verschiedene Tempel mit ewigem Feuer, und eine Menge Buddhafiguren. Bhotanpilger und Fakire sind in Schaaren dort anzutreffen; auch sahen wir an dem Tage, wo wir das Heiligthum besuchten, eine Pro-

am Annapurna errichtet. Von den sechs großen, wenig ausdrucksvoll sitzenden Buddha-Figuren, an denen die Treppe vorbeiführt, stammt eine von Pratapa, die anderen wurden im vorigen Jahrhundert gestiftet. Sie stellen Akshobhya, den transzendenten Buddha des Ostens dar, der seine rechte Hand im Gestus der Erdberührung hält. Etwa vom letzten Viertel der Berghöhe an wird die Treppe steil und einläufig. Sie wird begleitet von paarweise aufgestellten Elefanten, Pferden, Pfauen, Garudas und Löwen, die die Reittiere *(vahana)* der Fünf Transzendenten Buddhas sind. Zum Schluß erhebt sich steil und hoch über dem Aufsteigenden der Turmaufbau des Stupa.

Der 15 m hohe Stupa von Svayambhunatha steht ohne Stufensockel direkt auf einem kleinen, dicht bebauten Bergplateau. Auf der Ostseite, an der Treppenmündung, wird der Stupa auf besondere Weise durch zwei Shikhara-Tempel flankiert. Zwischen ihnen steht ein ungewöhnliches Monument, ein großer vergoldeter Vajra auf einem trommelartigen Unterbau. Der Vajra (Donnerkeil), gestiftet von Pratapa Malla, ist das Emblem des Transzendenten Buddha Akshobhya, dessen vergoldeter Schrein direkt hinter dem Vajra an den Stupa angebaut ist. Der Donnerkeil liegt auf einer steinernen Trommel, deren Oberseite ein Dharmadhatu-Mandala trägt, wie man es in kleinerem Maßstab auch in den Klöstern findet. Die Tierfolge auf den Seiten der Trommel symbolisiert den tibetischen, vom chinesischen Kalender übernommenen 12-Jahres-Zyklus. Von Osten beginnend sind es 1. Ratte, 2. Bulle, 3. Tiger, 4. Hase, 5. Drache, 6. Schlange, 7. Pferd, 8. Schaf, 9. Affe, 10. Gans, 11. Hund und 12. Schwein. Im Jahr 2000 ist wieder die glücksbringende Zeit des Drachen.

Zusammen mit dem Vajra betonen zwei schlanke Shikhara-Tempel die Mündung der Treppe. Sie wurden von Pratapa Malla zum Gedächtnis an seine verstorbene Lieblingsfrau Anantapriya (Anantapura) und für sich selbst (Pratapapura) errichtet. Die Shikharas sind geheimen tantrischen Gottheiten geweiht und immer verschlossen. Wie Untersuchungen nach einem Erdrutsch 1979 gezeigt haben, reichen die mächtigen Ziegelfundamente des südöstlichen Shikhara 8 m tief bis auf den anstehenden Felsen.

Während der Grabungen wurde eine intakte Steinfigur eines Avalokiteshvara Padmapani (wahrscheinlich 6. Jh.) in einer Tiefe von 2,5 m gefunden. Sie ist in dem kleinen Svayambhunatha-Museum an der Südwestseite des Plateaus ausgestellt.

Diese beiden Shikhara-Tempel haben die Fernwirkung des Stupas von Svayambhunatha verändert. Ein Stupa ist entweder ein ganz richtungsloses oder auf alle vier Himmelsrichtungen hin orientiertes kuppelartiges Monument. Durch das flankierende Turmpaar bekommt er eine Art Fassade. Die beiden Shikharas wurden bewußt so gesetzt, daß sie, von Kathmandu aus gesehen, den Stupa symmetrisch einfassen. Kathmandu liegt nicht genau im Osten von Svayambhunatha, sondern im Südosten.

Restaurierungen am Stupa

Die wenigen baugeschichtlichen Daten des Stupa von Svayambhunatha zeigen, daß der heutige generelle Typus des Stupa etwa der Form des 14. Jh. entspricht. Die Restaurierungen und Stiftungen der Zwischenzeit bereicherten im Detail, veränderten aber das Gesamtbild nicht wesentlich. Baugeschichtliches Interesse verdienen kleine Öffnungen unter den Schreinen der Transzendenten Buddhas der vier Himmelsrichtungen. In diesen Nischen stehen vorne die Bronzefiguren der Reittiere der jeweiligen Buddhas. Im Hintergrund, auf der Rückwand dieser vier Nischen aber sind Reliefs, die zu einer sehr frühen Bauphase des Stupas gehören. In östlicher, südlicher und westlicher Richtung ist jeweils ein Rad, flankiert von zwei Rehen, dargestellt, eine Szene, die die erste Predigt Buddhas im Tierpark von Sarnath symbolisiert. In der nördlichen Nische sieht man Amoghasiddhi umgeben von Schlangen und weiteren Gestalten. Die Reliefs sind alle stark abgeschliffen und stammen aus dem 7. oder 8. Jh. Ursprünglich haben sie auf der äußeren Schicht des Stupas gelegen. Später wurde ein umlaufendes Podest vorgebaut und darauf die Schreine der Fünf Transzendenten Buddhas und ihre Partnerinnen gesetzt. Die Licchavi-Reliefs wurden aber immer so geschätzt, daß man sie durch die kleinen ›Fenster‹ sichtbar ließ und nicht überbaute. Diese versteckten Kunstwerke sind die ältesten Bauplastiken am Stupa.

cession von jungen Mädchen dort oben, welche zum Theil gar nicht häßlich aussahen und sich das Haar mit den rothen Blüthen des Rhododendron geschmückt hatten.«
Dr. Hoffmeister

Die Legende

Bei Svayambhu vermischen sich vorbuddhistische und buddhistische Vorstellungen. Die Aufnahme der Naturgottheit in den Buddhismus schildert folgende Legende: Ein König von Bengalen übertrug die Herrschaft seinem Sohn und pilgerte nach Nepal. Hier nahm er den Namen Shantashri (Shantikara Acharya) an. Als er eines Tages über Svayambhu meditierte, fürchtete er, der goldene, mit kostbaren Steinen besetzte Lotus könne geraubt oder, sollte der Shivaismus den Buddhismus besiegen, zerstört werden. Shantashri beschloß daher, die Gottheit mit einem Stein zu bedecken und darüber eine Halbkugel aus Stein, einen Stupa, zu errichten. So wurde gebaut: Zuerst grub Shantashri ein Loch und setzte dort die heilige Flamme ein. Er bedeckte sie mit einem Stein, der in der Mitte durchbohrt war, um darauf den Stupa *(anda)* zu errichten. Danach stellte er einen Baumstamm, der die Höhe des Berges Meru hatte, genau über dem Zentrum des Steines auf. Um diesen Baumstamm herum errichtete er den Stupa aus Ziegeln und Lehm. Nachdem er ihn vollendet hatte, stellte er die Bildnisse der Fünf Transzendenten Buddhas in Schreinen um die Kuppel auf. Im Osten Akshobhya Buddha, in der Farbe des Himmels, sitzend auf einem Elefanten, seine rechte Hand im Gestus der Erdberührung. Im Süden Ratnasambhava, in

Votiv-Stupa in Svayambhunatha

gelber Farbe, sitzend auf einem Pferd, seine rechte Hand im Gestus des Segnens. Im Westen Amitabha, in roter Farbe, sitzend auf einem Pfau, beide Hände im Schoß haltend im Gestus der Meditation. Im Norden Amoghasiddhi, in grüner Farbe, sitzend auf einem Garuda, die rechte Hand erhoben im Gestus der Ermutigung. Das Bildnis von Vairochana hätte im Zentrum des Stupas stehen sollen, statt dessen errichtete es Shantashri im Osten, zur rechten Hand von Akshobhya. Vairochana ist von weißer Farbe, sitzt auf einem Löwen, seine beiden Hände sind erhoben und zusammengelegt, um zu verdeutlichen, daß alle Dinge in ihnen enthalten sind. In der Mitte zwischen den Buddhas der vier Himmelsrichtungen sind die Bildnisse der Shaktis, der jeweiligen Gefährtinnen, aufgestellt.

Über dem halbkugelförmigen Stupa errichtete Shantashri einen Kubus *(harmika)* als Basis für die darüberliegende turmartige Spitze. Diesen bemalte er auf jeder Seite mit einem Paar Augen und je einem Tika (Stirnzeichen). Dann errichtete er den Turmaufsatz, der aus 13 übereinanderliegenden Scheiben besteht, die die 13 verschiedenen Himmel symbolisieren sollen. Diese Scheiben werden durch den Baumstamm gehalten, der auf dem Stein über der Flamme steht. Darüber brachte er ein Wunschjuwel, Chintamani, als Abschluß und einen goldenen Ehrenschirm an. Die Shantashri-Legende erklärt den Stupa von Svayambhunatha in seiner heutigen Form. Da sich dieser Typus im Kathmandu-Tal allgemein durchgesetzt hat, ist die Beschreibung auch für andere Stupas, mit Ausnahme von Bodnatha, exemplarisch.

Die Spitze des Stupa

Der anfälligste Teil des 15 m hohen Stupa ist der turmartige Aufsatz mit seinen 13 Scheiben, der häufig durch Stürme und Regenfälle beschädigt wurde. Oft brach der Mast ab. Daher wird im Monat Iyeshtha (Mai/Juni) der schirmartige Turmaufsatz zum Schutz vor den Monsunregen mit Matten und Tüchern abgedeckt. Sie werden im Monat Ashadha (Juni/Juli) wieder entfernt. Über eine Wiederherstellung des Stupa nach einer solchen Katastrophe berichtet ausführlich die Inschrift aus dem Jahr 1767, die in das letzte Jahr der Malla-Herrschaft fällt. Zur Überwachung der Reparaturmaßnahmen mußte ein hoher Lama aus Tibet geholt werden. Die Arbeit konnte an einem glückverheißenden Tag 1751 beginnen. Die höchsten hinduistischen Gottheiten Nepals erschienen und erklärten, sie würden die Kosten für Goldarbeiten und anderes tragen. Auch Vishnu zeigte sich in Gestalt eines Brahmanen und beschrieb den Mast, der für den Stupa gebraucht würde. Durch das Interesse, das die hinduistischen Götter an der Wiederherstellung des buddhistischen Monumentes bekundeten, sah sich König Jayaprakasha Malla von Kathmandu genötigt, die Arbeiten durchzuführen. Auch der König von Gorkha, Prithvi Narayan Shah, versprach Hilfe und ließ den benötigten Mast

Svayambhunatha

dorthin schaffen. Im Jahre 1758 konnten die Arbeiten beendet werden. Der Auftritt der hinduistischen Gottheiten zeigt, daß der Wiederaufbau des Stupa eine allgemein verdienstvolle Aufgabe war, so daß sich nicht nur der König von Kathmandu, sondern auch der spätere Eroberer des Tales, Prithvi Narayan Shah, daran beteiligten. Letzterer führte das zwölfjährliche Samyak Yatra-Fest in Svayambhunatha ein.

Kennzeichnend für den Zustand des Buddhismus in Nepal ist, daß das Heiligtum kultisch von Tibet abhängig war und im Lande keine verantwortliche Pristerschaft existierte. Schon 1639 wurde ein Lama aus Tibet geholt, um für die kultische Richtigkeit der durchzuführenden Baumaßnahmen zu garantieren.

Der große Vajra am Aufgang von Svayambhunatha wurde von König Pratapa Malla gestiftet; auf dem Sockel die tibetischen Tierkreiszeichen

Svayambhunatha

1816 warf wiederum ein Sturm die gesamte Bekrönung des Stupas herunter und zertrümmerte den zentralen Mast. Dieses Unglück fiel zeitlich mit der Einrichtung eines ständigen britischen Residenten in Kathmandu zusammen. Daher wurde das Unglück als böses Omen für das zukünftige Schicksal des Landes gedeutet. Erst 1825 konnten die Mittel für den Wiederaufbau beschafft werden, u. a. durch eine bedeutende finanzielle Unterstützung aus Lhasa. Beim Wiederaufbau wurde der Stupa geöffnet, die Reste des alten Mastes herausgenommen und danach ein neuer zentraler Mast eingesetzt.

Die überlebensgroße Figur des Buddha Shakyamuni aus einem einzigen Stein wurde wahrscheinlich im 17. Jh. nach einem zerstörten Vorbild des 10. Jh. gearbeitet; sie wird ständig neu angemalt

Die Schreine der Fünf Transzendenten Buddhas

Die Schreine für die Fünf Transzendenten Buddhas und die ihrer Shaktis wurden in ihrer heutigen Form von Pratapa Malla 1660 erneuert. Sein Nachfolger König Nripendra Malla (1674–1680) ließ goldene Bildnisse für die Schreine anfertigen. Die steinernen Skulpturen, die 1372, nach dem Muslim-Einfall, gestiftet worden waren, wurden deshalb in den Vasubandhu-Stupa auf dem Bergsattel zwischen den Kuppen von Svayambhunatha und Manjushri versetzt. Die Schreine sind auf einem vorgestellten umlaufenden Sockel an den halbkugligen Körper des Stupa angefügt. Umschreitet man den Stupa im Uhrzeigersinn, kommt zuerst immer die Shakti und im folgenden Schrein der entsprechende Buddha. Die Buddhas und ihre tantrischen Partnerinnen sind hinter Kettenvorhängen verborgen. In den Toranas über den jeweiligen Nischen sind sie nochmals dargestellt. Die Toranas sind gerahmt von Garudas, Nagakönigen und Makaras und enthalten zwei Assistenzfiguren mit Fliegenwedeln. Der Stupa wird im Uhrzeigersinn, d. h. auch in der Richtung des Sonnenlaufs an der Treppenmündung im Osten beginnend, umwandelt. Diese Pradakshina ist eine Form der Verehrung. Entsprechend tibetischem Brauch ist der Stupa von einer Galerie von Gebetsmühlen umgeben, die vom Gläubigen in Bewegung gesetzt werden und durch ihre Drehung das Gebet Om Mani Padme Hum, ›Om! O Juwel *(mani)* im Lotos *(padme)!* Hum!‹, tausendfach vervielfältigen. Dies ist das Mantra mit dem Avalokiteshvara angerufen wird.

Amitabha, dem Transzendenten Buddha des grenzenlosen Lichts, gilt die besondere Verehrung am Stupa von Svayambhunatha. Die Umgebung seines Schreins im Westen ist wie eine Hauptseite besonders ausgestattet. Sie wird betont durch eine Säule mit seinem Reittier, dem Pfau, sowie durch zwei Säulen, die die Bildnisse der Weißen und der Grünen Tara tragen. Zwei stehende weibliche Figuren stellen die Flußgöttinnen Ganga und Yamuna dar. Dahinter steht Svayambhu Gompa, ein zweigeschossiger Bau vom Anfang des 20. Jh. Das untere Geschoß dient als offenes Rasthaus, in dem Familien und Pilgergruppen ihre Opfer und Feste vorbereiten, das Obergeschoß dient als Kloster. Über viele Jahrhunderte hat am Svayambhunatha kein *vihara* existiert. Ein weiteres tibetisches Kloster liegt am Nordrand des Plateaus. Es wurde 1954 gegründet. Im Inneren sind eine außerordentlich große Gebetstrommel und eine 6 m hohe Statue des Bodhisattva Avalokiteshvara (Gebet täglich 16 Uhr).

Der Hariti-Schrein

Nur ein paar Meter von hier nach Norden steht der Hariti-Schrein, nach dem Stupa das wichtigste Heiligtum auf dem Plateau. Der Hariti-Kult muß in der frühen Licchavi-Zeit verbreitet gewesen sein, da es mehrere Bildnisse der Gottheit aus dieser Zeit gibt. In Indien

Svayambhunatha

Schrein am Stupa in Svayambhunatha; in der Nische, geschützt durch einen Kettenvorhang, ist das Bildnis einer der Transzendenten Buddhas

war sie ursprünglich eine kinderverschlingende Göttin. Nach ihrer Vereinnahmung durch den Buddhismus wurde sie zur Schützerin der Kinder. Da Kinder besonders anfällig für Pocken sind, wurde Hariti später mit der hinduistischen Shitala Devi, der Schutzgöttin für Pocken und eine der Matrikas, identifiziert. Die zweiachige, etwa 10 m hohe, beinahe völlig mit vergoldetem Kupfer verkleidete Pagode, wird daher sowohl von den Buddhisten als auch von den Hindus hoch verehrt. Der gegenwärtige Bau ist neueren Datums. Als im Jahre 1800 die Lieblingsfrau von König Rana Bahadur Shah Selbstmord beging, da sie ihre Schönheit durch Pocken verloren hatte, ließ der König in ohnmächtiger Wut alle Tempel dieser Gottheit entweihen und verbot jedweden Kult. Sein besonderes Ziel war der Tempel bei Svayambhunatha, dessen Kultbild und Schrein er zerstörte. Nach der Abdankung des Königs wurden die Trümmer beseitigt, der Grund gereinigt und der gegenwärtige Tempel errichtet. Das offene Heiligtum liegt tiefer als das Platzniveau; es ist eine der ältesten Kultstätten auf dem Bergplateau von Svayambhunatha. Das schwarze Steinbildnis im Inneren des Tempels wurde im frühen 19. Jh. neu geschaffen.

In einer neu gemauerten Nische im Westen des Hariti-Schreines steht die überlebensgroße, 3 m hohe Figur des historischen Buddha Shakyamuni. Sie gehört zu den bedeutenden Buddha-Plastiken des Kathmandu-Tals. Die linke Hand ist erhoben und hält einen Gewandzipfel, die rechte Hand ist nach unten gestreckt zur Geste der Wunschgewährung. Die Figur steht leicht bewegt in Tribhanga-Haltung auf einem Lotossockel. Sie ist umrahmt von Heiligenschein und Mandorla. Es gibt eine Überlieferung, nach der das Bildnis erst nach 1619 entstanden sein soll. Wahrscheinlich ist es, ähnlich wie der Garuda vor dem Trailokya Mohan Mandir in Kathmandu, eine genaue Kopie eines nicht bekannten Vorbildes aus der Zeit um das Jahr 1000. Da der Platz im frühen 14. Jh. durch muslimische Truppen verwüstet wurde, ist es kaum denkbar, daß eine solche Monumentalfigur verschont geblieben wäre, wenn sie zu dieser Zeit schon gestanden hätte. Auch sonst gibt es in der Nähe kaum alte Skulpturen trotz der großen Bedeutung dieses Heiligtums in früher Zeit.

Dieser Teil des Plateaus ist dicht besetzt mit Votivstupas, die viele verschiedene Formen und Maße zeigen und zum Gedächtnis an Verstorbene gestiftet wurden. Besonders die späteren Votivstupas nähern sich hinduistischen Kultbildtypen an. Bei dem sogenannten Licchavi-Stupa stehen die vier Buddha-Figuren vor einem säulenartigen Schaft ähnlich wie bei einem vierköpfigen Linga. Auf die Verwandtschaft zu diesem Kult verweist auch die Basis mancher Votivstupas, die der Yoni eines Shiva-Lingas entspricht.

Shantipura

Im Nordwesten von Svayambhunatha liegt, etwas abgesondert, ein Hof mit einer monumentalen Statue des sitzenden Buddha Akshobhya. Hier steht ein unscheinbares, niedriges, langgestrecktes Gebäude, Shantipura. Dieses ›Haus des Friedens‹, um das sich viele Geschichten ranken, ist Zentrum eines alten Regenkults.

Einer Legende zufolge soll Shantashri, der Erbauer des Stupa von Svayambhunatha, Schreine für die vier Elemente Erde, Wasser, Wind und Feuer errichtet haben und zusätzlich einen fünften Bau mit neun unterirdischen Räumen, den er Guhyapura, ›verborgenes Haus‹, nannte. Darin stellte er die Bildnisse von geheimen Gottheiten auf. Nachdem er lange die priesterlichen Funktionen am Stupa von Svayambhunatha ausgeführt hatte, entzog er sich in Guhyapura dieser Welt. Nach seinem Erbauer wurde der Platz später Shantipura genannt. Dort soll der Eingang zu einer Höhle verborgen sein, die zu der unterirdischen Flamme von Svayambhunatha führt, und von dort entlang des Lotosstengels zu dem Ort, wo dieser Stengel seine Wurzeln hat: nach Guhyeshvari bei Pashupatinatha.

Die erwähnten Schreine, die die fünf Elemente repräsentieren, sind über das Plateau von Svayambhunatha verteilt. Dazu gehören Vasupura (Erde), Vayupura (Wind), Agnipura (Feuer) und Nagapura (Wasser). Shantipura vertritt das mystische Element des Äthers (Himmel).

Eine andere Entstehungslegende von Shantipura berichtet von einem König Gunakamadeva. Durch Inzest erzürnte er die Götter, die das Land mit Trockenheit und Hungersnot straften. Um die Götter zu besänftigen, verehrte er zuerst Svayambhunatha. Dann begab er sich zum Schrein von Shantashri und bekannte seine Sünde. Der dort lebende Guru (Priester) rief darauf die Neun Naga (Schlangen) an, die sofort erschienen. Nachdem Gunakamadeva sie verehrt hatte, fiel reichlich Regen. Um ein Unheil dieser Art künftig abwenden zu können, ließ Gunakamadeva mit dem Blut jeder Schlange ihr Bildnis zeichnen, diese sollen in Shantipura aufbewahrt werden.

Daß hier in Shantipura ein Zentrum des Regenkultes war, zeigt die Geschichte von Matsyendranatha, der in Lalitpur sehr verehrt wird. Matsyendranatha ist auch eine Regengottheit. Er wurde von einem Nachkommen von Shantashri in Svayambhunatha nach Nepal geholt, um eine zwölfjährige Trockenheit zu beenden. Es muß also eine Priesterschaft gegeben haben, die in fortlaufender Tradition magisches Wissen bewahrte, mit dem Regen ›gemacht‹ werden konnte.

Der Zugang zu den geheimnisvollen Räumen ist versperrt, aber der Vorraum von Shantipura ist manchmal geöffnet. Seine Wandmalereien im Inneren beziehen sich auf die Suche König Pratapa Mallas nach einem regenmachenden Tantra (Zauberformel) – ein Ereignis, von dem der König in der Steininschrift berichtet. Im Jahr 1658 herrschten in Nepal große Dürre und in deren Gefolge Hungersnot. König Pratapa Malla erlernte deswegen von einem Priester namens Yamlu bestimmte buddhistische Riten. Er ließ Shantipura wiederherstellen und betrat einen unterirdischen Raum. Dort suchte er nach einem Buch mit magischen Formeln und den Bildern der Neun Naga, die mit Schlangenblut gemalt waren. Als er das Buch glücklich fand und ans Tageslicht brachte, bewirkten die Abbilder sofort reichlichen Regen – sehr zur Freude der Bewohner Nepals.

Von Shantipura führt ein Weg zu einer Bergkuppe westlich von Svayambhunatha, die dem Bodhisattva Manjushri geweiht ist, dem Kulturheros, der das Tal vom Wasser befreite. Er ist auch Gott der Weisheit und des Wissens und wird mit Lotos, Buch und Schwert dargestellt. Der Stupa unter einem Metallbaldachin ist einer der Nationalschreine Nepals. Manjushri wird als Gemahl von Sarasvati betrachtet und sowohl von Hindus als auch von Buddhisten verehrt. Sarasvati, ›die Fließende‹, ist Flußgöttin und Göttin der schönen Künste; ihr besonderes Fest ist im Monat Magha (Januar/Februar).

Vishnu-Heiligtümer im Nordwesten des Kathmandu-Tals

Der 2188 m hohe Nagarjun mit reicher Flora und Fauna beherrscht den Nordwesten des Kathmandu-Tals, auf dem Gipfel befindet sich ein Aussichtsturm. Benannt ist der Berg nach einem indischen buddhistischen Mönch namens Nagarjuna, ›Schlangen-Arjuna‹, der seine religiöse Weisheit von Schlangen empfangen hatte. Er soll in einer Höhle auf dem Berg gelebt haben und dort auch gestorben sein. An der Stelle steht der Yamacho-Chaitya, sein Fest wird im Monat Chaitra (März/April) gefeiert. Der Berg befindet sich im Naturschutzgebiet Rani-Ban, ›Forst der Königin‹.

Ichangu Narayana

Ichangu Narayana liegt etwa 5 km von Kathmandu entfernt am Fuß des Nagarjun in einer idyllischen Landschaft am Ende des schmalen Ichangu-Tals. Es ist das westliche der vier wichtigen Narayana-Heiligtümer des Kathmandu-Tales. Während des Monats Karttika (Oktober/November) pilgern viele Menschen an einem Tag von Ichangu Narayana nach Changu Narayana und von dort über Vishankhu Narayana bei Bandegaon bis nach Sikhara Narayana (auch Sekha oder Shesha Narayana), kurz vor Pharping. Manchmal werden in dieser Liste auch Macche Narayana bei Kirtipur oder Jalashayana Narayana in Budhanilkantha genannt. Narayana wird, wie andere Gottheiten in Nepal auch, in vier Aspekten gesehen. Jede der vier Erscheinungsformen hat den Schutz eines Teils des Kathmandu-Tals übernommen. Indem die Gläubigen alle vier Heiligtümer an einem Tag besuchen, umwandeln sie rituell das Kathmandu-Tal.

Der kleine Ichangu Narayana-Schrein in dem ummauerten, ländlich stillen Tempelbezirk am Ende einer Dorfstraße ist eine zweidachige Pagode aus dem 18. Jh. Das Torana zeigt Garuda Narayana. Vor dem Schrein stehen zwei Säulen mit den Emblemen Vishnus: Muschel und Diskus. König Haridatta ließ im 6. Jh. dort ein Bildnis von Narayana aufstellen, das später in Vergessenheit geriet und verloren ging. Im 18. Jh. entdeckte ein Gläubiger ein Bildnis von Narayana auf dem Grund der Vishnumuati. Er hielt es für das verlorene Bildnis von Ichangu, ließ es dort aufstellen und einen Schrein errichten. Später wurde dort das wahre Bildnis aus der Zeit von Haridatta gefunden und ebenfalls im Schrein aufgestellt. In der Südwestecke des Tempelbezirks ist ein Schrein für Vishnus Gefährtin Mahalakshmi, die in Gestalt von unbehauenen Steinen verehrt wird. In der Mitte befinden sich ein Podest mit einem schattigen Baum und eine Reihe von Statuen, darunter auch ein Buddha Akshobhya. Am Brunnen rechts vom Eingang sind weitere Kultbilder aufgestellt.

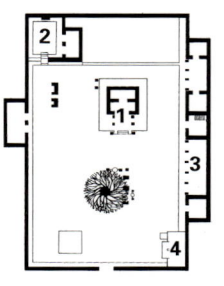

Ichangu
1 *Ichangu Narayana-Schrein*
2 *Mahalakshmi-Schrein*
3 *Pilgerrasthaus*
4 *Brunnen*

Vor Ichangu liegt auf einem Berg der Bhagavati-Tempel, von dem man einen schönen Blick über das Tal hat

Vishnu-Heiligtümer

Balaju

»Der erste Ort Baladschi mit vielen Tempeln und starkem Gewürz- und Farbenwaarenverkehr liegt auf der westlichen Hügelbegrenzung des Hauptthales, etwa 300 Fuß höher als Kathmandu.«
Dr. Hoffmeister

Balaju liegt etwa 3 km von Kathmandu entfernt am Fuß des bewaldeten Nagarjun-Berges an der alten Straße von Kathmandu über Nuwakot nach Tibet. Das vishnuitische Heiligtum von Balaju ist von einem betreuten Park umgeben und daher ein schöner friedlicher Ausflugsort. Der Park ist in zwei Ebenen terrassiert. Dazwischen liegt eine Böschungswand mit einer langen Reihe von 22 steinernen, stark übermalten Wasserspeiern, die als Bais Dhara, ›22 Quellen‹, dem Park den Namen gegeben haben. Das Wasser fließt aus einem höher gelegenen Fischbecken. Als Erbauer der großzügigen Anlage gelten die Könige Pratapa Malla (1641–1674) und auch Rana Bahadur Shah (1777–1805). Balaju gilt als heiliger Badeort, als Tirtha. Wie beim Becken des Kumbheshvara-Tempels in Lalitpur soll das Wasser letztlich aus Gosainkund, einem heiligen See in etwa 5000 m Höhe im Langtang-Gebiet stammen.

Auf der Terrasse oberhalb der Bais Dhara steht eine kleinere zweidachige, 1875 erbaute Pagode für die hinduistische Pockengöttin Shitalamai, die auch als buddhistische Hariti-Ajima gilt. Die kleine steinerne Hariti (3. Jh.) sitzt breitbeinig in ›europäischer‹ Haltung. Auf dem linken Oberschenkel hält sie ein Kind, um die Knöchel trägt sie dicke Fußringe. Im Torana erscheint sie nochmals. Um diesen Tempel sind alte Skulpturen aufgestellt: In einer Reihe sind Ganesha, eine stehende weibliche Gottheit und der Transzendente Buddha Amoghasiddhi mit Schlangenhaube versammelt. In einer weiteren Reihe stehen ein Chaitya, ein Shiva-Linga und ein Relief mit einer Trias. Deren mittlere Figur zeigt Shiva und Vishnu in einer Person als Hari-Hara; die rechte Hälfte dieser synkretistischen Gestalt ist Vishnu (Hari) mit Rad und Muschel, die linke Hälfte ist Shiva (Hara) mit Dreizack und Gebetskette. Auf den entsprechenden Seiten werden sie von ihrer jeweiligen Gefährtin begleitet.

Die Bedeutung Balajus besteht in einer Figur aus dem 7. Jh., die Shankara Narayana darstellt. Das Heiligtum unter freiem Himmel besteht aus einem Wasserbecken, in dem eine schlanke vierarmige männliche Gestalt auf einem Bett von Schlangen ruht. Die Gottheit hat ihre Beine, elegant gekreuzt, in eine Schlaufe des Schlangenkörpers gelegt. Die Figur ist 4,2 m lang und aus einem einzigen Steinblock gehauen. Sie wurde, wie eine zweite dieser Art in Budhanilkantha, von König Vishnugupta gegen 640 aufgestellt. In ihren beiden oberen Händen hält sie typische Shiva-Embleme: rechts den Rosenkranz und links die Flasche. Die beiden unteren Hände hingegen zeigen Embleme, die charakteristisch für Vishnu sind: links das Muschelhorn und rechts den Lotossamen. Das ikonographisch einzigartige Bildnis entspricht generell dem Typus der Vishnu-Darstellungen als Jalashayana Narayana, ›Narayana auf dem Wasser liegend‹, und wird auch irrtümlich oft so bezeichnet. Nur die Attribute der beiden oberen Hände weichen davon ab. Narayana hat somit auch einen shivaitischen Aspekt, der durch die drei waagerechten

Balaju im Abendlicht; Schrein mit Ganesha, einer weiblichen Gottheit und eines Buddha mit Naga-Haube, die hier neu vermauert wurden

Striche, die auf die Stirn der Figur gemalt sind, verstärkt wird. Die Figur hat große Ähnlichkeit mit einem liegenden Vishnu in Budhanilkantha. Das Gesicht Vishnus in Balaju ähnelt dem in Budhanilkantha und außerdem zwei Figuren in Changu Narayana, dem Garudasana- und Shridhara Vishnu, und entspricht ganz dem klassischen indischen Gupta-Typus. Das gilt ebenfalls für das Diadem, bestehend aus schildartigen Platten und einer Kirtimukha-Maske in der Mitte. Das Bildnis wird von den Einheimischen unter dem Namen Shankara Narayana (Shiva-Vishnu) verehrt.

Budhanilkantha

Im Norden wird das Kathmandu-Tal vom bewaldeten Shivapuri (2732 m), der in einem Landschaftsschutzgebiet liegt, überragt. Auf diesem Berg entspringt die Bagmati, der heilige Fluß des Kathmandu-Tals. Nach Osten, über die Sundari Jal-Wasserfälle, fließt sie in das Kathmandu-Tal, verläßt es durch die Chobar-Schlucht und mündet schließlich in den Ganges. Am Fuße des Berges, etwa 10 km im Norden von Kathmandu, liegt Budhanilkantha, einer der künstlerisch wichtigsten Orte im Kathmandu-Tal. Hier befindet sich das riesige, aus einem Stein gehauene, etwa 7 m lange Bildnis von Jalashayana Narayana, die größte Skulptur des Kathmandu-Tals und eines der herausragenden Meisterwerke des Landes.

Vishnu-Heiligtümer

Das Kultbild in Budhanilkantha: Vishnu wird täglich gewaschen, mit Räucherwerk verehrt, mit Kuchen gefüttert und geschminkt (von links nach rechts)

Wie auch in Balaju liegt die Figur in einem Wasserbecken. Von der Straße aus führt eine breite Treppe zu einer Terrasse hoch, hinter der das Gelände weiter ansteigt. In der Mitte dieser Terrasse, die als eine Art Tempelhof dient, ist das Becken tief eingesenkt. Nicht-Hindus müssen sich mit einem Blick zwischen den Stäben des rot und gelb bemalten Betonzauns hindurch begnügen. Gläubige gelangen über Treppen zum Becken herunter und über einen Steg bis zu den Füßen der Gottheit. Bei ihren Riten klettern die brahmanischen Priester auf dem Riesenbild, wie einstmals die Liliputaner über Gulliver.

Der Gott liegt anmutig gebettet auf den großen Windungen der Weltschlange Ananta, die halb vom Wasser bedeckt ist. Elf Kobraköpfe bilden eine ovale Mandorla um das diademgeschmückte Haupt. Das hoheitsvolle Gesicht mit den geöffneten Augen hat eine gebogene Nase, ein scharf gezeichnetes Kinn, eine aufgeworfene Unterlippe und volle Wangen. Die vierarmige Gottheit trägt in ihren Händen die Embleme: Diskus, Keule, Muschel und Lotossamen. Die Beine liegen leicht angezogen und an den Knöcheln überkreuzt.

Im Gegensatz zu den aktiven Formen Vishnus, der auf Garuda durch die Lüfte fliegt oder mit drei Schritten die Welt durchmißt und sie in Besitz nimmt, schlummert Vishnu in dieser Form in den unendlichen Zeitspannen zwischen jeder zyklischen Zerstörung des Universums und der nächsten Schöpfung. Im indischen Schöpfungsmythos hat Vishnu die Form von Jalashayana Narayana, ›Narayana auf den Wassern liegend‹, oder Anantashayana, ›auf der Schlange Ananta liegend‹. Er ruht in kontemplativem Schlummer auf der Weltenschlange mit ihren unendlich *(ananta)* vielen Windungen. Aus dem Nabel tritt seine schöpferische Kraft in Form eines Lotos, der aufblüht und den alles erschaffenden Brahma hervorbringt.

Budhanilkantha und Balaju (Bala Nilakantha) sind nicht nur durch die Art dieser riesigen Bildnisse eng miteinander verbunden, sondern besonders auch durch ihre Namen. Bala meint ›jung‹ oder ›kleiner‹, im Verhältnis zu budha, ›älter‹ bzw. ›größer‹. Diese Bezeichnungen beziehen sich wahrscheinlich nicht auf ein unterschiedliches Alter der Skulpturen sondern vielmehr auf ihre relative Größe. Die Figur in Budhanilkantha ist wesentlich größer als die in Balaju.

Der zweite Bestandteil beider Namen, Nilakantha, ›Blau-Kehle‹, ist merkwürdigerweise ein Beiname Shivas. Die Legende erzählt von einer besonderen Verbindung zwischen dem Wasser von Balaju und Gosainkund, einem heiligen See im Himalaya. Shiva flüchtete schmerzgeplagt dorthin, nachdem er Gift getrunken hatte, das ihm in der Kehle brannte – daher der Name Nilakantha, »Blau-Kehle« –, um sich mit dem Wasser Linderung zu schaffen. Ein im Wasser von Gosainkund liegender Fels wird als Bildnis des ruhenden Shiva betrachtet.

Jalashayana in Budhanilkantha wurde um 640 geschaffen; der Stein stammt aus Khotka in Südwesten des Kathmandu-Tals. Hier lag ein wichtiger Steinbruch, aus dessen Blöcken auch noch ein Jahrtausend später die großen Säulen der Malla-Zeit gemeißelt wurden. Der Transport der riesigen Monolithe nach Budhanilkantha war eine technische Meisterleistung.

Das Bildnis wurde von Vishnugupta gestiftet, denn der im kosmischen Ozean ruhende Vishnu diente auch als Sinnbild des Herrschers. Vishnugupta ist ebenfalls der Auftraggeber eines Bildnisses, das in dem modernen Ramachandra-Tempel bei Pashupatinatha (s. S. 168) am jenseitigen Ufer der Bagmati aufgestellt ist. Diesmal ließ sich der Herrscher als Gott Vishnu darstellen; die Figur wurde 641 geweiht. Trotz dieser Vergöttlichung verlor Vishnugupta 643 seine Herrschaft an Narendradeva, der mit Hilfe Tibets den Thron seines Vaters zurückeroberte.

»In dem Wallfahrtsorte Bura-Nilkent (das heißt großer Blauhals, ein Epitheton Shiwa's), drei bis vier Meilen von Katmandu entfernt, nahm der Prinz das dort befindliche große schwarze Steinbild des Wischnu, wie er mit seinem Kopfe auf der Sri Naga (heiligen Schlange) ruht, in Augenschein; es liegt in der Mitte eines mit Quadern gepflasterten Raumes, der in einem großen, viereckigen Becken das heilige Wasser enthält; in den Wänden sind Götzenbilder eingemauert. Ein alter Priester bezeugte dem Gotte seine Ehrfurcht, indem er ihm die Füße küßte, oder auch die Hand auf dieselben legte und sie dann zur Stirn führte.«

Es gibt drei Jalashayana-Figuren aus der Licchavi-Periode. Die früheste liegt in einem Becken im Garten des Hanuman Dhoka-Palastes in Kathmandu. Sie stammt aus der Mitte des Tals, aus Gyaneshvara. Wahrscheinlich ist sie eine Stiftung Amshuvarmans (605–621). Im 17. Jh. wurde diese Figur unter König Pratapa Malla in den Hanuman Dhoka-Palast überführt. Er ließ auch einen Kanal anlegen, der das Becken dort mit Wasser aus Budhanilkantha versorgt. Beim Graben dieser Wasserleitung wurde der große Kala Bhairava entdeckt, den Pratapa Malla vor dem Palast in Kathmandu (s. Abb. S. 101) aufstellen ließ. Die zweite Jalashayana-Figur der Licchavi-Periode wurde zwischen 633 und 643 von Vishnugupta in Balaju aufgestellt. Die Figur in Budhanilkantha ist die größte und letzte.

Es ist ein Wunder, daß dieses riesige über 1300 Jahre alte Bild in Budhanilkantha weitgehend unbeschädigt die Zeiten überstanden hat. Wahrscheinlich lag es lange Zeit geschützt in der Erde. Nach einer Legende soll es bald nach seiner Schaffung durch einen Erdrutsch verschüttet worden sein. Der Gott enthüllte zwar einem König in einem Traum die Lage, doch wurde das Bild bald darauf wieder begraben. Bei einem späteren Versuch, es freizulegen, wurde die Nase beschädigt. Der nepalische König darf den Jalashayana Narayana in Budhanilkantha nie betrachten, angeblich weil er selbst eine Inkarnation Vishnus ist. Die Gottheit in Balaju dagegen kann er besuchen.

Ein brahmanischer Geistlicher führt die tägliche Verehrung durch: Jeden Morgen um 9 Uhr begibt sich ein Priester zum Becken, um das Gesicht des Gottes zu waschen und zu schminken – wie bei einem Menschen. Gläubige spenden Blumen, die durch die Priester der Gottheit überbracht werden; des weiteren erhalten die Anhänger Vishnus und Shivas Wasser aus dem Becken oder eine kleine Menge Reis oder Blumen als *prasad,* geweihtes Opfer, zurück. Festtage sind hier, wie an anderen Vishnu-Heiligtümern auch, alle elften Tage jedes Halbmondzyklus. Besonders an Harishayani, dem Tag, an dem Vishnu (Hari) in seinen Schlaf fiel (11. Tag der hellen Mondhälfte im Juli/August), und Haribodhini (›Vishnus Erwachen‹), dem 11. Tag der hellen Mondhälfte im Oktober/November, an dem Vishnu vier Monate später aus seinem kosmischen Schlaf erwacht, finden Feierlichkeiten statt.

Dhum Varahi

Eine weitere bedeutende vishnuitische Statue der Licchavi-Periode ist der Varaha, Vishnus Inkarnation als Eber, in Dhum Varahi. Im Nordosten von Kathmandu, am alten Weg nach Budhanilkantha, liegt der Schrein in einem Schulhof. Das Heiligtum – ehemals in idyllischer Landschaft – liegt westlich der Brücke auf der Anhöhe über der Dhobi Khola (Rudramati), auf dem Plateau gegenüber von Chabahil. Man erreicht die Stelle, wenn man von der neuen Ring Road zwischen Chabahil und Maharajgunj nach Süden abbiegt. Der kleine offene Schrein, aus dem ein Pipal-Baum wächst, enthält ein Meisterwerk der Skulptur (spätes 6. Jh.), das zwar nur 115 cm hoch ist, aber monumental wirkt.

Nach hinduistischer Vorstellung stieg Vishnu mehrmals aus dem Himmel auf die Erde herab, um die göttliche Ordnung zu retten. Nach dem Schöpfungsmythos ist er in seiner dritten Herabkunft ein Eber, der die Erdgöttin Bhudevi – in einer Inschrift wird sie als *dharani*, ›Erde‹, bezeichnet – aus den Tiefen des Urozeans rettet. In dieser heroischen Form wird Vishnu üblicherweise halb als Tier, halb als Mensch dargestellt. Auf seinem linken Ellenbogen, den er angewinkelt hoch hält, sitzt die winzig kleine weibliche Gestalt der Erde, die ihre Hände verehrend gefaltet hat. Der kosmisch riesenhafte Gott scheint noch aus dem Ozean emporzusteigen. Seine kurzbeinig stämmige Gestalt strahlt elementare animalische Kraft und Dynamik aus. Sein linker Fuß steht auf dem Schlangenfürst Adishesha, Symbol für den Urozean und das Wasser. Wenn man genau hinsieht entdeckt man, daß der unterworfene Adishesha den Fuß des Gottes mit beiden Händen trägt. Varaha wurde von späteren Gläubigen fälschlicherweise als weiblich (Varahi), nämlich als eine Form von Durga, angesehen. Daher der Name Dhum Varahi. Die Statue ist eine Stiftung von Bhaumagupta, der zwischen 567 und 590 als König herrschte und schon vorher einflußreich war.

Pashupatinatha

Pashupatinatha, ›der Meister und Herr aller Tiere‹, ist der Schutzgott des Königreichs Nepal. Der Pashupati-Tempel in Deopatan ist das ehrwürdigste aller nepalischen Shiva-Heiligtümer. Seine Bedeutung geht über Nepal hinaus. Der Tempel ist eine der großen Wallfahrtsstätten des indischen Subkontinents. Das Ensemble von Pashupatinath wurde von der UNESCO in die Liste des Weltkulturerbes aufgenommen. 1987 wurde der Pashupati Area Development Trust (PADT) gegründet, der für eine planvolle Konservierung und Entwicklung der gesamten Gegend Sorge tragen soll.

Pashupatinath liegt 5 km östlich von Kathmandu, im Schatten des Flughafens. Nach alten geographischen Vorstellungen liegt es an einem markanten Punkt des Tals. Hier durchbricht die von Norden kommende Bagmati ein Bergplateau in einer Schlucht, die sich nach Süden weitet. In diesem Trichter entstanden im Lauf der Jahrhunderte dicht gedrängt Heiligtümer. Zu Pashupatinatha gehört nicht nur der umfriedete innere Hof, den nur Hindus betreten dürfen, auch der Fluß und der Hain auf dem Plateau am Ostufer der Bagmati sind wichtige Teile des Tempelbezirks. Im Westen grenzt die kleine Stadt Deopatan an.

»Die Wallfahrt vom Paspathnatti-Tempel sichert dem Pilger, daß seine Seelenwanderung in kein geringeres Geschöpf, als der Mensch ist, stattfindet. Da wo der Bhagmatti den Fuß dieses Berges bespült, gilt er als ein heiliger Strom, in dem zu sterben oder an dessen Ufer verbrannt zu werden, Seligkeit ist.«

Pashupatinatha

Ansicht von Pashupatinatha; das Betreten von Arya Ghat am rechten Bagmati-Ufer ist ebenso wie das Eindringen in den inneren Tempelbezirk für Nicht-Hindus nicht erlaubt (der Vergleich mit der Abb. S. 21 zeigt die baulichen Veränderungen des Pilgerhauses)

Der Pashupatinatha-Tempel ist das Herz dieses weiten, verwirrenden Bezirks. Die goldbedeckte zweidachige Pagode liegt auf einer Höhe über dem Westufer des Flusses; eine breite Treppe verbindet beide. Die unmittelbare Nähe zu einem Fluß oder anderen Gewässern ist oft kennzeichnend für ein Hindu-Heiligtum. Die Stiftung von Badeplätzen *(ghat)* an Flußufern galt immer als eine heilbringende Tat. Hier werden auch die Bestattungsriten ausgeführt. Zu den verschiedenen Bauten in der Gegend von Pashupatinath gehören ausgedehnte Unterkünfte für Pilger, Dharmashalas. Von den Terrassen des Ostufers kann der Besucher, der sich dazu Zeit nimmt, einen einzigartigen Einblick in den regen Betrieb eines hochrangigen hinduistischen Heiligtums gewinnen.

Mit einem Bad in der Bagmati unterhalb von Pashupatinatha erwirbt der Hindu so viele Verdienste wie mit einem Bad im heiligen Ganges. Es gewährt die Erlösung vom endlosen Kreis der Wiedergeburten. Dieses Heilsversprechen gilt auch für die Gläubigen, deren Leichnam unterhalb von Pashupatinatha an der Bagmati verbrannt wird. Der Ort übt eine besondere Anziehungskraft auf Yogis und Sadhus, hinduistische Asketen, die mit allen gesellschaftlichen Bindungen radikal gebrochen haben und nur Shiva folgen, aus. Das wichtigste Fest ist Shivaratri, ›die Nacht, die Shiva geweiht ist‹, im

Monat Phalguna (Februar/März). Auch aus Indien kommen Tausende von Pilgern. Der staatliche Teil dieser Feierlichkeiten wird auf dem Tundikhel in Kathmandu mit einer Militärparade gefeiert. Andere Feste, die besonders am Tempel selbst gefeiert werden, sind: Tij im Monat Bhadra (August/Sept.), wenn Frauen Shiva und Parvati verehren, und das nächtliche Totenfest Bala Chaturdasi im Monat Marga (Nov./Dezember). Abgesehen vom Festkalender ist der beste Tag zum Besuch der Abend von Ekadasi, dem elften Tag nach Vollmond oder Neumond. Pashupatinatha ist ein lebendiger Pilgerort, auch was Devotionalien betrifft, die an den Zugangswegen angeboten werden. Dazu gehören Rosenkränze aus Rudraksha-Kernen, Tika-Puder in allen Regenbogenfarben, Süßigkeiten und vegetarisches Essen. Tieropfer werden hier nicht dargebracht, das geschieht im nahen Tempel Guhyeshvari.

Die Legende

Wie bei Svayambhunatha und Changu Narayana wählte auch im Falle von Pashupatinatha die Gottheit höchstpersönlich den Ort für ihr Heiligtum aus. Es war die idyllische Landschaft, die Shiva (Pashupati) dazu bewog, sich hier niederzulassen. Die Legende erzählt: Als Shiva zusammen mit Parvati den blütenübersähten Shleshmantaka-Hain am Ufer der Bagmati erblickte, geriet er in unvergleichliches Entzücken. Unbemerkt von seinen Begleitern, nahm er die Gestalt einer Gazelle an und vergnügte sich mit dem Gazellenweibchen, Parvati, voll Lust in diesem Hain. Doch die übrigen Götter suchten Shiva. Nachdem sie überall herumgezogen und schon ganz ratlos waren, erblickten sie den einhörnigen, dreiäugigen, überaus schönen kraftvollen Shiva in Gazellengestalt. Die Götter waren voller Freude und priesen ihn mit Lobgesängen. Aber Shiva wollte seine Tiergestalt nicht aufgeben. Daher beschlossen Indra, Vishnu und Brahma ihn zu überwältigen. Sie ergriffen das Einhorn des gazellengestaltigen Shiva und hielten es fest. Aber während sie ihn festhielten, sprang Shiva jäh auf und das Horn zersplitterte vierfach.

Shiva schwamm auf das gegenüberliegende schöne Ufer der Bagmati. Daher bekam dieses den Namen Pashupatinatha, ›Herr der Tiere‹. Dann sprach er zu den versammelten Gottheiten: »Ich werde hier in diesem lieblichen Hain bleiben und an keinen anderen Ort gehen. Weil ich hier im Shleshmantaka-Hain in Tiergestalt verweilte, deshalb wird mein Name auf der Erde Pashupati sein. Alle Götter oder Menschen, die mich sehen, sollen durch meine Gnade nicht als Tier wiedergeboren werden. Mein Horn, das Indra, Vishnu und Brahma festgehalten haben, soll als mein Linga an einem von mir gewählten Platz aufgestellt werden.«

In dieser Geschichte verwandelt sich das Einhorn der Gazelle unversehens in ein Linga (Phallussymbol). Shiva (Pashupati) wird in der Gestalt des Lingas verehrt. Die Legende erklärt auf ihre Weise weiter, in welcher Beziehung Guhyeshvari und Vatsala – beide sind Erscheinungsformen von Parvati mit eigenen Tempeln in dieser Gegend – zum Linga im Pashupatinatha-Tempel stehen. Nachdem Shiva den Göttern verkündet hatte, daß er hier bleiben wolle, erklärt Parvati, sie wolle immer in seiner Nähe bleiben. Darauf erzählte ihr Shiva eine Begebenheit aus einer ihrer früheren Existenzen. Aus Verachtung für eine Tat ihres Vaters habe sie sich das Leben genommen. Er, Shiva, habe, von Trauer überwältigt, ihren Leichnam um seinen Hals gelegt und die Erde durchstreift. Da habe Vishnu aus Liebe zu ihm die einzelnen Glieder des Leichnams mit seinem Diskus *(chakra)* abgetrennt. Ihr geheimer Körperteil *(guhya)* sei an einer Stelle am Ufer der Bagmati beim jetzigen Guhyeshvari-Tempel niedergefallen. Dies sei der vorzüglichste Platz für sie. Aber da sie in seiner Nähe bleiben wolle, solle sie unter dem Namen Vatsala, ›Kälbchen‹, immer südöstlich von ihm stehen. Darauf stellte Vishnu das Linga, das aus den Fesseln einer tierischen Wiedergeburt löst und von allen Sünden befreit, am lieblichen Steilufer der Bagmati auf.

Geschichte

Die Gründung des Heiligtums soll auf einen König Pashupreksha im 3. Jh. zurückgehen. Der König errichtete diesen Tempel seiner Schutzgottheit Shiva unter dem Namen Pashupati, in Anlehnung an seinen eigenen Namen. Einer anderen Version zufolge soll König Haridatta Varman 365 an dieser Stelle das erste Heiligtum errichtet haben. In Indien begann der Pashupati-Kult bereits im 2. Jh. v. Chr. Die Rolle, die die radikale asketische Pashupata-Sekte bei der Gründung des Schreins spielte, ist noch unklar. Die Pashupatas stellen Shiva hauptsächlich in seiner abstrakten Form dar, die durch das Linga symbolisiert wird; dies ist auch in Nepal vorherrschend – anthropomorphe Darstellungen dagegen sind selten. In der Bhasmeshvara Inschrift von 533 n. Chr. wird Pashupati erwähnt. In der späteren Geschichte Nepals spielte er eine zentrale Rolle als Staatsgottheit, zunächst scheint es sich um eine Patronatsgottheit nepalischer Herrscher gehandelt zu haben. Diese Stellung hatte er seit der Zeit von Amshuvarman im 7. Jh. inne. Im Jahre 879 n. Chr. wurde an seinem Tempel eine neue, heute noch gültige Nepal Samvat-Ära begründet. In vielen Inschriften wird Pashupati als Oberherr Nepals angeredet. Da die nepalischen Chroniken meist erst in späterer Zeit entstanden, spiegeln sie in ihrer Geschichtsversion diese letztere Funktion als Staatsgottheit wider und bringen das gesamte nationale Leben der Vergangenheit mit dieser Gottheit und ihrem Tempel in Verbindung. Von den vielen schemenhaften Königsgestalten der frühen Zeit wird als oft einzige geschichtswürdige Tat von einer Stiftung an den Tempel berichtet. Bis zum 14. Jh. sind keine Daten bekannt. Es wird nur stereotyp von fast jedem König berichtet, er habe die Dächer erneuern lassen oder aber eine Tempelspitze gestiftet.

Von einer wichtigen Rolle des Buddhismus im Bezirk von Pashupatinatha zeugt noch das Buddha-Bild am Ufer der Bagmati. Auch in Pashupatinatha gab es religiöse Auseinandersetzungen. Die wenigen Informationen, die überliefert sind, beschreiben folgendes: Als die Buddhisten mächtiger geworden waren als die Hindus, sollen hier sogar Buddhisten Tempelpriester gewesen sein. Auch wird berichtet, daß die Buddhisten in dieser Zeit von einem Kloster namens Punya Vihara aus die täglichen Speiseabfälle auf das Linga von Pashupatinatha warfen. Das änderte sich, als Shankara Acharya von der Asketengemeinschaft Amardaka Agni in Benares 1199 Nepal besuchte. Er vernichtete den Buddhismus in seiner ursprünglichen Form und drückte dem Kathmandu-Tal seinen Stempel auf. Der indische Brahmane soll das Heiligtum gesäubert, die Buddhisten hinausgeworfen und die strengen Regeln des Shiva-Kultes eingeführt haben. Da der Reformer keine einheimische brahmanische Priesterschaft vorfand, der er den Pashupatinatha-Tempel hätte übergeben können, holte er Priester aus Südindien. Seit dieser Zeit sind hier – mit Unterbrechungen – die priesterlichen Funktionen das Monopol von orthodoxen südindischen Brahmanen. König Yaksha Malla (1428–1482) besann sich wieder auf die von Shankara Acharya niedergelegten Regeln und betraute Brahmanen aus Südindien mit dem Priesteramt, dieser Brauch gilt bis heute. Die Priester sind in rote Roben gekleidet und tragen Rosenkränze aus Rudraksha. Sie werden aufgrund ihrer Gelehrsamkeit und ihrer Kenntnisse des Ritus ausgewählt. Das Recht, einen Priester zu ernennen, lag immer beim König.

Im Jahre 1349 zerschlugen die marodierenden Truppen von Sultan Shams ud-din Ilyas von Bengalen, die auch den Svayambhunatha aufbrachen, das Linga von Pashupatinatha in drei Stücke. Vermutlich ging auch der Tempel in Flammen auf, zumal überliefert ist, sämtliche Städte des Tales seien niedergebrannt worden. 1360 wurde das zerstörte Linga durch eine genaue Kopie ersetzt; diese ist heute das Kultbild. Der Tempel wurde 1381 von Jayasimharama Varddhana aus Banepa wieder aufgebaut. Der Pashupatinatha-Tempel war zeitweilig eine dreidachige Pagode, so wie der Taleju Bhavani-Tempel in Kathmandu. Das dritte Dach wurde 1585, nachdem der Priester Nityananda seine Erlaubnis gegeben hatte, wieder abgetragen. Der gegenwärtige Bau stammt aus dem Jahr 1696. Die zweidachige Pagode ist 23,6 m hoch. Wie wichtig die direkte Beziehung zwischen Malla-Königen und Patronatsgottheit des Staates war, zeigt ein fahnenartiges kilometerlanges Band, das von Kathmandu bis zum Pashupatinatha reichte und das die Spitzen beider Gebäude miteinander verband. So wie er Kathmandu mit Svayambhunatha verbunden hatte, baute Pratapa Malla auch einen Pilgerweg zum Pashupatinatha in Deopatan aus und errichtete entlang dieser Strecke viele Tempel. Da Termiten Teile der Holzrahmungen zerfressen hatten, ließ 1696 die Regentin Riddhi Lakshmi, die auch in Changu Narayana als Stifterin wirkte, das Heiligtum erneuern. Zunächst wurde die Tempelspitze herausgenommen und anschlie-

»Ein anderes Heiligthum, Bramanischen Ursprungs, Paßbuthnoth genannt, erhebt sich auf der Spitze eines ähnlichen Hügels. Wir sahen dort einen Tempel mit massiv silbernen Thüren und einer großen Verschwendung von Gold in der Architektur, die im Uebrigen nichts Ausgezeichnetes hatte. Das Innere war voll von Affen und jungen Kühen. Es ist der Rhesus, der hier sowohl in den Buddhistischen als Bramanischen Heiligthümern mit großer Vorliebe behandelt wird und alle Haine um die Tempel erfüllt.«
Dr. Hoffmeister

ßend die Pagode ganz zerlegt, dann begann der Neubau. Fünf Tage später wurden die Portalrahmen aufgestellt. Danach wurden die Wände gemauert und die Dächer gesetzt. Der Wiederaufbau dauerte nur sieben Monate. Er wurde mit der Einfügung der Tempelspitze in das oberste Dach vollendet. Die Erdbeben von 1810, 1833 und 1933 überstand Pashupatinatha ohne große Schäden. Seine heutige prunkvolle Verkleidung der Wände mit Marmor und die der Portalrahmen mit Gold- und Silber ist Zeichen für die überschwengliche Verehrung der Nationalgottheit im 19. Jh. In diese Zeit gehört auch die maßlos große vergoldete Figur des liegenden Nandi, des Reittiers Shivas in Gestalt eines Stieres, der die Westseite beherrscht.

Baubeschreibung

Pashupatinatha und Guhyeshvari
1 Pashupatinatha-Tempel
2 Westtor zum Tempelhof
3 Nandi
4 Großer Trishula im Norden
5 König Mahendra Bir Bikram Shah-Säule
6 Mukti Mandapa
7 Osttor und Treppe
8 Arya Ghat
9 Bhasmeshvara Ghat
10 Vatsaleshvari-Pagode
11 Pancha Devala
12 Virateshvara-Linga
13 Rajarajeshvari-Tempelbezirk
14 Buddha Shakyamuni
15 Treppe zum Gorakhanatha–Tempel und Pilgerweg nach Guhyeshvari
16 Pandra Shivalaya (›15 Wohnsitze Shivas‹), Gedenkschreine
17 Rama Chandra-Tempelbezirk

In der Mitte der Cella der **Pagode (1)** steht ein etwa 1 m hohes schwarzes Linga, dessen Schaft vier Gesichter hat und daher Chaturmukha Linga genannt wird (*chatur* bedeutet vier, *mukha* heißt Gesicht). Jedes verkörpert einen anderen Aspekt Shivas, in der Mitte ist sein fünftes, auch für die Gläubigen nicht sichtbares Gesicht. Alle repräsentieren kosmische Zusammenhänge wie die fünf Elemente und die fünf Himmelsrichtungen. Eine Besonderheit dieses und vieler nepalischer Mukhalingas sind die beiden zugefügten Hände, die in der Regel einen Rosenkranz und einen Wassertopf halten. Die Verehrung des Lingas besteht aus Betrachten des Kultbildes (*darshan*) ab 4 Uhr früh, und Opferungen (*puja*) nach Ankunft der Priester ab 8 Uhr. Diese baden zunächst das Linga mit *panchamrit*, ›fünf Ingredienzien‹. Danach wird das Bild bekleidet und die Gottheit in ihm angerufen. Damit endet die Morgenandacht. Während des Tages wird die Gottheit im Bildnis gespeist, abends wird der morgendliche Ritus wiederholt. Nur die Tempelpriester dürfen das Linga berühren. Sie übergeben ihm die Opfergaben (Blumen, Farbpulver, Reis), die die Gläubigen danach geweiht als *prasad* zurückerhalten. Einen Eindruck von den kultischen Handlungen, wie sie am Pashupati-Linga vollzogen werden, kann man in Bhaktapur am Pashupati (Yaksheshvara)-Tempel und in Kathmandu am Pashupati (Mahendreshvara)-Tempel gewinnen.

Der europäisierende **Torbau im Westen (2)** ist der Hauptzugang zum inneren Tempelbezirk und gleichzeitig Barriere für Nicht-Hindus. Über dem Torbogen ist plakativ Shiva als Yogeshvara, ›Herr der Yogis‹, dargestellt. Der Blick in den inneren Hof wird versperrt durch das Hinterteil des erwähnten **Nandi (3)**, eine Stiftung von Jagat Janga Rana. Vor dem Nordportal steht ein riesiger Dreizack, **Trishula (4)**, die Standarte Shivas. Die Spitzen versinnbildlichen die drei Wesen Shivas als Schöpfer, Erhalter und Zerstörer. Vor dem Südportal stehen vor allem Denkmäler der Shah-Dynastie, angefangen mit Rana Bahadur Shah und seiner Gemahlin (1806) bis zu der neueren Stiftung (1959), der vergoldeten **Statue von König Mahen-**

Pashupatinatha

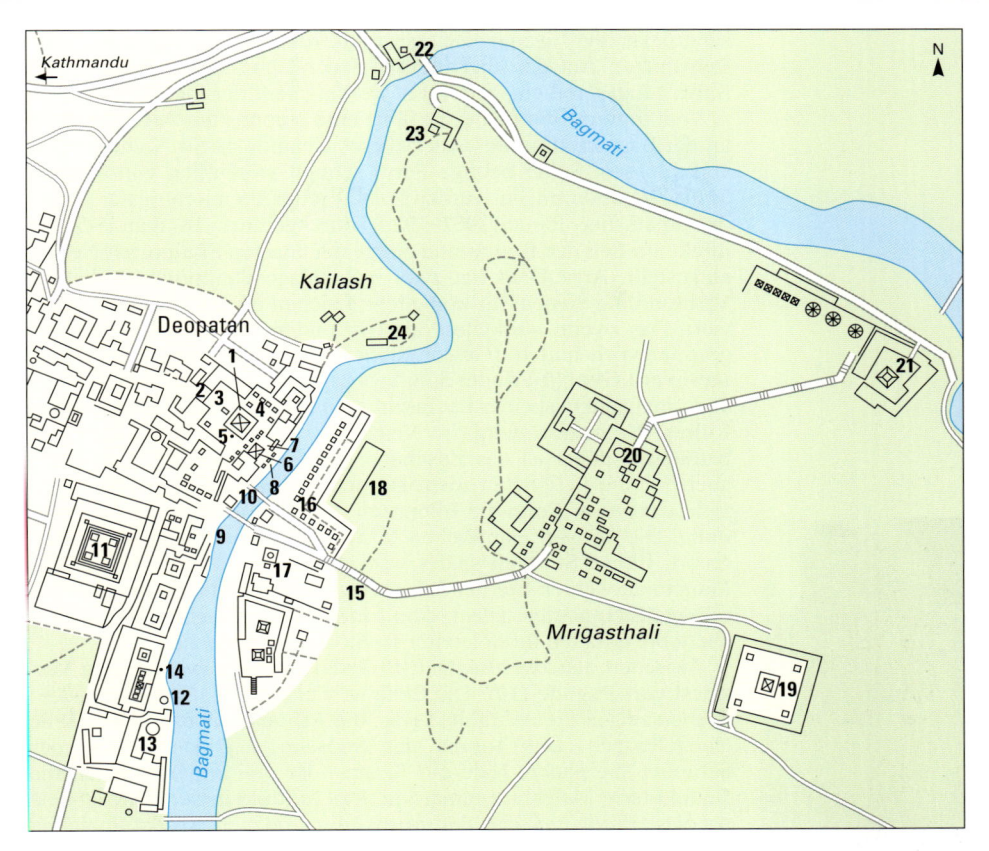

dra Bir Bikram Shah (5, 1955–1972) mit mächtigem Kronenschweif und Nagas, die auf einer kurzen Säule in Art der Malla-Stifterbildnisse aufgestellt ist. Auf der vorgeschobenen Terrasse hoch über dem Arya Ghat steht der **Mukti Mandapa (6),** eine Versammlungshalle, ursprünglich aus der Zeit von König Nripendra Malla (1674–80), in ihrer heutigen Form aber aus dem 19. Jh. Daneben steht ein neueres **Tor (7),** durch das die Gläubigen zur Bagmati hinuntergehen können. Auf der Flußseite des Tors ist ein Bild angebracht, das das göttliche Paar Shiva und Parvati zusammen mit ihren beiden Söhnen Ganesha und Kumar auf ihrem Berg Kailash zeigt. Das Thema nimmt Bezug auf den Kailash-Hügel, der sich nördlich hinter dem Tempelplateau von Pashupatinatha erhebt. Er ist nach dem Berg Kailash in Tibet (6714 m), benannt, der für Hindus, Buddhisten und Jain als Zentrum des Universums, als der Weltberg Meru gilt. Wie auf dem Kailash im Himalaya Shiva und seine Partnerin Parvati residieren, so hat der Hügel hier wahrscheinlich einmal einen Herr-

18 *Aussichtsterrasse, Ekamukha Linga*
19 *Vishvarupa-Tempel und Pilgerhäuser*
20 *Gorakhanatha-Tempel*
21 *Guhyeshvari-Tempel*
22 *Gauri Ghat*
23 *Kirateshvara-Schrein*
24 *Surya Ghat, Eremitenhöhlen*

Pashupatinatha

scherpalast der Licchavi-Zeit getragen: Kailash Kuta (*kuta* bedeutet Bergspitze). Auf der abgeräumten Hochfläche stehen noch einige Shiva-Lingas und ein schönes Säulenfragment der Licchavi-Zeit.

Vom inneren Tempelbezirk führt eine Treppe zum **Arya Ghat (8)** an der Bagmati hinunter. Auch dieses Gelände ist für Nicht-Hindus verschlossen. Seine heutige Form stammt wesentlich von Pratapa Malla. Veränderungen wurden zuletzt unter Premierminister Chandra Shamsher Rana (1901–1929) durchgeführt. In dem Schrein direkt am Fuß der Treppe sind einige der ältesten Skulpturen Nepals aufgestellt. Arya Ghat hat zwei rechteckige Steinpodeste, die zur Verbrennung dienen, für königliche Leichen ist das nördliche reserviert. Das zweite, südliche Podest ist anderen wichtigen Personengruppen vorbehalten. (Gewöhnliche Verstorbene werden am **Bhasmeshvara Ghat (9),** weiter flußabwärts, verbrannt.) Die Art, mit dem Tod umzugehen ist eines der faszinierendsten Themen einer anderen Kultur. Kremation wird in Nepal als öffentliche Angelegenheit betrachtet, daher ist das Zuschauen aus angemessener Entfernung auch für die Beteiligten nicht störend. Am Kremations-Ghat vollzieht der älteste Sohn die Totenriten und anschließend die Verbrennung. Die übrigen männlichen Verwandten halten sich im Hintergrund. Einige Stunden später wird die Asche in den Fluß gefegt. Manchmal werden Sterbende zur Bagmati gebracht. Sie werden auf schräge Steinplatten gelegt, damit ihre Füße ins heilige Wasser reichen. Sie erhalten ihren letzten Trunk aus der Bagmati.

Zwischen den zwei Bagmati-Brücken steht die zweidachige **Vatsaleshvari-Pagode (10).** Die Cella ist vierseitig geöffnet. Die Dachstreben zeigen die Ashtabhairavas, die Ashtamatrikas und erotische Darstellungen. Das Torana der Südseite zeigt die Göttin des Schreins, die nackte Kali, die Toranas der drei anderen Seiten die Büffeltöterin Mahishasuramardini. Das Kultbild in der Mitte ist eine Art Vase *(kalasha)*. Das Fest *(mela)* der Göttin im Monat Phalguna (Februar/März) ist Deopatans größtes Stadtfest. Vatsaleshvari ist eng mit Pashupatinatha verbunden. Der Gläubige soll in der Bagmati baden, dann die Göttin Vatsala besuchen und erst danach zum Heiligtum von Pashupatinath gehen. Pashupati selbst habe diesen Ort südöstlich seines Lingas als Wohnsitz für Parvati bestimmt, die hier in Mrigasthali den Kosenamen Vatsala (›Kälbchen‹) trägt.

Doch scheint die Göttin im Laufe ihrer Geschichte auch andere Eigenschaften gezeigt zu haben. Unter einem König Shivadeva wurde sie als höchste Gottheit Nepals verehrt. Der König führte den Brauch ein, nachdem er alle Götter Nepals eingeladen und verehrt hatte, Vatsala jährlich ein Menschenopfer zu bringen. Die Wandbilder auf der Ostwand könnten noch darauf verweisen. Die Blutopfer sollten von buddhistischen Priestern dargebracht werden. Um zu zeigen, daß alles in Übereinstimmung mit bisherigen traditionellen Glaubensvorstellungen geschehe, wurde an großen Festen eine Fahne an der Tempelspitze von Pashupatinath befestigt, die mit ihrem anderen Ende bis zum Tempel der Vatsala reichte. Einer der Nach-

Architekturfragment der Licchavi-Zeit an der Vatsaleshvari-Pagode

Der offene Narayana-Schrein in der Nähe des Arya Ghat (17. Jh. oder früher) soll von Töpfern aus Lalitpur gestiftet worden sein

folger von Shivadeva namens Vishvadeva versuchte den Brauch, Menschenopfer darzubringen, abzuschaffen, stieß aber dabei auf Widerstand.

Die vielen an dem Platz um diesen Tempel verstreut aufgestellten und eingemauerten steinernen Architekturfragmente der Licchavi-Periode zeugen vom Alter und von der Bedeutung dieses Kultplatzes. Besonders zu nennen sind die beiden Säulenstümpfe, in deren Basiszone ein kauernder Gnom *(gana)* dargestellt ist. Sie stehen stark in der Gupta-Tradition Nordindiens.

Zwei bedeutende frühe Skulpturen sind auf der Südseite in einem kleinen dachlosen Schrein aufgestellt. Links steht das Relief einer Muttergottheit aus dem 12. Jh. Die achtarmige Göttin sitzt in gelöster Haltung auf einem doppelten Lotos vor einer Felshöhle. Sie wird

Die Devi aus dem 7. Jh. ist am Spiegel in ihrer Hand als Parvati zu erkennen

von vier vierarmigen Göttinnen begleitet, die in zwei Registern übereinander angeordnet sind.

Rechts neben diesem Relief steht die große Figur einer Devi aus dem 7. Jh., die wegen des Spiegels in ihrer Hand als Parvati zu erkennen ist. Dieses Standbild gehört zu den bedeutenden Schöpfungen nepalischer Skulptur. Die Schildkröte, in Nepal häufig Trägerin von Lakshmi und der Flußgöttin Yamuna, gehörte ursprünglich nicht dazu. Möglicherweise war diese Figur zusammen mit einer heute nicht mehr vorhandenen Shiva-Figur das Hauptkultbild eines großen Tempels der Licchavi-Periode. Die Göttin steht streng frontal. Das enge Gewand umschmiegt ihren üppigen Körper und läßt nur die Zehen frei. Sie ist mit Diadem, Hals- und Armgeschmeiden und breitem gemusterten Gürtel geschmückt; in der linken Hand hält sie einen Spiegel.

In der Regierungszeit von Amara Malla (1530–1560) baten Töpfer den König, ein Bildnis von Ananta Narayana im Heiligtum von Pashupatinath aufstellen zu dürfen. Da der König die Erlaubnis verweigerte, kamen sie eines Nachts und bauten das große Vishnu-Bildnis in der Nähe des Vatsala-Tempels auf, also außerhalb des eigentlichen Tempelbezirkes. Die Töpfer bewiesen mit diesem Werk, dessen Bildnis und Schrein aus Ziegeln besteht, ihre Kunst. In der Bogennische steht das mächtige Bild des vierarmigen Vishnu auf einem Lotossokkel. Der Gott wird von einer siebenköpfigen Kobra beschützt, die hinter ihm ihre Häuper erhebt.

Die Umgebung von Pashupatinatha

Flußabwärts, im Süden von Pashupatinath entstanden im 19. Jh. eine Reihe von Gedächtnisschreinen verbunden mit Pilgerherbergen. Die größte Stiftung ist **Pancha Devala (11).** In der Mitte des quadratischen Hofs, der von zweigeschossigen Sattals, ehemaligen Pilgerherbergen, umgeben ist, wurde 1870 die Gruppe von fünf *(pancha)* weiß verputzten Shikharas errichtet. Pancha Devala ist das größte Monument der Shah-Dynastie im Bereich von Pashupatinath. Der zentrale Turm, Surendreshvara, ist dem Gedächtnis von König Surendra Bikram Shah (1847–1881) gewidmet. Die vier begleitenden Türme sind im Nordwesten Devarajeshvara, für Rajya Lakshmi Shah, die intrigante jüngere Königin von Rajendra Bikram, im Nordosten Trailokyeshvara, für Kronprinz Trailokya Bikrama Shah, im Südwesten Suryarajyeshvara, für Surya Rajya Lakshmi Shah, und im Südosten Rajendreshvara, für König Rajendra Bikram Shah (reg. 1816–47; lebte von 1813–1881, zuletzt als Gefangener in Bhaktapur). Die ausgedehnte, großzügig einheitlich gebaute quadratische Anlage stammt aus dem 19. Jh.

Eine besondere historische Bedeutung besitzt das Rajarajeshvari Ghat. Das **Virateshvara-Linga (12),** das größte Shiva-Linga Nepals, stammt wahrscheinlich aus dem 4. Jh. Es steht vor dem **Rajarajesh-**

vari-Tempelbezirk (13) auf einer basteiartigen Erhöhung direkt an der Bagmati. Durch Unterspülung ist es aus dem Lot geraten. Zur Entstehung dieses herrlichen, präzise gemeißelten abstrakten Kultobjekts erklärt eine Legende folgendes: Vor dem Tempel von Rajarajeshvari lag ein Brunnen, in dem man sich in der Gestalt sehen konnte, die man bei der nächsten Wiedergeburt annehmen würde. König Shankaradeva glaubte, daß dies der Bevölkerung großes Leid verursachte. Daher ließ er den Brunnen zuschütten und darüber ein großes Emblem von Shiva errichten, das er Virateshvara nannte. Es gibt verschiedene Legenden über Brunnen, die vor Tempeln weiblicher Gottheiten liegen. Aus diesen Brunnen droht Unheil. Ein Beispiel ist die Legende von der Zerstörung der Hauptstadt Vishalnagar, wo das Feuer aus dem Brunnen vor dem Tempel der Göttin herausbricht. Ein weiterer Brunnen lag vor Guhyeshvari. Er wurde von Pratapa Malla nach der Wiederentdeckung sofort zugedeckt.

An der Nordseite der Mauer von Rajarajeshvari steht an alter Stelle die zum Teil in das Pflaster einzementierte Figur von **Buddha Shakyamuni (14)** aus dem 11. Jh. Die elegante feingliedrige Gestalt mit Heiligenschein und Mandorla ist eines der wenigen erhaltenen Beispiele, die die starke geschichtliche Verbindung des heute ausschließlich hinduistisch geprägten Tempelbezirks von Pashupatinath mit dem Buddhismus zeigen.

Der prächtige Hauptschrein an der Südseite des großen Hofs des Rajarajeshvari-Tempels ist ein breitgelagerter eindachiger Bau mit einer dreiteiligen Öffnung an der Front. Er wurde 1407 gegründet und ist den Nava Durga geweiht. Die gütige Göttin Rajarajeshvari soll aus Tirhut stammen. Unter König Ratna Malla (1482–1520), dem Eroberer von Kathmandu, bemalten die Thakuri aus Nuwakot das Bildnis der Rajarajeshvari ohne Erlaubnis des Königs. Dieser nahm das zum Anlaß, 1491 Nuwakot zu erobern. Er brachte eine große Menge an Früchten und Blüten aus Nuwakot und opferte sie Pashupatinath. Seit dieser Zeit existiert der Brauch, Früchte und Blüten als Opfer aus Nuwakot zu bringen.

Von den beiden Brücken, die beim Vatsaleshvari-Tempel die Bagmati überqueren, führen am Ostufer zwei breite **Treppenwege (15)** zum bewaldeten Bergplateau von Mrigasthali, außerdem bis zum Guyeshvari-Heiligtum. Der Gazellenhain *(migra* bedeutet Gazelle) der Pashupati-Legende, besonders die Bagmati-Schlucht, war immer auch eine Gegend, wo Einsiedler hausten und ihr heiliges und sonderbares Leben ungestört führen konnten. Bis in die Mitte des 19. Jh. gab es am felsigen östlichen Steilufer der Bagmati, direkt gegenüber dem Tempel von Pashupatinath, viele Höhlen, in denen Sadhus wohnten. Im 19. Jh. wurden viele Großbauten zum Gedächtnis an verstorbene Mitglieder der regierenden Oberschicht um den Pashupatinath-Tempel errichtet. Die Terrassierung des Bergabhangs und Bebauung mit militärisch ausgerichteten, gleich aussehenden Votivschreinen ist kennzeichnend für die Zeit. Diese **Pandra Shivalaya (16)**, die ursprünglich ›Fünfzehn Wohnsitze Shivas‹, wurden zwi-

Das Linga mit einem Gesicht steht auf der obersten Terrasse am Ostufer der Bagmati

Pashupatinatha

schen 1848 und 1869 gebaut. Die Schreine sind überkuppelt, haben vier Eingänge, von denen die jeweils westlichen geschnitzte Türen mit Shiva auf Nandi und Parvati auf dem Löwen haben. Auf der Südseite neben dem Eingang ist eine Bhairava-Maske, in der Mitte steht ein Shiva-Linga. Im vierten Schrein von Süden wurde zusätzlich ein alter viergesichtiger *(chaturmukha)* Linga mitverwendet und in die Westwand eine Öffnung geschlagen. Einige der Schreine dienten gleichzeitig auch als Klause für Yogis.

Am Bagmati-Ufer südlich der Pilgertreppe liegt der **vishnuitische Rama Chandra-Tempelbezirk (17),** ein eigener Tempelhof, in dem ein breitgelagerter, überkuppelter Schrein steht, der durch seine vorgestellte Giebelfront mit klassischen Säulen und einen rundbogigen Arkadengang auffällt. Vor dem Giebel steht eine Säule mit kniendem Hanuman, die flankiert wird von großen Figuren Garudas und Ganeshas. Der Tempel mit seinem europäisch-islamischen Stilgemisch birgt eine der bedeutendsten frühen Skulpturengruppen des Kathmandu-Tals. Die drei Figuren, deren mittlere weit überlebensgroß ist, wurden von König Vishnugupta in der Zeit um 640 n. Chr. gestiftet. Sie stehen gleichberechtigt neben den anderen Schöpfungen dieses Königs, Balaju und Budhanilkantha. Das besondere der Figuren im Rama Chandra-Tempel ist die Tatsache, daß dies Por-

Der Rama Chandra-Tempel birgt eine der bedeutendsten Skulpturengruppen; sie wurde um 640 gestiftet

traits des Königs Vishnugupta und seiner Söhne sind. Der König ließ sich in Gestalt des höchsten Vishnu, seiner Patronatsgottheit, darstellen. Er hält Keule und Diskus erhoben und ist mit einem breiten floralen Nimbus umrahmt. Die Winzlinge neben ihm sind einerseits die personifizierten Waffen Vishnus, andererseits die Portraits der beiden Söhne des Königs Vishnugupta. Sie haben ebenfalls jeder eine eigene Mandorla. Die Füße sind mit Goldblech beschlagen, die Körper mit Goldbrokat bekleidet. Nur die Köpfe der Trias und die Arme Vishnus mit Diskus und Keule sind sichtbar. Wo König Vishnugupta diese Standbilder ursprünglich errichtet hatte, ist unklar. Viele Jahrhunderte später soll König Jayasthiti Malla (1382–1395) diese Figuren an ihrer heutigen Stelle aufgerichtet haben. Er verehrte sie als seinen Patronatsgott Rama, die 7. Inkarnation Vishnus, und dessen Söhne Lava und Kusha.

Hinter dem Rama Chandra-Tempel führt eine eigene Treppe hoch. Sie wird begleitet von einer Reihe von einfachen Lingas auf Yonis. Darunter ist auch ein altes Chaturmukha-Linga. In den Boden eingelassen und leicht zu übersehen ist ein frühes Uma Maheshvara-Relief. Neben dem Linga ist Uma Maheshvara das zweite bedeutende ikonographische Thema des Shivaismus. Die Darstellung zeigt das göttliche Paar in strenger Frontalität und Großartigkeit in einer Felsenlandschaft. Auf der einen Seite wird es begleitet von dem ruhenden Nandi und darunter dem Sohn Karttikeya (Kumar). Hinter Parvati steht eine vierarmige Begleiterin. Leider sind die Köpfe der Hauptgestalten abgeschlagen.

Auf der oberen Terrasse über den Pandra Shivalaya wurden alte Steinskulpturen zusammengetragen und neu aufgestellt. Berühmt ist das schöne ›eingesichtige‹ **Ekamukha Shiva-Linga (18)** aus dem 6. Jh. am Ende dieser Galerie. Das Shiva-Linga am Ostufer ist im reinsten späten Gupta-Stil entstanden. Der ausdrucksvolle Kopf ist ohne Hände dargestellt, die bei den nepalischen Gesichts-Lingas üblich sind. Bei dem Stelenfragment des göttlichen Paars sind der Shiva (ohne Kopf) und der Sockelfries mit tanzendem Ganesha und Kali erhalten.

Der Premierminister Jang Bahadur Rana (reg. 1846–1877) errichtete den **Vishvarupa-Tempel (19)** 1866 im Mrigasthali-Hain. Der dreigeschossige Bau im Mogul-Stil ist Vishvarupa, Vishnu in seiner das gesamte All umfassenden Gestalt, zusammen mit seiner Partnerin geweiht. Dieses Paar wird umgeben von Shiva und Parvati, Kuhhirtin Radha mit ihrem Gefährten Krishna, Rama und Sita zusammen mit dem Bruder von Rama, Lakshmana, sowie viertens von Lakshmi mit ihrem Gemahl Vishnu (Narayana). Der ausgedehnte Tempelhof ist mit zweigeschossigen Sattals im traditionellen Stil umgeben, die als Herberge für Sadhus dienen. Im Tempelbezirk steht ein Chaturmukha-Linga aus dem 11. Jh. Die Gegend ist vollgestellt mit Gedächtnisschreinen und -lingas. Sie schaffen eine Atmosphäre, die in gewisser Weise vergleichbar ist derjenigen des Friedhofs Père-Lachaise in Paris.

Die zweite große Anlage auf der Höhe ist der **Gorakhanatha-Tempel (20)**. Gorakhanatha ist der Heilige der Sadhus. Der Tempel ist ein weiß verputzter hoher Shikhara, der auf einem Platz umgeben von Pilgerunterkünften und Lingas steht. Daneben ist ein großer Dreizack aufgepflanzt. Der Shikhara stammt aus dem 18. Jh. und umschließt die Fußabdrücke *(paduka)* von Gorakhanatha.

Durch den Gorakhanatha-Bezirk hindurch führt ein Treppenweg hinunter zum **Guhyeshvari-Tempel (21)**, der am Fuß des bewaldeten Plateaus an der Bagmati liegt. Der Ort ist deshalb heilig, weil hier Satis geheimer Körperteil *(guhya* bedeutet geheim, Scheide, *ishvari* heißt Herrin) zu Boden fiel. Guhyeshvari ist die höchste Göttin der Shakti-Tradition. Zugang zum Tempel haben nur Hindus. Nach außen tritt der Schrein kaum in Erscheinung, er ist von mehrgeschossigen Dharmashalas umschlossen. Im Hof steht der eingeschossige, vergoldete Schrein. Er ist oben offen und wird von vier Nagas baldachinartig beschirmt. Im Tempelhof ist eine lange Inschrift von 1660. Erst unter König Pratapa Malla entdeckte ein Brahmane die Stelle wieder, wo früher einmal ein Heiligtum gestanden hatte. Der König ließ aber den alten Brunnen von Guhyeshvari nicht wiederherstellen. Er überdeckte ihn mit Eisenträgern und ließ darauf ein magisches Diagramm in Form von acht Lotosblättern anbringen. Dazu stellte er die Bildnisse der Neun Durgas, von Ganesha, Bhairava und Narasimha und umgab alles mit einer Mauer. Auch errichtete er zwei Steinsäulen, eine mit einem Löwen und die andere mit seiner Gestalt. Unter den letzten Malla-Königen von Kathmandu, Jagatjaya Malla (1722–1736) und unter Jayaprakasha Malla (1736–1768), dem Verehrer Kumaris, erhielt Guhyeshvari kurzfristig die Stellung einer Patronatsgottheit. Beide Könige machten dem Tempel Stiftungen. Jayaprakasha errichtete zudem eine neues Ghat unterhalb des Tempels. Auch begradigte er dabei den Flußlauf, der vorher, von Osten kommend, an dieser Stelle noch ein Stück nach Norden geflossen war. Dies wurde als eine unglückbringende Tat gedeutet.

Das Hauptfest, Guhyeshvari Yatra, wird im Monat Marga (Nov./Dez.) gefeiert. Dabei wird eine Vase *(kalasha)*, die die Göttin darstellt, vom Taleju-Tempel in Kathmandu in einer Prozession um den Pashupatinath und den Guhyeshvari-Tempel getragen.

Vom Guhyeshvari-Tempel kann man flußabwärts auf einer Straße zum **Gauri Ghat (22)** gehen. Links führt eine Treppe zum Mrigasthali-Plateau hoch. Bevor die Bagmati von Guhyeshvari aus in die Schlucht von Pashupati fließt, berührt sie noch Gauri Ghat, das an der Flußbiegung liegt. Dort ist eine Brücke. Die einheitlich wirkende Anlage des Ghats stammt aus dem Anfang des 19. Jh. Damals wurden auch ältere Skulpturen, z. T. des 17. Jh., neu eingemauert. Gauri, ›die Weißliche‹ oder ›die Klare‹, ist eine Form von Parvati. Über dem Gauri Ghat liegt der **Kirateshvara-Schrein (23)** auf der Höhe von Mrigasthali. Eine Straße führt zu dem Heiligtum. Der Name nimmt Bezug auf die Kirati-Dynastie, die frühen mythischen Herrscher des

Kathmandu-Tals. Das urtümliche Kirateshvara-Linga steht in einem offenen neuen Schrein. Von Kirateshvara kann man zum Gorakhanatha-Tempel zurückgehen oder, wenn man beim Gauri Ghat die Bagmati überquert, über den Kailash-Hügel direkt zum Pashupatinath-Tempel gelangen.

Wenn man auf der westlichen Seite der Bagmati zurückgeht, kann man noch die Eremitenhöhlen am **Surya Ghat (24)** sehen.

Chabahil

Die Ortschaft Chabahil ist etwa 6 km von Kathmandu entfernt. Von dort geht eine Straße weiter nach Bodhnatha. Eine Legende, die sich auf einen König Bhaskaravarman bezieht, berichtet vom Glanz und Untergang des Buddhismus. Der König soll das von Devapala gegründete Dorf Deopatan zu einer Stadt ausgebaut und Suvarnapuri, ›Goldene Stadt‹, genannt haben. Die tägliche Verehrung der Götter übertrug er buddhistischen Priestern. Die Regeln ließ er auf einer Kupferplatte eingravieren und in Chabahil aufstellen. Unter dem Reformator Shankara Acharya, der den Buddhismus alter Prägung in Nepal vernichtete, wurden für buddhistische Mönche neue Regeln erlassen. Die Tafeln Bhaskaravarmans wurden durch neue mit den Regeln von Shankara Acharya ersetzt. Ein besonderer Bruch mit der alten Auffassung war die Neuerung, Tiere zu opfern. Auch diese Regel wurde in die Tafeln eingraviert. Die Mönche aus Chabahil schlossen sich dem Bekenntnis Shankara Acharyas an und heirateten. Einige, die nach der alten Ordnung weiter leben wollten, verließen den Ort und gingen zu den Mönchen von Pingala Bahal Kot. In diesem ehemals südlich von Chabahil gelegenen und heute verschwundenen Kloster waren die Mönche unverheiratet geblieben. Da sie sich in Deopatan nicht halten konnten, verließen sie ihr Kloster und gründeten in Lalitpur Kva Bahal. Die Gegend von Patan auf der anderen Seite der Bagmati wird als Rückzugsgebiet für Buddhisten, die die alte Ordnung weiter praktizieren wollten, geschildert. Viele Kultstätten in Patan haben Traditionen bewahrt, nach denen ihre ursprüngliche Gründung in der Gegend nördlich der Bagmati (also u. a. in Deopatan) erfolgt sei.

Chabahil ist wegen seines Dharmadeva Stupas und vieler Votiv-Chaityas aus der Licchavi-Zeit berühmt. Der Stupa liegt an einem Schnittpunkt im historischen Straßennetz des Kathmandu-Tals. Die von Tibet kommende Straße gabelte sich in einen Zweig nach Westen, nach Kathmandu (Basarstraße), und in einen anderen Zweig nach Süden, zum Mangal Basar an Patans Nordsüd-Achse. An diesem wichtigen Knotenpunkt setzt der Dharmadeva Stupa das architektonische und kultische Zeichen. Der Stupa wurde um die Mitte des 5. Jh. von König Dharmadeva gegründet und nach diesem

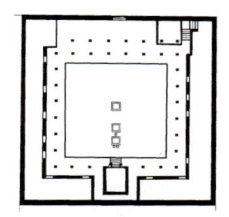

Chabahil, Cha Bahil

Chabahil

benannt. Ursprünglich war er vom großen Hof des Manju Viharas umgeben, von dem kaum mehr Spuren existieren.

Der Tempelbezirk

Der zur Ring Road ungeschützt offene buddhistische Tempelbezirk wird durch einen größeren Stupa bestimmt, der von bemerkenswert vielen Licchavi-Chaityas umgeben ist. Der Stupa besteht aus einer einfachen Halbkugel über einem vorstehenden, klar abgesetzten Podest, das für Stupas der Licchavi-Zeit charakteristisch ist. Darauf sind Schreine für die Vier Transzendenten Buddhas gesetzt. Bekrönt wird der Stupa von Harmika und turmartigem Aufsatz. Abweichend vom Typus von Svayambhunatha ist dieser Aufsatz in dreizehn quadratisch gemauerte Stufen gegliedert und nicht in Ringe. Diese

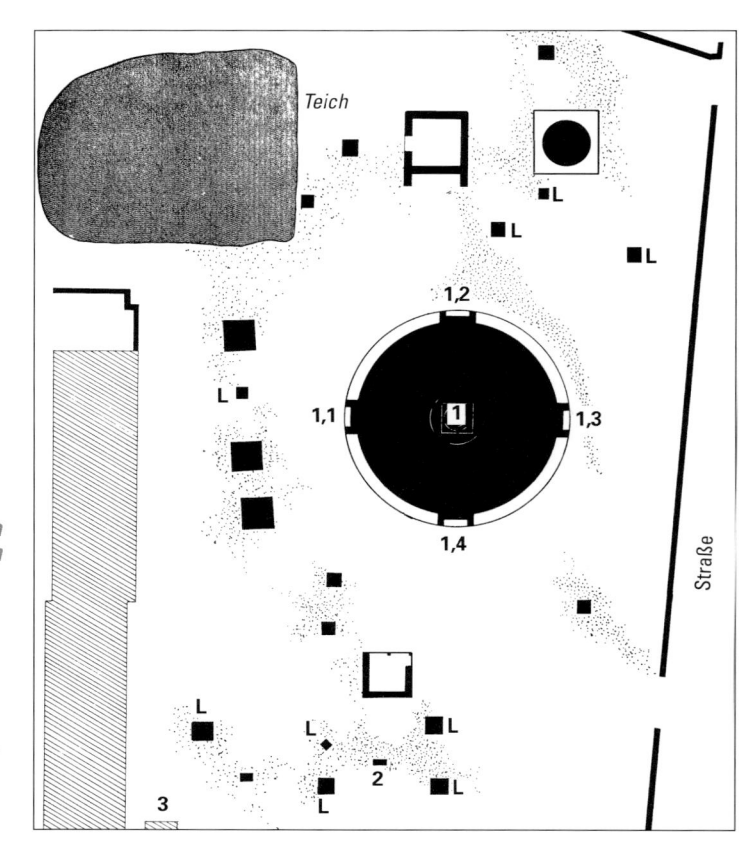

Chabahil
1 *Dharmadeva-Stupa*
1.1 *Amitabha-Schrein*
1.2 *Amoghasiddhi-Schrein*
1.3 *Akshobhya-Schrein*
1.4 *Ratnasambhava-Schrein*
2 *Avalokiteshvara*
3 *Cella des ehemaligen Manju Vihara u. Avalokiteshvara*
L *Licchavi-Chaityas*

Lösung entspricht eher dem benachbarten Stupa von Bodhnath. Im 17. Jh. wurde er einmal geöffnet, um den Mast zu erneuern. Dabei fand man im Inneren Figuren und Schriften, ließ sie aber an Ort und Stelle.

Der Stupa zeichnet sich durch schöne Reliefs aus dem 7./8. Jh. unterhalb der Schreine auf dem Podest aus. Sie symbolisieren wichtige Stationen im Leben des historischen Buddha. Das Rad mit den Gazellen ist Zeichen für seine erste Rede im Hain von Sarnath bei Benares. Die einzelnen Szenen werden begleitet von knienden Adoranten. Durch jährliche Kälkung des Stupas und der Votiv-Chaityas sind Details von einer dicken Kruste verdeckt. Die fein gearbeiteten Licchavi-Chaityas geben en miniature vielstöckige Zentralbauten mit Nischen wieder, die von kuppelartigen Stupas bekrönt werden. Deren Einfachheit steht in Kontrast zur reichen Gliederung der Fassaden. Fenster und Portalrahmungen sind phantasievoll gestaltet, pflanzliche Elemente gehen in Tierleiber über. Ursprünglich enthielten die Fensterrahmungen kleine Figuren von Buddhas, die in späterer Zeit wieder herausgemeißelt wurden.

In einem kleinen Ziegelbau im Südwesten ist ein schöner stehender Padmapani Avalokiteshvara (9. Jh.) erhalten, der das Kultbild des ehemaligen Vihara-Schreins ist. Eine bedeutende Buddha-Skulptur der Licchavi-Periode wurde 1985 gestohlen. Die Fülle der Votiv-Stupas und die Reliefs am Stupasockel zeigen eine auffallende Konzentration früher buddhistischer Skulptur in Chabahil.

Nur wenige Schritte vom Stupa nach Westen liegt der Cha Bahil Vihara, dem der Ort den Namen verdankt. Ursprünglich hieß das Kloster Raja Vihara. Der Legende nach wurde das Heiligtum von Charumati gegründet, einer angeblichen Tochter Kaiser Ashokas. Der Name Chabahil geht aber möglicherweise auf einen anderen Ursprung zurück und bedeutet ›Kloster des Aufenthalts für eine Nacht‹ auf dem Weg nach Tibet. Während der Licchavi-Zeit war hier ein Zentrum des Buddhismus. Der relativ gut erhaltene Bau besteht aus zweigeschossigen Flügeln um einen quadratischen Hof. Der Eingang liegt auf der Nordseite, der Schrein mit einem Türmchenaufsatz im Süden. Vor dem Schrein sind auf einem Sockel fünf Licchavi-Chaityas zu einem Ensemble zusammengestellt worden, die an die große Vergangenheit dieses Klosters erinnern. Dazu kommt, vergittert, ein steinernes Standbild mit vier Buddhas um einen zentralen quadratischen Pfosten. Im Charumati Vihara lebt eine eigene Kumari, die ihren Schrein im Obergeschoß auf der Südseite des Hofes besitzt.

Etwas weiter liegt Kuti Bahal, von dessen Bauten aus dem 17. Jh. nur noch der Schrein erhalten ist. Davor steht ein Licchavi Chaitya. Auf der anderen Straßenseite liegt Chandra Vinayaka, eines der bedeutenden Ganesha-Heiligtümer im Kathmandu-Tal.

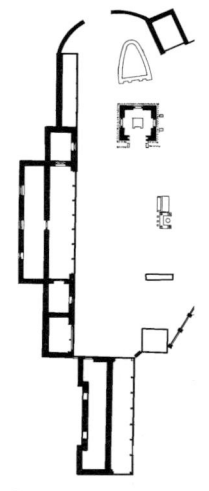

*Chabahil
Chandra Vinayaka,
Ganesha-Heiligtum*

Bodhnatha

Der große Stupa von Bodhnatha, die gelben Linien auf der Kuppel sind aus Safran; der Stupa wird immer wieder neu gekälkt und bemalt

Bodhnatha

Bodhnatha ist das Zentrum des tibetischen Buddhismus in Nepal. Das Heiligtum liegt etwa 8 km von Kathmandu entfernt. Der Stupa ist einer der größten der Welt und unbestritten der größe in Nepal. Er steht mit seiner Umzäunung auf einem Rondell, das von einem Kranz mehrgeschossiger, hoher neuer Häuser umgeben ist. Eine schmale Stichstraße führt von der Hauptstraße auf diesen Platz. Nach 1959, mit dem Exodus Tausender Tibeter aus ihrer Heimat, entstand hier ein neues religiöses und wirtschaftliches Zentrum. In unmittelbarer Nähe des alten Stupa wurden in den letzten Jahrzehnten sechs größere und viele kleine Klöster (tibetisch *gompa*) gebaut.

Geschichte des Stupa

Der mächtige Stupa liegt auf der Hochebene über der Bagmati an der Straße nach Tibet. Er gilt heute als wichtigstes tibetisches Heiligtum in Nepal. In seinem Inneren sollen Reliquien des Buddha Kashyapa, letzter Vorgänger des historischen Buddha Shakyamuni, verborgen sein. Seit dem 16. Jh. ist der Stupa fest in der tibetischen Tradition verwurzelt. Über die frühere Geschichte, falls die Anlage vorher schon existiert hat, ist nichts bekannt. Der Bau – oder der Wiederaufbau – wurde von Ngakchang Sakya Zangpo veranlaßt, einem tantrischer Meister der Nyingmapa-Schule, der im späten 15. und frühen 16. Jh. lebte. Während er im Samye Chokhor-Kloster in Zentral-Tibet den oberen Schreinraum umwandelte, befahl ihm Buddha, ins Kathmandu-Tal zu gehen, den Bodhnatha-Stupa auszugraben und ihn wiederaufzubauen. Der Yogi entdeckte die Ruinen, grub sie aus und errichtete den Stupa neu. Möglicherweise in der Form, wie er heute steht. Bedeutende tibetische Geistliche besuchten häufig den Stupa: 1818 kam der Yogin Shabkar Tsokdruk Rangdrol aus Ost-Tibet ins Kathmandu-Tal. Er opferte zunächst am Svayambhunatha, pilgerte dann zum Bodhnatha, stiftete dort eine Kälkung des ganzen Stupas und dazu die Bemalung mit Safran. Mit Erlaubnis des Premierministers Bhimsen Thapa (reg. 1806–1837) ließ er Harmika und Turmspitze mit vergoldetem Kupfer verkleiden. Das war vorher in Bodhnatha noch nie geschehen. Auch ließ er die Mauer um den Stupa errichten. 1918/19 wurde mit tibetischen Mitteln die Spitze neu vergoldet.

Baubeschreibung

Der Stupa von Bodhnatha, dessen Spitze eine Höhe von 36 m über dem Straßenniveau erreicht, dessen Sockel einen Durchmesser von mehr als 100 m hat, unterscheidet sich neben seiner Monumentalität durch zwei weitere wichtige Züge von anderen nepalischen Stupas. Der erste auffallende Unterschied ist der hohe eckige Sockel, auf dem sich die Stupa-Halbkugel erhebt. Er besteht aus drei breiten quadratischen Terrassen, deren Seiten jeweils einen vorspringenden Mittelteil haben und so dem Sockel den Charakter eines Mandalas geben. Die Terrassen sind nach den Himmelsrichtungen ausgerichtet und auf allen vier Seiten besteigbar. Die nördliche Treppe wird durch zwei flankierende Elefanten mit Reitern betont. Wie beim Borobudur in Java auch, soll das Heiligtum von Bodhnatha auf verschiedenen Ebenen nacheinander umwandelt werden, bevor man auf die Höhe des Stupas gelangt. Die Stupas der Licchavi-Zeit, wie z. B. der benachbarte Stupa in Chabahil und der Stupa von Svayambhunatha, stehen direkt auf dem Boden. Der Pilger umschreitet sie auf einer einzigen Ebene und nicht stufenweise. Erst Stupas der Malla-Zeit, wie Kathesimbhu in Kathmandu und der Chilandya-Stupa in Kirtipur, stehen auf Sockeln. Ein Vergleich zum Sockelberg des Taleju-Tempels in Kathmandu aus dem 16. Jh. drängt sich auf.

Der zweite wesentliche Unterschied zum üblichen Typus nepalischer Stupas ist das Fehlen der Schreine für die Transzendenten Buddhas, die sonst zum festen ikonographischen Programm eines

Bodhnatha

jeden Stupas im Kathmandu-Tal gehören. Beim Bodhnatha läuft ein Fries mit eckigen kleinen Nischen um den halbkugeligen Stupa, in denen die Figur des Transzendenten Buddha Amitabha 80mal wiederholt wird. Sonst ist keinerlei Skulpturenschmuck vorhanden. Der Stupa beeindruckt durch die Klarheit und Kargheit seiner monumentalen architektonischen Form. Das gemalte Augenpaar auf dem vergoldeten Harmika-Kasten wirkt um so eindringlicher. Die safrangelbe Bemalung der Stupa-Kuppel wird durch den Monsunregen bald wieder abgewaschen und muß durch die Stifter ständig erneuert werden. Das gilt auch für die wie bei einem Zelt aufgespannten Schnüre mit ihren im Wind wehenden tibetischen Gebetsfahnen.

Der Stupa ist eingefaßt von einer unregelmäßig geführten Mauer, in deren Nischen Gebetsmühlen eingelassen sind; der einzige Eingang liegt im Norden. Dort steht der kleine mit vergoldetem Kupfer bedeckte Schrein für Ma Ajima, einer Form von Hariti, der buddhistischen Schutzgöttin der Kinder, die der hinduistischen Shitalamai entspricht. In einer Prozession wird die Göttin im Monat Magha (Januar/Februar) aus ihrem Schrein getragen. Das größte Fest am Bodhnatha ist das tibetische Neujahrsfest, das im Monat Magha (Januar/Februar) oder Phalguna (Februar/März) gefeiert wird.

Am Bodhnatha sind in den letzten Jahrzehnten viele tibetische Klöster entstanden, in denen alle vier Richtungen des tibetischen Buddhismus vertreten sind. Das ›Gotteshaus‹ *(lhakhang)* folgt meist einem festen Schema: Es besteht aus einem quadratischen, hohen und dunklen Tempelraum, geteilt durch vier Säulen, die mit Szenen aus dem Leben Buddhas bemalt sind. Die Decke des Raumes ist ebenfalls mit Gold und leuchtenden Farben bemalt. Gegenüber dem Eingang ist der Altar, auf dem die Gottheiten stehen. Ein Beispiel ist der Jam Chen Gompa auf der Westseite des Rondells, der zur seit dem 11. Jh. existierenden Shakyapa-Richtung gehört. Im Inneren der Gebetshalle ist eine große Figur des Buddha Maitreya.

Gokarna

Gokarna Mahadeva am Steilufer der Bagmati ist eines der ältesten Shiva-Heiligtümer im Kathmandu-Tal. Der Tempel soll von einem König Gokarna aus der sagenhaften Kirata-Dynastie gegründet worden sein, deren Hauptstadt in der Nähe vermutet wird. Die Legende bringt Gokarna in Verbindung mit Pashupatinatha. Denn als Shiva in Gazellengestalt im Shleshmantaka-Hain lebte, suchten Brahma, Vishnu und Indra nach ihm. Sie fingen ihn ein, doch zerbrach dabei sein Einhorn in drei Teile, die die Götter unter sich verteilten. Brahma pflanzte sein Teil an der Stelle ein, an der nun der Gokarna Mahadeva-Tempel steht. Umgeben ist der kleine Ort von einem Wildschutzpark.

Das Heiligtum

Der Tempelbezirk ist ein Beispiel für die Verbindung von Shiva-Heiligtum und rituellem Badeplatz an einem Flußufer. Ein Besuch von Gokarna an der Bagmati gilt als Ersatz für eine Reise zum berühmten gleichnamigen Pilgerort in Südindien. Landschaftlich besonders markante Stellen sind oft heilige Orte. Dort, wo der Gokarna Mahadeva-Tempel erbaut wurde, fließt die Bagmati direkt auf die Ghats zu, macht eine scharfe Biegung und verschwindet in einer Schlucht. Diese durchbricht eine Hügelkette, die den nördlichen Teil des Kathmandu-Tals mit Sundari Jal vom eigentlichen Tal trennt.

Das Steilufer vor dieser Schlucht ist durch Stufen, die den natürlichen Konturen folgen, unregelmäßig terrassiert. Hinter dem Mahadeva-Tempel steigt das Gelände weiter bis zur Straße an. Die mächtige, dreidachige Pagode hat um die Kultbildzelle einen geschlossenen Umwandlungsgang mit großen dreiteiligen Portalen auf allen vier Seiten. Der Bau entspricht dem Typus eines Staatstempels in der Art von Pashupatinatha. Das Portal auf der Flußseite ist besonders prächtig und vergoldet. Das Torana dieser Seite zeigt die Familie Shivas, in der Mitte das göttliche Paar, Shiva und Parvati, beide mit ihrem jeweiligen Reittier, dem Stier Nandi und dem Löwen. Dazu sind ihre beiden Söhne, Ganesha auf der Ratte und Karttikeya (Kumara) auf dem Pfau, dargestellt. Auch das innere Portal vom Umwandlungsgang in die Cella ist kostbar gestaltet und vergoldet. Das Gokarna Mahedava-Linga ist ein einfaches Shiva-Linga.

König Jayasthiti Malla (1382–1395) ist der Erbauer des Tempels in seiner heutigen Gestalt. Unter König Shivasimha Malla (1578–1620) wurde 1583 eine neue Spitze aufgesetzt. 1851 brannte der Tempel ab. Beim Wiederaufbau mußten die Holzteile oberhalb des Gesimses erneuert werden, möglicherweise wurde damals auch das dritte Geschoß aufgesetzt. Die heutige Form der Anlage geht auf diese Zeit zurück. Eine durchgreifende Restaurierung erfolgte in den 80er Jahren unter der Schirmherrschaft der UNESCO.

Dem Tempel vorgelagert ist eine eingeschossige Gebetshalle aus dem 19. Jh. mit den Fußabdrücken Vishnus auf einer Metallplatte. Die Arkaden sind mit Holzgittern geschlossen, die Dachstreben haben erotische Darstellungen. In der Umgebung stehen verfallene Gedächtnisschreine für Verstorbene. Auf den Terrassen um den Mahadeva-Tempel bis zum Weg, der zur Straße hochführt, sind Zementsockel in Reihen aufgestellt, auf denen Steinskulpturen – die meisten aus dem 19. und 20. Jh. – stehen. Dazu gehören neben dem Reittier Shivas, Nandi, seinem großen Dreizack *(trishula)* mit einer daran hängenden Trommel *(damaru)* vor den Tempelportalen auch Buddha, die Mensch-Löwen-Inkarnation Vishnus, Narasimha, der Sonnengott Surya und ein Shiva mit erigiertem Linga.

Auf der untersten Terrasse, nahe am Fluß, ist eine Platte mit Vishnu Jalashayana eingelassen, der auf den verflochtenen Körpern von sieben Nagas ruht. Die bedeutendste Figur des Tempelbezirks steht

Gokarna
1 Mahadeva-Tempel
2 Goldenes Torana u. Uma Maheshvara
3 Nandi
4 Schrein mit weiblicher Gottheit
5 Gebetshalle/ Vishnu Paduka-Halle

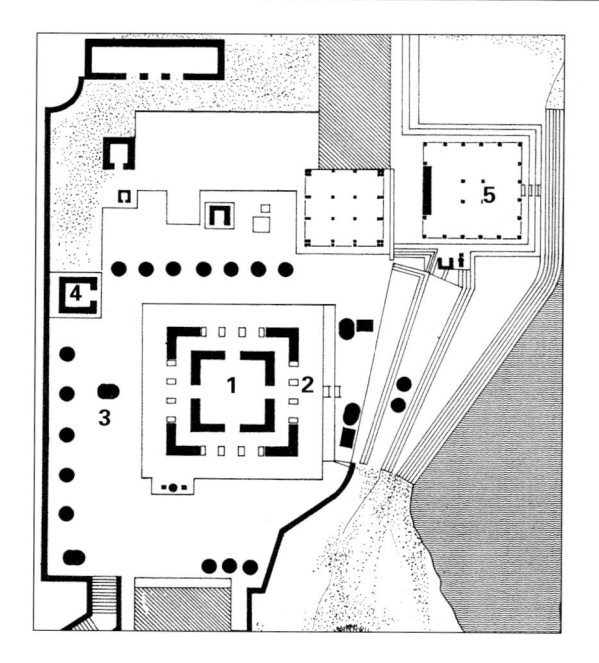

in einem kleinen Schrein zwischen Tempel und Straße. Es ist eine schöne Göttin aus dem 8. Jh. Sie steht in einer Flammenmandorla und hält in ihrer linken Hand einen Lotos. Wegen der Stoffbahnen, in die sie gehüllt ist, ist leider nur wenig mehr als der Kopf zu sehen.

Am Tag des Vaters, der nach diesem Pilgerort Gokarna Aunsi genannt und Ende August/Anfang September begangen wird, strömen Hindus zu diesem Shiva-Schrein um für ihren verstorbenen Vater zu beten. Für die Mütter wird dieses Gedächtnis an Matathirtha Aunsi in Matathirtha, einem Pilgerdorf mit einem Teich südwestlich von Kathmandu an der Straße nach Thankot, gefeiert.

Die Wasserfälle von Sundari Jal

Sundari Jal heißt ›schönes Wasser‹. Bevor die Bagmati durch die Schlucht von Gokarna fließt, bietet sie am Rand des Tals, in Sundari Jal, ein anderes Naturschauspiel. Dort stürzen Wasserfälle in ein großes Becken. Der Besuch lohnt hauptsächlich in der Regenzeit, sonst ist nur ein Rinnsal zu sehen. Am Fuße des Berges sind eine kleine Höhle, eine freistehende Skulptur der Göttin Sundari Mai und mehrere natürliche Steine für die Acht Muttergottheiten, Ashtamatrika, zu sehen. Auch der elefantenköpfige Gott Ganesha wird in Form eines einfachen Steins verehrt.

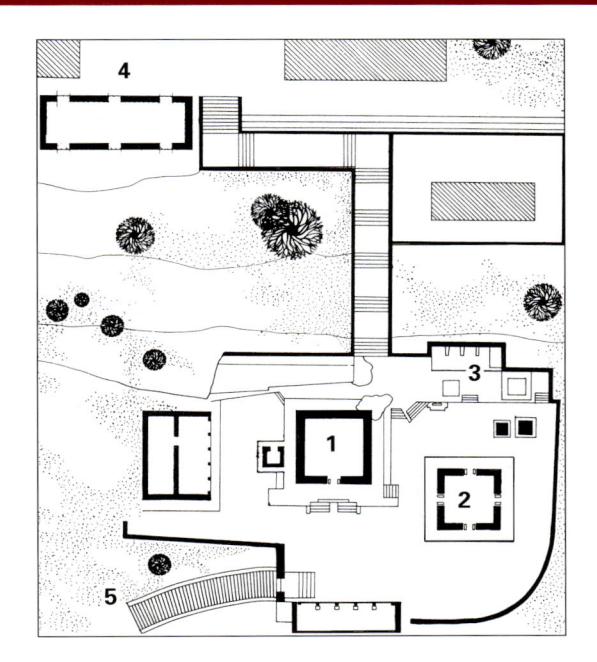

Vajra Yogini

Sankhu
1 **Vajra Yogini-Tempel**
2 **Dharmadhatu Mahavihara**
3 **Lun Hiti**
4 **Obere Terrasse**
5 **Pilgerweg von Sankhu**

Vajra Yogini

Sankhu ist eine alte Siedlung in der Nordostecke des Kathmandu-Tals am Ende eines kleinen Tals, etwa 20 Kilometer von der Hauptstadt. Obwohl Bhaktapur näher liegt, stand die Stadt unter der Herrschaft von Kathmandu. Vom Ort führt ein etwa 2 km langer Pilgerweg hoch zum Heiligtum der Vajra Yogini in einem Pinienwald. Die Vajra Yogini von Sankhu wird nach buddhistischem Ritus verehrt, daher werden ihr keine Blutopfer dargebracht. Dies geschieht außerhalb des eigentlichen Tempelbezirkes vor einem Bhairava, der am Rand des Pilgerweges seine Kultstätte hat. Sein Kultbild ist ein großer dreieckiger Stein. Gegenüber steht ein großer dickbauchiger Ganesha. Unter König Surya Malla wurde 1599 die erste Wagenprozession von Sankhu bis hinauf ins Heiligtum der Vajra Yogini durchgeführt. Sie dauert neun Tage und wird jährlich wiederholt. Vajra Yogini gehört zu den ältesten Kultstätten des Tals. In diesem Bergheiligtum überlagern sich buddhistische und hinduistische Vorstellungen. Die Göttin Vajra Yogini in Sankhu hat Verwandlungen durchgemacht. Ursprünglich war sie eine Naturgottheit, der Menschenopfer dargebracht worden sein sollen. Später wurde sie zur tantrischen Vajra Yogini, die von den Buddhisten als weiblicher Bodhisattva Tara und von den Hinduisten als Durga angesehen wird.

Vom Heiligtum der Vajra Yogini hat man einen ausgezeichneten Blick auf das Kathmandu-Tal und auf Sankhu

Der Tempelbezirk

Ziel des Pilgerweges ist ein kleines Plateau, das in einen Bergabhang hineingebaut wurde. Dort stehen zwei Pagoden, die größere, der Vajra Yogini-Tempel, wurde von König Pratapa Malla 1655 erbaut. Er gehört zu den schönsten und am besten erhaltenen Pagoden der mittelalterlichen nepalischen Architektur. Der Bau ist dreidachig und mit Kupfer gedeckt. Von der Tempelspitze hängt ein langes Metallbanner herab; die Dachkanten sind ebenfalls geschmückt. Die Pagode hat 48 geschnitzte Dachstreben. Der Eingang ist im Süden, wo die prachtvolle Rahmung die Bedeutung der Göttin demonstriert. Das Torana ist aus vergoldetem getriebenem Kupfer mit eingesetzten, gegossenen Figuren. In der Mitte tanzt eine achtarmige Göttin auf zwei hingestreckten Figuren, die als Vajra Yogini oder als Khadga Yogini (sie hält ein Schwert, *khadga*) gedeutet wird. Da eine Yogini als verführerische Göttin aber immer nackt ist, ist die hier Dargestellte – ikonographisch betrachtet – keine Yogini.

Die Vajra Yogini von Sankhu gilt auch als Tara in einer zornigen Form. Die auf dem Torana dargestellte Göttin ist Ugra Tara (*ugra* heißt zornig), eine Form der Blauen Tara, der Göttin der Weisheit. Obwohl sie sonst die zornige Schützerin der buddhistischen Lehre ist, erscheint sie hier als Schönheit.

Neben dem Vajra Yogini-Tempel steht eine kleinere zweidachige Pagode (16. Jh.), die als Kultbild einen Svayambhu-Chaitya umschließt. Vom Typus her eine Pagode, ist der Bau dem Namen nach ein Kloster und heißt Dharma Dhatu Mahavihara oder Gum Baha. Ursprünglich war dieser Schrein der wichtigere der beiden Tempel, erst seit dem Mittelalter herrschte die Verehrung für Vajra Yogini vor. König Manadeva soll sich auf den Berg des Gum Baha zurückgezogen haben, um hier Buße zu tun. Später hat Amshuvarman das Kloster mit einer Stiftung bedacht.

Auf allen vier Seiten der Pagode sind Portale, der Hauptzugang ist von Westen. Auf dem Torana dieser Seite sitzt der Transzendente Buddha Amitabha. Er wird links flankiert von dem weiblichen Bodhisattva Prajnaparamita, dessen Name ›transzendente Weisheit‹ bedeutet, und rechts von dem Bodhisattva Avalokiteshvara in der Form von Shadakshari Lokeshvara. Der Name bedeutet ›Herr der sechs Silben‹: Om Mani Padme Hum. Auf den anderen Toranas sind die tantrischen Formen der Partnerinnen der Transzendenten Buddhas des Nordens, Amoghasiddhi, des Ostens, Akshobya, und des Südens, Ratnasambhava, dargestellt. Der Svayambhu-Stupa soll daran erinnern, daß Vajra Yogini zu der Zeit, als das Kathmandu-Tal noch ein See war, aus dem nur der Svayambhu-Berg auftauchte, den Bodhisattva Manjushri überzeugte, die Bergkette zu spalten, damit das Wasser abfließen und das Tal besiedelt werden könne.

Auf der Nordseite führt eine Treppe zum zweiten Plateau des Heiligtums. An ihrem Fuß liegt ein Becken mit Wasserspeiern aus dem 10. Jh. Das zweite Plateau besteht aus einem geräumigen Innenhof,

»Nach einer Tradition der Nepâlesen, ähnlich der der Sanskrit-Chronik von Kaschmir, was das Thal von Katmandu ursprünglich ein großer See. Eine Inkarnation des Buddha wurde in diesem Thale geboren und an sie die Bitte gerichtet, den See ablaufen zu lassen, damit sich das Thal mit Bewohnern füllen und die Zahl der Anhänger Buddhas mehren möchte. Die Gottheit gab diesen Bitten Gehör und gebot dem Manjunath, welcher von Girscha (wahrscheinlich China) gekommen war, um die Lehre Buddhas hierher zu bringen, einen Schnitt durch den Berg zu machen, damit das Wasser abfließen könne. Jener gehorchte und mit einem Hiebe seines Schwerdts war die Lücke geöffnet, durch welche seitdem der Bhagmatti dem Hochthale entstürzt.«

Der Vajra Yogini-Tempel in Sankhu; das Hauptgeschoß der Pagode ist mit einer vergoldeten Portalrahmung aus getriebenem Kupfer versehen; im Torana sind gegossene Figuren eingesetzt

in dessen Mitte ein alter Brunnen ist. Der Hof ist mit mehrgeschossigen Flügeln, die als Priesterhäuser und Rasthäuser dienten, Anfang des 20. Jh. in einem europäisierenden Stil umbaut worden. Im südlichen Trakt werden einige der schönsten frühen buddhistischen Skulpturen aufbewahrt, darunter ein Buddha-Kopf aus dem 5. Jh. und eine Buddha-Statue aus dem 7. Jh.

Changu Narayana

Narayana ist eine Form von Vishnu. Das Heiligtum Narayanas in Changu besteht mindestens seit dem 5. Jh. Die landschaftliche Schönheit seiner Lage, seine Geschichte und vor allem die hervorragenden frühen Skulpturen machen den Ort zu einer der bedeutendsten Kunststätten des Kathmandu-Tals. Das Changu Narayana-Ensemble wurde als Weltkulturerbe in die Liste der UNESCO aufgenommen. Am einfachsten erreicht man das Heiligtum zu Fuß von Bhaktapur aus. Der Tempel liegt 22 km östlich von Kathmandu und 4 km nördlich von Bhaktapur auf einem Bergrücken, der von Osten her in das Tal vorstößt. Ähnlich wie Svayambhunatha hat das Heiligtum eine herausragende Fernwirkung: Es ist von nahezu jedem Punkt des Tals zu sehen.

Geschichte

Der Garuda Narayana-Tempel steht innerhalb eines weiten Hofgevierts. Die langgestreckten Trakte, die diesen Hof einschließen, enthalten Priesterwohnungen und Unterkünfte für Pilger. Sie wurden nach dem Erdbeben von 1933 einheitlich wieder aufgebaut. Der stille Platz zeigt, daß dieser Tempel heute keine besondere Rolle mehr im Glauben der Bevölkerung spielt – dies ganz im Gegensatz zu Pashupatinatha.

Vor dem Westportal steht die berühmte Säule mit der Inschrift König Manadevas (2. Hälfte 5. Jh.). Konkrete Baudaten liegen erst für die späte Malla-Zeit vor. König Vishva Malla von Bhaktapur (1548–1560), in dessen Herrschaft der Tempel damals lag, errichtete einen Neubau über den Ruinen des alten zusammengestürzten Heiligtums. Wenig später fiel er an das Königreich Kathmandu. König Shivasimha (1578–1620) unternahm Wiederherstellungsarbeiten. Besonders in der Regierungszeit des unmündigen Bhupalendra Malla (1687–1700) ließ dessen bauwütige Mutter Riddhi Lakshmi den Tempel grundlegend erneuern. Diese Regentin war es auch, die in Kathmandu vor Trailokya Mohan Mandir im Jahre 1690 die Garuda-Figur stiftete. Die Arbeiten in Changu Narayana wurden 1694 abgeschlossen. 1702 brannte der Tempel ab und mußte völlig neu errichtet werden. Zur Einweihung versammelten sich 1708 alle drei Herrscher des Tales.

Die heutige zweidachige Pagode ist das Ergebnis des Wiederaufbaus von 1708, dies gilt insbesondere für die meisten Holzschnitzereien. Wie der ursprüngliche, um 600 erwähnte Tempel ausgesehen haben könnte, darüber gibt es keinerlei Hinweise.

Die Legende

Das zentrale Kultbild des Tempels ist ein Garudasana Narayana, ein Vishnu, der auf seinem Reittier Garuda sitzt. Über die erste Offenbarung Vishnus an der Stelle des heutigen Tempels erzählt die Legende:

Einstmals lebte in einem Hain auf dem Berg ein Asket. Er hatte nur eine braune Kuh, mit deren Milch er die Opfergaben und seinen eigenen Lebensunterhalt bestritt. Als diese Kuh bei einem Campaka-Baum weidete, trat ein schöner Mann aus dem Baum hervor, trank ihre Milch und verschwand wieder. So ging es sieben Tage. Da wurde der Asket wütend und beschloß, dem Bösewicht, der die Opfermilch wegtrank, den Kopf abzuschlagen. Also folgte er der braunen Kuh. Und wieder, als die Kuh unter dem Baum den Blicken entzogen war, trank der Mann ihre Milch. Zornbebend schlug ihm der Asket mit dem Schwert den Kopf ab. Da verwandelte sich der kopflose Mann in eine göttliche Erscheinung. Er war vierarmig, in seinen Händen hielt er Muschel, Diskus, Keule und Lotos. Er saß auf seinem Reittier Garuda. Da erkannte der Asket in dem Torso Vishnu Narayana. Er verzagte und wollte für seine Tat sterben. Narayana jedoch tröstete ihn, denn er habe richtig gehandelt. Dann erklärte Narayana, warum ihm der Kopf abgeschlagen werden mußte. Bei einem Kampf, als sein Herz bereits von siebzig schrecklichen Pfeilen durchbohrt und Garuda von neunzig Pfeilen getroffen zur Erde gefallen war, habe er seinen Diskus auf seinen Gegner, einen Brahmanen, geschleudert und ihm damit den Kopf abgetrennt. Wegen dieses Mordes sei er verflucht worden. Ihm würde ein aus dem Geschlecht des Ermordeten stammender Brahmane den Kopf abschlagen. Wegen der Last des Vergehens habe er alle Länder durchstreift, jedoch nirgends Zuflucht gefunden. In der Mitte des Campaka-Baumes habe er darauf gewartet, daß der Fluch sich erfülle. Die Tat sei also nicht Schuld des Asketen. Jetzt sei er, Vishnu, entschlossen, an diesem Ort zu bleiben.

Lotospodest mit Blumenopfer

Die Anlage

Der heutige Bau entspricht dem Typus des Staatstempels von Pashupatinatha. Die zweidachige, mächtige **Pagode (1)** hat auf allen vier Seiten große dreiteilige Portale, dahinter liegt ein geschlossener Umwandlungsgang, der um die Kultbildzelle in der Mitte herumführt. Die vier Treppen zur Tempelplattform werden von Wächtertieren flankiert, im Westen Löwen, im Norden geflügelte Widder, im Osten gehörnte Greifvögel und im Süden Elefanten. Das Torana auf der Haupteingangsseite im Westen zeigt den vierarmigen Vishnu mit Lakshmi und Garuda. Die unteren Dachstreben stellen Vishnus zehn Inkarnationen dar. Zur Verstärkung sind neben den Dachstreben Stäbe eingesetzt, die den Gesamteindruck verändern.

Die Darstellung des Kultbildes entspricht der Form, in der Narayana dem Asketen erschien. Bisher hat kein Uneingeweihter die Statue gesehen. Denn sie ist unter einer Metallhaube verborgen, die

Changu Narayana

Amshuvarman 605 gestiftet hat. Sie sollte damals eine ältere ersetzen, die verfallen war. Demnach muß das Bildnis selbst lange vor 607 entstanden sein. Diese Haube besteht aus zwei Teilen. Der obere Teil der Metallhaube wurde von König Bhupalendra Malla (1687–1700) gestiftet; ob das Bildnis darunter noch den originalen Kopf oder einen Ersatzkopf hat, ist nicht bekannt. Täglich wird im Tempel die Enthauptung rituell nachvollzogen, indem der Kopf Narayanas abgenommen und wieder aufgesetzt wird. Einmal im Jahr, am Naga Panchami Fest (Juli/August), soll das Bildnis schwitzen. Damit erinnert es an den Kampf zwischen Garuda und dem Schlangenkönig Takshaka. Tempelpriester fangen diese wunderbare Feuchtigkeit auf; sie dient als Heilmittel gegen Krankheiten wie Aussatz und Geschwüre und gegen Schlangenbisse.

Zwischen Vishnu in Changu Narayana und dem alten Königspalast Hanuman Dhoka besteht eine besondere Beziehung. Zweimal jährlich wird der Geist des Gottes von hier in einem Silbergefäß von Priestern zum Hanuman Dhoka-Palast gebracht. Dieses Ereignis findet im Juli/August und im Dezember/Januar statt. Andere Feste sind im Monat Vaisakha (April/Mai).

Der Tempelhof ist wegen seiner außerordentlichen Steinskulpturen bedeutend. Sie machen Changu Narayana zu einem einzigartigen Museum nepalisch-vishnuitischer Kunst. Auffällig ist, daß kaum eine Figur an ihrem ursprünglichen Platz steht – sie wurden fast alle auf Podesten neu aufgestellt. In jüngster Zeit sind die bisher freistehenden Skulpturen in Nischen vermauert worden, um sie vor dem organisierten Kunstraub zu schützen. Der erstaunlich große Bestand schönster Skulpturen zeigt, daß dieses Heiligtum zu bestimmten Zeiten eine große Bedeutung gehabt haben muß.

Links vor dem Westportal steht die **Manadeva-Säule (2a),** benannt nach dem Licchavi-König Manadeva (464–503), der im Jahr seines Regierungsantritts 464 diese älteste in Nepal bekannte datierte Inschrift gravieren ließ. Von Manadeva gibt es vierzehn weitere Inschriften, die einen Zeitraum von 464 bis 505 umfassen. Auf dieser Säule ist u. a. ein Gespräch zwischen Rajyavati, der Witwe des gerade verstorbenen Königs Dharmadeva, und ihrem Sohn, König Manadeva, wiedergegeben – ein eineinhalb Jahrtausende altes Dokument einer menschlichen Situation: Die Königin erklärt, ihr Leben sei nun nutzlos geworden. Sie wolle ihrem Gatten in den Tod folgen und Sati begehen. Ihr Sohn Manadeva vermag sie umzustimmen und gemeinsam vollführen Mutter und tugendhafter Sohn die Totenriten für den verstorbenen König. Weiter wird berichtet von den Siegen Manadevas über Feinde im Osten und Westen. Manadeva förderte auch Shivaismus und Buddhismus, er errichtete an der Vishnumati im Jahr 474 ein Linga und gründete ein Kloster in Svayambhunatha.

Ursprünglich stand die Manadeva-Säule in der Mitte vor dem Westportal. Sie trug die Garuda-Statue. An der alten Stelle befindet sich noch ein **Säulenstumpf (2b)** mit dem Rest der Inschrift. Gegen

Changu Narayana

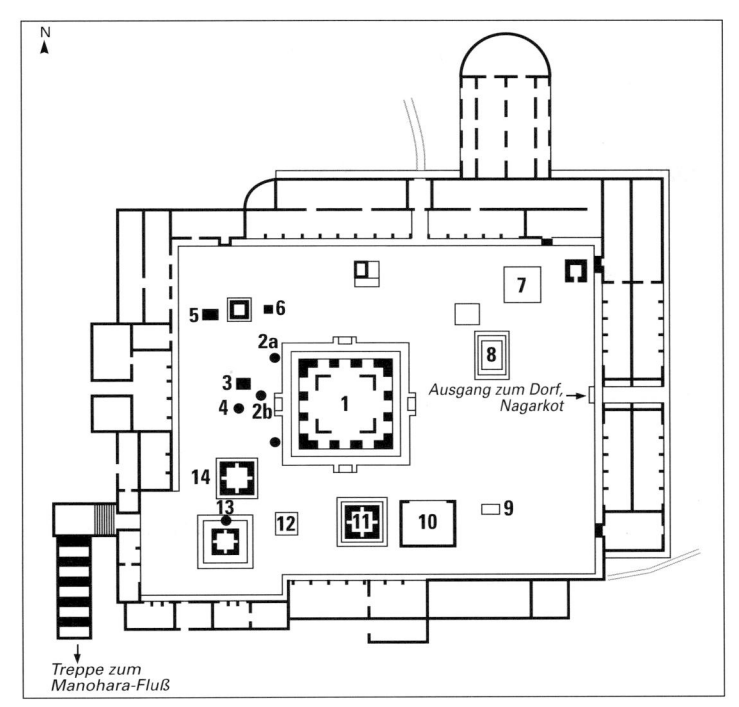

Changu Narayana
1 Garuda Narayana-Tempel
2a Manadeva-Säule mit Inschrift von 464
2b Manadeva-Säulenstumpf
3 Garuda
4 Riddhi Lakshmi und Bhupalendra Malla
5 Garudasana Vishnu
6 Vishnu-Trias
7 Lakshmi Narayana
8 Bodhisattva Padmapani, Vishnu Garudasana, vierarmiger Vishnu
9 Ganesha-Bild
10 Kali-Schrein
11 Shiva-Schrein
12 Vishnu Vishvarupa
13 Vishnu Trivikrama und Vishnu Narasimha
14 Pashupatinatha-Heiligtum

1860 ließ ein königlicher Arzt die Säule, die umgestürzt lag, neu aufstellen. Das kleine lotosförmige Kapitell mit einem Diskus und Keule, umgeben von einer tropfenförmigen Mandorla, entstand in dieser Zeit. Ergänzend dazu wurde rechts vom Tempelportal eine neue Säule aufgestellt, die zwei weitere Embleme Vishnus trägt, Muschelhorn und Lotos.

Das Bildnis von **Garuda (3)**, das ursprünglich die Manadeva-Säule bekrönte, steht jetzt auf dem Boden, nicht weit vom alten Standort. Garuda, der mythische Vogel und Reittier Vishnus, wird außer den Flügeln völlig als Mensch dargestellt. Er kniet und hält die Hände anbetend erhoben. Seinen Feind, die Schlange, hat er besiegt und als eleganten Schmuck um den Hals gelegt. Das ausdrucksvolle Gesicht fällt besonders auf: Die Augen sind geöffnet, Kinn und Unterlippe stark ausgebildet, der Mund fest geschlossen. Der Schnurrbart und die kaskadenförmig gelockte Frisur geben ihm fast zeitgenössisch modisches Aussehen. Große Ähnlichkeit besteht mit dem Kopf des Garuda in Makhan Tol in Kathmandu. Das Gesicht ist wahrscheinlich ein Portrait des damals regierenden Königs Manadeva. Der König wurde, wie Garuda, zum Träger der Gottheit und Ausführenden seiner Wünsche. Das Bildnis drückt besonders die heroischen Eigenschaften Garuda-Manadevas aus.

Changu Narayana

Hinter dem Stumpf der Manadeva-Säule, vor der Westseite des Tempels, steht ein kleiner Stifterschrein, dessen Seiten durch schön gearbeitete netzartige Gitter verschlossen sind. Er enthält die Figuren eines **königlichen Stifterpaares (4).** Der König ist Bhupalendra Malla (1687–1700) unter einem Ehrenschirm. Wer ist die weibliche Gestalt neben ihm? Es gibt zwei Möglichkeiten: entweder ist es seine Mutter, die Königinwitwe Riddhi Lakshmi, die 1694, während ihrer stürmischen Regentschaft, die Renovierung Changu Narayanas und die Portraits stiftete, oder es ist seine Frau, Königin Bhuvana Lakshmi. Bhupalendra Malla starb auf einer Pilgerfahrt nach Benares. Seine Witwe führte für ihren unmündigen Sohn Bhaskara Malla (1700–1722) die Regierung. Sollte sie die Dargestellte und Stifterin sein? In jedem Fall erinnert dieses Paar an die oft machtvolle Position der Königinwitwen am Hof. Mehr als tausend Jahre früher ist auch die Inschrift von 464 auf der Manadeva-Säule, die das Verhältnis zwischen Königinwitwe Rajyavati und ihrem Sohn Manadeva berührt, ein Zeugnis zu diesem Thema.

An der Nordwestseite des Hofes steht das wunderbare Bildnis von **Garudasana Vishnu (5),** ›Vishnu auf Garuda sitzend‹. Es entstand im 8./9. Jh. und ist etwa 80 cm hoch. In dieser Erscheinung fliegt Vishnu durch die drei Welten, um die Gläubigen zu beschützen. Zwischen Vishnus breit auseinandergestellten Beinen hat Garuda seinen mächtigen Kopf erhoben. Seine Flügelarme sind weit ausgebreitet. Der vierarmige Vishnu sitzt in königlicher Würde. Die beiden Hände mit Muschel und Lotossamenkapsel ruhen auf seinen Oberschenkeln. Das andere Paar Hände hält er seitlich erhoben, in der einen Hand seine Keule, in der anderen den Diskus. Er trägt eine schwere Krone, die mit einer Maske geschmückt ist. Sein Kopf wird von einer hohen Mandorla umschlossen. Dahinter breitet Garuda sein loderndes Schwanzgefieder aus, das wie die Rückwand eines Thrones die majestätische Erscheinung zusammenfaßt. In diesem wunderbaren Bildnis ist Vishnu in der Form dargestellt, in der er dem Brahmanen in der Legende von der Entstehung des Heiligtums erschienen ist, hier allerdings in seiner vollen Gestalt. Eine spätere Version dieses Themas, möglicherweise aus dem 13. Jh. steht im Nordosten des Tempelbezirkes unter einem Baum, zusammen mit weiteren Figuren. Neben Unterschieden in den Details hat dieses Relief längst nicht die Plastizität des früheren Beispiels.

Der vierarmige Garudasana Vishnu

In der Nähe von Garudasana Vishnu ist ein durchbrochen gearbeitetes Relief mit einer **Vishnu-Trias (6)** in eine Mauer eingelassen. Es zeigt den vierarmigen Vishnu in Begleitung seiner Gemahlin Shri Lakshmi und seines Reittiers Garuda. Jede Gestalt ist durch einen anderen Sockel ausgezeichnet, Lakshmi steht auf einer doppelten Lotosblüte, Garuda auf einem stilisierten Felsen, zwischen ihnen der größere Vishnu auf einem höheren Podest mit einer Blumenvase. In seinen vier Händen hält Vishnu die gleichen Symbole wie beim Garudasana-Bildnis. Er offenbart sich damit in seinem höchsten Aspekt. Umgeben ist die Gruppe von einer wie eine Mandorla geformten breiten Blätterranke. Diese aus dem 9./10. Jh. stammende Skulptur ist das früheste Beispiel eines beliebten Bildtyps, der noch bis ins 17. Jh. nahezu unverändert tradiert wurde.

Im Nordosten des Tempelhofs ist ein Schrein mit einer **Lakshmi Narayana-Figur (7).** Bei dieser späten tantrischen Bildform sitzt Vishnu gewöhnlich auf Garuda und hält auf seinem Schoß seine Gefährtin Lakshmi. Wenn Vishnu vielköpfig dargestellt ist, wird er auch als Vaikunthanatha, ›Herr von Vaikuntha (seinem himmlischen Wohnsitz)‹ bezeichnet (eine vergleichbare Stele ist Nr. 12). In der Nähe stehen zwei Bäume auf einem ziegelgemauerten, dreistufigen Podest, in dessen Seiten Reliefs eingelassen sind. Auf der Südseite ist ein Relief mit dem **Bodhisattva Padmapani (8),** ›Lotos in der Hand‹, eine Form von Avalokiteshvara, der von zwei knienden Adoranten umrahmt wird; auf der Ostseite ein weiteres Relief mit **Vishnu Garudasana (8)** in der Mitte zwischen zwei Reliefs links und rechts, die beide einen **vierarmigen Vishnu (8)** darstellen. Im Südosten des Tempelhofs steht ein niedriger **Kali-Schrein (10)** mit einem dreiteiligen Portal auf der Nordseite. Im Torana ist die Göttin dargestellt. Links neben diesem Schrein befindet sich ein **Ganesha-Bild (9)** und rechts ein **Shiva-Schrein (11).**

Vishnu als Narasimha in Changu Narayana

Unter den Skulpturen, die im südwestlichen Teil des Tempelhofs aufgestellt sind, verdienen drei besondere Beachtung: Vishnu Trivikrama, Vishnu Vishvarupa und Vishnu Narasimha.

Die feine Stele im klassischen Gupta-Stil aus dem 7. Jh. (Höhe 66 cm) auf der Plinthe eines zerstörten Tempels zeigt **Vishvarupa (12)**, den ›Allgestaltigen‹ Vishnu, der Erde und Himmel verbindet. Er ist die kosmische Säule und das Zentrum des Universum. Diese universale Manifestation Vishnus wird im Mahabharata geschildert. Dort offenbart sich Vishnu zehnköpfig und zehnarmig dem Helden Arjuna. Er reicht in dieser dichtgedrängten Komposition durch alle Zonen des Universums, von der Unterwelt bis in den Himmel. Seine Köpfe sind herrscherlich gekrönt und geschmückt. Alle haben einen friedfertigen Gesichtsausdruck. Nur der untere rechts mit zornig verzerrtem Antlitz bildet eine Ausnahme. In der unteren Zone des Reliefs liegt, ähnlich wie in Budhanilkantha und Balaju, auf einem Bett von verschlungenen Schlangenkörpern eine vierarmige männliche Gestalt. In diesem Fall ist es der Schlangenkönig Ananta, letztlich eine Erscheinungsform von Vishnu, der die Unterwelt in Form des kosmischen Ozeans darstellt. Aus dieser Unterwelt heraus stützen drei Figuren Vishnus Füße: Zwei Schlangengottheiten, Naga, und in der Mitte eine weibliche Gestalt, die die Erde symbolisiert. Links und rechts von ihnen verkörpern je zwei königliche Elefanten die vier Himmelsrichtungen der Erde. Über ihnen, links, verneigt sich Arjuna, der Vishnu um diese göttliche Erscheinung gebeten hatte, mit gefalteten Händen. Rechts schwebt Garuda herbei, um seinen Gott zu verehren. Das Relief ist horizontal gegliedert, jeweils verschiedene Zonen des Universums symbolisierend. Ganz oben links sitzt der vierarmige Shiva, der Rosenkranz, Dreizack, Topf und Samen hält und Zeuge dieser Erscheinung Vishnus wird. Der rechte obere Teil der Stele fehlt. Shiva gegenüber hat wahrscheinlich Brahma gesessen. Eine andere und viel spätere Version dieser Erscheinung Vishnus vor Arjuna ist über dem Hanuman Dhoka-Portal in Kathmandu dargestellt.

Rücken an Rücken mit der Vishvarupa-Stele ist eine schöne tantrische Vaikunthanatha-Stele aus der Malla-Zeit (16. Jh.) vermauert. Vishnu, ›der Herr des Himmels‹, ist zwölfarmig und vielköpfig. Einer der Köpfe zeigt ihn als Eber, ein anderer als Narasimha. Vishnu hält Lakshmi auf dem Schoß und sitzt mit untergeschlagenen Beinen auf einem Lotossockel, der von einem vierarmigen Garuda durch die Lüfte getragen wird. Als Mandorla der Gottheiten dienen die ausgebreiteten Schwanzfedern Garudas. Die Stele steht auf einem eigenen altarähnlich gestuften Sockel. An dessen Seiten werden im Relief zwei Vasen gezeigt, aus denen Blütenbäume wachsen, die sich oberhalb verschlingen und die Gottheiten wie in einer Laube umrahmen. Eine vergleichbare Darstellung in vergoldeter Bronze findet sich im Nasal Chok im Hanuman Dhoka-Palast.

Auf dem benachbarten Podest eines einfachen Schreins sind übereck zwei Reliefs aufgestellt: **Vishnu Trivikrama und Vishnu Nara-**

simha (13). Vishnu Trivikrama (8./9. Jh.) zeigt den siegreichen Vishnu, den ›mit drei Schritten die Welt Durchmessenden‹, der bei seinem fünften Herabstieg durch List dem Dämon Bali durch diese drei Schritte die Herrschaft über die Welt entriß. Vishnu erschien in Gestalt eines Zwergs, Vamana, am Hof des Dämonenkönigs Bali, der das königliche Pferdeopfer feiern wollte. Der Zwerg bat Bali, daß er ihm soviel Land schenken möge, wie er mit drei Schritten umgehen könnte. Bali gewährte den Wunsch. Da verwandelte sich Vishnu in einen kosmischen Giganten. Mit drei Schritten durchmaß er die drei Welten, Erde, Himmel und Unterwelt. Damit eroberte Vishnu den Kosmos und unterwarf den Dämon Bali. Das Relief wird von der Gestalt des siegreich schreitenden sechsarmigen Vishnu beherrscht, die in raffinierter Weise vor einem ausgesparten Hintergrund gezeigt wird. Unter ihm ist die Welt Balis zu sehen: rechts vollzieht ein Dämon mit dem Schwert das Pferdeopfer, in der Mitte stehen Bali und seine Frau zusammen mit Vamana. Zum Zeichen der Wunschgewährung gießt Bali Wasser in eine Schüssel, über die der Zwerg seine rechte Hand streckt. Jetzt verwandelt sich der Zwerg in den Giganten, der im Stechschritt die drei Welten durchmißt. Ein Naga-Paar aus der Unterwelt verehrt seinen rechten Fuß, seinen linken Fuß nimmt eine Planetengottheit, Rahu, verehrend entgegen. In den Wolken schweben himmlische Wesen, und auf der linken Seite des Reliefs wohnen Lakshmi auf einem Lotossockel und daneben der fliegende Garuda dem Ereignis bei.

Detail des Reliefs

Die Narasimha-Stele stammt aus dem 12./13. Jh. Sie zeigt Vishnus vierte Inkarnation: Narasimha, ›Mensch-Löwe‹. Das Ziel von Vishnus vierter Inkarnation, wie auch seiner fünften, war es, Dämonen zu besiegen. Sie waren unverwundbar geworden. Weder durch Menschen noch durch Tiere, weder bei Tag noch bei Nacht, weder im Haus noch draußen und auch nicht durch Waffen konnten sie besiegt werden. Vishnu handelt daher weder ganz als Mensch noch ganz als Tier, weder am Tag noch in der Nacht, sondern zur Dämmerung, weder im Haus noch davor, sondern auf der Türschwelle. Er benutzt auch keine Waffen, sondern seine Krallen.

In der Mitte der Stele steht über einem Abgrund der vierarmige, löwenköpfige Narasimha. Er reißt dem Dämonenkönig Hinranyakashipu die Eingeweide heraus. Das war die Strafe dafür, daß dieser seinen eigenen Sohn verfolgt hatte, weil er Anhänger Vishnus geworden war. Viele Zeugen wohnen der grausigen Hinrichtung bei. Rechts steht der Sohn Prahlada, links Lakshmi und Garuda. In der felsigen Sockelzone tauchen zwei Nagas auf. Neben ihnen liegt die Krone, die der Dämonenkönig verloren hat. In der himmlischen Zone beoachten die Gottheiten Brahma, Indra und Shiva das Ereignis.

Die kleine zweidachige Kileshvar-Pagode ist ein **Pashupatinatha-Heiligtum (14)** mit einem viergesichtigen Shiva-Linga unter einer Silberhaube. Das Torana des Südportals zeigt eine Uma Maheshvara-Darstellung.

Bhaktapur

Das alte Königreich Bhaktapur

Bhaktapur hat den Bauboom des Kathmandu-Tals durch eine geplante und kontrollierte Stadtentwicklung bisher am besten widerstanden und dabei ein wunderbares Stadtbild bewahrt – oder vielmehr durch Restaurierung wiedergewonnen. Der Ort ist gleichzeitig eine funktionierende Stadt und ein autofreies Freilichtmuseum, in das Touristen Eintritt bezahlen müssen. Sie tragen so zum Erhalt der Architektur bei. Vom 13. Jh. bis 1482 war Bhaktapur die Hauptstadt des Kathmandu-Tals, in der folgenden Zeit bis 1769 eines von drei Stadtkönigreichen. Bhaktapur hat 61 122 Einwohner (1991), der ganze Distrikt, zu dem außer Bhaktapur auch Thimi gehört, hat 173 097 Bewohner (1991), auf einer Fläche von 119 km². Die drittgrößte Stadt im Kathmandu-Tal ist ein gutes Beispiel für eine typische große Newar-Stadt (99 % Newari), in der der Lebensstil der Bevölkerung noch in traditionellen Bahnen verläuft.

Die Stadt liegt am Ostrand des Kathmandu-Tales, 14 km von der Hauptstadt entfernt. Bhaktapur entwickelte sich an einem Handelsweg nach Tibet, der an dieser Stelle in einer S-Kurve auf einem teilweise schmalen Höhenrücken verläuft, im Süden vom Hanumante-Fluß begleitet. Die Handelsstraße verbindet die zwei alten, ursprünglich voneinander unabhängigen städtischen Zentren Bhaktapurs: Eines im Osten um den Dattatreya-Tempel, und eines im Westen, Taumadhi Tol, unterhalb des Palastplateaus.

Bhaktapur und das Banepa-Tal
Besonders sehenswert
Bhagavati-Tempel in Nala
Chandeshvari-Tempel in Chandeshvari
Chandi Bhagavati-Schrein ☆
Chaturvarna Mahavihara
Indreshvara Mahadeva-Tempel in Panauti ☆☆
Palastbezirk ☆
Tachapal Tol ☆☆
Taumadhi Tol ☆☆
Vakupati Narayana-Tempel

Legende und Geschichte der Stadtgründung

In der Mitte des 12. Jh. verlegte Anandadeva von Banepa, Herrscher eines mächtigen Klein-Königreiches außerhalb des Kathmandu-Tals, seine Hauptstadt nach Bhaktapur und erbaute seinen Tripura-Palast als Residenz im Westteil der Stadt. Der Legende nach soll Anandadeva Bhaktapur die Stadt im 9. Jh. gegründet haben. Dieser König überließ die Herrschaft über Patan und Kathmandu seinem älteren Bruder und, nachdem er Annapurna Devi angerufen hatte, baute er eine Stadt mit 12 000 Häusern, die er Bhaktapur, ›Stadt der Frommen‹, nannte. In seinem Herrschaftsgebiet vereinigte er 60 Dörfer. Unter Anrufung von Chandeshvari gründete er weitere sieben Städte, darunter Banepa, Dhulikhel, Nala und Panauti. Die Orte, die die Legende nennt, liegen im Osten von Bhaktapur im benachbarten Tal von Banepa. Die Legende berichtet weiter, daß eines Nachts die Neun Durgas Ananta Malla in einem Traum erschienen. Ihrem Auftrag gemäß stellte er ihre Bildnisse in einem Ring innerhalb und in einem Ring außerhalb der Stadt an geeigneten Stellen auf, um Schutz und Sicherheit zu gewähren. Zwischen dem 13. und dem 15. Jh. war Bhaktapur Hauptstadt des ganzen Kathmandu-Tals, nach der

◁ *König Bhupatindra Malla in Mogul-Tracht auf der Säule vor dem Palast in Bhaktapur*

Bhaktapur

> »Sie [Bhaktapur] hat fünfzehn bis zwanzig Tausend Einwohner und ist in hügeligem Terrain gelegen. Der alte, jetzt verfallene Durbar, ein großes Gebäude, neben dessen goldenem Thore Elephanten, Tiger, Drachen und Götterbilder in Stein gehauen sind, ist rings von einer eleganten Holzverzierung umgeben. Am meisten zeichnet sich aber die Stadt vor allen ihren nepälesischen Schwestern durch den großen Reichthum an Tempeln aus. Einige darunter sind ganz von Stein, und der größte ist in fünf Etagen erbaut. Die Eingänge zu den einzelnen Etagen werden durch steinerne Thier- und Götzenbilder bewacht. Die Stadt ist jetzt, da man die alte Mauer niedergerissen hat, offen; auch eingestürzte Häuser zeigen überall das traurige Bild des Verfalls. An diesem letzteren Zustande ist nicht so sehr der Mangel an Kalk schuld, auch nicht, daß die Einwohner keine Gewölbe bauen, sondern daß sie Alles mit Holzansätzen versehen und überdies ihre Häuser nicht bewerfen, wodurch diese den Einwirkungen der Witterung bloßgestellt werden.«

Teilung von 1482 bis 1769 Hauptstadt eines der drei Malla-Königreiche im Kathmandu-Tal. König Yaksha Malla (1428–1482) umgab die Stadtkerne Bhaktapurs mit einer Stadtmauer. Auf dem Plateau über Taumadhi Tol baute er eine Festung; dort war auch seine Residenz. Davor stiftete er den Pashupati-Tempel unter seinem Namen, Yaksheshvara.

Folgenreich waren die Gesetze von Yaksha Mallas Vorgänger, Jayasthiti Malla (1382–1395): Er regelte das Sozialgefüge im Rückgriff auf uralte hinduistische Vorstellungen. Bhaktapur wurde damit Sitz der traditionellen Hindu-Orthodoxie. Bis auf den heutigen Tag sind die Gesetze Jayasthiti Mallas für die Newar-Gesellschaft gültig.

Jayasthiti verehrte Taleju und Pashupati als seine Titulargottheiten. Taleju behielt diese Rolle bis zum Ende der Malla-Dynastie in den drei Königreichen. Mit dem Verlust der Selbständigkeit 1769 verlor Bhaktapur seine Bedeutung. Bei dem großen Erdbeben 1934 wurde die Stadt zu 70% zerstört; das letzte Beben war 1988. Trotz des häufigen Wiederaufbaus hat Bhaktapur seinen mittelalterlichen Charakter bewahrt. Entscheidende Schritte für die moderne Entwicklung der Stadt waren 1966 die Straße nach Kathmandu, die von den Chinesen erbaut wurde, und 1974 die Gründung des Bhaktapur Development Project, das mit Unterstützung der Bundesrepublik Deutschland soziale und ökonomische Probleme lösen und das kulturelle Erbe Bhaktapurs bewahren soll.

Der Palastbereich

Der Palast in Bhaktapur unterscheidet sich von den Palästen in Kathmandu und Patan in zwei wesentlichen Zügen: Er wird nicht überragt von Turmtempeln innerhalb des Palastes, außerdem liegt er nicht an einer alten Durchgangsstraße.

Anders als in Patan und Kathmandu ist er aus einer Festungsanlage hervorgegangen. Erst später hat er sich zu einem Stadtpalast entwickelt. Die Gegend lag zunächst außerhalb der Stadt und fand erst langsam Anschluß an Taumadhi Tol. Aber der Bereich war immer abgelegen und die Hauptverkehrsstraße führt anders als in Kathmandu und Patan weit um den Palast herum.

Das Haupttheiligtum des Palastes ist der Taleju-Schrein, der sich in Mul Chok befindet. Die Legende berichtet, König Harisimhadeva von Simraungarh im Terai sei 1324 vor den Muslimtruppen mit seinem Hofstaat und seiner Hausgöttin Taleju geflohen. Wie die Legende erzählt, veranlaßte die Göttin ihn, nach Nepal zu gehen. Als er vor Bhaktapur lagerte, seien die Bewohner gekommen, um Taleju zu sehen. Ihre Wirkung sei dermaßen gewesen, daß man Harisimhadeva den Palast und die Herrschaft in Bhaktapur übergab. Für Taleju erbaute er einen Tempel, den er Mul Chok nannte und der zum Herzstück einer Folge von Höfen wurde. In Wirklichkeit kam Harisimhadeva nicht bis Bhaktapur. Trotzdem wurde, laut Legende,

Palastbereich

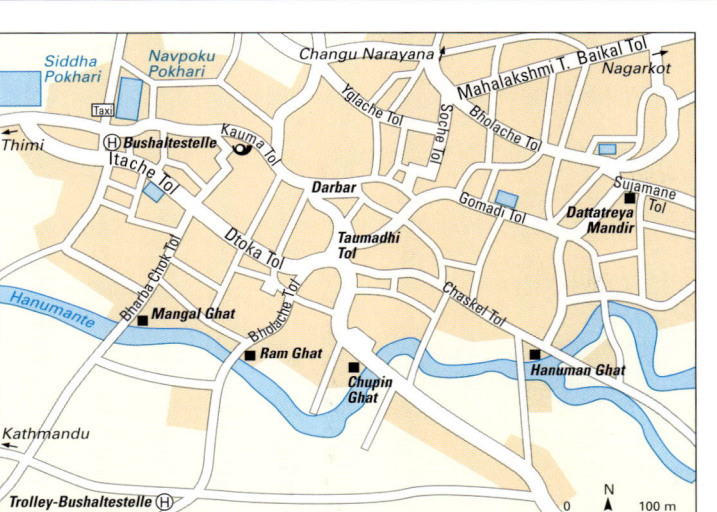

Stadtplan Bhaktapur

seine Hausgöttin Taleju zur wichtigsten Gottheit der Malla-Zeit. 1453 errichtete König Yaksha Malla eine Zitadelle für Truppen und Waffen. Zugleich erbaute er auch Befestigungswerke um ganz Bhaktapur. Eine Inschrifttafel darüber ist am Sun Dhoka angebracht. 1460 stiftete Yaksha Malla auf dem Plateau vor dem Palast den Yaksheshvara-Tempel. Dieser hat damals eine bedeutende Fernwirkung gehabt, besonders auch auf die darunter vorbeiführende Ost-west-Achse Bhaktapurs. Der Bau der meisten Teile des Palastes geht auf Jagatprakasha Malla (1644–1673) und auf Jitamitra Malla (1673–1696) zurück. Bhupatindra Malla (1696–1722), dessen Statue vor dem Palast steht, ist weniger für den Ausbau selbst verantwortlich, sondern er schuf die architektonische Verbindung zum Stadtzentrum in Taumadhi Tol. Dort ließ er hohe Tempeltürme aufrichten. Die Bautätigkeit am Palast in der Malla-Zeit fand ihren Abschluß mit der Errichtung von Sun Dhoka unter Ranajita Malla (1722–1768).

In diesem Palast, wo die Herrschaft der drei Malla-Dynastien ihren Anfang genommen hatte, erfüllte sich auch ihre Geschichte. König Jayaprakasha Malla aus Kathmandu war zusammen mit dem König von Patan, Teja Narasimha, vor Prithvi Narayan Shah zum König Ranajit nach Bhaktapur geflohen. Die Stadt leistete dem Verfolger der Könige jedoch keinen Widerstand. Es gab lediglich einige Kämpfe um den Palast selbst, bis das Tor zu Mul Chok aufgebrochen wurde und die Truppen eindrangen. Als der Eroberer Prithvi Narayan die Gemächer betrat und die drei Malla-Könige in einem Raum zusammen antraf, brach er in Gelächter aus. Er gestattete, daß Jayaprakasha, der verwundet war, nach Arya Ghat unterhalb von Pashupatinatha gebracht würde, um dort zu sterben. Ranajita durfte

Bhaktapur

Töpferplatz in Bhaktapur; hunderte von Keramiken sind in der Sonne zum Trocknen aufgestellt, danach werden sie in Schlicker getaucht, der ihnen die rote Farbe gibt, und in einem Strohfeuer gebrannt

nach Benares gehen, und Teja Narasimha wurde in eine Festung geschafft, wo er seine Tage verbrachte. Der Palast verfiel in der ersten Hälfte des 19. Jh. Um die Mitte des Jahrhunderts wurde ein neuer Saalbau eingefügt. Schließlich wurde Rajendra Bikram Shah (1813–1881, reg. 1816–1847) nach seiner Absetzung durch Jang Bahadur Rana für den Rest seines Lebens dort eingesperrt. Nach der Vernachlässigung im 19. Jh. traf das Erdbeben von 1934 die Anlage besonders hart; zwar ist die Schauseite wieder hergestellt, aber die Fülle der Tempel vor dem Palast hat sich sehr gelichtet. Die dem Palast gegenüberliegende Front wurde danach um etwa 20 m zurückverlegt, so daß heute der Eindruck von platzartiger Weite entsteht. 1991 wurde mit der Rekonstruktion des Chasilin Mandapa eine der Wunden von 1934 geschlossen. Das Ensemble von Palasthöfen und Tempeln steht unter dem Schutz der UNESCO.

Blickpunkt des Vorplatzes ist die vergoldete **Statue von König Bhupatindra Malla (1,** 1696–1722), die sein Sohn und letzter König von Bhaktapur, Ranajita Malla (1722–1769), aufstellen ließ. Säulen dieser Art gab es bis dahin nur in Kathmandu und Patan. In Bhaktapur bestand also Nachholbedarf. Doch erforderte das Aufrichten solcher Monolithe Spezialisten, die in Kathmandu lebten. Die Legende

Palastbereich

erzählt darüber, daß Ranajita mit dem dortigen König Jayaprakasha (1735–1768) verhandelte. Dieser stimmte zwar zu, die Handwerker nach Bhaktapur zu schicken, trug ihnen aber insgeheim auf, die Säule zu verderben. Während sie den Monolith aufrichteten, fiel er und zerbrach in drei Stücke. Ranajita war sehr ungehalten. Die Leute fügten die Stücke zusammen und richteten die Säule dann auf. Sie erhielten sowohl vom König von Bhaktapur wie auch von Jayaprakasha von Kathmandu Auszeichnungen. Im Vergleich ist die Bhupatindra Malla-Säule mit dem mächtigen Lotoskapitell allerdings kurz und unproportioniert. Dies mag in dem Mißgeschick beim Aufrichten seine Erklärung finden und darin, daß man danach ein verkürztes Stück aufstellte. Der ganz als Mogul-Fürst dargestellte König kniet anbetend auf einem Löwenthron. Neben ihm liegen Schild und Schwert, in seinem Gürtel steckt ein Dolch, hinter ihm steht ein traditioneller dreifacher Ehrenschirm.

Gewöhnlich wurden derartige Säulen mit Stifterbildnissen vor Tempeln aufgestellt. Hier steht sie vor einem Portal, **Sun Dhoka (2)**, durch welches der Prozessionsweg zum Taleju-Schrein in Mul Chok führt. Früher verlief der Weg von Taumadhi Tol aus südlich am Yaksheshvara-Tempel vorbei und stieß von dort auf diese Achse. Heute nimmt man diese Beziehung kaum mehr wahr. Wegen der Unsichtbarkeit des Taleju-Schreines vertritt Sun Dhoka diesen an der Palastfront – deshalb steht die Säule vor dem Portal. Dieses und die Säule sind als Einheit von Ranajita Malla konzipiert worden.

Das zierliche, mit prachtvoll vergoldeten Bronzearbeiten geschmückte und durch ein geschwungenes Dach mit in tibetischer Art hochgezogenen Ecken ausgezeichnete Sun Dhoka, das ›Goldene Tor‹, behauptet sich in der zweigeteilten Palastfront und ist gewissermaßen sein Schlußstein. Das Tor wurde 1753 von Ranajita Malla und seiner Frau Jayalakshmi, wie eine Inschrift berichtet, aus Anlaß eines erfolgreichen Feldzuges im Dudh Koshi-Tal und gegen Dolakha in Ost-Nepal gebaut. Im Zentrum des Torana erscheint die zehnarmige und vierköpfige Göttin, begleitet von den zwei Flußgöttinnen Ganga und Yamuna auf ihren Reittieren Makara und Schildkröte. Die Portalwangen beginnen unten mit Wächterlöwen und Wächterfiguren, darüber zwei Vasen, Zeichen für weibliche Gottheiten. Auf den nächsten beiden Ebenen folgen die Paare Bhairava mit Bhagavati und Ganesha mit Kumari. Auf der obersten Ebene erscheint auf beiden Seiten Kali. Östlich von der Bhupatindra Malla-Säule steht die schwere **Taleju-Glocke (3)** auf einem hohen Podest vor dem Vatsala-Tempel. Der Glockenständer besteht aus vier Monolithen. Der Glockenguß war eine hochentwickelte Kunst in der Malla-Zeit und nepalische Glocken wurden auch nach Tibet exportiert. Diese wurde 1737 von Ranajita Malla gestiftet, im gleichen Jahr wie das entsprechende Instrument in Patan. Die Glocke, die Säule und das Portal sind Zeichen der Verehrung des letzten Malla-Königs in Bhaktapur für die Göttin, unter deren Schutz man viele Jahrhunderte das Kathmandu-Tal regiert hatte.

Bhaktapur

Bhaktapur
Darbar-Platz und
Taumadhi Tol
 1 Bhupatindra Malla-
   Säule
 2 Sun Dhoka
 3 Taleju-Glocke
 4 Sadashiva Chok
 5 Mul Chok und
   Taleju-Schrein
 6 Kumari Chok oder
   Eta Chok
 7 Naga Pokhari
 8 55-Fenster-Palast
 9 Chasilin Mandapa
   (achteckiger
   Pavillon)
10 Malati Chok
11 Bhandarkhal
12 Ort des verschwun-
   denen Vasantapura
13 Siddhi Lakshmi-
   Tempel
14 Stelle des Hari-
   shankara-Tempels
15 Vatsala Devi-
   Tempel
16 Yaksheshvara-
   (Pashupatinatha)-
   Tempel
17 Krishna-Tempel
18 ehemalige Platz-
   front
19 Shiva-Tempel
20 Shiva-Tempel
21 Rasthäuser
22 Chatur Varna
   Mahavihara
23 Nyatapola-Tempel
24 Bhairava Mandir
25 Vorhof vom
   Bhairava Mandir
26 Lun Hiti
27 Cafe Nyatapola
   (ehemaliges Rast-
   haus)
28 Til Mahadeva
   Narayana-Tempel

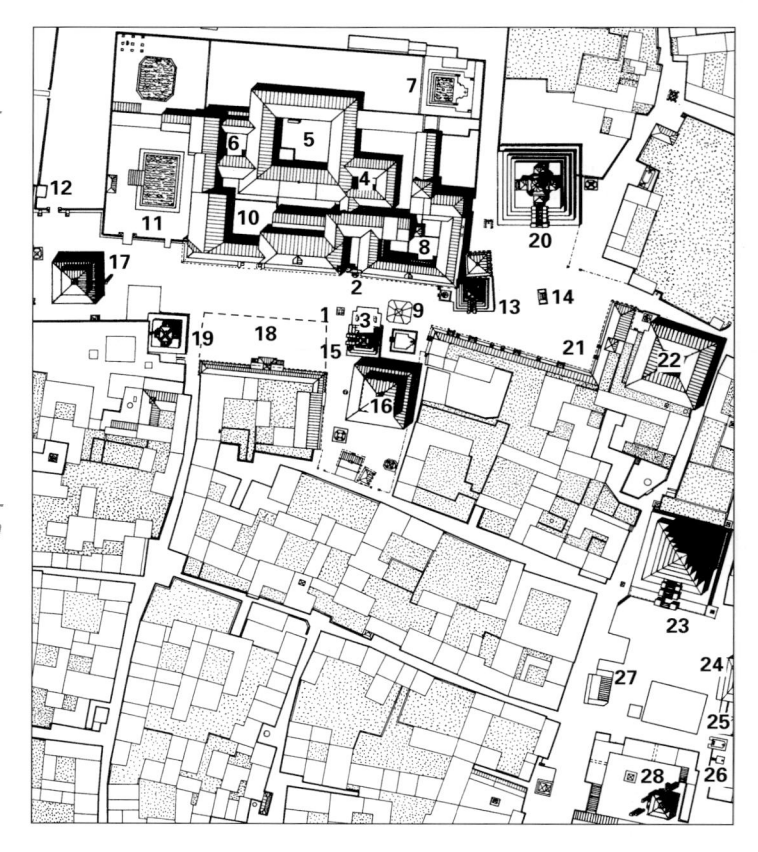

Durch Sun Dhoka führt der Prozessionspfad zum Taleju-Heiligtum in Mul Chok. Dieser Weg teilt den Palast in eine westliche und eine östliche Hälfte. Er durchquert einen schmalen Verbindungsbau, umgeht Sadashiva Chok und stößt von Osten auf den Eingang von Mul Chok. Zwar endet für Nicht-Hindus an dieser Stelle der Rundgang, doch der Prozessionsweg durchquert noch Mul Chok und führt in den anstoßenden Eta Chok, der den Kumaris geweiht ist.
Sadashiva Chok (4) wurde von König Naresha Malla (1637–1643) erbaut. Der Hofbau ist an den Mul Chok angebaut. Angeblich soll an dieser Stelle König Sadashiva von Kathmandu (1574–1578) gelebt haben, von dem berichtet wird, daß er wegen seines besonders zügellosen Lebens und seiner tyrannischen Regierung davongejagt wurde. Möglicherweise stammt der Name aber auch von einem Sadashiva-Heiligtum, das Bhupatindra Malla im Jahre 1708 seiner persönlichen Gottheit Sadashiva, ›dem ewigen Shiva‹, stiftete. In erster Linie ist der Bau ein Bhairava-Heiligtum, denn Naresha Malla hatte in die-

sem Hof siebzehn Bildnisse dieser Gottheit und dazu je eines von Ganesha und Durga aufstellen lassen. Für den Besucher sichtbar sind nur zwei aus schwarzem Stein gehauene, Lampen tragende Figuren neben dem Südeingang.

Mul Chok (5) soll – der Legende nach – bereits im 14. Jh. von König Harisimhadeva aus Tirhut für seine Hausgöttin Taleju in dieser Form gebaut worden sein. Als Maß für die quadratische Form des Hofpalastes hat angeblich ein *topini,* ein altes Feldmaß, gedient. Nach dem Vorbild dieses Hofes wurden später in den Palästen von Kathmandu und Patan Mul Chok mit den gleichen Maßen errichtet. Der **Schrein für Taleju (5)** befindet sich immer auf der Südseite. Seine hohe Bedeutung in Bhaktapur zeigt sich in den elf Gajuras und elf Ehrenschirmen, mit denen das Dach des Schreins ausgezeichnet ist. Die heutige Ausstattung des Hofes stammt aus der Zeit von Jitamitra und seinem Nachfolger Bhupatindra Malla.

Durch den Osteingang kann man einen Blick in den Mul Chok und auf das gegenüberliegende dreiteilige Portal werfen, das in den anschließenden wesentlich kleineren Eta Chok führt. Dieser auch **Kumari Chok (6)** genannte Hof ist dem Kult der Acht Mütter geweiht. Er wurde von Jitamitra Malla 1677 erbaut oder renoviert. Er schuf zwischen beiden Höfen eine prunkvoll gestaltete Verbindung, indem er in die Westseite von Mul Chok ein dreiteiliges Tempelportal einsetzen ließ, dessen mittlere Öffnung nicht in den Kultbildraum, sondern in den anschließenden Hof führt. Die beiden seitlichen Portale dienen als Rahmung für zwei Gottheiten oder möglicherweise die Bildnisse von Jitamitra und seiner Königin. Die Acht Muttergottheiten sind auf Dachstreben von Eta Chok dargestellt, das Heiligtum befindet sich auf der Nordseite. Die nach außen unscheinbaren Hofbauten entwickeln ihre Pracht nach innen. Ihre Verschönerung und Ausschmückung gehörte mit zur vornehmsten Aufgabe aller Könige von Bhaktapur, um so einen überwältigenden Rahmen für die dort stattfindenden Kulte zu schaffen. Diese drei Höfe scheinen keinerlei Spuren von Verfall und Zerstörung, von denen der Palast sonst gezeichnet ist, aufzuweisen. Im Unterschied zur funktionslos gewordenen Residenz wird hier die kultische Funktion bewahrt.

Naga Pokhari (7) ist ein großes königliches Badebecken im Nordosten des Palastes. Es erhält Wasser durch einen 11 km langen unterirdischen Kanal, der noch 64 weitere Brunnen speist. Naga Pokhari wurde von Jagajiyotir Malla (1614–1637) erbaut. In der Mitte errichtete er eine schlanke Säule in der Art eines geschuppten Schlangenkörpers mit einem Naga-Kopf an der Spitze. Nachdem Pratapa Malla diesen als Kriegstrophäe nach Kathmandu entführt hatte, wurde der Brunnen unter Jitamitra (1672–1696) wiederhergestellt. Das Becken ist von einer Schlangenbalustrade umgeben, bestehend aus je zwei Paaren, deren Schwanzenden verknotet und deren Köpfe an der Treppe hoch aufgerichtet waren. Schön ist der figürliche Wasserspeier aus Metall (1678–1688). Auf den Seiten des Makara drängen sich durstige Tiere, darunter auch ein Vogelmensch-Wesen mit einem Gefäß in den Händen. Unterhalb des Wasserspeiers befindet sich ein Relief, das eine tanzende Gestalt mit einem Muschelhorn am Mund und einer Blume in der linken Hand zeigt. Dieser ist der Weise Bhagiratha, der die himmlische Ganga dazu brachte, auf die Erde zu fließen.

Der architektonisch interessante Teil des Palastes am Darbar-Platz ist der **55-Fenster-Palast (8)**, der von Bhupatindra Malla 1697 erbaut wurde. Er zeichnet sich durch eine umlaufende hölzerne Galerie im oberen Geschoß aus, die fünfundfünfzig Fenster enthalten soll. Die bei nepalischen Palästen übliche Gliederung der Fassade durch Risalite in symmetrischer Verteilung fehlt. Statt dessen ist sie in einem abwechslungsreichen Rhythmus durch Fensterrahmungen gegliedert, die die Mitte leicht betonen. Darüber liegt die Holzgalerie, die als unendliche und beliebig verlängerbare Folge von Fenstern mit rechteckigen und dreipassigen Öffnungen im Wechsel erscheint. Dieses Geschoß stürzte beim Erdbeben von 1934 zusammen. Es wurde später – wenn auch nicht ganz originalgetreu – wieder aufgebaut, früher kragte das Stockwerk weiter vor. Im Inneren des Traktes befinden sich in einem schmalen langgestreckten Raum bedeutende Reste von Wandmalereien (17. Jh.). Dies ist eines der wenigen erhaltenen Beispiele für einen höfisch repräsentativen Raum der Malla-Zeit.

In ein Fenster ließ Bhupatindra eine Scheibe Glas einsetzen, die er aus Indien als Geschenk erhalten hatte. Der König hielt sie für so wertvoll, daß er sie als einen Gegenstand der Bewunderung der Bevölkerung in Bhaktapur vorführte.

Gegenüber dem 55-Fenster-Palast steht **Chasilin Mandapa (9)**, der ›Pavillon der acht Ecken‹. Achteckig ist allerdings nur das Dach, das untere Geschoß ist quadratisch, das mittlere hat an den Ecken Erker, von denen aus sich die Festlichkeiten auf dem Platz beobachten ließen. Nachdem der Pavillon 1934 zusammengestürzt und danach alles weggeräumt worden war, wurde er 1991 nach Fotos rekonstruiert. Für einen zutreffenden Eindruck der alten Platzgestalt ist dies wichtig. Der Neubau ist ein erdbebenfester Stahlbau unter Verwendung originaler Holzteile, der 1992 als Staatsgeschenk von der Bundesrepublik Deutschland übergeben wurde. Ein besonderer Einfall ist in diesem Zusammenhang die vor dem Chasilin Mandapa aufgestellte Inschriftenstele in traditioneller newarischer Form, die die Stiftung in deutscher Sprache dokumentiert.

Die westlich an Sun Dhoka anschließenden Trakte des Palastes sind entweder verschwunden oder haben ihre Gestalt sehr verändert. Im 19. Jh. wurde der rechts vom Hauptportal liegende Teil des **Malati Chok (10)** abgerissen und durch einen höheren, verputzten Saalbau ersetzt, dessen Obergeschoß einen einzigen durchgehenden Raum enthält, der einem neuen Raumbedürfnis entsprach. Eine alte Darstellung zeigt noch den Vorgängerbau der Malla-Zeit mit niedrigen Stockwerken, schweren geschnitzten Fensterrahmungen und

Torana am Sun Dhoka; Sun Dhoka vertritt den Taleju-Tempel an der Front des Palastes; in der Mitte des Toranas sieht man die vierköpfige und zehnarmige Göttin, begleitet von den Flußgöttinnen Ganga und Yamuna

Streben für das weit vorkragende Dach. Der Bau entsprach weitgehend Manikeshava Chok in Patan. Erhalten hat sich davon lediglich der steinerne Figurenschmuck des Eingangs. Zwischen das riesige Löwenpaar und das eigentliche Portal stellte Bhupatindra 1697 nach dem Vorbild von Kathmandu Hanuman und Narasimha als Schutzgottheiten auf. Der vierarmige Hanuman steht auf Vishnus Reittier Garuda, Narasimha, Vishnus Inkarnation als Menschlöwe, reißt König Hiranyakashipu das Gedärm heraus. Heute flankieren die Figuren den Eingang zur National Art Gallery, in die auch der Saal des höheren Anbaus einbezogen ist. Die ehemals westlich anschließenden Trakte des Palastes sind abgeräumt.

Erhalten ist ein großes Wasserbecken in **Bhandarkhal (11).** Auch in Palästen von Kathmandu und Patan gibt es einen Brunnen in einem ›Schatzgarten‹. **Vasantapura (12),** ›Frühlingsstadt‹, von Jagatprakasha Malla (1644–1673) als Lusthaus für die Königinnen errichtet, stand bereits im vorigen Jahrhundert nicht mehr. Auch von diesem Palast sind nur noch die Portalfiguren, ein Löwenpaar sowie rechts Bhairava und links Durga erhalten, die Bhupatindra Malla im Jahre 1707 dem Bau hinzufügen ließ. Die achtzehnarmige Durga Mahishasuramardini vernichtet den Büffeldämon. Als Durga ihm den Kopf abschlug, entstand sofort ein bewaffneter Krieger, der die

Bhaktapur

Die Darstellung von 1877 zeigt noch die alte Fassade von Malati Chok, von der nur noch die steinernen Portalfiguren erhalten sind; zwischen den prächtigen Löwen betritt man heute das kleine Palastmuseum

Göttin erneut angriff. Das abgetrennte Haupt liegt auf dem Boden, dem Körper entsteigt der neue Angreifer, links ist Durgas Reittier, der Löwe, zu sehen. Der zwölfarmige Bhairava ist eine Manifestation des zerstörerischen Aspektes von Shiva. Bhupatindra Malla soll dem Bildhauer, nachdem er die Skulpturen vollendet hatte, die Hände habe abschlagen lassen, um zu verhindern, daß dieser die Figuren der Gottheiten auch für Kathmandu und Patan ausführt. Die Plastiken flankieren heute den Eingang zu einer Schule.

Von den Tempeln vor dem Palast sind vier von Bedeutung. Südlich und südöstlich des Palastes der 55 Fenster stehen zwei steinerne Shikhara-Tempel, die weiblichen Gottheiten geweiht sind. Im Südosten steht der Shikhara-Tempel der **Siddhi Lakshmi (13).** Sie ist die Shakti des elefantenköpfigen Ganesha. Der Shikhara-Turm schließt den Platz vor dem Palast nach Osten optisch ab. Der Bau steht auf einem steilen, fünfstufigen Podest. Durch einen pavillonartigen Vorbau erhält er eine eindeutige Richtung. Wahrscheinlich entstand der Tempel 1696, im letzten Regierungsjahr von Jitamitra Malla (1673–1696). Auffällig sind die Figuren der Treppe. Sie sind paarweise aufgestellt, links die männlichen Wesen, rechts die weiblichen Wesen. Jede Figur hat eine Kette: Mann und Frau mit Kind und Hund, Pferd, Nashorn, Menschlöwe und oben Kamel. Mann und

Palastbereich

Frau sind in zeitgenössische Kostüme gekleidet. Die zwei Löwen, die verloren im Osten von Siddhi Lakshmi auf dem Platz stehen, gehören zum Treppenaufgang des ehemaligen **Harishankara-Tempels (14),** einer dreidachigen Pagode, die beim Erdbeben von 1934 zusammenstürzte.

Der Tempel für **Vatsala (15),** eine weibliche Gottheit in ihrem furchterregenden Aspekt, stammt aus der Regierungszeit von Jagatprakasha Malla (1644–1673). Wie in Deopatan steht er in der Nähe des Pashupatinatha-Heiligtums, das in Bhaktapur durch den Yaksheshvara-Tempel repräsentiert wird. Der Bau mit quadratischem dreistufigem Sockel hat einen offenen Umwandlungsgang um den zentralen Shikhara-Turm. Er trägt an den Ecken achteckige Türmchen und in der Mitte der Seiten kleine Miniaturschreine. Die Treppe wird von einem Elefanten- und einem Pferdepaar flankiert. Der Eingang liegt im Westen, die anderen Seiten haben Scheintüren. Die sogenannte bellende Glocke neben der Treppe, die den Tod vertreiben soll, wurde von Bhupatindra Malla im Jahre 1721 erneuert. Anstelle eines Kultbildes wird die Göttin im Inneren des Tempels durch ein Yantra, ein Diagramm, dargestellt.

König Jagatprakasha Malla war ein Zeitgenosse von Pratapa Malla in Kathmandu und nannte sich ebenfalls Kavindra, ›König der Dichter‹. Auf dem Boden dieses Tempels ließ er einige seiner Gedichte in Stein hauen.

Neben diesen beiden Shikhara-Tempeln wird der Vorplatz des Palastes durch zwei große zweidachige Pagoden bestimmt, die den beiden Hauptgöttern des hinduistischen Pantheons, Shiva als Pashupati und Vishnu als Narayana, geweiht sind. Beide Heiligtümer entsprechen dem Typus des Staatstempels von Pashupatinatha in Deopatan. Der mächtige **Yaksheshvara-Tempel (16)** wurde 1460 von König Yaksha Malla (1428–1482) erbaut. Er ist Shiva geweiht und unter dem Namen Yaksheshvara gleichzeitig Gedächtnistempel für den Erbauer. Der Legende nach soll Pashupati in einem Traum dem König erschienen sein und ihn aufgefordert haben, eine Kopie des Pashupati-Tempels in Deopatan neben seinem Palast in Bhaktapur zu errichten, damit Yaksha Malla nicht mehr allmorgendlich den weiten Weg nach Deopatan zu machen brauche.

Yaksha Malla verwandelte Bhaktapur in eine repräsentative Hauptstadt. Er baute auf dem Plateau, wo auch der Yaksheshvara-Tempel steht, eine Festung und zog um die Stadt eine Mauer. Durch die Präsenz Pashupatis, der nationalen Gottheit Nepals, neben seinem Palast legitimierte und festigte er seine Herrschaft. Das Kultbild, ein Linga mit vier Gesichtern, ist eine Kopie desjenigen in Deopatan. Der Yaksheshvara-Tempel mußte mehrfach neu errichtet werden, unter Jitamitra Malla (1673–1696) und nach dem Erdbeben von 1934. Viele Holzteile sind neu und stammen vom Wiederaufbau nach dem Erdbeben. 1968 wurde der Tempel nochmals restauriert, und dabei wurden originale Dachstützen wieder eingefügt. Sie sind durch begleitende Balken verstärkt. Unter den erotischen Darstellungen der Dachstreben ist auch eine Geburtsszene. Eine kleine Figur von Nandi betont das Hauptportal im Westen.

Dem Yaksheshvara-Heiligtum entspricht als Vishnu-Staatstempel der **Krishna-Tempel (17)** am Westende des Vorplatzes. (Die ehemalige **Platzfront** ist mit **18** bezeichnet.) Möglicherweise wurde er im 17. Jh. von Jitamitra Malla, der den Yaksheshvara-Tempel wiederherstellen ließ, errichtet. Im Osten steht eine Garuda-Säule vor dem Tempel. Der Bau hat schöne Dachstreben unter dem ersten Dach, die meisten geschmückt mit Inkarnationen Vishnus. Der Krishna-Tempel war ursprünglich Vishnu (Narayana) geweiht und enthielt das gleiche Kultbild wie der Jagannatha- (Kathmandu) und der Narayana-Tempel vor dem Palast in Patan. Ähnlich wie beim Jagannatha-Heiligtum in Kathmandu wurde er nachträglich für den Krishna-Kult umgewidmet. Auch das Kultbild der Cella wurde ersetzt. Der Tempel dient seitdem als Ersatz für den Wallfahrtsort

Schnitz- und Treibarbeiten am Bhairava Mandir

Dvaraka in Gujarat, einem der wichtigsten Pilgerorte in Indien. In der Nähe stehen drei kleinere Schreine, die andere indische Wallfahrtsorte repräsentieren, und zwei **Shiva-Tempel (19 und 20).**

Zum Palastbereich gehört auch ein buddhistisches Kloster, **Chatur Varna Mahavihara (22)**. Es liegt versteckt hinter einem winkelförmigen zweigeschossigen **Rasthaus (21)** mit langen Flügeln (19. Jh.) an der Ostseite des Palastplatzes. Das Kloster ist eines der wenigen buddhistischen Monumente in Bhaktapur und das einzig noch vollständig erhaltene. Es wurde in der Regierungszeit von Raya Malla (1482–1505) gegründet. Seine heutige Gestalt erhielt die geschlossene, einheitliche Anlage mit schönen Holzschnitzereien unter König

Jagatprakasha Malla (1644–1673). Unter König Ranajita Malla (1722–1768) wurde in diesem Kloster nach dem Vorbild von Kathmandu der Kult einer lebenden Kumari begründet. Gegenüber dem Hofeingang ist der Schrein mit einem Padmapani Avalokiteshvara. Der Schrein ist betont durch zwei Löwen und ein neues Torana mit einem tausendarmigen Lokeshvara, das anläßlich einer Renovierung 1971 geschnitzt wurde. Das alte, auch mit dieser Form des Lokeshvara, wurde über dem Eingang zum Hof angebracht. In der Nordostecke des Hofes ist ein Schrein für einen Buddha der Vorzeit, für den ›Lichtmacher‹ Dipankara, der zuerst das Licht der Welt entzündete. Die Dachstreben zeigen ein komplett beschriftetes Pantheon. Dazu gehören die 24 Formen von Lokeshvara, die Fünf Transzendenten Buddhas und der tantrische Gott Heruka, der immer in Vereinigung mit seiner Shakti gezeigt wird. Im Hof sind ein Stein-Stupa, eine Säule mit einem Chaitya und ein Mandala aufgestellt.

Taumadhi Tol

Im Gegensatz zum Palast hat Taumadhi Tol noch seine Schönheit vollkommen bewahrt und bildet ein großartiges städtebauliches Ensemble. Hier, unterhalb des Plateaus mit dem Palast, hat sich das eigentliche Zentrum der Stadt herausgebildet. Taumadhi Tol liegt an der alten Ostwest-Achse Bhaktapurs, die den Platz diagonal durchquert. Als Stadtzentrum wird er durch zwei riesige Bauten ausgezeichnet, den Nyatapola- und den Bhairava-Tempel. Beide wurden von Bhupatindra Malla kurz nach 1700 errichtet. Sie entstammen damit einer Zeit, wo sowohl in Bhaktapur als auch in Kathmandu und Patan die drei Malla-Dynastien des Tales in einer letzten Anstrengung Großbauten errichteten, die mit dem Taleju-Tempel in Kathmandu aus dem 16. Jh. konkurrieren.

Die Legende

Über die Entstehung der beiden Bauten berichtet die Legende, Bhupatindra Malla habe einen dreidachigen Tempel, der von Norden nach Süden lief, erbaut und darin einen Bhairava, der nach Westen auf den Palast sah, zum Schutz für das Land und um Sünde und Leid von der Bevölkerung fernzuhalten, aufgestellt. Jedoch verursachte der Bhairava große Unruhe, und der König mußte Priester hinzuziehen. Diese rieten ihm, eine tantrische Göttin, die Bhairava respektiere, in dessen Nähe aufzustellen. Dies würde ihn beruhigen. Daher legte der König in einem glückverheißenden Augenblick den Grundstein zu einem fünfdachigen Tempel, der sowohl der höchste als auch der schönste in der ganzen Stadt sein sollte. Zu Beginn des Baues gab der König den Bewohnern von Bhaktapur ein Beispiel: Er selbst trug drei Ziegel. Daraufhin brachten die Leute das gesamte

Baumaterial in fünf Tagen zusammen. Als der Tempel fertig war, stellte der König insgeheim das Bildnis der Göttin darin auf, das niemand sehen darf und daher ständig verborgen bleibt. Danach beruhigte sich Bhairava.

Der Nyatapola-Tempel

Der Tempel ist der tantrischen Göttin Siddhi Lakshmi geweiht. Im Sanctum steht ein Bild der Durga Mahishasuramardini. Der Tempel wurde einfach **Nyatapola (23)** – der Name bedeutet fünfdachig oder fünf Dächer – genannt, vollendet wurde er 1703. Beim Erdbeben von 1934 entstanden keine Schäden. Der mit Sockel 30 m hohe elegante Turm gewinnt seine Leichtigkeit durch die 20 Säulen der Kolonnade um die Cella. Die Dächer werden von insgesamt 108 Dachstreben gestützt. Sie zeigen verschiedene Formen der Mahishasuramardini und anderer Gottheiten. Den fünf Dächern entspricht die Gliederung des Stufenberges in fünf Terrassen. Die Treppe zur Kultbildzelle wird auf jeder Terrasse von einem Paar großer Figuren begleitet, von denen die jeweils höher stehende zehnmal stärker sein soll als die Figur darunter. Der Reigen dieser Kraftdemonstration wird unten mit den beiden rajputischen Helden Jaya Malla und Phatta Malla eröffnet, die die Stärke von zehn Männern haben sollen. Darüber sind paarweise Elefanten, Löwen und Greifen aufgestellt und auf der obersten Ebene vor der Cella die beiden tantrischen Göttinnen Byaghrini und Singhrini, die über übernatürliche Stärke verfügen. Die Potenzierung der Kraft erreicht ihren Höhepunkt mit der Göttin im Schrein. Die beiden Ringer Jaya und Phatta Malla stehen als Kopien auch vor dem Dattatreya-Tempel im Osten von Bhaktapur. Erstmalig wurde ein solcher Sockelberg mit dem Taleju-Tempel in Kathmandu in der Mitte des 16. Jh. verwirklicht. Gerade in der Zeit um 1700 erfreuten sich diese monumentalen Unterbauten wieder großer Beliebtheit, und es entstanden etwa gleichzeitig mit dem Nyatapola die Tempel Shiva Mandir, Trailokya Mohan Mandir und Jaisi Deval in Kathmandu. Neben Kumbheshvara in Patan, dem allerdings ein Stufensockel fehlt, ist Nyatapola der einzige fünfdachige Tempel im Kathmandu-Tal.

Bhairava Mandir

Im Gegensatz zum Nyatapola hat der zweite Großtempel in Taumadhi Tol, **Bhairava Mandir (24),** keinen quadratischen, sondern einen längsrechteckigen Grundriß. Und er steht ohne jeden Sockel direkt auf der Straßenebene. Diese Form und die Tatsache, daß die Kultbildzelle im Obergeschoß liegt, ist charakteristisch für Bhairava- und Bhimsen-Tempel, die ihren Ursprung im städtischen Wohnhaus haben. Die Pagode hat drei Dächer, unter dem ersten Dach sind drei

Bhairava Mandir

Stockwerke. Um 1600 stand ein Bhairava-Tempel an dieser Stelle. Dieser Bau wurde 1717 von Bhupatindra Malla zu einem Turm aufgestockt und mit zwei weiteren Dächern versehen. Seine ursprüngliche Höhe wird noch heute durch einen auf dem ersten Dach sitzenden Dachaufsatz, bestehend aus drei Spitzen *(gajura),* markiert. Auf dem obersten vergoldeten und mit Behängen geschmückten Dach bilden sieben Gajuras die Bekrönung. Die belegten Daten für den Bhairava-Tempel (1717) wie auch für den Nyatapola (1703) deuten auf eine Geschichte, die genau umgekehrt zur Darstellung der Legende verlaufen ist. Demnach wurde der ältere Bhairava-Tempel, der nur ein Dach besaß, von dem neuen hohen Nyatapola-Heiligtum überragt. Um ein Gleichgewicht zwischen den Gottheiten herzustellen, war König Bhupatindra Malla gezwungen, dem Bhairava-Tempel zwei Dächer hinzuzufügen. Der gegenwärtige Bau ist nach 1934 unter Verwendung alter Teile neu errichtet worden.

Das Kultbild Bhairavas in diesem riesigen Tempel soll nur 25 cm groß sein. Es ist nach Westen gerichtet und sieht durch fünf vergoldete Fenster auf den Platz. Die Maske der Schutzgottheit erscheint nochmals in einem Fenster zwischen erstem und zweitem Dach. Auf der breiten Westseite ist auf Straßenebene ein winziger Durchlaß für die Verehrung.

Untere Fassade des Bhairava Mandir

Bhaktapur

Neben dem Tempel sind die riesigen Räder und andere Teile des Tempelwagens, mit dem das Bhairava-Bildnis beim Bisket-Fest durch die Stadt gefahren wird, zu sehen. Bisket Yatra richtet sich nach dem Sonnenjahr und nicht nach dem Mondjahr, wie die meisten anderen Feste in Nepal. Es wird Ende März/Anfang April gefeiert und wurde von Jagajiyotir Malla (1614–1637) als das Hauptfest der Stadt begründet. Zwei Tempelwagen, der eine für Bhairava, der andere für die Göttin Bhadrakali, werden von Taumadhi Tol zum Chupin Ghat am Hanumante-Fluß gezogen.

Der Eingang liegt, wie bei diesem Tempeltyp üblich, auf der Rückseite. Er ist durch einen **Hof (25)** an der schmalen Südseite erreichbar. Ein Mandapa mit Mittelürmchen, vorgesetztem Portal und Veranda dient als Eingang zum Hof. Dort steht eine schöne Uma Maheshvara-Stele. Parvati sitzt auf Shivas Knie, links ruht Nandi. Das Bhairava-Portal ist ein Torbogen auf dem oben diese Gottheit vierarmig auf einer Leiche dargestellt ist. In den mittleren Händen hält sie Schädelschale und Messer, in den beiden anderen die Embleme Shivas, Trommel und Dreizack.

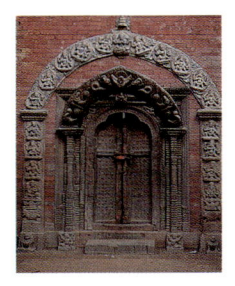

Der seitliche Eingang zum Bhairava-Tempel

Südlich an diesen Bhairava-Vorhof schließt sich eine alte Brunnenanlage an, **Lun Hiti (26),** die einen schönen Wasserspeier in Form eines Makara besitzt, dazu ein Relief mit einem Gnom. Künstlerisch hervorragend ist das lange Relief auf der Nordseite der Beckenwand, auf dem die Neun Planetengötter, Nava Graha, dargestellt sind. Die Reihe beginnt links mit dem Sonnengott Surya, der in beiden Händen eine Lotosblüte hält. Es folgt der Mondgott Chandra. Das Relief endet mit den beiden Mondknoten, dem aufsteigenden Knoten der Mondbahn, Rahu, und dem absteigenden Knoten, Ketu, die zu den Planeten gerechnet werden. Sie sind die beiden schönsten Figuren in der Reihe. Das Kunstwerk (14. Jh. oder früher) zeigt die Bedeutung des Taumadhi Tol, lange bevor die beiden großen Tempel entstanden. An der Ecke der Tanzplattform gegenüber vom Brunnen sind Reste eines Licchavi-Stupas aufgestellt.

Um den Taumadhi Tol

Auf der Westseite von Taumadhi Tol, gegenüber von Bhimsen Mandir, steht ein ehemaliges Rasthaus an der Einmündung der alten Hauptstraße von Westen in den Platz. Das Gebäude, mit erotischen Schnitzereien an den Dachstreben, hat als **Café Nyatapola (27)** eine neue Funktion gefunden.

An der Südseite des Platzes liegt, hinter Gebäuden versteckt, der **Til Mahadeva Narayana-Tempel (28),** früher ein bedeutendes Wallfahrtsziel und eines der ältesten Heiligtümer in Taumadhi Tol, dessen Ursprung in das 11./12. Jh. reicht. Im Hof steht eine zweidachige, Vishnu geweihte Pagode. Im Torana tanzt eine sechzehnarmige tantrische Gottheit auf Nandi, darüber erscheint Vishnu auf Garuda. Vor dem Tempel stehen eine Säule mit Garuda und zwei weitere mit den Emblemen Vishnus. In einem Gitterverschlag neben dem Heiligtum befindet sich ein Shiva-Linga, davor steht eine Ganesha-Statue.

Taumadhi Tol wird durch eine abschüssige, mit Steinen gepflasterte Straße, die als Prozessionsweg dient, mit dem Chupin Ghat am Hanumante-Fluß verbunden. Der Weg führt zunächst am Chandi Bhagavati-Schrein vorbei. Dieses Heiligtum ist wegen seiner alten Steinskulpturen sehenswert. Sie sind in neue, farbig gekachelte Schreine eingesetzt, die in einem plateauartigen Hof von Norden nach Süden aufgereiht stehen. Der Bezirk liegt an einem von Til Mahadeva bergab nach Westen führenden gepflasterten Weg. Gegenüber ist ein stillgelegter Badebrunnen. Vor dem Hauptschrein steht ein einfaches Shiva-Linga auf einer Yoni, dahinter folgt ein Uma Maheshvara-Relief, eingemauert in einen kleinen überkuppelten Schrein, auf dessen Rückseite sich ein Ganesha befindet. In der großen Nische des Hauptschreins gegenüber steht ein Relief aus dem 14. Jh., das die achtzehnarmige Bhagavati Mahishasuramardini zeigt. Sie ist eine Form von Durga, die gegen den Büffel, der immer wieder in neuer Gestalt angreift, einen wilden Kampf führt. Die eigentliche Öffnung des eindachigen Schreins liegt im Westen. Die Cella enthält ein einfaches Shiva-Linga. Auf der Südseite ist eine weitere Nische mit einem Ganesha.

Chupin Ghat ist ein ritueller Bade- und Verbrennungsplatz am Hanumante-Fluß. Er liegt südlich von Taumadhi Tol und zählt zu den ältesten Kultstätten Bhaktapurs, obwohl die Gedächtnisschreine und -tempel dort erst aus dem 19. Jh. stammen. Ein monumentales Bild von Uma Maheshvara aus dem 9. Jh. gehört zu den wichtigen alten Skulpturen, ebenso die wieder aufgestellte steinerne Licchavi-Säule (6./7. Jh.), in Zement eingelassen und versehen mit einer neuen volkstümlichen Bekrönung.

Tachapal Tol

Der Weg von Taumadhi Tol zum alten Zentrum im Osten Bhaktapurs geht zwischen Nyatapola und Bhairava Mandir hindurch und läuft auf dem schmalen Höhenrücken. Tachapal Tol entwickelte sich an der Verzweigung von Handelsrouten, der Name bedeutet ›große Herberge‹. Damit ist der alles beherrschende Dattatreya-Tempel gemeint. Der weite Platz von Tachapol Tol ist ein wunderbar erhaltenes und durch Restaurierung wiedergewonnenes Ensemble von Bauten. Eingerahmt wird er durch relativ einheitliche palaisartig prächtige Fronten von neun *matha* (Wohnhaus einer Asketengemeinschaft), einer für Bhaktapur charakteristischen hinduistischen Einrichtung.

Die alte Handelsstraße verläuft diagonal durch den länglichen Platz. Das leicht nach Westen abfallende Gelände wird durch den langgestreckten zweigeschossigen **Bhimsen-Tempel (1**, gestiftet 1655) aufgefangen. Er erfüllt städtebaulich eine Doppelfunktion, denn er gibt dem Platz gleichzeitig einen Abschluß und ein Tor. Das untere Geschoß ist eine offene Halle, die als Durchgang zu einem großen anschließenden Brunnenbecken, **Bhimsen Hiti (2)**, dient. Der Schrein ist im Obergeschoß. Auch der monumentale Bhairava-Tempel war ursprünglich einmal ein flacher eindachiger Bau wie dieser in Tachapal Tol. Vor dem Tempel stehen eine **Löwensäule (3)** und ein Podest für Tanz und Theater. Bhimsen ist der Schutzgott der Newari-Händler und Handwerker, die vielen Gurajas auf dem Dach des Schreins zeigen seine Bedeutung. Ein **Lakshmi Narayana-Tempel (4)** und eine **Garuda-Säule (5)** vervollständigen das Ensemble.

Der Dattatreya-Tempel

Der mächtige **Dattatreya-Tempel (6)** steht frei auf der anderen Seite des Platzes, dem Bhimsen-Tempel gegenüber. Der turmartige Bau mit umlaufenden Balkonen unterscheidet sich vom Typus einer mehrdachigen Pagode vor allem darin, daß die Obergeschosse begehbare Balkone haben und die sonst üblichen geschnitzten Dachstützen mit Göttergestalten fehlen. Ursprünglich war der Dattatreya-Tempel die erwähnte ›große Herberge‹. Der archaische Bau, der dem Kashthamandapa in Kathmandu entspricht, wurde von König Yaksha Malla (1428–1482) für shivaitische Asketen erbaut. Vishva Malla (1547–1560) ließ ihn erneuern, wahrscheinlich wurde er damals in einen Tempel umgewandelt. Drei Abschnitte sind feststellbar: Der Kernbau mit dreigeschossigem Turm, der Umbau zum Schrein mit Anbau im Westen, von dem man die Laterne sieht, und schließlich die Ummantelung im unteren Geschoß mit einer Galerie auf allen Seiten und einer Vorhalle im Westen. In dieser letzten Phase von 1860 wurde der gesamte Bau mit einer Galerie auf hoher Basis, die mit erotischen Szenen geschmückt ist, umgeben. Auf der

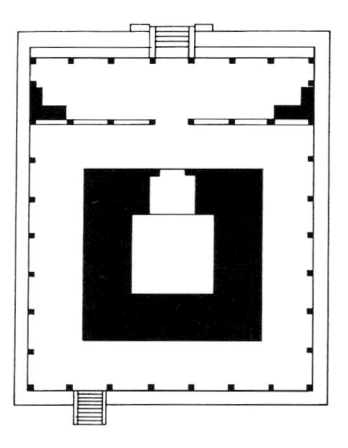

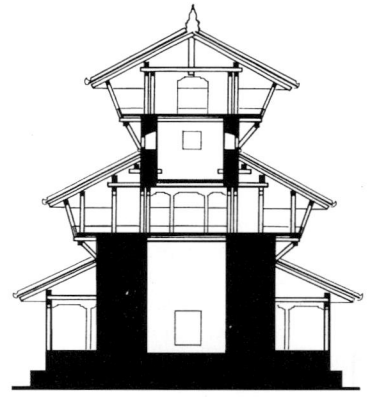

Dattatreya-Tempel, Grundriß und Aufriß

Dattatreya-Tempel

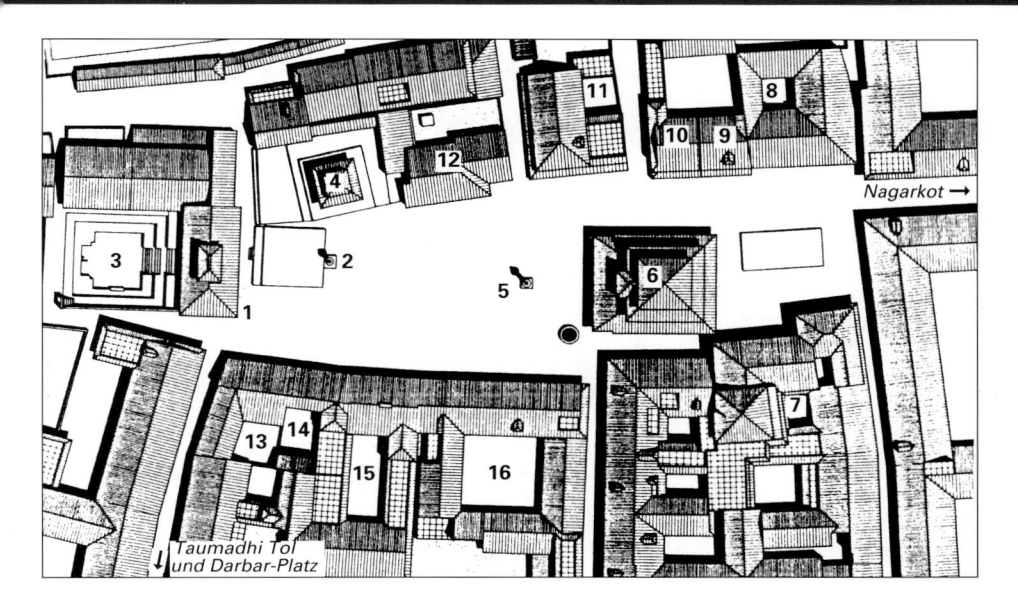

Eingangsseite im Westen wurde sie soweit vorgezogen, daß sich Vorhallen auf beiden Seiten des Eingangs bildeten. Zur Neugestaltung von 1860 gehören die beiden großen weltlichen Tempelwächter, die Ringergestalten Jaya Malla und Phatta in Rajput-Tracht mit Turban und bestickter Jacke. Sie sind Kopien der beiden Figuren vom Nyatapola-Tempel. Zur Präsentation vor der Anlage gehören zwei Säulen mit Emblemen Vishnus, eine mit Muschel und Keule, die andere mit Rad und Lotos; mittig steht eine hohe schlanke Garuda-Säule, die viel zur Wirkung der ganzen Baugruppe auf dem Platz beiträgt. Die Figur des Reittiers Vishnus ist 1,5 m hoch und kennzeichnet den Dattatreya-Tempel so deutlich als Vishnu-Heiligtum.

Dattatreya, der aus dem Fenster der Laterne, die aus dem Anbau ragt, auf den Platz heruntersieht, stammt aus Südindien. Er ist eine synkretistische Gottheit, die Brahma, Shiva und Vishnu in sich vereint. Diese Trinität wird wiederum als Form von Vishnu begriffen, der sich in Dattatreya inkarniert. Dattatreya soll auch Lehrer von Shiva gewesen sein und Vetter Buddhas. Der Tempel in Bhaktapur ist der einzige seiner Art im Kathmandu-Tal. In einer Inschrift von 1881 wird das Verscheuchen und Töten von Vögeln in der Umgebung des Gebäudes streng verboten.

Hinter dem Dattatreya-Tempel liegt das bedeutendste Asketen-Haus an diesem Platz, **Pujari Matha (7)**. Es wurde 1763 in den Formen eines Wohnhauses unter Einbeziehung älterer Teile erbaut. Das erste Math stammt von König Vishva Malla, denn das Shiva-Linga im Inneren ist nach ihm Vishveshvar benannt. Die Anlage gruppiert sich um drei Höfe, von denen der mittlere besonders aufwendig aus-

Bhaktapur
Tachapal Tol
1 Bhimsen-Tempel
2 Bhimsen Hiti
3 Löwensäule
4 Lakshmi Narayana-Tempel
5 Garuda-Säule
6 Dattatreya-Tempel
7 Pujari Matha, Museum für Holzkunst
8 Chikanphale Matha, Museum für Bronzekunst
9 Godavari Matha
10 Bardali Ghar (gehört zum Pujari Matha)
11 Purano Chota Matha
12 Jagam Matha
13 Sithu Matha
14 Dathu Matha
15 Taja Matha
16 Vanalayku

Bhaktapur

Pujari Matha, Grundriß

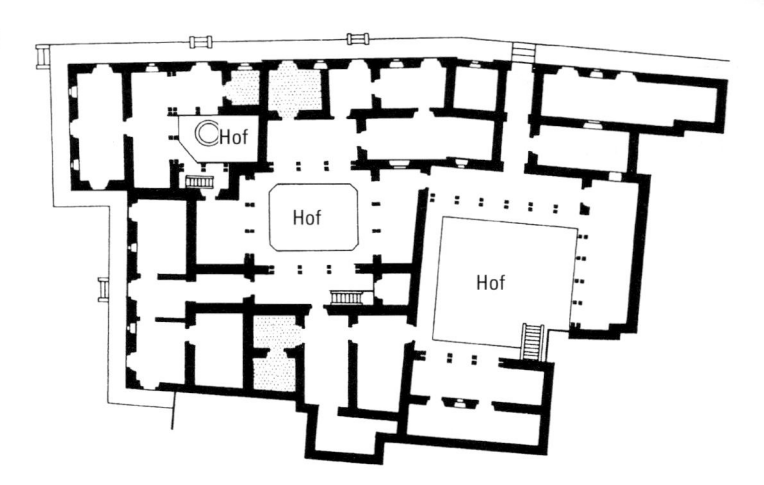

gestaltet und mit vielen Schnitzereien geschmückt ist. In der Malla-Zeit soll Pujari Matha sehr wohlhabend und bekannt für seine Kenntnisse in tibetischen und indischen Kräutern und Medizin gewesen sein. Es verfügte über großen Landbesitz und ein regelmäßiges Einkommen aus Tibet.

Es ist dies der letzte Großbau der Mallas in Bhaktapur, vergleichbar darin dem Kumari Bahal in Kathmandu. Die grundlegende Restaurierung des ganzen Komplexes wurde 1970 als Geschenk der Bundesrepublik Deutschland anläßlich der Hochzeit des damaligen Kronprinzen und späteren Königs übergeben. Das Haus wird als Museum geführt. Hauptausstellungsgegenstand sind das Gebäude selbst, die Organisation der repräsentativen Wohnräume, der Alkoven zum Platz und zum schmalen Innenhof. Eine Sammlung von nepalischen Holzschnitzereien ist aufgestellt; im **Chikanphale Matha (8)** gegenüber befindet sich ein Museum für Bronzekunst. (Die Nummern **9–16** bezeichnen weitere Asketenhäuser.)

Nicht weit von Tachapal Tol, am nächsten größeren Platz der Hauptstraße nach Osten, steht der Vakupati Narayana-Tempel in einem Hof. Die kleine zweidachige Pagode ist wegen ihrer üppig vergoldeten Metallarbeiten berühmt. Der heutige Bau wurde 1638 errichtet. Vor dem Tempeleingang stehen in einer Reihe fünf Garudas – einer wurde 1408 gestiftet – auf Säulen, einer auf einem Sockel. Zu dieser Säulengruppe kommen zwei weitere mit den Emblemen Vishnus und noch zwei Säulen mit wimpelhaltenden Löwen; die Tiere haben Mähnen in europäisierendem Stil. Im Tempelhof steht ein Schrein für die Acht Muttergottheiten, auf dessen Torana eine achtzehnarmige Durga dargestellt ist. Die kultische Ausstattung dieses eindrucksvollen Heiligtums eines Stadtteils wird vervollständigt durch ein Podest mit Shiva-Lingas. Auf dem Platz vor dem Tempel kann man den Töpfern bei der Arbeit zuschauen.

Das Tal von Banepa

Der geschäftige Ort Banepa liegt 26 km südöstlich von Kathmandu entfernt im Zentrum des gleichnamigen Tales. Es ist zwar durch eine Wasserscheide vom Kathmandu-Tal getrennt, die geschichtliche Entwicklung verlief aber im wesentlichen parallel. Eine Blütezeit erlebte das Fürstentum im späten 14. und frühen 15. Jh., als man mehrere eigene Gesandtschaften nach China schickte. Unter Yaksha Malla (1428–1483) gehörte Banepa zum Kathmandu-Tal. Nach seinem Tod wurde es für kurze Zeit wieder selbständig und fiel dann an Bhaktapur. Der Arniko Rajmarg von Kathmandu nach Tibet läuft durch Banepa. Der alte Weg von Bhaktapur führte über Nala hierher. In der Stadt stehen zwei kleinere Narayana-Schreine aus dem Jahr 1552 auf einem erhöhten Plateau.

Das wichtigste Heiligtum, der **Chandeshvari-Tempel,** liegt im Nordosten, etwa 1 km von Banepa entfernt. Die Hauptattraktionen sind die landschaftliche Lage des Tempels und ein mächtiges Wandgemälde Bhairavas. Der große rechteckige, von einer Mauer und Pilgerherbergen umschlossene Tempelbezirk liegt vor einer bewaldeten Bergwand, über einem engen Tal, das die Punyamati Khola durch-

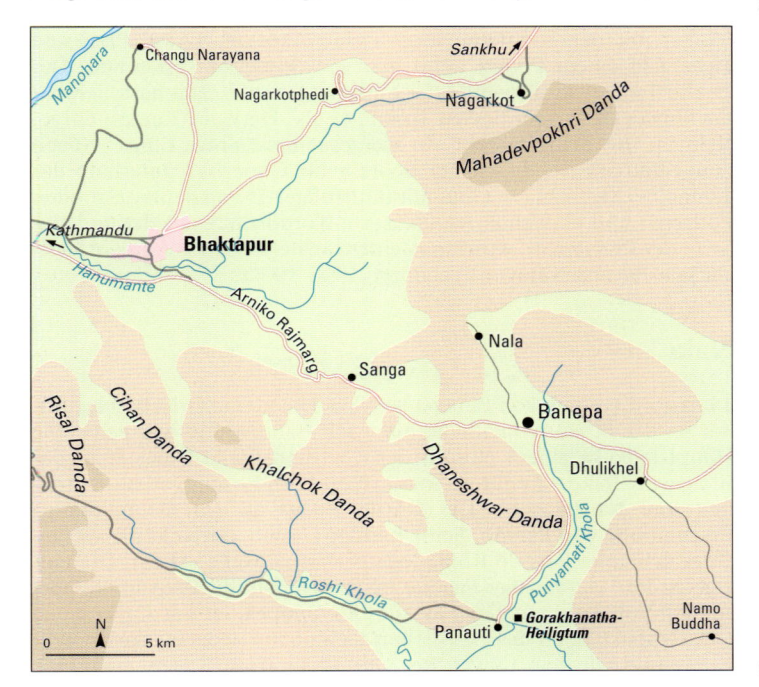

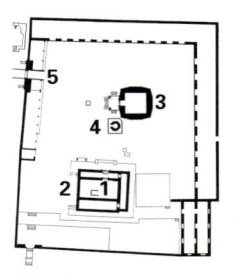

Chandeshvari-Tempelhof bei Banepa
1 *Chandeshvari-Tempel*
2 *Bhairava-Wandgemälde*
3 *Shiva-Tempel*
4 *Ganesha-Schrein*
5 *Hofeingang*

Das Tal von Banepa

fließt. Die Göttin Chandeshvari ist eine Form von Durga und Parvati. Als Chandeshvari gilt sie als eine der newarischen Muttergottheiten. Die Legende erzählt, das Tal sei einst von einem fürchterlichen Dämonen beherrscht worden. Die Bewohner flehten Parvati an, sie von Chanda, den sie besonders fürchteten, zu befreien. Nachdem Parvati den Dämon erlegt hatte, erhielt sie den Namen Chandeshvari, ›die Herrin des Chanda‹. Das westliche Tor zum Tempelbezirk schmückt das neue Relief der Göttin, die, auf einem Löwen reitend, den Dämon mit dem Dreizack tötet.

Im Hof stehen ein Shikhara-Tempel für Shiva und eine dreidachige Pagode für die Göttin. Der hohe Chandeshvari-Tempel stammt aus dem 17. Jh., beim Erdbeben von 1934 stürzte er ein. Die Westwand schmückt ein farbenprächtiges Fresko des achtarmigen schrecklichen Bhairava, der auf einer hingestreckten Gestalt trampelt. Die dreieckigen Aussparungen symbolisieren die Ashtamatrikas. Die Pilger, die auf dem alten Weg vom Ghat zum Tempel hochkamen, mußten in seiner Nähe vorbeigehen. Das Torana über dem Portal zeigt Chandeshvari, die reich geschnitzten Dachstreben stellen die Ashtamatrikas und ihre Partner dar. Der Eingang liegt in der Mitte der Nordseite, und Cella samt Kultbild sind merkwürdigerweise aus der Tempelmitte nach Westen verschoben. Die freistehende Statue der Göttin ist mit Silberschmuck überhäuft, jährlich wird sie in einer Wagenprozession nach Banepa gebracht. Vor dem Tempel stehen Säulen mit den Reittieren ihrer vielen Aspekte, Löwe, Pfau und Tiger. Auf einem Podest kann man ein Stifterpaar erkennen. Der zweite Tempel in diesem Hof ist ein untersetzter Shikhara-Schrein für Shiva (18. Jh.), in dessen Torana er als ›Herr des Tanzes‹ dargestellt ist. Im Schrein steht ein viergesichtiges Shiva-Linga. Neben dem Shikhara ist ein kleiner Schrein für Ganesha. Unterhalb des Tempelbezirks liegt ein Ghat mit fünfstufiger Treppenanlage, runden Podesten und einfachen Rasthäusern. Nordöstlich, auf der anderen Seite der Punyamati, wurde aus einem anstehenden Felsen ein riesiger Jalashayana Narayana gehauen (1996/1997).

Nala

4 km nordwestlich von Banepa ist Nala. Die kleine Ortschaft lag früher an der Straße von Bhaktapur nach Banepa und war zeitweilig Hauptstadt. In einem Hof an der höchsten Stelle Nalas steht der Bhagavati-Tempel inmitten eines urtümlichen Ensembles aus Schreinen und Rasthäusern. Die Göttin Bhagavati gilt als mildtätige Erscheinung von Parvati. Seine heutige Gestalt verdankt die vierdachige schlanke Pagode König Jagatprakasha Malla (1647). Die einzige andere vierdachige Pagode ist der Harisiddhi Bhavani-Tempel südlich von Lalitpur. Die Fassade des Tempels ist mit Opfergaben von Gegenständen des häuslichen Gebrauchs bedeckt; davor steht eine Säule mit dem Löwen der Göttin. Im Torana sieht man eine

Bhairava-Bild am Chandeshvari-Tempel

Mahishasuramardini. Unterhalb des Hofes ist eine Brunnenanlage mit alten Reliefs, darunter Uma Maheshvara mit ihren Söhnen Ganesha und Karttikeya. Andere Reliefs zeigen den Sonnengott Surya, einen vierarmigen Vishnu mit Lakshmi und Garuda und eine Devi aus dem 13. Jh. Außerhalb von Nala, an der ehemaligen Bhaktapur-Straße, liegt der Lokeshvara-Schrein, der erst im 19. Jh. hergerichtet wurde; ein Buddha soll hier vier Monate meditiert haben.

Panauti

Panauti liegt 35 km östlich von Kathmandu in einer kleinen, von Bergen umgebenen fruchtbaren Ebene. Die Stadt auf dem Dreieckszipfel am Zusammenfluß von Roshi Khola und Punyamati Khola ist der kultisch bedeutendste Ort des Banepa-Tals. Einmündungen und Vereinigungen von zwei Flüssen gelten allgemein als besonders heilig. Panauti hat unverhältnismäßig große und wichtige Heiligtümer, die seine Rolle als Hauptstadt des unabhängigen Königreichs Banepa im 13. Jh. und auch die spätere machtvolle Position im 14. Jh. widerspiegeln. Mit Hilfe der französischen Regierung renoviert das Panauti Integrated Project alle religiösen Monumente und verbessert gleichzeitig die Infrastruktur der Stadt. Jährlich nach dem Monsun werden alle Gottheiten in einer Wagenprozession durch die Stadt gefahren, aber das große Fest in Panauti wird nur alle 12 Jahre gefeiert.

Das Tal von Banepa

Der große offene Hauptplatz war der Ort eines Taleju Bhavani-Tempels und eines frühmittelalterlichen Palastes. Davon haben sich allerdings nur noch ein kleiner Ziegel-Shikhara und ein Grashügel erhalten. In der Nähe liegt ein Brunnenbecken mit Wasserspeiern.

Die Hauptstraße verbindet diese Stelle mit dem religiösen Zentrum der Stadt, dem Indreshvara Mahadeva-Tempel, einem der künstlerisch bedeutendsten Bauten in Nepal. Die dreigeschossige Pagode, die ›Shiva, dem Herrn von Indra‹ geweiht ist, steht in einem großen ummauerten Hof. Sie wird von einer Reihe kleinerer Schreine umgeben. Der Haupttempel entspricht dem Typus des Staatstempels von Pashupatinatha in Deopatan. Der Grundriß ist quadratisch, die Kultbildzelle in der Mitte ist von einem geschlossenen Umwandlungsgang umgeben, der auf allen vier Seiten dreiteilige Portale besitzt. Im Inneren ist ein viergesichtiges Shiva-Linga mit einer Metallhaube. Der erste Bau hier wurde 1294 über einem Shiva-Linga errichtet. 1381 errichtete dann der mächtige Mahatha von Banepa, Jayasimharama Varddhana (reg. ca. 1360–1396), den Pashupatinatha-Tempel in Deopatan neu. Dieser Herrscher verewigte sich in der großen Vishnu-Skulptur, die im Tula Narayana-Schrein genau im Westen gegenüber dem Heiligtum in Panauti steht. Jayasimharama Varddhana könnte auch der Erbauer des Indreshvara Mahadeva-Tempels gewesen sein. Wie bei Pashupatinatha hatte die Anlage von Panauti ursprünglich nur zwei Dächer, das dritte wurde erst im 16. Jh. aufgesetzt. Der Bau wurde im Jahr 1988 durch ein Erdbeben beschädigt.

Die beiden unteren Dächer haben meisterhaft geschnitzte Streben, die stilistisch ins 14./15. Jh. gehören. Die männlichen und weiblichen Götter stehen in anmutiger Shalabhanjika-Haltung, d. h. sie greifen mit einer Hand in einen Baumwipfel. Ihre Füße haben sie direkt auf die Köpfe von Liebespaaren gesetzt. Bei Hanuman im Westen links ist es ein Affenpaar! Die Liebenden sind nicht, wie bei späteren Beispielen dieser Art, in sexueller Vereinigung dargestellt. Auch wird noch die gesamte Strebe als eine Bildfläche behandelt und nicht in eine kleinere und eine größere Fläche getrennt. Hervorragend geschnitzt sind auch die Fenster mit ihren Figuren über dem ersten Gesims. Teile der Portalrahmungen sind unbearbeitet. Auf allen vier Seiten flankieren Löwenpaare die Treppen. Auf der Nordseite ist statt der Treppe der Ablauf für die Flüssigkeiten bei der Verehrung des Kultbilds in der Cella.

Im Westen vor dem Tempel ruht Nandi. Im Hof verstreut stehen kleinere Schreine und auch einfache Sockel für alte Skulpturen: Shiva-Lingas, Uma Maheshvara, Vishnu mit Lakshmi und Garuda, der Sonnengott Surya und der flötespielende Krishna mit zwei Gespielinnen.

Ein größerer Schrein steht im Süden dem Indreshvara-Tempel gegenüber. Der breitgelagerte zweigeschossige Unmatta Bhairava-Schrein wurde 1934 erneuert, seine Gründung geht aber auf das 16. Jh. zurück. Das dreiteilige Portal stammt möglicherweise von

Ansicht von Panauti; nach dem Monsun sind die Flußbette von tosenden Wassermassen gefüllt

einem Vorgängerbau. Das Erdgeschoß umfaßt einen Raum mit großen Steinreliefs, die sitzende Ashtamatrikas darstellen. Das Obergeschoß mit seinen Figurenfenstern ist ein Schrein für Unmatta Bhairava. Der Typ dieser Anlage ist mit dem Shiva und Parvati-Tempel beim Hanuman Dhoka-Palast in Kathmandu vergleichbar.

Im Westen, genau in der Achse des Indreshvara Mahadeva-Tempels steht der Tula Narayana-Schrein, ein überkuppelter, ebenfalls nach dem Erdbeben von 1934 neu errichteter Bau. Im Inneren birgt er eine Trias mit einer 2 m hohen Statue des vierarmigen Vishnu in der Mitte. Die Figur wurde zum Gedächtnis an Mahatha Jayasimharama Varddhana gestiftet, der vom chinesischen Hof als König von Nepal anerkannt wurde. Sie folgt dem Vorbild der Narayana-Trias,

Das Tal von Banepa

*Panauti
Indreshvara-
Mahadeva-Tempel*
1. *Indreshvara-
Tempel*
2. *Nandi*
3. *Matrika-Tempel mit Unmatta Bhairava-Schrein*
4. *Tula Narayana-Schrein*

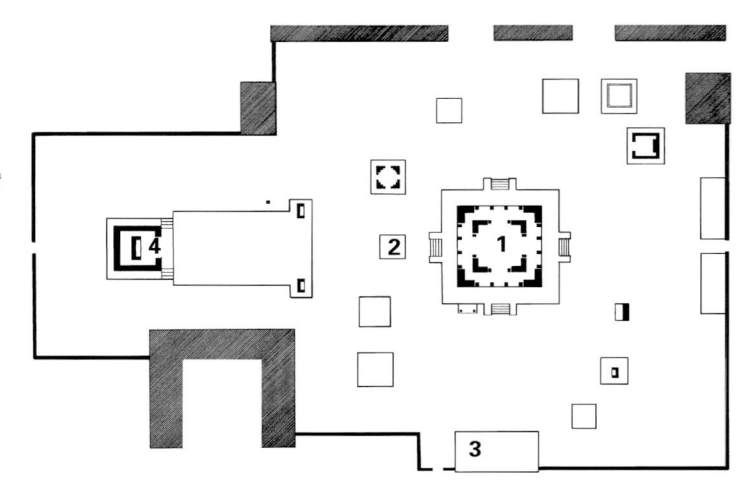

die König Jayasthiti Malla (1382–1395) in Deopatan, gegenüber vom Pashupatinatha-Tempel, im Rama Chandra-Tempel, aufrichten ließ. Die Narayana-Figur in Panauti ist ganz klar auf den Indreshvara-Tempel hin ausgerichtet.

Nur wenige Meter weiter, an der Spitze der Landzunge zwischen dem friedlichen Roshi- und dem reißenden Punyamati-Fluß, liegt das zweite Heiligtum der Stadt, der Krishna-Tempel von Ram Bharo (1663, 1969/70 Wiederaufbau). Die dreidachige Pagode erhebt sich auf einem zweistufigen Sockel. Sie hat einen Arkadengang um die Cella, darin steht der flötespielende Krishna mit zwei Gespielinnen, die Dachstreben zeigen ebenfalls diese Figuren. Die Umgebung des Tempels ist ein Ensemble aus Shikharas mit Shiva-Lingas, einfachen Rasthäusern und, an den beiden Flußufern, Stufen und Verbrennungs-Ghats. Durch eine alte schmale Hängebrücke ist dieser Tempelbezirk mit dem gegenüberliegenden Nordufer der Punyamati und dem Brahmayani-Tempel verbunden, auch dieser eine dreidachige Pagode. Sie stammt aus dem Jahr 1617 und vertritt einen ungewöhnlichen Bautyp. Das Erdgeschoß ist nach außen arkadenmäßig geöffnet, und statt einer ummauerten Cella sind – wie bei einem Mandapa – im Inneren vier Säulen, die eine darüberliegende offene Kammer tragen. Diese ist mit Resten von Wandmalereien geschmückt, die Kultbilder sind einfache Steine. Die Dachstreben sind mit Saptamatrikas und Ashtamatrikas verziert. Eine von ihnen, Brahmayani, ist die Hauptgöttin Panautis. Ihr zu Ehren wird ein großes Tempelwagenfest gefeiert.

Auf dem Berg darüber ist ein Gorakhanatha-Heiligtum. Nur einige Steinfragmente sind dort aufgestellt, aber der Aufstieg lohnt wegen der herrlichen Aussicht auf das Bergpanorama rundum.

Dolakha

Dhulikhel liegt auf der Paßhöhe. Der Ort ist wegen seines schönen Blicks auf die Bergkette des Himalaya bekannt. Etwa 15 km hinter Dhulikhel steht der Tempel der **Palanchok Bhagavati** auf einem 1505 m hohen Berg im Khabhre Palanchok-Distrikt. Das Heiligtum soll der älteste Bhagavati-Tempel in Nepal und etwa um 500 von einer Dame namens Bijaya Svamini gegründet worden sein. Die dreidachige Pagode birgt eine Statue der Göttin. Das Kultbild ist wohl von einem Bildhauer geschaffen worden, der auch die Figuren der Bhagavati in Nala und andere in Kathmandu herstellte. Die Statue ist überladen mit prächtigem Silberschmuck.

Das Dorf **Dolakha,** etwa 80 km im Osten des Kathmandu-Tals, lag an einem alten Weg nach Tibet. Dort existierte ein Thakuri-Fürstentum. Wie Banepa gehörte es unter Yaksha Malla (1428–1482) zum Kathmandu-Tal, erlangte nach dem Tod dieses Herrschers aber für etwa ein Jahrhundert nochmals Selbständigkeit. Das Gebiet wurde 1595 von König Shivasimha Malla von Kathmandu erobert.

Der Dolakha Bhimsen-Tempel ist ein Heiligtum unter freiem Himmel. Es beherbergt ein Steinidol und reichen Schmuck, der von Gläubigen geopfert worden ist. Nach einer Legende soll die Verehrung des Gottes Bhimsen von der Tochter eines Thakuri-Königs aus Dolakha im Kathmandu-Tal eingeführt worden sein. Sie war mit einem Prinzen in Kathmandu verheiratet und gilt als die Gründerin des dortigen Bhimsen-Tempels in der Nähe der Vishnumati. In Dolakha liegt Wambhu Baha. Das Kultbild, ein Padmapani Avalokiteshvara wurde 1972 gestohlen, tauchte danach wieder auf und wird jetzt außerhalb des Schreins aufbewahrt.

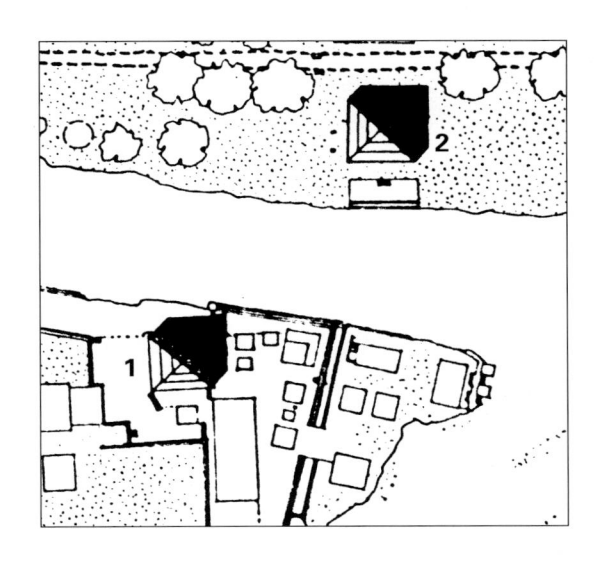

Panauti
1 Krishna-Tempel
2 Brahmayani-Tempel

Patan

Das alte Königreich Patan

Lalitpur, ›die schöne Stadt‹ oder mit dem älteren, gebräuchlicheren Namen Patan (›Stadt‹), liegt auf einem Hochplateau im Süden von Kathmandu. Die Darbars der beiden Malla-Hauptstädte sind genau 7 km voneinander entfernt. Heute bilden Patan und Kathmandu ein zusammenhängendes Stadtgebiet, das nur durch die Bagmati getrennt ist. Lalitpur hatte 1991 117 203 Einwohner.

Der markante Grundriß Lalitpurs wird durch ein Straßenkreuz bestimmt, dessen Schnittpunkt in der Mitte der Stadt beim Darbar liegt. An jedem der vier Endpunkte des Kreuzes, an der alten Peripherie, liegt ein Stupa. Eine Legende schreibt die Entstehung dieser Stadtgestalt dem indischen Kaiser Ashoka (3. Jh. v. Chr.), der als großer Förderer des Buddhismus gilt, zu. Ashoka habe eine Pilgerfahrt ins Kathmandu-Tal unternommen und in der Gegend Lalitpurs Stupas gebaut, in jeder Himmelsrichtung einen und einen fünften Stupa im Zentrum. Trotz dieser einheitlichen Form ist Patan keine geplante Stadt, sondern sie ist aus mehreren Teilen zusammengewachsen.

Für die Anlage Lalitpurs in der Malla-Zeit ist die Nordsüd-Achse die wichtigere der beiden Straßen. Ihre Verlängerung nach Norden, jenseits der Bagmati, führt über Deopatan zur Verzweigung der Tibetstraße in Chabahil. Die bedeutendsten Tempel Patans aus der Malla-Zeit sind an dieser Nordsüd-Achse aufgereiht: Im Norden der Kumbheshvara-, im Süden der Matsyendranatha-Tempel und in der Mitte, innerhalb des Königspalastes, das Degutale-Heiligtum für die Göttin Taleju. Alle drei Turmtempel werden von Staatsgottheiten bewohnt, die speziell für das Königtum in Lalitpur große Bedeutung hatten. Zusammen sind sie das Abbild eines ausgeglichenen himmlischen Kräfteverhältnisses.

Bei der Entstehung der Malla-Königreiche im Kathmandu-Tal blieb Lalitpur bis 1596, als Kathmandu es sich einverleibte, faktisch selbständig. Die Stadt wurde von sieben Feudalherren, Mahapatras, regiert. Ein straff zentralisiertes Königtum konnte sich in Lalitpur nur in der kurzen Zeit vom 17. bis Anfang des 18. Jh. unter einigen Malla-Herrschern durchsetzen. Seine Umgestaltung zur Hauptstadt verdankt Patan Siddhinarasimha Malla (1619–1661). Er regelte das Leben der buddhistischen Bevölkerung neu. Der König besiedelte verlassene Klöster, die die Funktion von buddhistischen Nachbarschaften hatten, und legte neue an, indem er besonders Kaufleute holte, die den Tibethandel förderten. Eine wichtige Stellung nahm die Patronatsgottheit Patans ein, der Rote Matsyendranatha aus Bungamati. Je nach ihrer Lage rechts oder links vom Weg der Matsyendranatha-Wagenprozession wurden die klösterlichen Nachbarschaften in zwei eigenen Verbänden zusammengefaßt. Im Streckenverlauf der Prozession und in der unterschiedlichen Gemeinde-Zugehörigkeit spiegelt sich die Tradition alter Stadtzentren.

*Patan und der Süden des Kathmandu-Tals
Besonders sehenswert
Adinatha-Tempel in Chobar
Bagh Bhairava-Tempel in Kirtipur ☆
Chilandya-Stupa in Kirtipur
Dakshin Kali
I Bahal Bahil
Kumbheshvara-Tempel ☆☆
Kva Bahal
Mahabuddha-Tempel
Palastbezirk mit Krishna-Tempel ☆☆*

◁ *Uma Maheshvara-Darstellung beim Kumbheshvara-Tempel*

Patan

> »Jenseits des Begmutit, nur eine Viertelstunde von Kathmandu entfernt, ist die zweite Stadt des Thales Patan, welche früher die erstere an Größe übertroffen haben soll.«
> Dr. Hoffmeister

Die Eroberung durch die Gorkhas 1768 hatte für Lalitpur wesentlich schwerwiegendere Folgen als für Kathmandu. Die Stadt wurde zur Plünderung freigegeben, der Adel umgebracht, Tempelschätze beschlagnahmt und die Pfründe, aus denen die buddhistischen Heiligtümer unterhalten wurden, enteignet. Aus der Hauptstadt eines selbständigen Königreiches wurde eine Provinzstadt, die heute weitgehend die Rolle eines Vorortes von Kathmandu spielt. Auch die vielen Rana-Paläste, die nach 1900 vor den Toren von Lalitpur, meist im Westen und Nordwesten, gebaut wurden, brachten keine Verbesserung dieses Zustandes. Patan hat bis heute, trotz des großen Zuzugs von Nepali-sprechenden Hindus in den Gürtel um die Stadt, eine überwiegend buddhistische Bevölkerung, es gibt noch 150 Viharas.

Mangal-Basar, der Palastbereich in Lalitpur

Der Palast und die königlichen Gedächtnistempel liegen im Herzen von Lalitpur, am Schnittpunkt der beiden Hauptachsen der Stadt. Die Herkunft der Bezeichnung Mangal-Basar ist umstritten. Einig ist man sich darin, daß es der schönste Platz der drei Malla-Residenzen ist und treffend mit dem Markusplatz in Venedig verglichen wurde. Die UNESCO hat das Ensemble in die Liste des Weltkulturerbes aufgenommen. Der Palast wurde kürzlich mit Hilfe der Bundesrepublik Österreich restauriert.

Die Palastbauten und Tempel stammen aus der kurzen Zeitspanne von kaum mehr als 150 Jahren zwischen 1566 und 1723. In der Shah-Zeit wurde der Darbar in Lalitpur – dies im Unterschied zu Kathmandu und auch Bhaktapur – nicht mehr verändert. Keine Maßstabssprünge, keine weiß verputzten Bauten stören den Wohlklang der Malla-Architektur. Da der Palast in Lalitpur keine staatskultische Rolle mehr spielt, sind alle Höfe öffentlich. Am Beispiel dieser Bauten gewinnt man eine Vorstellung, wie die entsprechenden, jedoch unzugänglichen Höfe des Hanuman Dhoka-Palastes aussehen.

Anstelle des heutigen Manikeshava Chok lag bereits vor der Malla-Zeit ein Palast. Siddhinarasimha Malla (1619–1661) erweiterte diesen nach Süden, fügte den Degutale-Tempel, Mul Chok und Sundari Chok hinzu. Im Osten, hinter dem Palast, legte er Gärten an. 1663 brach ein Großfeuer aus, dem weite Teile der Stadt und der Palast zum Opfer fielen. Shrinivasa Malla (1661–1684) ließ die einzelnen Höfe des Palastes und den Degutale-Tempel wieder aufbauen und dabei die ganze Anlage vereinheitlichen. Eine letzte Veränderung erlebte der Palast unter Vishnu Malla (1729–1745), der einen reich geschmückten, heute nicht mehr vorhandenen Bau im Südosten errichtete. Um der Bevölkerung ein Beispiel zu geben, bestieg er in einer Vollmondnacht einen Elefanten und trug zwei oder drei Ziegel zur Baustelle. Damit veranlaßte er die Leute zu helfen. Der Legende nach wurden an einem Tage sieben Lagen an Ziegel gelegt,

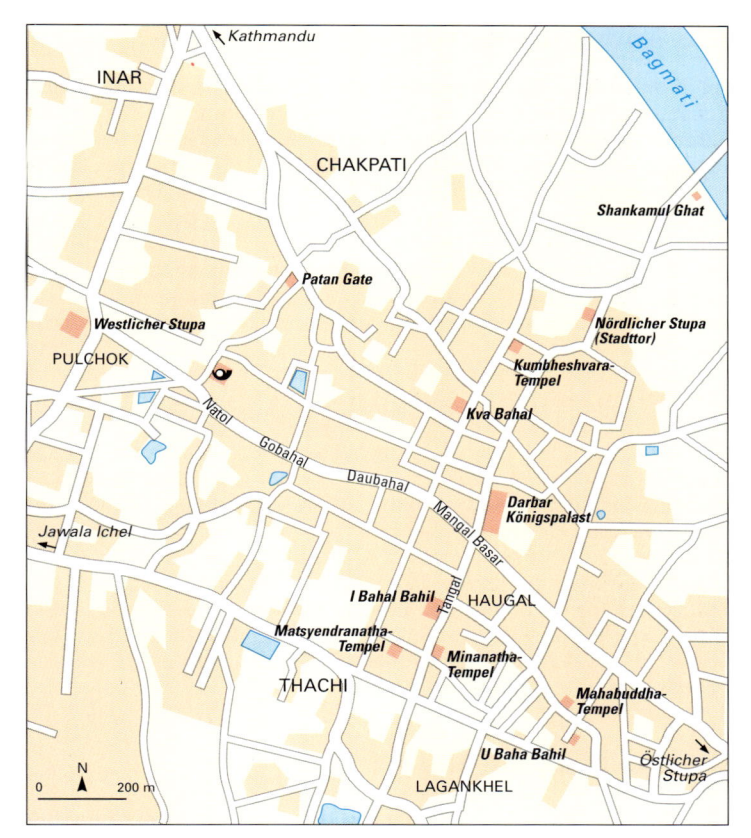

Stadtplan Patan

am nächsten Tag vier Lagen entfernt und erneut sieben Schichten gelegt. Dadurch soll das Mauerwerk besonders fest geworden sein. Auch beim Decken des Daches half die Bevölkerung. Nach Fertigstellung des Baus ließ Vishnu Malla ein Fenster einsetzen, das ein goldenes Bildnis Avalokiteshvaras trug, aus dessen Körper Brahma und andere Götter entsprangen.

Die Gestaltung des Platzes vor dem Palast mit Tempeln erfolgte parallel zum Ausbau des Gebäudes selbst. Der älteste Tempel, Char Narayana, entstand 1566, also vor den Mallas. Er steht vor Manikeshava Chok, dem ältesten Teil des Palastes. Neben diesem Narayana-Tempel erbaute der erste Malla-König von Patan, Siddhinarasimha, ein Krishna geweihtes Heiligtum. So wie sich der Palast nach Süden ausdehnte, so wurden in dieser Richtung auch auf dem davorliegenden Platz unter den späteren Malla-Herrschern weitere Kultbauten errichtet. Die beiden steinernen Krishna-Tempel bezeichneten den Anfang und das Ende der Bautätigkeit der Mallas in Patan.

Die Gründungslegende

Im Norden des Palastbereichs stehen zwei Mandapas zwischen denen eine Treppe in einen tiefen Badebrunnen aus dem 10. Jh. herabführt, zu **Mangal Hiti (1,** auch Mani Dhara). Die Gestalt des Brunnens ist nicht ungewöhnlich, seine Größe, seine Lage vor dem Palast und die beiden Pavillons aber sind etwas Besonderes. Der Brunnen ist, so beschreibt es die Legende, das Zentrum einer früheren Stadt. Ein Herrscher aus der Gegend nördlich der Bagmati legte Lalitpur gemäß den Regeln einer Stadtgründung so an: Im Zentrum erbaute er eine unterirdische Zisterne, in der er Nagas (Schlangen) und viele andere Gottheiten verehrte. Dann überdeckte er die Zisterne und die Kanäle für Zufluß und Ableitung des Wassers. Über der Zisterne erbaute er einen Stupa und einen Brunnen *(dhara)*. Dazu stellte er ein Shiva-Linga und Bildnisse von Ganesha und Mahakala auf. Außerdem baute er eine Versammlungshalle (Mandapa) und einen Palast für den König und weihte beide. Da er ein Verehrer von Mani Yogini war, nannte er alle diese Stätten nach der Göttin folgendermaßen: Mani Talava, Mani Chaitya, Mani Dhara, Mani Linga, Mani Ganesha, Mani Kumara, Mani Mahakala, Mani Mandapa und Manigal Bhatta.

Diese Gründungslegende spiegelt eine Idealvorstellung von der kultischen Ausstattung einer Hauptstadt wieder. Sie bezieht den **Mani Chaitya (2,** hinter Mangal Hiti), **Mani Ganesha (3)** an der Nordseite des Platzes, Mani Keshava Chok, den ältesten Bauteil des Palastes, und Mani Mandapa mit ein.

Beschreibung von Mangal-Basar

Der nördliche der beiden Pavillons ist der erwähnte **Mani Mandapa (4).** Im Jahre 1701 ließ Yoganarendra Malla (1684–1705), gleichzeitig mit Bauarbeiten am nahen Bhimsen-Tempel, den Mandapa renovieren und einen steinernen Thron darin aufstellen. Mani Mandapa diente bei Königskrönungen und anderen Staatsakten als Bühne. Yoganarendra bestimmte den Pavillon zum jährlichen Versammlungsort der Astrologen, die über einen günstigen Tag für den Beginn der großen Wagenprozession von Matsyendranatha zu beraten hatten. Dieser Umzug war das bedeutendste Fest in Lalitpur, von dessen günstigem Verlauf das Wohl der Stadt im jeweils kommenden Jahr abhing. Der steinerne Thron ist nach Norden gerichtet. Die Rückwand wird von Schlangen eingefaßt und trägt die Inschrift Yoganarendra Mallas aus dem Jahre 1701.

Der südliche Pavillon weicht in seinen Maßen geringfügig vom nördlichen ab. Seine Decke hat in der Mitte eine Aussparung, in die vier Säulen eingestellt sind, die die Decke eines darüber liegenden Stockwerkes tragen. Dadurch bekommt der Bau eine gewisses Würdezentrum.

Vishveshvara-Tempel

Der mächtige **Bhimsen-Tempel (5)** ist dem Gott der Kaufleute, Bhimasena, einem der stärksten Helden des Mahabharata-Epos, geweiht. Er ist eigentlich keine königliche, sondern eher eine städtische Gottheit. In der Thakuri-Zeit wurde an dieser Stelle ein Heiligtum gestiftet. Die heutige Anlage hatte einen eindachigen Vorgängerbau. Shrinivasa Malla (1661–1684) ließ ihn wieder herstellen und zwei Geschosse hinzufügen. In dieser Zeit begann man allgemein Tempeln eine größere Höhe zu geben. Mit seinem längsrechteckigen Grundriß, der eine Schauseite ermöglicht, gehört dieser Bau zu einer Sonderform nepalischer Tempelarchitektur. Sie gilt nur für Bhimsen und Bhaivara und unterscheidet sich von der Normalform durch Längsausrichtung, Fehlen eines Sockels und darin, daß das Heiligtum im Obergeschoß ist. Kurz nach seiner Fertigstellung brannte der Tempel 1682 ab. Aus der Zeit der Restaurierung stammen die heute erhaltenen Holzschnitzereien, von denen viele versilbert und vergoldet sind. Im Sanktum im Obergeschoß sind Kultbilder von Mahakala, Bhairava, und von Bhimsen und seiner Frau Draupadi. Vor dem Tempel ist eine Grube für Feuerzeremonien. Die Säule mit dem Löwen, Bhimsens Reittier, wurde 1707 aufgestellt.

Bhimsen in Patan und Bhairava in Bhaktapur scheinen als Beschützer eine ähnliche Funktion gehabt zu haben. Eine Legende berichtet, daß die Schutzgottheit zu einer Bedrohung für die Stadt wurde. Als Yoganarendra (1684–1705) den Thron bestieg, ließ er den Tempel wiederherstellen. Durch die Kraft des Mantras seines Gurus, Harinatha Upadhyaya, begann das Steinbildnis von Bhimsen zu niesen. Es wurde zuletzt so wild, daß es jene, die auf der Hauptstraße vorbeigingen, bedrohte. Als der König das sah, bat er seinen Guru, die Gottheit zu besänftigen. Der Mann weigerte sich entschieden. Da entließ ihn der König und ernannte dessen Bruder zu seinem Lehrer. Dieser beruhigte die Gottheit. Wie beim Bhairava in Taumadhi Tol in Bhaktapur geriet Bhimsen außer Kontrolle. Während aber dort der große Nyatapola-Tempel errichtet werden mußte, genügte in Lalitpur eine Personalveränderung. Im Gegensatz zu den vielen anderen Kultbauten vor dem Palast wird die Gottheit des Bhimsen-Tempels von der Bevölkerung noch heute vor allem dienstags und samstags verehrt.

Der **Vishveshvara-Tempel (6)** ist durch seine Proportionen und Schnitzarbeiten ein Juwel unter den Pagoden-Tempeln des Platzes. Der Bau wurde bereits 1627 von Siddhinarasimha errichtet und Shiva unter dem Namen Vishveshvara oder Vishvanatha geweiht; beide Namen bedeuten ›Herr von Allem‹. Der Name der Gottheit bezieht sich auf den Guru von Siddinarasimha, Vishvanatha Upadhyaya. Dieser Brahmane hatte großen Einfluß auf den Herrscher und wurde zur religiös-politisch dominierenden Gestalt in Lalitpur.

Die zweidachige Pagode steht auf hohem zweistufigem Sockel. Da der Bau nicht dem eigentlichen Herrscherkult diente, hat er einen offenen Umwandlungsgang um die Cella, in deren Mitte ein Shiva-Linga steht. Die reichen Schnitzereien gehören zu einem umfassenden ikonographischen Programm. Die Arkadenöffnungen werden durch eigene Toranas betont, die verschiedene Aspekte Shivas darstellen. Die Dachstreben zeigen Ganesha, Surya, Annapurna und Shiva mit Parvati. 1990 stürzte der Tempel infolge des Monsuns zusammen. Beim Wiederaufbau wurden soweit wie möglich die originalen Holzteile wiederverwendet.

Der wichtige Eingang liegt im Westen und wird durch Nandi ausgezeichnet. Die Schauseite ist nach Osten gerichtet, wo der Tempelaufgang von zwei Elefanten mit Reitern flankiert wird. Die Treppenflucht führt quer über die Straße zur Treppe des Mani Dhara mit den beiden Mandapas. So entsteht ein über einer Symmetrieachse aufgebautes architektonisches Ensemble, wie es in dieser Art in Nepal relativ selten ist.

Neben dem Vishvanatha-Tempel von 1627 vollendete König Siddhinarasimha Malla (1619–1661) nach sechsjähriger Bauzeit 1637 den **Krishna Mandir (7)**. Dieses Kleinod nepalischer Baukunst liegt gegenüber dem ältesten Teil des Palastes, Manikeshava Chok, und zwischen dem ältesten Tempel vor dem Palast, dem Char Narayana-Tempel von Purandarasimha, und dem Vishvanatha-Tempel.

Der Krishna-Tempel ist, wie auch die Stiftungsinschrift erwähnt, mit 21 Türmen geschmückt. Er wird mit Berg Meru, dem Wohnsitz

Mangal-Basar

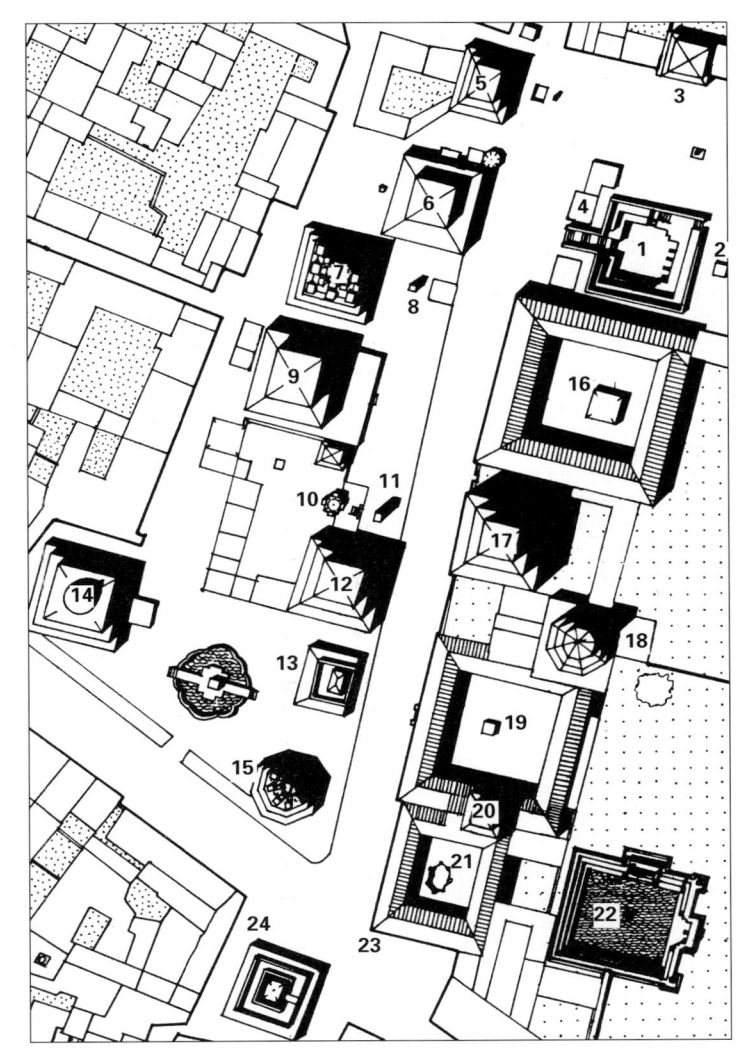

Darbar-Platz
Mangal-Basar
1 *Mangal Hiti*
2 *Mani Chaitya*
3 *Mani Ganesha*
4 *Mani Mandapa*
5 *Bhimsen-Tempel*
6 *Vishveshvara-Tempel*
7 *Krishna Mandir*
8 *Garuda-Säule*
9 *Char Narayana-Tempel*
10 *Narasimha-Tempel*
11 *Yoganarendra Malla-Säule*
12 *Harishankara-Tempel*
13 *Taleju-Glocke*
14 *Bhai Devala*
15 *Chasilin Deval*
16 *Mani Keshava Chok*
17 *Degutale-Tempel*
18 *Achteckiger Taleju-Tempel*
19 *Mul Chok, Yantraju-Schrein*
20 *Mul Chok, Taleju-Schrein*
21 *Sundari Chok mit Tusa Hiti*
22 *Bhandarkhal*
23 *Prachtfenster*
24 *Shiva-Schrein*

Shivas, verglichen. Der luftig durchlässige Bau ist ein Traum von Mogul-Architektur auf nepalischem Boden. Der Kern besteht aus einem geschlossenen Shikhara-Turm. Der zweistufige Terrassensockel geht in einen umlaufenden, gleichmäßigen Arkadengang über, der eine weitere Terrasse trägt. Darauf stehen an den Ecken und an den Seitenmitten überkuppelte Pavillons vor einem zurückgesetzten Arkadengang, der im nächsten Geschoß eine kleinere Terrasse trägt, die wiederum mit überkuppelten Pavillons in gleiche Größe besetzt ist. Sie sind näher aneinander gerückt und stehen schon eng am Shikhara-Turm. Die Pavillons des darüber liegenden Stockwerks sind als Erker des Turms ausgebildet.

Das Sanktum liegt im ersten Obergeschoß. In den Nischen der Arkadenwand dieses Stockwerks sind große Reliefs mit Inkarnationen Vishnus zu sehen. Über das Kultbild und seine Einweihung erzählt die Legende, daß Gott Krishna König Siddhinarasimha Malla in einem Traum auftrug, kein neues Bildnis für den Tempel anfertigen zu lassen, sondern ein altes zu suchen. Als das Bildnis gefunden war und geweiht werden sollte, kamen Siddhinaramsimha Mallas Neffe Pratapa Malla und dessen Guru Lambarkarna Bhatta in Gestalt von Schlangen nach Lalitpur, um die Weihe zu verhindern. Doch erkannte sie der Guru Siddhinarasimhas, Vishvanatha Upadhyaya. Durch magische Kräfte hielt er die beiden solange unter seinem Sitz gefangen, bis die Weihe beendet war. Aus Dankbarkeit machte der König das Pujari-Amt am Krishna-Tempel in dessen Familie erblich und schenkte ihm 84 Felder, die Vishvanatha unter Brahmanen verteilte. Die Legende berichtet auf ihre Weise von dem historischen Versuch Pratapa Mallas, Lalitpur während der Einweihungsfeierlichkeit zu nehmen. Die Truppen Pratapas wurden zurückgeschlagen.

Das Relief: Die Geschichte von Sita und Rama

Das umlaufende Reliefband über den Arkadenöffnungen des unteren Geschosses erzählt die Geschichte der Königskinder Rama und Sita nach dem Ramayana. Das alte Epos wurde Ende des 16. Jh. neu in Hindi gedichtet. Es wurde zu einem religiösen Volksbuch, zu einem Beispiel für den Weg der Erlösung durch gläubige Hingabe. Rama, ein Königssohn aus Ayodhya, in dem sich Vishnu inkarniert hat, gewinnt die Hand von Sita (Janaki), der Tochter des Königs Janak. Zuhause wird Rama um sein Thronfolgerecht betrogen und vertrieben. Zusammen mit seiner Braut und seinem Bruder Lakshmana lebt er in der Wildnis. Das Maß des Unglücks wird voll, als der Dämon Ravana seine Braut Sita auf die Insel Lanka entführt. Rama und Lakshmana nehmen die Verfolgung auf, kommen dabei in das Reich der Affen und gewinnen die Hilfe des mächtigen Hanuman. Hanuman wird zu einem Riesen und springt über die Meerenge nach Lanka. In einer gewaltigen Schlacht tötet Rama den Dämon Ravana und befreit Sita. Er kehrte mit ihr nach Ayodhya zurück und nimmt schließlich als rechtmäßiger Erbe den Thron ein. Diese Szene ist in der Mitte der Ostseite, über der Treppe dargestellt. Rama und Sita sitzen auf einem Thron in der Mitte, flankiert von zwei Dienern mit Wedeln. Die Eltern Ramas sitzen rechts von dem Paar und ganz rechts ist Lakshmana dargestellt. Auf der linken Seite knien sechs Affen. Bevor es zu diesem glücklichen Ende kommt, muß Sita zum Beweis ihrer Unschuld noch eine Feuerprobe bestehen, der der treue

Hanuman beiwohnt. Die Bildergeschichte wird im Uhrzeigersinn gelesen. Sie beginnt links von der Mitte mit einer Darstellung des vierarmigen Ganesha, dem Gott des Anfangs, und endet mit den beiden beschriebenen Episoden. Das Fries des zweiten Geschosses stellt Krishna-Szenen aus dem Mahabharata dar. Krishna, achte Inkarnation Vishnus, erlebte Kindheit und Jugend bei Mathura (nahe dem heutigen Delhi), später dient Krishna Arjuna als Wagenlenker in der Schlacht von Kurukshetra, die im Mahabharata geschildert wird. Seine Weisheit offenbart Krishna in der Bhagavadgita.

Hauptfest des Tempels ist Krishnas Geburt im August/September. Der Tempel ist ein Zentrum des volkstümlichen Krishna-Kults. Oft ertönen im Obergeschoß religiöse Gesänge.

Char Narayana

Die **Garuda-Säule (8)** vor dem Tempel stammt ebenfalls von Siddhinarasimha und wurde 1637 aufgestellt. Sie ist eine der frühesten Säulen der Malla-Zeit im Kathmandu-Tal. Das Bildnis des knienden Garuda in vergoldeter Bronze entspricht einer in Nepal alten Tradition. Nur in Hadigaon (bei Deopatan) ist die Figur eines Garuda auf einer Säule aus dem 7.–8. Jh. original erhalten. Garuda ist das Reittier Vishnus und, im übertragenen Sinn, auch seiner Inkarnation, die im Tempel verehrt wird.

Der älteste Tempel beim Palast ist der **Char Narayana-Tempel (9)**. Er ist einer vierfachen Erscheinungsform Vishnus geweiht. Die zweidachige Pagode in Form eines Staatstempels vom Typus Pashupatinatha in Deopatan steht gegenüber von Manikeshava Chok auf einem niedrigen Stufensockel. Der Bau wurde 1566, bevor die Malla in Lalitpur die Herrschaft antraten, von dem adligen Stadtherrscher Purandarasimha zum Gedächtnis seines Vaters Vishnusimha (gest.

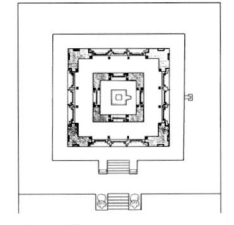

Der Char Narayana-Tempel zeigt die typischen Merkmale eines Staatstempels wie bei Pashupatinatha: auf allen vier Seiten große dreiteilige Portale, das Tempelinnere mit einem Umwandlungsgang und in der Mitte ein Bildnis, das nach allen vier Seiten blickt

1556) gebaut. Nur drei Jahre vorher war der Jagannatha-Tempel in Kathmandu errichtet worden. Das vierseitige Kultbild im Inneren stellt vier *(chatur)* Erscheinungsformen Vishnus dar, daher die Bezeichnung Char Narayana. Alle Darstellungen gehören zu Krishnas Klan: Vasudeva, der Vater Krishnas (Süden), Pradyumna, der Sohn Krishnas und Rukminis (Westen), Aniruddha (Norden), Samkarashana (Osten). Sie versinnbildlichen außerdem Vishnusimh und seine drei Söhne, zu denen auch der Stifter des Tempels gehört. Die Schnitzereien der Portalrahmungen und Dachstreben gehören zu den besten im Kathmandu-Tal. Die beiden mittleren auf der Ostseite zeigen Vishnu als Menschlöwe und als Eber. Der untere Teil der Streben ist mit (phantastischen) erotischen Szenen von Frauen, Männern und Fabeltieren geschmückt.

Der **Narasimha-Tempel (10)** stammt ebenfalls von Purandarasimha, dem Stifter von Char Narayana. Er ließ ihn 1589 zum Gedächtnis seines verstorbenen Bruders und Mitregenten Narasimha errichten. Der Shikhara-Tempel hat vorgesetzte Pavillons auf allen vier Seiten. Ein ähnlicher Bau steht auch in Bhaktapur vor dem Palast.

Nach dem Vorbild der Pratapa Malla-Säule vor dem Degutale-Tempel in Kathmandu errichtete **Yoganarendra Malla** (1684–1705) eine **Säule (11)** mit seinem Portrait und dem viel kleineren Bildnis seines Sohnes, der auch schon einen Naga-Schirm hat. Auf dem Schlangenkopf über dem König sitzt ein Vogel. In Bhaktapur gab es damals noch keine Säule mit einem Herrscherbildnis. Angeblich konnte Bhupatindra Malla von Bhaktapur (1696–1722) den Anblick dieser Statue nicht ertragen und beschloß daher, Yoganarendra und seine Familie auszulöschen. Zu diesem Zweck stellte er vor seinem Palast ein Linga auf. Yoganarendras Sohn starb bald darauf und, um sein Werk zu vollenden, ließ der König von Bhaktapur Yoganarendra vergiften. Mit Yoganarendra Malla, der ohne männlichen Erben starb, endet die glanzvolle Zeit der Malla in Lalitpur.

Zum Gedächtnis von Yoganarendra Malla wurde 1706 der **Harishankara-Tempel (12,** oder auch Shankara Narayana-Tempel) errichtet. Die dreidachige Pagode auf einem dreistufigen Sockel steht südlich von der Yoganarendra Malla-Säule. Dieser Tempel ist Harishankara geweiht, einer Manifestation von Vishnu (Hari) und Shiva (Shankara), und folgt weitgehend den Formen des Vishveshvara-Tempels im Norden. Im Gegensatz zu seinem Vorbild hat er allerdings drei Geschosse. Da er jedoch auf schmalerem Grundriß als der Vishveshvara-Tempel errichtet ist, erreicht er nur etwa dessen Höhe. Der Bau schließt nach Süden den Platz von Manikeshava Chok und Degutale, der im Norden von seinem Bruder-Tempel Vishveshvara eingeleitet wird. Auf den Dachstreben sind die Strafen für die Verdammten dargestellt.

Genau in der Achse des Portals von Mul Chok auf der anderen Seite der Straße steht auf einem gemauerten eingeschossigen Unterbau ein Ständer mit einer riesigen **Glocke, die der Göttin Taleju (13)** geweiht ist. Ihr Klang sollte auch die Feinde des Königs erschrecken.

Sie wurde 1737, im gleichen Jahr wie die entsprechende Glocke in Bhaktapur, von König Vishnu Malla (1729–1745) aufgestellt. Hinter der Taleju-Glocke liegt der Sockel des großen **Bhai Devala (14)**, der beim Erdbeben von 1934 zusammenstürzte.

Chasilin Deval (15) ist der letzte bedeutende Tempel im Palastbereich. Er ähnelt in mancher Hinsicht Krishna Mandir. Nach dem Tod von Yoganarendra trat dessen Tochter Yogamati zunächst als Regentin für ihren minderjährigen Sohn Lokaprakasha Malla (1705–1706) auf, der schon nach elf Monaten an Pocken starb. Zu seinem Gedächtnis stiftete sie 1723 den ›achteckigen‹ *(chasilin)* Steintempel im Süden, gegenüber Sundari Chok. Dieser Bau ist dem jugendlichen Krishna geweiht, der hier mit seiner Gespielin Radha verehrt wird. Beim Erdbeben von 1934 wurde der Tempel zerstört, danach in der alten Form wieder errichtet. Vom Krishna Mandir unterscheidet er sich darin, daß die Pavillons keine Variation der Formen zeigen.

Der Palast

Der Palast entwickelt zur Straße eine langgestreckte Front, die sich aus drei einzelnen, verschieden hohen Höfen und dem Turmtempel von Degutale zusammensetzt. Alle drei Bauten werden von der Straße her erschlossen, besonders gestaltete Korridore oder andere Verbindungen im Inneren gibt es nicht. Der öffentlich-städtische Raum und der Palast des Stadtkönigs bilden eine Einheit.

Der älteste Palasthof ist **Mani Keshava Chok (16)** im Norden, in unmittelbarer Nachbarschaft zu Mani Dhara. Bevor die Malla die Herrschaft in Lalitpur übernahmen, stand hier bereits ein Palast, der als Manigal bezeichnet wird. Die Straße davor wird daher Mangal-Basar genannt. Das Gebäude von Siddhinarasimha brannte 1663 ab und wurde erst 60 Jahre später (1734) fertiggestellt. Der Bau besaß, wie Lohan Chok in Kathmandu, vier Ecktürme, die vereinfacht rekonstruiert wurden. Interesse verdient nur noch die prächtige Mittelachse der dreigeschossigen Fassade mit dem ›Goldenen Fenster‹, nach dem der Palast auch Lumjyal Chok genannt wird.

Am Torana des von Löwen bewachten Portals erscheint eine shivaitisch-tantrische zehnarmige und fünfköpfige Göttin auf Nandi und einem Löwen, begleitet von den beiden Söhnen Shivas und Parvatis, links dem Gott der Weisheit – Ganesha auf der Ratte – und rechts dem vierarmigen Kriegsgott Karttikeya auf seinem Pfau. Beide erscheinen nochmals an den Seiten der Portalrahmung. Über der Torana-Spitze meditiert unter einem Schirm ein Buddha. Auf den beiden Sturzbalkenenden sind der Mondgott Chandra auf dem Vogelwagen und der Sonnengott Surya auf dem Pferdewagen dargestellt, anschließend jeweils vier der acht glückbringenden Symbole: endloser Knoten, Lotos, Schirm, Vase, Wedel, Fische, Schirm, Muschel. Sie sind Teil des Programms königlicher Würdezeichen, die den Eintretenden empfangen.

Patan

Die Westseite des Palastes wird vom dreidachigen Degutale-Tempel auf einem turmartigen Unterbau beherrscht; daran schließt sich der niedrige Mul Chok für die Göttin Taleju an; der folgende Flügel ist Sundari Chok, der als Wohnsitz des Königs diente

Darüber ist ein Erker. Das Prunk- und Aussichtsfenster (Goldenes Fenster) hat drei Fensterrahmungen über einer niedrigen Brüstung. Dem mittleren Fenster ist prächtiger figuraler und architektonischer Schmuck in vergoldeter Bronze vorgeblendet. Das untere Feld der Mitte hat die Form eines Throns, der von Löwen und Elefanten getragen wird. In der Mitte schwebt der vierarmige Garuda, das vogelartige Reittier Vishnus. Zum Thron gehört ein reicher Baldachin mit Säulen, die von chinesischen Drachen umwunden sind, und ein Torana-artiger Abschluß. Die goldene Tafel in der Mitte, die von ineinander verschlungenen Nagas umrahmt und bekrönt ist, zeigt den stehenden Bodhisattva Avalokiteshvara, ›den Herrn‹, der (mitleidvoll auf das Leiden) herabblickt‹ als Padmapani, ›mit dem Lotos in der Hand‹. Matsyendranatha, die Patronatsgottheit von Lalitpur, ist eine Form von Avalokiteshvara. Die Tafel mit dem Bildnis konnte herausgenommen werden, in der Öffnung erschien dann der König, stellvertretend für die Gottheit, deren Bildnis sonst auf die Bewohner herabblickte. Der König konnte aber auch als Inkarnation von Vishnu gelten, für dessen Darstellung Garuda und die Nagas charakteristisch sind. Dieser barocken Inszenierung, bei der alle Religionen Lalitpurs verschmelzen, wohnen oben im Torana auch Shiva und Parvati als Uma Maheshvara bei.

Im Hof des Mani Keshava Chok steht der kleine Mani Keshava Narayan-Tempel. Keshava, ›der Langhaarige‹, ist eine volkstümliche Inkarnation Vishnus, die nicht in der offiziellen Liste der zehn enthalten ist. Das Kultbild ist ein vierarmiger Vishnu mit Lakshmi und Garuda. Eine Inschrift im Hof stammt aus der Licchavi-Zeit.

Der Palast wurde kürzlich mit Hilfe der Bundesrepublik Österreich restauriert. Die Arbeit wurde mit den traditionellen Mitteln newarischer Baukunst, Ziegeln und Holz, Lehm und Kalk, durchgeführt. Anstelle der 1934 zerstörten Rückseite trat ein moderner Flügel. Der Palast erhielt neues Leben durch das Patan Museum, das als halbautonome Einrichtung geführt wird und seine Mittel selbst erwirtschaften muß. Dazu dienen auch ein kleiner Laden und eine Cafeteria. Das Museum wurde von der bedeutenden Nepal-Kennerin Mary Slusser im Auftrag und mit Mitteln des Smithsonian Instituts in Washington eingerichtet. Sie bestimmte auch die 150 Meisterwerke nepalischer Kunst der ständigen Ausstellung.

Der Degutale-Tempel, geweiht für Taleju Bhavani

Der **Degutale-Tempel** (17) ist die erste Erweiterung des Palastes unter der Malla-Dynastie. Die dreidachige mächtige Pagode auf einem hohen turmartigen Unterbau ist der Angelpunkt für das gesamte Architekturensemble aus Palasthöfen und Kultbauten. König Siddhinarasimha ließ ihn nach dem Vorbild des Degutale-Tempels in Kathmandu errichten. Er hat allerdings nicht die großen dreiteiligen Portale seines Vorbildes in Kathmandu. Nach dem Brand von 1663 wurde er wiederaufgebaut, nach dem Erdbeben von 1934 rekonstruiert. Im vergoldeten Torana über dem Eingang auf der Turmterrasse ist ein Shiva-Linga. Zwei Torbögen aus Tonplatten, links mit Mahishasuramardini und rechts mit Kali, flankieren den Unterbau.

Die Legende

Für Taleju gibt es im Palast drei Schreine. Der wichtigste ist der Turmtempel der Front. Die Überführung der Göttin von Kathmandu nach Lalitpur ist ein Lehrbeispiel für die Macht der Magie. Da der König von Kathmandu, Lakshminarasimha Malla (1619–1641), im Alter dem Wahnsinn verfiel, konnte er das Mantra, durch das er Macht über die Göttin Taleju besaß, seinem Sohn Pratapa nicht mitteilen. Beim Tode von Lakshminarasimha sah dessen Bruder, Siddhinarasimha, der der König von Lalitpur war, wie aus dem Palast in Kathmandu eine Flamme in den Himmel aufstieg und entschwand. Seine Mutter deutete diese Flamme als Mantra Talejus. Sie enthüllte ihrem Sohn, daß sie die Statue der Göttin in ihrem Haarschopf verborgen nach Lalitpur gebracht habe. Auf der Suche nach jemandem, der das Geheimnis des Mantras von Taleju wüßte, stieß sie auf den in tantrischen Praktiken erfahrenen Brahmanen Vishvanatha Upadhyaya, der damit seine Karriere am Hof von Patan begann. Er lehrte den neuen König das Mantra. Als die Belebung des Kultbildes vollzogen wurde, sah man, wie eine reine Flamme am Himmel erschien und in den Tempel der Taleju eintrat. Dies soll 1619, im ersten Regierungsjahr von Siddhinarasimha, geschehen sein.

Taleju wurde zuerst im Degutale-Tempel, der noch immer als ihr Wohnsitz gilt, aufbewahrt. Siddhinarasimha erweiterte den Palast nach Süden und legte an der Stelle, wo er ein Vihara hatte abbrechen und verlegen lassen, Mul Chok an. Dieser Hof mit zweigeschossigen Flügeln folgt ganz den Vorbildern in Kathmandu und Bhaktapur und wurde als temporärer Wohnsitz für Taleju erbaut. Nach dem Brand von 1663 und dem folgenden Wiederaufbau 1680 unter Shrinivasa Malla (1661–1684) wurde das von prächtigen Löwen bewachte, unverhältnismäßig hohe Portal zur Straßenseite vorgeblendet.

Im Mul Chok wohnten die Palastpriester. Im Südflügel ist der **Schrein für Taleju (20)**. Der reiche, kleinteilige plastische Schmuck aus vergoldeter Bronze ist leider stark geplündert. Die beiden großen Statuen der Begleiterinnen Talejus, Yamuna auf einem Makara und Ganga auf einer Schildkröte, wurden bereits von Siddhinarasimha aufgestellt. Sie entsprechen den Statuen in Bhaktapur und Kathmandu. Die große achteckige und vierdachige **Taleju-Pagode (18)** über der Nordostecke des Hofes wurde von Shrinivasa 1671 hinzugefügt. Die Spitzen der beiden Dachpagoden in Mul Chok sind bekrönt von Shikhara-Miniaturtempeln in vergoldeter Bronze. In der Mitte des weiten Hofes steht Bidya Mandir, ein vergoldeter Schrein für **Yantraju (19)**.

Der im Süden anschließende dreigeschossige **Sundari Chok (21)**, der ›schöne Hof‹, zuerst erbaut 1627, erhielt seine heutige Gestalt unter Shrinivasa Malla. Während Mani Keshava Chok Regierungszwecken diente, war der niedrigere Sundari Chok das Wohnhaus der Könige von Lalitpur. Die durch Risalite symmetrisch gegliederte Fassade von Sundari Chok ordnet sich in ihrer Höhe deutlich dem Haupttrakt des Palastes im Norden unter. Im Osten liegt der ehemalige Palastgarten **Bhandarkal (22)** mit einem Brunnenbecken.

Der Eingang wird neben dem Löwenpaar auch noch von Narasimha (Vishnus Erscheinung als Mensch-Löwe), dem vierköpfigen Ganesha mit Shakti und von Hanuman beschützt, deren Figuren König Siddhinarasimha Malla aufstellen ließ. Über dem Eingang ist ein dreiteiliges Prachtfenster, dessen mittlere Rahmung aus vergoldeter Bronze, beide seitliche Rahmungen aber – ähnlich wie in Kathmandu – aus Elfenbein geschnitzt sind. Dort wohnten die Herrscher den Festlichkeiten auf dem Platz bei. Ein weiteres **Belvedere-Fenster (23)** gibt es an der südlichen Ecke von Sundari Chok. Es überschaut die Kreuzung der beiden Straßenachsen Lalitpurs.

Die vier Flügel um den Hof haben nur die Tiefe eines schmalen Zimmers von etwa 3 m, die Raumhöhe beträgt 2 m. Der Grundriß ähnelt einem buddhistischen Bahal. Der Hof hat einen erhöhten Umgang, in seiner Mitte wurde 1646 der achteckige Badebrunnen **Tusa Hiti (21)** von König Shrinivasa Malla eingelassen, der das Herzstück des Sundari Chok ist. Die Brunnenwand ist in zwei übereinanderliegende Zonen gegliedert, die untere achteckig, die obere rund. Beide sind mit dichtem Laubwerk überzogen, das sich jeweils zu Gruppen von fünf Nischen öffnet, deren frühere tantrische Gottheiten den Kräften organisierten Kunstraubs nichts entgegenzusetzen vermochten.

Südlich der Straße befindet sich an der Ecke der hohe Sockel eines **Shiva-Schreins (24)**, der gute Aussicht auf den Platz gewährt.

Von Mangal-Basar zum nördlichen Ashoka-Stupa

An der alten Straße von Mangal-Basar zum nördlichen Stadttor gibt es noch besonders viele frühe Skulpturen. Die Reihe beginnt mit einem stehenden vierarmigen Vishnu, der von den kleinen Figuren von Lakshmi und Garuda begleitet wird. Die Stele steht in der Cella einer kleinen, zweidachigen Pagode für Vishnu auf der rechten (östlichen) Straßenseite. Vor dem Schrein kniet ein großer, 1706 gestifteter Garuda unter einem Schirm. In der Nähe, auf der linken Straßenseite, steht auf einem zweistufigen Sockel eine dreidachige Pagode. Die Spitze dieses Tempels, der Krishna geweiht ist, sieht man schon vom Mangal Basar aus.

Etwas weiter stehen an der rechten Straßenseite (Ostseite) zwei kleine zweidachige Pagoden. In der hinteren, unscheinbaren Pagode ist eines der schönsten Uma Maheshvara-Reliefs des Kathmandu-Tals aufgestellt. Die schwarze Stele ist auf 987 datiert. Im Inneren des Schreins sind ferner Bildnisse von Surya, Narayana und Harihara.

Nach der Abzweigung des Weges zum Kumbheshvara-Tempel führt die Straße weiter zum nördlichen Ashoka-Stupa. In einer Wegbiegung steht auf einem kleinen Platz ein Votiv-Chaitya. Im Sockel, ist ein großes Relief eingelassen ist, das Avalokiteshvara Padmapani und zwei kniende Adoranten zeigt. Der fürstlich geschmückte Bodhisattva steht in der ›dreifach gebogenen Haltung‹ *(tribhanga)*.

Der nördliche Ashoka-Stupa ist der einzige aus der Gruppe der vier, der innerhalb der Stadtmauer liegt. Lalitpur wird von vier großen Chaityas umgeben, deren Erbauung die Legende Kaiser Ashoka im 3. Jh. v. Chr. zuschreibt. Für ein derartig hohes Altes gibt es keine historischen Hinweise. Wie die Chaityas in Sri Lanka sind auch die nepalischen archäologisch nicht untersucht worden, da ihre kultische Nutzung dies nicht zuläßt.

Der am besten erhaltene ist der nördliche. Er liegt am Stadttor über dem Flußtal und ist der einzige aus der Gruppe, der bedeutende alte Skulpturen aufweist. Diese sind allerdings zum Schutz gegen Raub so einzementiert worden, daß man oft nur noch wenig von ihnen sieht.

Patan

Der nördliche Ashoka-Stupa ist der einzige der vier Ashoka-Stupas, der innerhalb der ehemaligen Stadtmauern liegt; in den Nischen sind die bedeutenden alten Skulpturen zum Schutz gegen Raub bis zur Unkenntlichkeit einzementiert worden

An der Bagmati liegt Shankhamul, das wichtige Ghat für Lalitpur in der Nähe des Zusammenflusses von Bagmati, Manamati und Rudramati. Die Brücke ist die historische Verbindung zwischen Lalitpur und Deopatan mit Pashupatinatha. Besonders in den Monaten Marga und Shravana kommen die Gläubigen hierher. Der Kultplatz besteht seit der Licchavi-Dynastie, der heutige Ausbau stammt aus der Zeit um 1860. In Anlehnung an die Verbrennungsghats in Benares wurde Shankhamul mit Tempeln und Uferanlagen bebaut.

Der Kumbheshvara-Tempel

Der Kumbheshvara-Tempel ist das wichtigste Shiva-Heiligtum in Lalitpur. Der Tempelbezirk, dessen Geschichte bis in die frühe Licchavi-Zeit zurückreicht, ist auch einer der ältesten und bedeutendsten Kultplätze des Kathmandu-Tals. Die hier und in der unmittelbaren Nachbarschaft, im großen Brunnenbecken von Konti Hiti, ungewöhnlich vielen und gut erhaltenen frühen Skulpturen beweisen den herausragenden Rang dieser Gegend in der Entwicklungsgeschichte Lalitpurs. Einer Legende zufolge soll das Shiva-Linga im Kumbheshvara-Tempels der Fixpunkt gewesen sein, von dem aus eine der Gründungen Lalitpurs erfolgte.

Der von der Straße abgesonderte Tempelbezirk wird von der schlanken, fünfdachigen Pagode überragt, die von Rasthäusern, kleinen Schreinen und einem Wasserbecken umgeben wird. Der lange zweigeschossige, 1780 gestiftete **Torbau (1)** im Westen dient auch als Rasthaus für Pilger. Vor dem Westportal des Tempels ruht **Nandi (2)**.

Kumbheshvara Mandir

Der **Kumbheshvara Mandir (3)** ist ein vierseitiger Staatstempel vom Typ des Pashupatinatha in Deopatan. Er hat einen geschlossenen Umwandlungsgang und auf allen vier Seiten dreiteilige Portale. Die oberen Geschosse sind schmaler und schlanker als üblich. Sie wirken eher wie ein Dachaufsatz und nicht, wie z. B. beim Nyatapola in Bhaktapur, wie eine turmartige konsequente Verjüngung, die sich aus den Maßverhältnissen der Kultbildzelle ergibt. Im Zentrum der Cella steht das aus dem Lot geratene Sarveshvara Linga, der ›Herr von allem‹. Es ist ein einfaches Linga ohne Gesicht. Die Dachstreben zeigen verschiedene Formen Bhairavas, die den zornigen Aspekt von Shiva verkörpern, mit Partnerinnen. Vierköpfige Bhairavas sind auch unten an den Portalrahmen dargestellt.

1392 wurde ein zweidachiger Neubau unter König Jayasthiti Malla errichtet. Unter Yoganarendra Malla (1684–1705) – nach anderer Version unter Shrinivasa (1661–1684) – wurde der Bau um drei weitere Dächer erhöht. Der hohe fünfdachige Kumbheshvara Mandir steht in einer städtebaulichen Korrespondenz hoher Tempel mit dem Degutale-Heilgtum im Palast und dem Matsyendranatha-Tempel im Süden von Lalitpur. Alle drei Anlagen beherbergen Staatsgottheiten. Bei einem Erdbeben (1808) wurden sie beschädigt und wiedererrichtet.

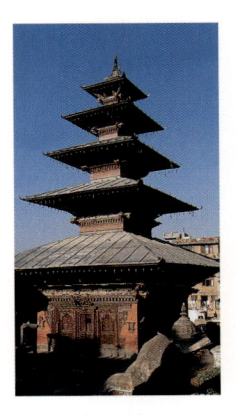

Das große **Wasserbecken (4)** im Norden der Kumbhesvara-Pagode soll eine direkte Verbindung zum Gosainkund, dem heiligen See im Himalaya (s. Karte vordere Umschlaginnenklappe), haben. Infolgedessen gilt das Baden hier als vollgültiger Ersatz für eine beschwerliche Wallfahrt zu dem shivaitischen Pilgerort im Himalaya. Die heilige Quelle entspringt in einem überkuppelten Brunnenhaus neben dem Wasserbecken. Das bedeutende Badefest, die Kumbheshvara Mela, wird gleichzeitig mit dem großen Fest am Gosainkund, Janai Purnima, zum Vollmond im Monat Bhadrapada (August/September) gefeiert. Im Monat davor wird das Sarveshvara Linga mit einer Haube bedeckt, deren Oberfläche vollständig von einem zusammengerollten Schlangenkörper gebildet wird. In der Nacht vor dem Fest wird das Becken mit Wasser gefüllt, die Schlangenhaube vom Sarveshvara Linga abgenommen und dann in einen schwimmenden Schrein in der Mitte des Wasserbeckens gesetzt. Die Verehrung der Gläubigen gilt Shiva in seiner Naga-Form.

Der fünfstöckige Kumbheshvara-Tempel

Zwischen Brunnenhaus und Becken steht ein bedeutendes **Chaturmukha-Linga (5)** mit Händen, die Rosenkranz und Wassergefäß halten. Die vier Gesichter und die Frisuren drücken verschiedene Aspekte Shivas aus. Im Süden begrenzt ein eindachiger langgestreckter Bau den Tempelbezirk von Kumbheshvara. Er beherbergt die Schreine von zwei Gottheiten: Im rechten Teil mit dreiteiligem Portal residiert **Bagalamukhi (6),** eine Form von Durga. Sie wird zum Schutz gegen Cholera angerufen. Gläubige stehen samstags in langen Reihen, um ihr vegetarische und nichtvegetarische Opfer zu bringen. Die linke Seite des Baus beherbergt einen Bhairava-Tempel mit der lebensgroßen hölzernen Figur von **Unmatta Bhairava (7),** der als Gemahl der Bagalamukhi gilt; verehrt wird sein erigierter Penis.

Patan

Lalitpur
Kumbheshvara-Tempel
und Umgebung
1 Torbau/Rasthaus
2 Nandi
3 Kumbheshvara
   Mahadeva Mandir
4 Wasserbecken
5 Chaturmukha-
   Linga
6 Bagalamukhi
7 Unmatta Bhairava
8 bedeutende alte
   Skulpturen
9 Harihara
10 Frauenbrunnen
11 Konti Hiti

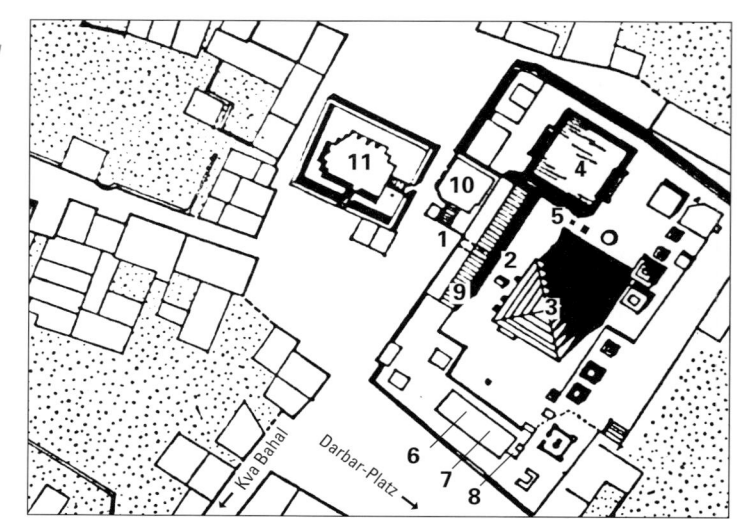

Vor der östlichen Schmalseite der Schreine sind einige **bedeutende Skulpturen (8)** aufgestellt. Dazu gehören zwei Stelen, die den vierarmigen Shiva und Parvati (12. Jh.) zeigen, vor allem aber die Vasuki-Stele aus dem 4. Jh. Der menschlich dargestellte König der Schlangen sitzt vor dem Hintergrund von Schlangenwindungen, die wie Polster wirken, in entspannter Haltung mit herabhängendem rechten Bein *(rajalilasana)*. Im Pilgerhaus auf der Westseite steht ein achtarmiger **Harihara (9,** Shiva und Vishnu in einer Person, 17. Jh.), dessen linke Hände Dreizack, Stundentrommel, Rosenkranz und Wassergefäß halten (Shiva/Hara). Die rechte Hälfte der Figur ist Vishnu/Hari, der durch Keule, Muschelhorn, Rad und Lotos gekennzeichnet ist. Neben den beiden Gottheiten stehen ihre entsprechenden Partnerinnen Parvati und Lakshmi. Als Reittiere dienen Nandi und Garuda.

Außerhalb des Tempelbezirks, vor dem Haupteingang im Westen, liegen zwei Brunnenbecken. Misa Hiti, der kleinere sogenannte **Frauenbrunnen (10),** wurde 1414 von einem Goldschmied zum Gedächtnis an seine verstorbene Frau wiederhergestellt. Er enthält hauptsächlich Licchavi-Chaityas, die an die buddhistische Tradition der Gegend erinnern. Der größere Brunnen vor dem Westtor ist **Konti Hiti (11).** Von Osten und Süden führen Treppen herunter, im Norden und Westen sind Wasserspeier. In der Beckenmitte steht eine vierseitige Stele (10. Jh.), die Vishnu begleitet von Lakshmi und Garuda zeigt. (Alle vier Seiten sind gleich.) In die Beckenwand sind bedeutende alte Reliefs eingemauert. Auf der Nordseite z. B. eine Naga-Stele aus dem 7. Jh., im Westen eine Uma Maheshvara-Darstellung (12. Jh.) – um nur zwei aus der Fülle hervorragender Reliefs zu nennen.

Kva Bahal

Von Konti Hiti ist es ein kurzer Fußweg nach Süden zum Kva Bahal. Das blühende buddhistische Kloster heißt in Sanskrit Hiranyavarna Mahavihara, ›das große goldfarbene Kloster‹, daraus wurde verkürzt ›der Goldene Tempel‹. Es soll zwischen 1045 und 1048 von König Bhaskaradeva gegründet worden sein; er soll auch hier gelebt haben. Die Mönche kamen aus Pingala Bahal Kot in der Gegend von Deopatan. Sie brachten das Hauptkultbild des Kva Bahal mit, eine Skulptur des Buddha Shakyamuni. Ursprünglich soll dieses vergoldete Bildnis sogar aus Chabahil stammen, einem Kloster, das zeitweilig mächtiger als der Tempel von Pashupatinath war. Kva Bahal entwickelte sich zum reichsten Kloster Lalitpurs. Die Vergoldung der meisten Dächer des Hauptschreins und des Svayambhu-Schreins verdankt man den Stiftungen zweier Familien, die in Lhasa Handelshäuser besaßen (Beginn des 20. Jh.). Vorher war nur das oberste Dach der Pagode vergoldet.

Von der Straße her ist kaum etwas vom prächtigen Kloster zu ahnen. Der Eingang liegt im Osten und führt durch einen schmalen Vorhof. Das innere Torhaus zeigt links und rechts auf dem Portalrahmen die beiden Lieblingsjünger Buddhas, Maudgalyana und Shariputra, auf dem Torana darüber sieht man trantrische Buddhas. Die Spitze des Torana bildet ein Stupa. Auf den beiden Dachstreben des

Lalitpur, Kva Bahal und Umgebung
1 *Kva Bahal*
2 *Manjushri-(Sarasvati-) Schrein*
3 *Michu Bahal und großer Klosterhof*
4 *Ganesha-Schrein*

Lalitpur
Kva Bahal, Grundriß
 1 Portalbau
 2 Vorhof
 3 Inneres Portal und Durchgang
 4 Büro
 5 Dharmadhatu-Mandala
 6 Schrein mit Svayambhu-Chaitya
 7 Hauptschrein mit Shakyamuni
 8 Südflügel mit Bhajan-Halle
 9 Treppe zum Obergeschoß
 10 Nordflügel mit tibetischer Gebetshalle im Obergeschoß
 11 Ur-Buddha Vajrasattva
 12 Agama
 13 Bodhisattvas
 14 Durchgang zum Michu Bahal

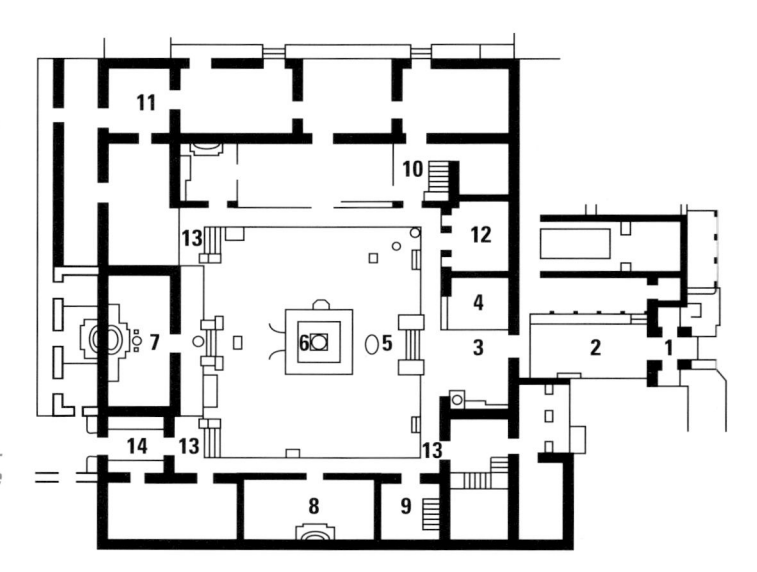

Obergeschosses sind Vishnu und Shiva als buddhistische Wächtergottheiten dargestellt. Der Eingangsbau wird durch eine Dachpagode betont, deren oberer Teil mit Pferden und, im Mittelfenster dem Sonnengott Surya, als Sonnenwagen gestaltet ist.

Der quadratische Hof wird von zweigeschossigen Flügeln umgeben. In der Mitte steht ein vergoldeter Schrein, der den Svayambhu-Chaitya umschließt. Die Legende erzählt dazu: Zur Zeit Manjushris gab es in Lalitpur einen Teich, dessen Wasserspiegel immer gleich blieb und in dessen Zentrum ein Stupa aus Juwelen war. Ein Naga-Paar lebte im Teich. Eine Ratte namens Hiranyaka (Namensgeberin des Klosters), deren Fell wie Gold und deren Augen wie Juwelen glänzten, badetete hier täglich und verehrte den Chaitya, der als Haupttheiligtum der Shakya und Vajracharya, die zum Kva Bahal gehören, gilt.

Die Westseite des Hofes wird von einer breitgelagerten dreidachigen Pagode eingenommen. Dächer und Fassade sind vollständig vergoldet. Im Erdgeschoß ist der Hauptschrein des Kva Bahal. Das Torana zeigt den historischen Buddha Shakyamuni mit Erdberührungsgeste und seine beiden Lieblingsjünger. Darüber sitzen die Fünf Transzendenten Buddhas mit Vajrasattva in der Mitte. Er hält Donnerkeil und Glocke in den Händen. Vajrasattva gilt als Ur-Buddha, somit als Svayambhunatha, ›der Herr, der aus sich selbst entstand‹. Auch das Torana über dem Osteingang zum Hof zeigt diese Darstellung. In der Cella im Erdgeschoß der Pagode befindet sich das goldene Bildnis des Buddha Shakyamuni, das die Mönche aus dem alten Pingala Bahal Kot in der Gegend von Deoptan mit nach Lalitpur brachten.

Zusammen mit der Figur wird in der Cella auch ein ehrwürdiges Buch aufbewahrt, das Ashtasahasrika Prajnaparamita. Es wurde 1225 in Goldschrift auf Papier geschrieben und enthält einen der wichtigen Texte des Mahayana-Buddhismus.

In den übrigen drei Flügeln um den Hof liegen weitere Räume. Der mittlere Raum im Erdgeschoß des Südflügels dient als Bhajan-Halle für religiöse Gesänge mit Begleitung von Instrumenten. Er enthält die Bildnisse des Transzendenten Buddha Amitabha, des Bodhisattva Manjushri und einer Tara. Im Obergeschoß sind alte Kultbilder aufgestellt. Der feine, sitzende Avalokiteshvara (12. Jh.) ist ein herausragendes Beispiel für die Darstellung von Anmut, Zartheit und Ruhe in der Bronzeskulptur. Im Obergeschoß des Nordflügels ist eine Gebetshalle im tibetischen Stil eingerichtet. Zu den großen Bildnissen gehören ein Amoghapasha Lokeshvara, ›... mit der unfehlbaren Schlinge‹, eine Form des Bodhisattva Avalokiteshvara, und Chandamaharoshana, eine tantrische Buddha-Form in ihrem schreckenerregenden Aspekt. In der unteren Etage des Nordflügels befindet sich ein Bildnis der Ur-Buddhas Vajrasattva, des Patrons der Vajracharya. Der Ostflügel enthält außer dem Eingangsbereich eine geheime Kammer für Vajrayana-Rituale. Die Räume im Erdgeschoß sind von einer umlaufenden Veranda aus zugänglich. An vier Stellen dieser Veranda, in der Nordost- und Südostecke, sowie auf der Westseite vor der Pagode stehen elegante Bodhisattva-Figuren aus dem 14. Jh., drei Avalokiteshvaras und ein Manjushri.

I Bahal Bahil

Im Gegensatz zu dem heute noch lebendigen Kva Bahal ist I Bahal Bahil (Chakra Bahal) ein archäologisch aufbereitetes Kloster, das seiner ursprüngliche Form aus dem 15. Jh. angenähert ist. I Bahal Bahil, erbaut 1427, erneuert 1661, ist eines der ältesten Viharas in Lalitpur. 1991–1993 wurde die Anlage mit Hilfe des Nippon Institute of Technology restauriert. Auf der Straßenseite ist der breitgelagerte turmlose Bau durch einen zweistufigen Sockel, vor dem zwei Löwen wachen, emporgehoben. Die blockartig geschlossene Fassade wird im Obergeschoß nur von einem Balkon unter dem weit heruntergezogenen Dach geöffnet. Dahinter liegt eine große Halle. Der klare, quadratische Hof wird von zweigeschossigen offenen Flügelbauten umgeben. Im Obergeschoß befinden sich ein umlaufender Balkon mit schräger niedriger Balustrade, dahinter offene Hallen ohne Trennwände für Raumteilungen, die auch im ersten Geschoß fehlen. Das ist charakteristisch für den Bahil-Bautyp. Der Schrein für Buddha Shakyamuni auf der Westseite des Hofs hat einen schmalen Umwandlungsgang. Neue Wandbilder mit den beiden Lieblingsjüngern Buddhas flankieren den Schrein. Auf dem Torana sind die Fünf Transzendenten Buddhas dargestellt. Im Obergeschoß findet man einen weiteren Schrein und einen turmartigen Pavillonaufsatz. Die

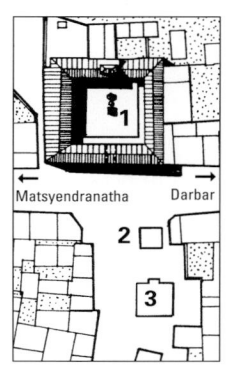

Lalitpur, I Bahal Bahil
1 I Bahal Bahil
2 Lakshmi Narayana-Schrein
3 Shiva-Schrein

Patan

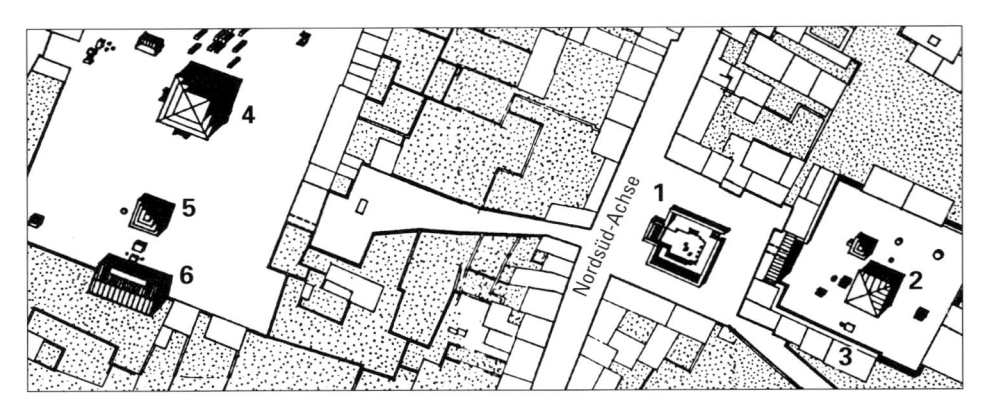

**Lalitpur
Chakbalho Hiti,
Minanatha-, Matsyendranatha-Tempel**
1 Chakbalho Hiti
2 Minanatha-Tempel
3 Tanga Bahal
4 Matsyendranatha-Tempel
5 Chaitya
6 Ta Bahal

Grundform des nepalischen Viharas geht auf frühe indische Vorbilder zurück, bei denen der Hof von den Räumen für das gemeinsame klösterliche Leben, von den Schlafstellen der Mönche und der Kapelle umgeben wird. Das religiöse Zentrum ist der Svayambhu-Chaitya in der Mitte des Hofes.

Von I Bahal Bahil aus kann man zwei Richtungen einschlagen: nach Süden zum Tangal Tol mit dem Matsyendranatha-Tempel oder nach Osten zum Mahabuddha-Tempel.

Auf der östlichen Seite der Straße nach Süden ist ein kleiner Platz mit Chakbalho Hiti. Im Brunnenbecken sind alte shivaitische, vishnuitische und buddhistische Skulpturen, darunter Licchavi-Chaityas, aufgestellt und eingemauert. Inschriften gehen bis ins 11. Jh. zurück. Dahinter liegt der Eingang zum Tangal Bahal (Jyeshthavarna Mahavihara). Im Hof steht der Minanatha-Tempel, der einer Form des Bodhisattva Lokeshvara geweiht ist. Er wird als kleiner Bruder von Matsyendranatha bezeichnet und begleitet ihn bei der jährlichen Prozession in einem eigenen Wagen. Die zweidachige Pagode ist ohne Umwandlungsgang um die Cella. Der Tempel soll von König Yaksha Malla (1428–1482) errichtet worden sein. Er wurde 1672 und 1934 erneuert.

Jenseits von Chakbalho Hiti, auf der Westseite der Straße, führt ein Weg zum Matsyendranatha-Tempel, der in einem ungewöhnlich weiten Hof steht. Dieser gehört zum Tah Baha (Dharmakirta Mahavihara). Matsyendranatha war die Staatsgottheit von Lalitpur. Der günstigste Tag für die große Wagenprozession wurde im Mani Mandapa neben dem Palast bestimmt. Matsyendranatha wird von Buddhisten als Erscheinungsform des Bodhisattva Avalokiteshvara verehrt. Er gilt als Gott des Regens und reicher Ernte. In Lalitpur wird er als Rato Matsyendranatha, als ›der rote Herr Matsyendra‹ verehrt. Er ist aus grob geschnitztem, rot angemaltem Holz gefertigt. (Ein anderer Name für ihn ist Bunga Dyo, da das Bildnis aus Bungamati stammt.) Die jährliche Wagenprozession ist eines der aufsehenerregendsten

Ereignisse im Kathmandu-Tal. Das hohe und schwere Gefährt wird im Monat Vaishakha (April/Mai) durch die engen Gassen Lalitpurs gezogen. Tage vorher wird die Figur nach Langankhel gebracht und dort gebadet, danach wieder angemalt und in den Tempel zurückgebracht, wo sie den Umzug in einem prachtvollen Wagen mit einem Thronraum erwartet. Das Ende der Prozession wird wieder von Astrologen bestimmt und kann zwischen Mai und August liegen. Alle 12 Jahre wird Rato Matsyendranatha bis nach Bungamati zu seinem ursprünglichen Tempel gefahren.

Die hohe dreidachige Pagode wurde von König Siddhinarasimha Malla (1619–1661) errichtet. Sie entspricht dem Typus eines Staatstempels in der Art des Pashupatinatha in Deopatan. Die Cella hat einen geschlossenen Umwandlungsgang mit dreiteiligen Portalen auf allen vier Seiten. Die Figur selbst ist nach Norden, auf die Stadt gerichtet. Entsprechend wurden nach dem Wiederaufbau (1934) das nördliche innere und äußere Portal kostbar mit Silber und teilweise mit Gold überzogen. Das innere Portal der Ostseite ist mit einer Inschriftentafel, die über die Wiederherstellung des Tempels 1673 berichtet, verschlossen. Der Matsyendranatha-Tempel steht in Zusammenhang mit dem Kumbheshvara- und dem Degutale-Heiligtum. Neuerdings ist der Bau von 108 Gebetsmühlen umgeben; diese Zahl bezieht sich auf die 108 Erscheinungsformen des Bodhisattva. Ursprünglich befand sich hier auch ein Bildnis von Bhairava, das aber nach Palpa/Tansen verschleppt wurde.

Vom Matsyendranatha geht man nur ein Stück weiter nach Süden zum südlichen Ashoka-Stupa. Geht man von Matsyendranatha-Tempel zurück nach Norden zum I Bahal Bahil und von dort auf der breiten Abzweigung nach Osten, so gelangt man in eine Straße mit mehr als zehn Klöstern. Am Ostende der Straße liegt U Baha Bahil (auch Woku Baha, Uku Bahal, Rudravarna Mahavihara). Zur Straße stellt sich das Kloster durch riesige Wächterlöwen vor einem europäisierenden Torbogen dar, auf dem zwei weitere Löwen mit Lanzen stehen. Woku Baha liegt an der Ostecke Lalitpurs. Wahrscheinlich ist es eine Gründung des 5. oder 6. Jh. Hier wurden in der Licchavi-Zeit die Krönungsfeiern der örtlichen Herrscher begangen. Unter den Ranas erlebte das Kloster die letzte Blüte. Eine Statue von Premierminister Juddha Shamsher Rana (reg. 1932–1945) steht im Klosterhof. Dieser und die Fassade des Vihara-Tempels bilden ein buntes Ensemble von nepalischen und westlichen Ausstattungsstücken.

Bedeutend sind die sechs Dachstreben mit eleganten Shalabhanjika-Figuren (Baumnymphen) über kauernden Gestalten (14./15. Jh.) an der Rückseite des Ostflügels, in dem sich das Portal befindet. Weiterhin interessant ist im vertieften Klosterhof ein Licchavi-Chaitya unter einem Baldachin, im Hauptschrein auf der Westseite des Hofes sieht man das große brokatbekleidete und mit Juwelen überhäufte goldene Kultbild.

Der Mahabuddha-Tempel

Das Wahrzeichen dieser Gegend Lalitpurs ist der Mahabuddha-Tempel. Der schmale lange Durchgang von der Straße zum engen Hof wird von Ganesha und Mahakala bewacht. Der Bau selbst ist eine exotische Ausnahme unter den buddhistischen und hinduistischen Tempeln des Kathmandu-Tals: Er ist eine verkleinerte Kopie des Heiligtums in Bodh Gaya im indischen Bundesstaat Bihar. Dieses steht an der Stelle, wo Buddha seine Erleuchtung, *bodhi,* erlangte.

Der Bau in Lalitpur wurde von einem Jivaraja unter der Regierung von König Sadashiva Malla (1575–81) von Kathmandu im Zusammenhang mit einer Reformbewegung des Buddhismus errichtet. Das zugehörige Kloster wurde bereits vom Großvater dieses Jivaraja, Abhayaraja, unter König Amara Malla (1530–1560) gegründet.

Der etwa 16 m hohe Bau besteht aus einem sockelartigen Hauptgeschoß, das eine Terrasse trägt. Darauf erhebt sich ein schlanker mehrgeschossiger Turm mit geraden Kanten und Seiten, der sich nach oben verjüngt. An den Ecken der Terrasse stehen vier flankierende kleinere Türme in den Formen des Hauptturms.

Das kubisch sockelartige Hauptgeschoß hat im Osten einen der Kultbildzelle vorgelagerten Portikus. In der Mitte der drei anderen Seiten sind Fensteröffnungen. Der Aufstieg über die Innentreppen zur Terrasse ist zwar erlaubt, doch empfehlenswert eher nur für sehr schmale kleine Personen. Das Kultbild in der Cella und die meisten der Hunderten von Fassadennischen zeigen den sitzenden historischen Buddha Shakyamuni mit dem Gestus der Erdberührung. Der Bau ist ganz mit Reliefs aus gebranntem Ton verkleidet. Dadurch erinnert er an den Narayana-Schrein am Bagmati-Ufer unterhalb von Pashupatinatha, der ebenfalls im 16. Jh. von Töpfern aus Lalit-

Die Fassade des Mahabuddha-Tempels besteht aus gebrannten Tonplatten; in den Nischen sitzt Buddha Shakyamuni

pur errichtet wurde. Beim Erdbeben von 1934 stürzte der Shikhara des Mahabuddha-Tempels bis auf die Höhe des Gesimses zusammen. Sockelgeschoß, die vier Seitentürme und die erste Etage des Mittelturms sind noch original. Der Rest des Turms wurde wieder aufgebaut. Mit den übriggebliebenen Keramikplatten hat man einen neuen kleineren Schrein im Hof verkleidet, der Buddhas Mutter Maya geweiht ist.

Von Chobar bis Dakshin Kali

Chobar

Im Südwestteil des Kathmandu-Tals ragen einige Bergzüge aus einer ansonsten leicht hügeligen Landschaft. Dazu gehören der Höhenrücken, auf dem Kirtipur steht, der kleinere Berg von Panga mit dem unvollendeten Chaitya von Mazu Dega und, als dritter und höchster der Gegend, der Berg von Chobar (Cho Baha). Das buddhistische Heiligtum liegt inmitten der Ortschaft (ohne Autos!) hoch oben auf dem Berg über der berühmten Bagmati-Schlucht, die der Bodhisattva Manjushri mit dem Schwert in den Felsen geschlagen haben soll, damit die Wasser aus dem Kathmandu-Tal abfließen konnten. Etwa 1 km hinter der Tribhuvan-Universität beginnt die lange steinerne Treppe durch einen Pinienwald. Im letzten Abschnitt führt die Pilgertreppe geradlinig durch ein Stadttor auf das Heiligtum zu, das in einem umbauten Klosterhof liegt.

In Chobar waren 1640 bei der Einweihung der neuen dreidachigen Pagode König Siddhinarasimha Malla von Patan und sein Sohn Shrinivasa Malla zugegen. Die dreidachige Pagode hat unter dem ersten Dach drei Stockwerke mit einem großen Bildnis von Adinatha in der Cella.

Adinatha Lokeshvara Mandir gilt als eines der Matsyendranatha-Heiligtümer des Tals. Adinatha wird als Erscheinungsform des Bodhisattva Avalokiteshvara verehrt. Früher muß sich hier, wie in Lalitpur, auch die Figur des kleineren Matsyendranatha befunden haben, die aber die Bhotias geraubt, nach Kerung (Gyriong) in Tibet gebracht und ihr dort einen großen Tempel errichtet haben.

Dieser Adinatha ist, abgesehen vom Kopf, völlig mit Kleidung und Schmuck bedeckt. Jedes Jahr wird das rote Gesicht aus Ton mit weit starrenden Augen nach dem rituellen Bad neu bemalt. Das Torana über dem Portal zeigt die Fünf Transzendenten Buddhas mit Vairochana in der Mitte, über ihm Vajrasattva, ›dessen Wesen der Vajra (das Absolute) ist‹. Vom vergoldeten kupfergedeckten obersten Dach hängt ein langes Banner.

Das Auffälligste an dem Bau ist die Vielzahl von Töpfen, Pfannen und anderen Haushaltsutensilien, die auf beinahe jedem freien

»Zahlreiche Flüsse von geringer Tiefe und fast überall furthbar, eilen von allen Seiten, meist in tiefgefurchten Rinnen, dem niedrigsten Punkte des Gebirgskessels und der Gegend von Katmandu zu, und nachdem sie sich hier mit dem Hauptstrom, dem Bhagmatti, vereinigt haben, durchbricht dieser, auf zehn Schritt Breite zusammengedrängt, den südlichen Bergwall, um durch die Vorketten des Himalaya-Zuges den Tarrai und später den Gangesstrom zu erreichen. Sein Durchbruchsthal ist aber nicht näher bekannt, so wichtig dies auch sein würde; einige Versuche, die zur Erforschung desselben von Engländern angestellt worden sind, haben das Verschwinden der damit Beauftragten zur Folge gehabt.«

Chobar

Der Adinatha-Tempel könnte ein Museum für Haushaltsgegenstände werden

Stückchen der Fassade angenagelt sind. Wie in Nala oder in Kirtipur am Bagh Bhairava-Tempel findet man diese Art Votivgaben auch an anderen Schreinen im Kathmandu-Tal, jedoch nirgends in dieser Menge. In Chobar bilden sie eine museumsreife Sammlung der materiellen Kultur der Bewohner. Sie wurden zum Gedenken an Verstorbene gestiftet, denn Avalokiteshvara wird von den Buddhisten angerufen, um für tote Verwandte Fürsprache einzulegen.

Der Hof ist grundsätzlich wie bei einem Kloster ausgestattet. Direkt vor dem Schrein ist eine Vertiefung für das Opferfeuer. Seitlich links vor dem Schrein steht eine Plattform mit einem Schlangenbaldachin, auf die das Bildnis von Adinatha bei den jährlichen Festzeremonien gestellt wird. In der Hofmitte, die sonst bei einem Kloster von einem Stupa eingenommen wird, steht ein viereckiger Shikhara-Schrein umgeben von einem achtseitigen Arkadengang. Der Shikhara ist Shiva unter dem Namen Gandheshvara Vitaraga geweiht. Das Geheimnisvolle des immer verschlossenen Bauwerks ist, daß es den Zugang zu einem Tunnel bilden soll, der zur Chobar-Schlucht und zum Jal Vinayaka-Schrein führt. Tatsächlich ist der Berg mit einem System an Höhlengängen durchzogen.

Auf der anderen Seite des Shikhara-Tempels ist ein Lotossockel, auf dem eine Platte mit dem Dharmadhatu-Mandala liegt. In der

Nordostecke des Hofs ist ein Raum mit neuen, stark farbig bemalten Bildnissen von Buddha, Rama und Krishna. Hier werden religiöse Lieder *(bhajan)* rezitiert.

Außerhalb des Klosterhofes liegt ein Platz mit mehreren Stupas und einer Steinplattform, wo Adinatha Lokeshvara jährlich einmal zeremoniell gebadet wird. Danach wird das Bildnis in den Hof zurückgebracht und bemalt – auch seine Seele muß wieder im Fluß eingefangen und zurückgebracht werden. Dann kann es neu geweiht werden. Nach einer Prozession, die dreimal um den Shikhara-Tempel führt, wird das Bildnis von Adinatha Lokeshvara in seinen Schrein zurückgebracht. Das Fest findet im April statt und dauert neun Tage.

Der Tempelplatz war schon in der Licchavi-Zeit in Benutzung. Aus dieser Zeit stammen eine Reihe von kleinen Votiv-Chaityas im Tempelhof. Im Osten vor dem Klosterhof, am Rand des Plateaus, steht ein Stupa mit vier Nischen und Buddhas der vier Himmelsrichtungen; an den Ecken des Podestes sind Licchavi-Chaityas aufgestellt.

Am Fuß des Berges liegt die Chobar-Schlucht, die etwa 6 km von Kathmandu entfernt ist. Nach Gokarna und Pashupatinatha ist dies die dritte Schlucht, die die Bagmati durchfließt. Auch hier entstand in der Nähe ein shivaitisches Heiligtum, Jal Vinayaka. Diese Gegend gehört noch zum Kathmandu-Tal, erst weiter südlich, durch die Kotwal-Schlucht, verläßt die Bagmati das Tal endgültig. Die schmale Hängebrücke, die kurz nach 1900 von einer Gießerei in Aberdeen geliefert wurde, bietet eine Aussicht in die Felsenschlucht mit den Höhlenausgängen, auf das Ganesha-Heiligtum Jal Vinayaka mit den

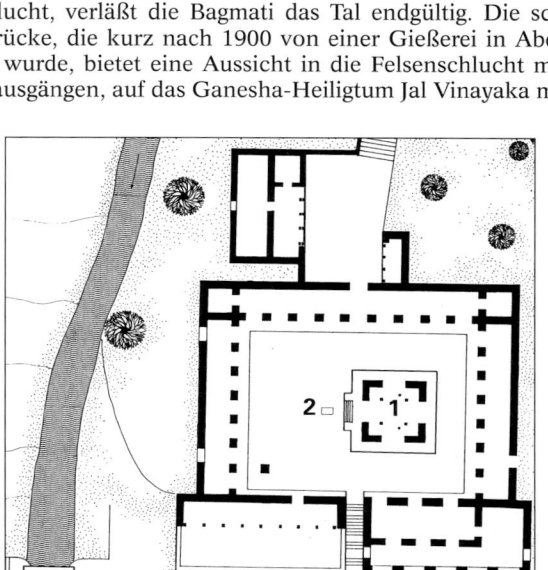

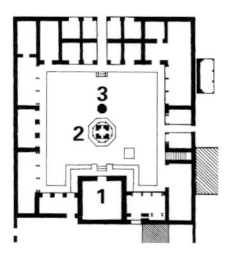

Chobar, Cho Baha und Adinatha-Tempel
1 *Lokeshvara-Schrein*
2 *Shiva-Shikhara*
3 *Dharmadhatu-Mandala*

Chobar Jal Vinayaka
1 *Ganesha*
2 *Ratte*
3 *Ghat*

Ghats an der Bagmati und im Hintergrund eine Zementfabrik. Die kohlebetriebene Himal Cement Factory gilt als wichtigster industrieller Arbeitgeber des Tals und als namhafter Mitverursacher des Smogs, der die Bewohner der Region in den Wintermonaten plagt.

Jal Vinayaka

Jal Vinayaka ist eines von vier bedeutenden Ganesha-Heiligtümern im Kathmandu-Tal. Die dreidachige Pagode steht in einem erhöht über der Bagmati liegenden Hof, umgeben von europäisierenden Pilgerherbergen, die nach Osten, zur Bagmati mit den Ghats, eine breite Front bilden. Als Kultbild des elefantenköpfigen Ganesha dient ein breitgelagerter einfacher Felsen, dessen Mitte durch eine Art Metallkragen hervorgehoben ist, so daß der Eindruck eines abstrakten Kopfs entsteht. Die Figuren aus dem Baldachin sind alle herausgebrochen. Der ursprüngliche Tempel für Ganesha war ein offener Schrein, der später mit einer dreidachigen Pagode überbaut wurde. Auf den Dachstützen sind schlichte Schnitzereien der Acht Bhairavas und Acht Muttergottheiten, mit denen zusammen er immer verehrt wird. Im Süden, im Torana, ist der sechsarmige Ganesha auf der Ratte dargestellt. Die Tempelöffnung wird von mächtigen Löwen flankiert; davor steht das Reittier Ganeshas, die Ratte. Die beiden Glocken wurden von der benachbarten Zementfabrik gestiftet. Auf der Nordseite schneidet ein natürlich stehender Felsen in den Sockel ein. Er hat gewisse Ähnlichkeiten mit einem Stoßzahn und wird an manchen Tagen mit einer Krone versehen. Im Westen vor dem Tempelhof stehen verfallene Pilgerherbergen mit alten Steinskulpturen und Inschriftensteinen.

Etwa 1 km von Jal Vinayaka entfernt liegt Tau Daha, der ›große See‹. Er ist nur wenig breiter als ein Teich, soll aber eine bemerkenswerte Tiefe haben. Dort wohnt der König der Nagas und wacht als Schutzgottheit über die Fruchtbarkeit des Kathmandu-Tals.

Pharping

Die alte Ortschaft Pharping, etwa 18 km südwestlich von Kathmandu, war zeitweilig ein unabhängiges Königreich mit strategischer Bedeutung am Talrand. Es wurde schon sehr früh von Prithvi Narayan Shah erobert. In dieser Gegend sind besonders viele kleine buddhistische und hinduistische Heiligtümer angesiedelt.

Der Shekh (Shikhara) Narayana-Schrein (Shesha Narayana) liegt an der Straße von Chobar nach Pharping. Kurz vor Pharping bildet der Gorakhanatha-Berg eine Talbuchtung mit einer steilen Felswand. Die Schönheit der landschaftlichen Lage und die Fülle klarer Bergquellen machen die Anlage sehenswert. Shekh Narayana gehört zu den vier wichtigsten Narayana-Heiligtümern im Kathmandu-Tal.

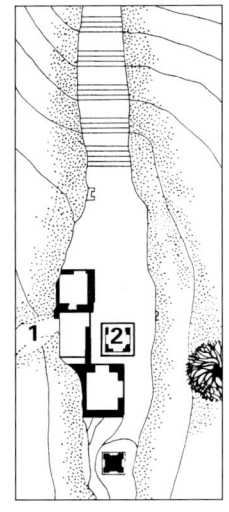

Pharping
1 Gorakhanatha-Höhle
2 Paduka

Pharping

Landschaft bei Pharping

Die Tageswallfahrt beginnt in Ichangu Narayana, geht über Changu Narayana und Vishankhu Narayana bei Godavari und endet hier. In der Nähe der Straße, beschattet von Bäumen, liegen vier Wasserbecken, die sich dem Gelände mit schön gemauerten Ghats und Dämmen anpassen. Fische schwimmen im klaren, spiegelnden Wasser. Am Rand stehen Schreine für Shiva und Krishna und ein zweigeschossiges Pilgerrasthaus. Die wichtigen Skulpturen aus dem 13. Jh. sind beinahe restlos geraubt. Zum eigentlichen Verehrungsort auf einem kleinen Plateau unter der überhängende Felswand führt eine Treppe von etwa 50 Stufen. Das Hauptheiligtum ist eine Höhle, deren Zugang ein eingeschossiger pavillonartiger Schrein mit einer

Chobar

Vom Vajra Yogini-Heiligtum hat man eine schöne Aussicht

Gitterfassade verbirgt. Das wichtigste Kultbild wurde ebenfalls gestohlen und mußte durch ein neues ersetzt werden. Neben dem Höhlenschrein rechts sieht man eine vergitterte Vishnu Vikrantha-Stele (13. Jh.) und ein tibetisches Kloster (20. Jh.).

Am bewaldeten Osthang des Gorakhanatha-Berges, vor Pharping, liegt der Vajra Yogini-Tempel. Es gehört wie der Tempel bei Sankhu zu den bedeutenden Yogini-Heiligtümern. Die dreidachige Pagode ist in eine dreiflügelige Hofanlage eingestellt. Während im Erdgeschoß des Tempels die Göttin des Wohlstandes, Vasundhara, Buddha Shakyamuni und Matsyendranatha (Avalokiteshvara) verehrt werden, befindet sich das Bildnis der tantrischen Göttin Vajra Yogini im oberen Geschoß.

In der Nähe der Bergkuppe liegt eine Höhle, eher ein Felsspalt, vor deren Eingang ein kleiner Schrein über einem Lotosstein mit einem Paar plastisch dargestellter Füße errichtet wurde. Laut Inschrift sind sie die Fußabdrücke von Gorakhanatha, die 1390 geschaffen wurden. In der Höhle soll im 8. Jh. Padmasambhava, der als Verkünder des Buddhismus in Tibet und Bhutan verehrt wird, auf seiner Reise von Indien nach Tibet meditiert haben. Die Höhle liegt an dem alten direkten Weg vom Kathmandu-Tal nach Indien.

Dakshin Kali

Das Dakshin Kali-Heiligtum liegt in einem engen bewaldeten Tal zwischen zwei Bächen, die dort zusammenfließen und bald darauf in die Bagmati münden. Der Ruhm des Pilgerortes beruht nicht in erster Linie auf der reizvollen Landschaft, vielmehr auf den blutigen Tieropfern, die Kali, der ›Schwarzen‹, hier dargebracht werden. Sie ist eine Form der machtvollen Göttin Durga. ›Die Unnahbare‹ ist Shivas Shakti in ihrer schrecklichsten Form, deren Nahrung Blut ist. Der Schrein wird zu einer Gruppe von vier derartigen Heiligtümern gezählt und ist nach seiner Lage im Süden *(dakshin)* benannt.

Der Tradition nach ließ König Pratapa Malla, nachdem er dazu in einem Traum aufgefordert worden war, ein Kultbild der Göttin machen. Da diese Darstellung eine böse Wirkung hatte, wurde es im Palast in Kathmandu aufbewahrt und eine weitere nach den Vorschriften von Pratapas Priester, Lambarkarna Bhatta, angefertigt.

Eine Brücke führt zum ländlichen Heiligtum, das aus einem kleinen Hof mit unregelmäßig gesetzten Mauern und einfachen Schutzbauten für Pilger besteht. An der hinteren Schmalseite des Hofs steht in Bodenhöhe das schwarze Steinrelief der Kali unter einem kleinen Baldachin. Die sechsarmige Göttin trampelt auf einer menschlichen Gestalt. In einer Mauer links davon sind, ebenfalls in Bodenhöhe, Reliefs der Sieben Muttergottheiten (Saptamatrika) eingelassen, dazu das Bild von Ganesha. Vor dieser Mauer werden die Tieropfer vollzogen, während Gläubige mit vegetarischen Opfern sich auf der Seite der Kali einreihen.

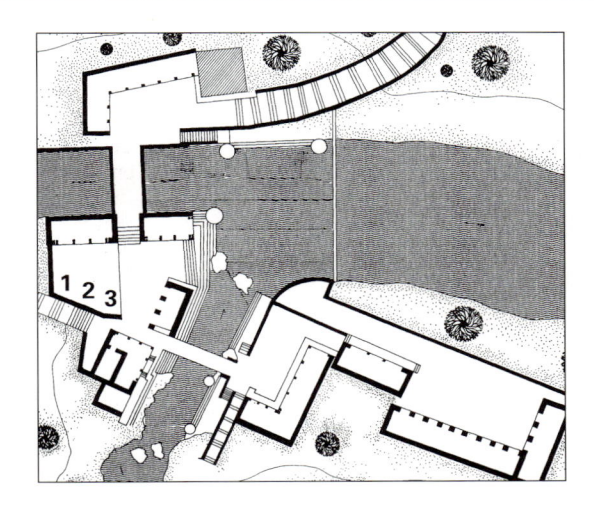

Dakshin Kali
1 Kali
2 Saptamatrika
3 Ganesha

Am Tempel einer hohen männlichen Gottheit, z. B. Pashupatinatha, bringen die Gläubigen nur rein vegetarische Opfer dar. Schreckenerregende, blutdürstige Gottheiten, wie Bhairava und Kali in ihren vielen Formen, geben sich in Nepal, anders als in Indien, damit nicht zufrieden: Sie verlangen Blut. Geopfert werden nur männliche Tiere, in Dakshin Kali meist Ziegenböcke und Hähne. Ein Tempelschlachter schneidet die Kehle durch und bespritzt das Kultbild mit dem Blut. Für seinen Dienst wird er mit dem Kopf des Opfertiers oder mit Geld bezahlt. Die Gläubigen erhalten Ziegenbock oder Hahn zurück, lassen ihn in einem Schuppen am Rande des Tempelbezirks brühen, enthäuten und ausnehmen, um das Ganze dann als willkommene Festspeise wegzutragen. Bevorzugte Tage dieser Zeremonie sind samstags und dienstags. Am Weg, der zum Heiligtum herabführt, haben viele Händler ihre Stände aufgeschlagen.

Kirtipur

Kirtipur hat eine einzigartige Lage auf einem hohen schmalen Bergrücken in einer natürlichen strategischen Position, von der aus die südlich nach Indien führende Straße kontrolliert werden konnte. Die Mitte des Höhenrückens bildet einen relativ flachen Sattel, der von zwei Bergspitzen im Nordwesten (30 m) und im Südosten (50 m) flankiert wird. Alle drei Punkte sind durch die wichtigen Tempel Kirtipurs besetzt. Die strenge Kastenordnung wirkte sich auf die Besiedlung der Stadt aus. Beim Bagh Bhairava-Tempel wohnten die Hindus, um den Chilandya-Stupa die Buddhisten. Beim Uma

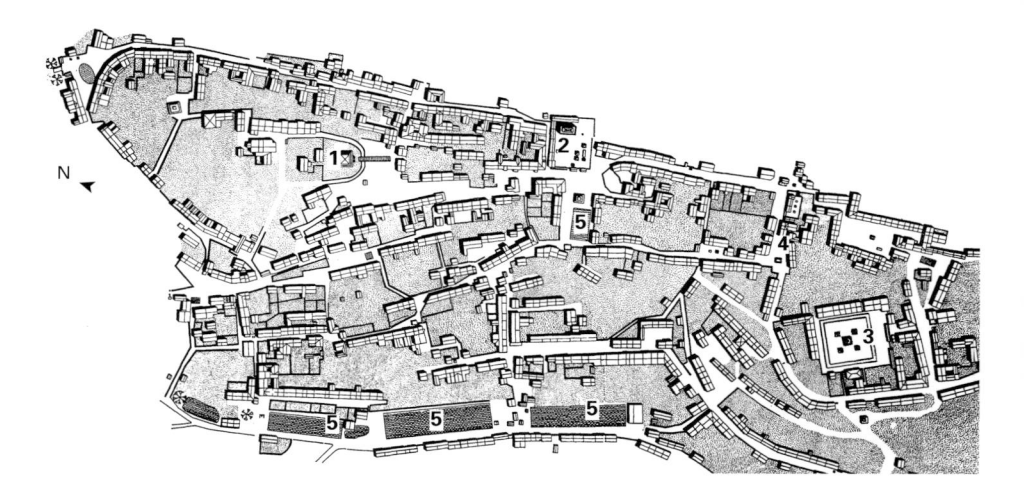

Kirtipur

Kirtipur
1 *Uma Maheshvara-Tempel*
2 *Bagh Bhairava-Tempel*
3 *Chilandya Stupa*
4 *Buddhistischer Shikhara-Tempel*
5 *Wasserreservoirs*

Maheshvara-Tempel vermutet man eine frühe Festung und einen Palast. Die Gegend wird noch heute als Layku, ›Palast‹, bezeichnet. Für die Bewohner sind eine Reihe von großen Wasserreservoirs an der Südwestflanke des Berges wichtig. Die Stadt macht einen mittelalterlichen Eindruck. Am Fuß des Bergrückens liegt der Campus der Tribhuvan-Universität, durch den die Straßenverbindung Kirtipurs zur Außenwelt führt.

Über die Geschichte der Stadt ist wenig bekannt. Sie muß in der frühen Licchavi-Zeit und während der Malla-Zeit, besonders im 16. und 17. Jh. einige Bedeutung gehabt haben. Damals wechselte der Besitz Kirtipurs zwischen Kathmandu und Patan. Bei der Eroberung des Tals durch Prithvi Narayan Shah spielte Kirtipur als Einfallstor ins Kathmandu-Tal von 1743 bis zur endgültigen Niederlage 1767 eine dramatische Rolle. Danach wurde die Stadt verwüstet. Die Erdbeben von 1833 und 1934 trugen zum weiteren Verfall bei.

Der palastartig breitgelagerte Bagh Bhairava-Tempel liegt im Herzen der Stadt – Bagh Bhairava ist ihre Schutzgottheit. Er wird in Inschriften auch als Bhimsen bezeichnet und von Hindus und Buddhisten verehrt. Bagh Bhairava ist der einzige Tempel im Kathmandu-Tal, der dieser Gottheit (›der Schreckliche‹) als *bagh*, d. h. Tiger geweiht ist, merkwürdigerweise als Tiger ohne Zunge. Nach der Legende hat ein König, um die Stadt zu schützen, eine Figur des Tieres errichtet und zur Inkarnation des Gottes Bhairava erklärt.

Das hohe Alter dieses Tempelplatzes ist durch die vielen Skulpturen, die bis ins 4. Jh. zurückdatieren, belegt. Angaben zu früheren Anlagen liegen allerdings nicht vor; 1515 wurde der Tempel erneuert.

Obwohl der breitgelagerte Kultbau drei Dächer und eine Laterne an der Spitze hat, gehört er, verglichen mit dem Bhairava-Tempel in Bhaktapur, nur zu einem zweidachigen Typus, denn das untere Dach

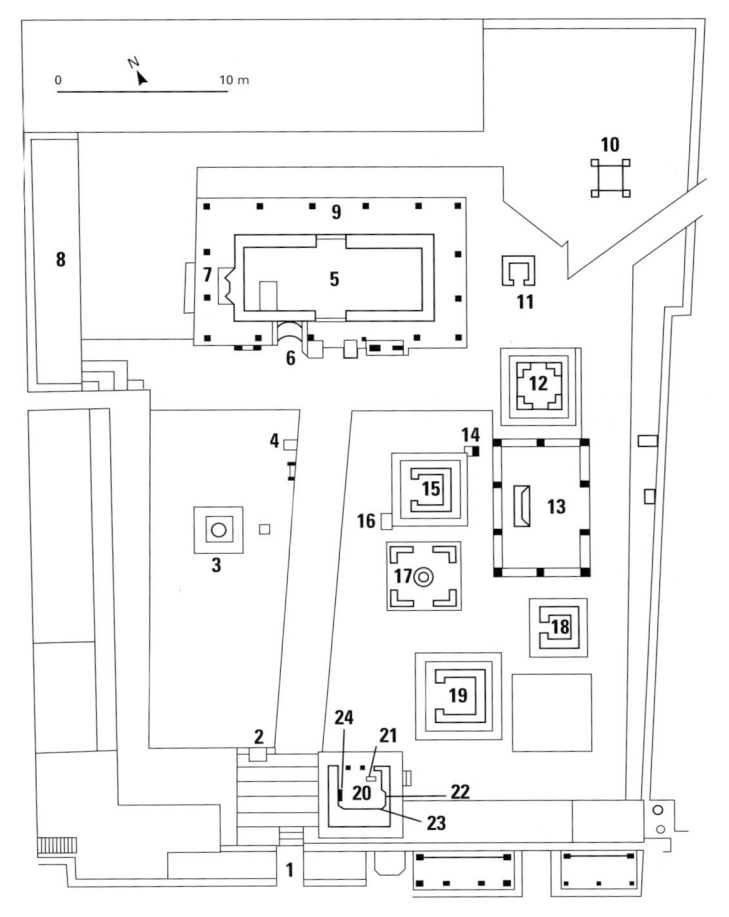

Kirtipur

Bagh Bhairava
1 Haupteingang zum Tempelbezirk
2 Hanuman Stambha
3 Tulasi Dega
4 Nandi
5 Bagh Bhairava-Tempel
6 Opferaltar
7 Nrityeshvara-Schrein
8 Bhajan Pati
9 Wandmalereien des 16./17. Jh.
10 Dharati Matha
11 Mana Vinayaka-Tempel, Ganesha
12 Rama Chandra Mandir
13 Vishvakarma-Schrein
14 Shiva-Torso
15 Bhavani Shankara-Schrein (Shiva und Parvati)
16 Vasuki Naga
17 Shiva Mandir
18 Shridhara Vishnu-Tempel
19 Narayana-Schrein (Vishnu mit Lakshmi und Sarasvati)
20 Ganesha-Tempel mit Skulpturen aus dem 4. Jh.
21 Stehender Shiva
22 Shiva und Parvati
23 Muttergottheiten
24 Ganesha

ist dem Tempel nachträglich zum Schutz vorgesetzt worden. Die Besonderheit der Fassade liegt in der Waffensammlung, die unter dem oberen Balkon angenagelt ist: Schwerter, Dolche, Helm, Kettenhemd und Schild sind ein Denkmal für Widerstand und Eroberung Kirtipurs bei der Einigung Nepals durch Prithvi Narayan Shah. Der erste Angriff auf Kirtipur 1743 wurde zurückgeschlagen, die Waffen der unterlegenen Gorkhas zusammen mit dem Kopf, Helm, Schwert und Schild des besiegten Kommandanten Kulu Pandey wurden hier aufgehängt. Auch ein zweites Mal wurden die Angreifer vertrieben. 1767, nach einer dritten, langen Belagerung, fiel die Stadt. Sie wurde von den Gorkhas, die die Nasen aller männlichen Einwohner abschnitten, verwüstet.

Kirtipur

Der Bagh Bhairava-Tempel mit der Waffensammlung, die ein Zeugnis für die Eroberung des Kathmandu-Tals durch die Gorkhas ist

Die Waffen am Bagh Bhairava-Tempel sollen nach einer Version die der zunächst unterlegenen Gorkhas sein, nach einer anderen Variante die der letztlich verlierenden Verteidiger Kirtipurs.

Baubeschreibung des Bagh Bhairava

Die Hauptseite des Baus ist nach Westen gerichtet. Das Bildnis der Gottheit Bagh Bhairava ist im Erdgeschoß unter einem Schutzdach, an dessen Wänden sich blasse Reste von Malerei (16./17. Jh.) erhalten haben. Links außen neben dem Eingang sieht man einen Opferaltar, der wörtlich als ›Blutplattform‹ bezeichnet wird. Darüber befinden sich ein großer ornamentaler Torbogen auf zwei Säulen und ein hölzernes Torana, gestiftet 1662. In dessen Mitte ist Bagh Bhairava flankiert von den beiden Shiva-Söhnen, Ganesha und rechts Kumara, dargestellt. Seitlich sind in Medaillons je vier der Ashtamatrikas zu sehen; Bildnisse ihrer Partner schmücken etwas kleinere Medaillons am äußeren Rand des Torana. An der Toranaspitze reitet großfigurig Vishnu auf Garuda. Die beiden Hanuman-

Figuren auf jeder Seite des Opferaltars wurden 1717 gestiftet; das große Schwert, das dort aufgepflanzt ist, stammt aus dem 17./18. Jh. Auf der Nordseite befindet sich ein Shiva-Schrein, an den die Hörner von Opfertieren angenagelt sind.

Von den Schreinen im Tempelbezirk sind einige wegen ihrer Skulpturen von Bedeutung. Neben dem Eingang liegt der Ganesha-Schrein, eine zweidachige Pagode (18. Jh.), die zum Schutz der darin aufgestellten frühesten Steinskulpturen Kirtipurs vergittert wurde. Vor der Rückwand sitzen in ihrer typischen Haltung fünf der Ashtamatrikas aus dem 3./4. Jh. (von links): Vaishnavi, Brahmani, Kaumari, Maheshvari und Varahi mit dem Schweinskopf. Vor der rechten Wand ist der eingebaute Ganesha-Schrein. Vor der linken Wand stehen Shiva und Parvati, Shiva mit erigiertem Glied, und ein weiteres derartiges Abbild Shivas (beides 4. Jh.).

Der Shridhara Vishnu-Schrein wurde 1658 aus Stein erbaut. Im Inneren befindet sich ein Relief eines vierarmigen Vishnu mit Lakshmi und Garuda (10. Jh.). Der Tulasi-Schrein wurde 1676 erbaut; die namengebende Pflanze (*tulasi* ist das in Südasien heimische Basilikum) wird inschriftlich genannt. Das Monument besteht aus einem hohen kubischen Steinsockel, der die Plattform für einen Miniatur-Shikhara bildet. In seinen vier Nischen sind außer dem vierarmigen Vishnu auf Garuda göttliche Paare dargestellt: Vishnu mit Lakshmi (dazu Garuda), Shiva und Parvati (dazu Nandi und Singha) und der flötespielende Hirte Krishna mit der tanzenden Gespielin Radha.

Eine erstaunliche Schöpfung des 20. Jh. ist eine esoterische Darstellung der Dharati Mata, ›Mutter Erde‹. Diese liegende Reliefplatte wurde in einem kleinen Schrein 1979 öffentlich aufgestellt, gestiftet ist sie von einem ansässigen tantrischen Heiler. Das Thema ist ›Die Große Mutter gebiert ihr Kind‹ auf den Wellen des Ozeans. Das Neugeborene ragt schon halb aus der Vagina, es hält die Hände zusammengelegt über dem Kopf. Die Darstellung ähnelt der einer Dachstrebe am Yaksheshvara-Tempel in Bhaktapur. Dem kosmischen Ereignis wohnt die hinduistische Trinität, Vishnu, Shiva und der dreiköpfige Brahma, bei.

Der Uma Maheshvara-Tempel

Am höchsten Punkt Kirtipurs, wo eine Zitadelle und ein Königspalast gewesen sein sollen, steht weithin sichtbar der Uma Maheshvara-Tempel. In seiner Nähe wurde 1981 eine Shiva-Skulptur (7./8. Jh.) gefunden. Sie ist der bisher einzige Beleg für eine frühere Geschichte dieses Teils der Stadt.

Die dreiachige Pagode mit Arkadengang um die Cella erhebt sich auf einem Stufensockel. Die Elefanten der Treppe wurden 1662 gestiftet; der Bau wurde bei den Erdbeben von 1833 und 1934 stark beschädigt. Die ursprünglich vierseitig geöffnete Cella ist nur noch

»*Eine der Hügelreihen durchkreuzten wir und bekamen von da die prachtvolle Stadt, welche von zahlreichen Flüßchen, den Nebenflüssen des Begmutti (Bagmutti) umspült wird, zu Gesicht. Zur Rechten lag auf einem Hügel die alte Stadt Kirtapur; vor uns links erhob sich aus einer Umgebung schön belaubter Bäume der Tempel von Sambernath; hier und da unterbrachen kleine mit Gehölz bewachsene Hügel die Reihen der Ackerterrassen, welche eben anfingen sich mit frischem Grün zu färben. Am Horizont zeigten sich die prächtigen Schneeberge der Dhagabung-Gruppe und das Gussängthan; vor ihnen liegen die hohen Terrassenufer des Begmutti, welche den nächsten Hintergrund für die glänzenden Tempeldächer von Kathmandu bilden.«*
Dr. Hoffmeister

Kirtipur

Das Kultbild im Uma Maheshvara-Tempel zeigt Shiva und Parvati als modisch-elegantes göttliches Paar

durch ein Portal auf der Südseite betretbar. Die anderen drei Eingänge wurden in Kapellennischen verwandelt, von denen jede ein eigenes Kultbild erhielt. In der Hauptcella ist eine große Shiva-und-Parvati-Stele von 1655 aus schwarzem Basalt – wahrscheinlich nachträglich – als Hauptkultfigur aufgestellt worden. Das göttliche Paar steht vor einer breiten Mandorla. Der vierarmige Shiva zeichnet sich durch ein Tigerfell und besonders durch einen mondänen Schnurrbart aus, seine Partnerin Parvati durch ihre elegante Shalabhanjika-Haltung mit gekreuzten Beinen. Der Lotossockel wird flankiert von den Reittieren Nandi und Singha. Links befinden sich eine kleine Uma Maheshvara-, rechts zwei Vishnu-Stelen. In den nachträglich eingebauten Kapellen stehen auf der Westseite eine Göttin (datiert 1688), auf der Nordseite ein großes Relief der Durga, der Büffeltöterin Mahishasurmardini, und auf der Ostseite eine vierarmige Sarasvati, Göttin des Lernens, mit Rosenkranz und Buch. Sonderbar bei dieser Skulptur ist das schreinartige Element links oben. An der Treppe oberhalb der Elefanten sieht man zwei schöne Reliefs der Wächtergottheiten Kubera und Bhimsen. Die schön geschnitzten Portalrahmen gehören zu den wenigen originalen Elementen des Tempels. In den Zwickeln zwischen auskragendem Türsturz und Pfosten befinden sich Bildnisse der Ashtamatrikas, im Osten Rudrayani links und Brahmani rechts, im Süden Vaishnavi links und Kaumari rechts, im Westen Indrayani links und Varahi rechts, und im Norden Mahalakshmi links und Chamunda rechts. Die englische Glocke von 1895 hing ursprünglich in Kathmandu.

Der Chilandya-Stupa

Auf der Spitze des östlichen Hügels steht der Chilandya-Stupa. Er ist das Zentrum des buddhistischen Teils von Kirtipur. Diese großzügige Chaitya-Anlage ist in Nepal einzigartig und unterscheidet sich von den früheren der Licchavi-Zeit durch ihren bergartig terrassierten Unterbau, der um einen natürlichen Hügel gelegt ist. Der gewaltigste Vertreter dieses Typus ist der Borobudur auf Java. Neben dem besonderen Unterbau fällt auch die pyramidenförmig sich verjüngende Kontur des horizontal profilierten Stupa-Unterbaus auf. Auch in diesem Fall existieren keine Vorbilder in Nepal – sie sind eher in Burma oder Thailand zu suchen.

Auf allen vier Seiten sind Treppen. Der Hauptweg beginnt mit einem Tor am Fuß des Hügels auf der Ostseite des Stupa. Von dort steigt eine Treppenflucht auf die drei Terrassen, auf denen er sich erhebt. Zwei Rasthäuser flankieren den Eingang zur untersten Ebene. Auf der obersten, breiten Terrasse – schon fast ein Platz – stehen fünf Stupas, der größere in der Mitte, die vier kleineren in den Diagonalen. Alle haben einen schlichten Sockel. Darüber entwickelt sich eine reich gegliederte Zone, die sich pyramidenförmig verjüngt und mit Profilen und Nischen geschmückt ist. Darauf ruht die einfache Kuppelform, die durch Harmika mit Augenpaar und den 13 Schirmen bekrönt wird.

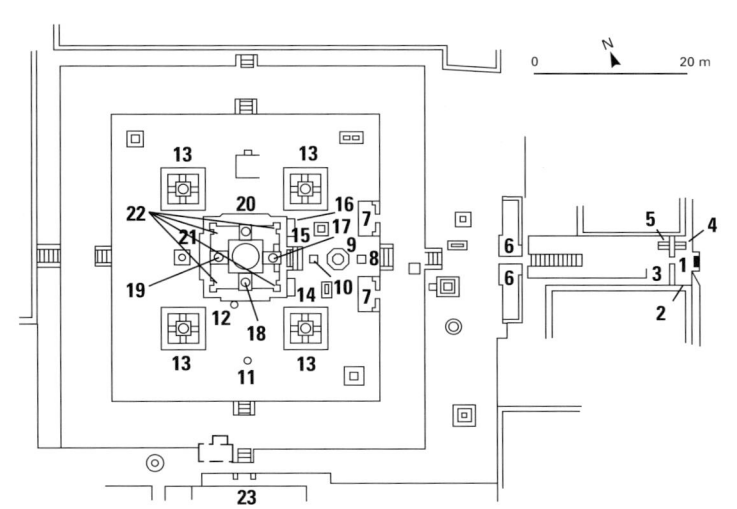

Chilandya Stupa
1 Haupteingang
2–5 Wächtergottheiten
2 Hanuman
3 Rama Chandra
4 Ganesha (außen)
5 Mahakala (innen)
6 Patis
7 Patis, im nördlichen Schutzbau eine Statue von Sukhavati-Lokeshvara
8 Dharma Stambha mit Stiftern
9 Dharmadhatu-Mandala
10 Agni Shala, Feueraltar
11 Dvadasha Tirtha, kleine Vertiefungen, die 12 buddhistischen Pilgerorte des Kathmandu-Tals repräsentieren
12 Satungacha (Steinbecken um Kalk zum Tünchen anzurühren)
13 Vier Neben-Stupas
14 Triratna-Schrein
15 Elefanten an der Treppe zum Haupt-Stupa
16 Wächtergottheiten
17 Buddha Akshobhya, Vairochana und Padmapani Lokeshvara
18 Buddha Ratnasambhava
19 Buddha Amitabha
20 Buddha Amoghasiddhi
21 Vier Devis
22 Vier Wasserwesen in menschlicher Form
23 Jagat Pal Vihara (Hauptkloster)

255

Kirtipur

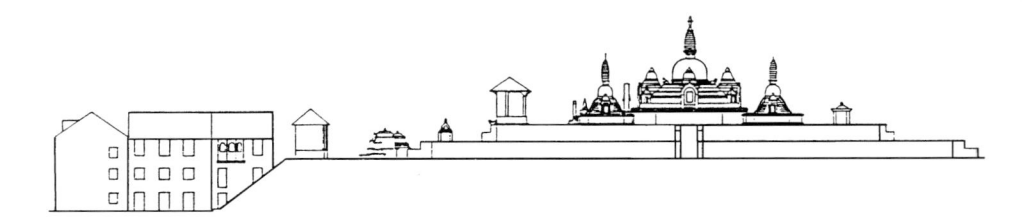

Chilandya Stupa, Aufriß der terrassierten Bergkuppe mit Stupa

Kirtipur, Lon Dega, ›Stein-Tempel‹

Nur im Osten führt eine Treppe weiter auf den Sockel des Hauptstupas und zu den Kapellen auf jeder der vier Seiten. Diese überkuppelten steinernen Schreine (der Stupa ist aus Ziegeln erbaut) sind den Fünf Transzendenten Buddhas geweiht, die kleineren Schreine an den vier Ecken des Stupas den zugehörigen Partnerinnen. Die Ostseite ist die eigentliche Schauseite. In der dreiteiligen Kapelle steht die Statue von Akshobhya, dem Buddha des Ostens (Mitte); die linke, kleinere Nische enthält ein Bild von Vairochana (1671). In der rechten Nische der Ostseite steht der Bodhisattva Padmapani Avalokiteshvara, der als Emanation von Buddha Amitabha gesehen wird. Die Kapellen der anderen drei Seiten hat man 1677 mit Kultbildern ausgestattet. Die kleineren Reliefs mit den Bildnissen der Partnerinnen in diesen Buddha-Kapellen wurden später hinzugestellt. Die Tranzendenten Buddhas sitzen vor einer Thronrückwand, die in Art der Toranas mit Garuda, Nagas und Makaras geschmückt ist, im Norden Amoghasiddhi, im Westen Amitabha und im Süden Ratnasambhava. An den vier Ecken des Stupas sind Miniaturschreine, die die vier Partnerinnen der Transzendenten Buddhas beherbergen: Pandura, Mamaki, Lochani und Tara. Sie wurden 1673 von einem Bildhauer aus Lalitpur geschaffen. An der Basis der Kuppel stehen vier Wächtergottheiten. Die vier Neben-Chaityas beherbergen auch Bildnisse der Transzendenten Buddhas.

Vor dem großen Stupa liegen alle wichtigen Monumente und Kultbilder. Der Aufgang von Osten wird wieder durch zwei offene Hallen flankiert, die eine für Musik bestimmt, die andere mit einem Bildnis von Sukhavati Lokeshvara (17./18. Jh.) versehen. In der Hauptachse stehen eine Dharma-Säule (1673) mit den Bildnissen von Stiftern, ein Dharmadhatu-Mandala (1669) und die Feuerstelle (1671). Auf der Ostseite, am Fuß des Stupa links neben der Treppe, ist die breite Fassade des Triratna-Schreins (1673). Dieser symbolisiert ›die drei Juwelen‹ des Buddhismus, Buddha, Dharma (Lehre) und Sangha (Gemeinschaft). Die Reste des zum Stupa gehörenden Klosters stehen auf der Westseite.

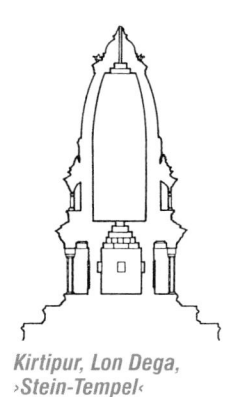

Die heutige Gestalt erhielt der Bau im 16. und 17. Jh.; die bekannten Daten beziehen sich ebenfalls auf Arbeiten in diesem Zeitraum. Auch 1515, als die Könige Ratna Malla, Rana Malla und Raya Malla im Tal regierten, wurde hier gebaut. Bei der Renovierung von 1533 wurden die Kapellen für die Fünf Transzendenten Buddhas angefügt; dies hatte weitere Änderungen am Stupa zufolge. Besonders rege wurde der Stupa in den fünf Jahren von 1668–1673 mit skulpturalem Schmuck ausgestattet.

Die Shikhara-Tempel Kirtipurs sind, anders als sonst üblich, buddhistische Schreine und beherbergen Bildnisse von Buddha Shakyamuni. Der größte dieser Bauten in Kirtipur ist Lon Degah, ›Steintempel‹. Er ist Triratna (Buddha, Dharma und Sangha) geweiht. Eine Inschrift berichtet, Lon Degah sei 1664 innerhalb eines Jahres erbaut worden. Die Einweihung erfolgte zwei Monate nach der Fertigstellung, und der König von Patan, Shrinivasa Malla, wohnte der Zeremonie bei. An dem Tag gab es eine Sonnenfinsternis.

Der Bau steht an der Kreuzung dreier Straßen auf einem zweistufigen Sockel, dessen Treppe von zwei Löwen und zwei Gottheiten bewacht wird. Die Kultbildzelle ist von einem Arkadengang umgeben; im Gewölbe der Cella ist eine Öffnung, durch die die Verbindung zum Inneren des Turms hergestellt wird. Im Tempel befanden sich ursprünglich die Bildnisse von Shakyamuni, Pragya Devi und Padmapani Avalokiteshvara, die die drei Juwelen (Triratna) symbolisieren, aber 1979 und 1982 wurden alle Bildwerke gestohlen. Jetzt ist der Tempel leer.

Westlich von Kirtipur liegt landschaftlich sehr schön der kleine vishnuitische Pilgerort **Macchegaon**. Alle drei Jahre kommen Tausende von Menschen aus dem ganzen Tal zu diesem Schrein, um Vishnu in seiner ersten Inkarnation als Fisch, Matsya, zu feiern. Der kleine Steintempel steht auf einer Insel in der Mitte eines mit einer Steinmauer umgebenen und von Bäumen beschatteten Wasserbeckens. Von dort hat man einen wunderbaren Blick auf Kirtipur und die Schneeberge des Himalaya.

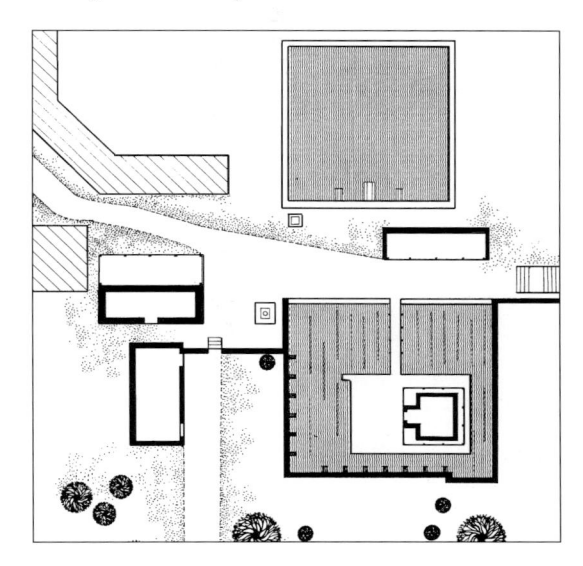

Die Anlage von Macchegaon

Der Westen

Die alten Königreiche im Westen

Die Gebirgswelt westlich des Kathmandu-Tals wird durch zwei Flußsysteme, das der Karnali (Nepals längster Fluß, in Indien Saryu) und das der Gandaki (Narayani), gegliedert. Beide erschließen das zerklüftete Gebiet in Nordsüd-Richtung, eine natürliche Ostwest-Verbindung gibt es dagegen nicht. Die tiefen Flußtäler dienten als Tore für den Handel zwischen der indischen Tiefebene im Süden und dem tibetischen Hochland im Norden. Handel und Transport waren die wirtschaftlichen Hauptstützen in den Berggegenden, die, verglichen mit dem Kathmandu-Tal und seinen fruchtbaren Böden, nur ein ärmliches Leben gestatteten. Im Vergleich zum Kathmandu-Tal wurde der Westen des heutigen Nepal erst spät erschlossen und besiedelt. Die Entwicklung begann vor etwa tausend Jahren. Als Folge von muslimischen Invasionen, die seit 999 in Wellen Nord-Indien überrollten, wurde die Bergregion zum natürlichen Rückzugsgebiet.

West-Nepal
Besonders sehenswert
Gorkha ☆
Nuwakot ☆
Tansen

Das Karnali-Flußgebiet

Das Khasa-Reich im äußersten Westen Nepals, in der Karnali-Region, wurde erst 1955 durch die Entdeckung der Dullu-Säule und anderer Inschriften bekannt. Das Reich existierte vom 12. bis zum 14. Jh. und wurde von einer Malla-Dynastie beherrscht. Die Ruinen des Palastes der Hauptstadt Simja (Sija) sind noch erhalten. Neben Simja im Jumla-Distrikt, das als Sommerhauptstadt diente, gab es eine weitere Hauptstadt in Dullu im Dailekh-Distrikt. Taklakot diente als Winterresidenz der Khasa Malla-Dynastie.

Die Sprache der Khasa ist eine Vorläuferin des heutigen Nepali. Sie war Lingua franca der Gegend und breitete sich von Westen nach Osten aus. Diese Entwicklung steht im Zusammenhang mit der langsamen Ostwanderung der Nepali-sprechenden Kastengruppen des Karnali-Flußgebietes, die in ganz West-Nepal die früheren Sprachen verdrängten. Dagegen konnten im mittleren und östlichen Nepal viele Ethnien ihre Eigenheit bis ins 20. Jh. bewahren.

Das Khasa-Königreich war feudal und dezentralisiert. Seine Macht erstreckte sich im Osten bis Gorkha. Einer der Herrscher fiel 1288 und 1289 ins Kathmandu-Tal ein, ein anderer 1312 und 1328. Diese Angriffe aus dem Westen zeigen, daß auf dem gegenwärtigen Gebiet Nepals neben dem Kathmandu-Tal im Mittelalter noch andere Machtzentren existieren.

Die Kontrolle des Handels zwischen Tibet und Indien war die wirtschaftliche Basis des Staates, der nur aus unfruchtbaren Berggegenden bestand. Die Könige ließen ein System an Gebirgsstraßen erbauen; der wichtigste Weg für den florierenden Trans-Himalaya-

◁ *Die Kali Gandaki-Schlucht*

Der Westen

Handel führte (von Süden nach Norden) über Surkhet, Dullu und Jumla. Taklakot war das Haupttor für den Tibet-Handel.

Nördlich von Surkhet liegt Dullu 1426 m hoch. Der Ort ist berühmt für den erloschenen Krater des einzigen Vulkans in Nepal und für die steinerne Säule mit einer langen, historisch wichtigen Inschrift aus dem Jahr 1357, die den Stammbaum der Khasa-Könige enthält. Auf der Inschrift dieser und anderer Säulen, die an Wegrändern aufgestellt wurden, beruht die Kenntnis des Khasa-Reichs. Meist werden die Texte darauf durch ein Stupa-Motiv bekrönt und beginnen mit der buddhistischen Anrufung Om Mani Padme Hum. Die Dullu-Säule nennt die Namen von vierzig Khasa-Königen aus dem Karnali-Flußgebiet. Sie wurde von Prithvi Malla (1338–1358) errichtet, unter dem Khasa seinen Zenit erreichte.

Die Kultur der Mallas in West-Nepal erreicht nicht die Blüte der namensgleichen Dynastie im Kathmandu-Tal. Die Ruinen von buddhistischen Klöstern und Hindu-Tempeln zeigen aber vergleichbare religiöse und kulturelle Vielfalt. Architektur und Skulptur wurden durch Vorbilder des westlich angrenzenden indischen Kumaon geprägt.

Erhalten sind sehr viele, hauptsächlich einfache Shikhara-Tempel aus Stein, die häufig noch ein Shiva-Linga haben. An wichtigen Stätten stehen die Tempel in dichten Gruppen, gewöhnlich zu fünf (Panchadevalas), mit einem größeren Schrein in der Mitte. Dieses Schema wird im 19. Jh. im Kathmandu-Tal, zum Beispiel im Bereich von Pashupatinatha, wieder aufgegriffen. Auch Stupas stehen in solchen Formationen, oft über Brunnen und Wasserreservoirs.

In der Umgebung von Dailekh und Dullu stehen noch viele Shikharas in größeren Gruppen. Sie zeigen die ehemalige politische Bedeutung dieser Plätze. Mit 29 Tempeln ist Bhurti in der Umgebung von Dailekh Basar die größte Stätte. Dullu spielte eine große Rolle im religiösen Leben des Karnali-Gebiets, weil an vielen Stellen Gas aus der Erde dringt und sich in Flammen entzündet.

Kankrivihar ist eine interessante archäologische Stätte auf einem Hügel im Surkhet-Tal südlich von Birendranagar. Die in einem Waldgebiet geschützten Ruinen des buddhistischen Klosters stammen aus dem 14.–16. Jh.

West-Nepal vom 15.–18. Jahrhundert

Im späten 14. Jh., nach dem Tod von Prithvi Malla, wurde das ganze Karnali-Gebiet in zwei Staaten geteilt, die sich im Laufe der Zeit weiter aufsplitterten. Einer davon war der Vasallenstaat Doti mit der Hauptstadt Silgadhi-Doti, der 1387 unabhängig wurde – berühmt wegen des Shaileshvari-Tempels. Die kleinen mittelalterlichen Nachfolgestaaten der Karnali-Region werden Baisi Rajya, ›22 Königreiche‹, genannt. Jumla war das mächtigste Reich des Karnali-Gebiets. 1760 eroberte es nach drei Jahrhunderten auch Mustang, das in der Gandaki-Region liegt. Neben den Baisi Rajya entstanden im Osten davon die Chaubisi Rajya, die ›24 Königreiche‹ im Gandaki-Flußgebiet. Beide waren lockere Föderationen, deren Staaten untereinander in ständiger Fehde lagen. Die Könige dieser winzigen Staaten waren hinduisierte Khasa. Die ersten beiden Fürstentümer waren im 15. Jh. Bhirkot an der Andhi Khola (Siddharta Highway) und Palpa an der Kali Gandaki. Die meisten Herrscherfamilien der Chaubisi Rajya stammen von diesen beiden ab. Die Dynastie, die ursprünglich Bhirkot im Gandaki-Flußgebiet beherrschte, fächerte sich in mehrere Zweige auf, die sich später Shah nannten. Ein Zweig dieser Shah eroberte im 16. Jh. Gorkha und in der zweiten Hälfte des 18. Jh. zunächst das Kathmandu-Tal mit den drei Malla-Reichen und bis 1809 auch sämtliche Baisi Rajya und Chaubisi Rajya.

Vom 15. Jh. bis 1806 war Tansen Hauptstadt des Palpa-Königreiches, das von der Sena-Dynastie regiert wurde. Palpa war lange Zeit das mächtigste der Chaubisi Rajya, da es von den Nawabs von Oudh (im heutigen indischen Bundesstaat Uttar Pradesh) Teile des Terai gepachtet hatte. Butwal am Fuß des Himalaya diente als Umschlagplatz für den Handel über Palpa und das Kali Gandaki-Flußgebiet bis nach Mustang und weiter nach Tibet. Seine Blütezeit erlebte Palpa unter dem Gründer, König Rudra Sena (1483–1518), und dessen Sohn, König Mukunda Sena (1518–1553). Mukunda Sena dehnte seine Herrschaft bis nach Morang (Ost-Nepal) im Terai aus. Als Trophäe eines Angriffs auf das Kathmandu-Tal ließ er ein Paar vergoldete Bhairava-Masken in zwei Tempeln bei Butwal anbringen. Mukunda teilte sein Reich unter seine vier Söhne auf. Danach lebte er in Deughat, einem Pilgerort am Zusammenfluß von Kali Gandaki und Trishuli Gandaki im Chitawan-Distrikt.

Nach 1806 spielte Tansen die Rolle einer bedeutenden Distrikthauptstadt. Das heutige Gesicht des Ortes wurde nicht von den Sena-Königen, sondern von Thapa- und Rana-Gouverneuren des 19. und frühen 20. Jh. geprägt. Die Stadt mit Darbar und altertümlich gepflasterten steilen Straßen liegt etwa 1400 m hoch am steilen Abhang des Shrinagar Danda (1524 m; *danda* bedeutet Hügel). Von hier bietet sich die Aussicht auf ein unglaubliches Gebirgspanorama, das Kanjiroba Himal, Dhaulagiri Himal, Annapurna Himal und Langtang Himal umfaßt. Auf der anderen Seite sieht man auf das Madi-Tal und auch auf das Terai herab. Tansen ist eine der wenigen Ortschaften außerhalb des Kathmandu-Tals, die traditionelle Kunst und Architektur bewahren. Im Unterschied zu Gorkha, das eher Denkmalcharakter hat, ist es auch ein lebendiges Städtchen.

Ein Spaziergang durch Tansen

In der Stadtmitte, auf einer abschüssigen Straßenkreuzung, steht ein achteckiger Pavillon im europäischen Stil, der Shital Pati, das ›runde Haus‹, genannt wird. Seitlich führt eine Treppe zu einer Aussichtsplattform hoch. Der Bau wurde Ende des 19. Jh. von Khadga Sham-

Der Westen

sher Rana als eine Art Orientierungspunkt und Stadtzentrum errichtet. Das gegenüberstehende Mul Dhoka, das ›Haupttor‹ zum Darbar, wurde ebenfalls von Khadga Shamsher Rana erbaut, der von 1892 bis 1897 Gouverneur von Palpa war. Er war ein Bruder des Premierministers Bir Shamsher Rana. Wegen seiner für nepalische Verhältnisse ungewöhnlichen Breite wird das Tor auch Baggi Dhoka genannt, d. h. ›Kutschen-Tor‹. Es wurde zwischen zwei ältere symmetrische, palastartige Flügel in traditionellem Newar-Stil, die Arkaden und dreiteilige repräsentative Fenster aufweisen, gesetzt. Der Darbar-Bereich wird durch eine Allee gegliedert. Der älteste Bau des Tansen Darbar ist ein langer, heute ziemlich verbauter Flügel im hinteren Teil, der an der Schmalseite ein dreiteiliges Prunkfenster zur tiefer liegenden Straße hat und auf einem zweistufigen Steinsockel steht. Das Hauptgebäude, der langgestreckte dreigeschossige Tansen Darbar mit turmartigen Eckbauten, wurde 1927 vom damaligen Gouverneur Pratapa Shamsher Jang Bahadur Rana errichtet. Im Palastbereich steht der Ujareshvari Bhagavati-Tempel, der der westnepalischen Göttin Ujareshvari geweiht ist. In Tansen wird sie mit einem eigenen Wagenfest gefeiert. Der Ujareshvari-Tempel wurde 1815 von General Amar Singh Thapa zum Gedächtnis an seinen Sieg über die britisch-indischen Truppen im Britisch-Nepalischen Krieg errichtet. Dieser Krieg (1814–1816) brach infolge der hemmungslosen nepalischen Expansion aus. Zeitweilig brachte Nepal ein Gebiet beinahe doppelt so groß wie heute unter seine Gewalt. Es reichte von Kaschmir im Westen bis nach Bhutan im Osten. Der Krieg endete mit einer Niederlage Nepals 1816.

Amar Singh Thapa ist der Eroberer von Palpa. Unten, am Eingang zur Stadt, liegt der Amar Narayana-Tempel, der 1807 von General Amar Singh Thapa erbaut wurde. Die dreidachige Pagode hat einen Arkadenumgang um die Cella und erotische Schnitzereien. Auf dem Torana über dem Portal sind Vishnu (Narayana) und Lakshmi auf ihren Reittieren Garuda und Schildkröte dargestellt. Tempel und Tempelbezirk sind weniger wegen der Qualität im Detail als eher wegen der malerisch verwinkelten Komplexität der gesamten Anlage sehenswert. Sie besteht aus von hohen Mauern umgebenen Höfen mit Treppen, Rasthäusern, Reinigungsbrunnen auf unterschiedlichen Ebenen und den Sammelbecken für Monsunregenwasser in der Talmulde; außerdem einer zweidachigen Mahadeva-Pagode. Neben dem Amar Narayana- und dem Ganesha-Tempel in Tansen errichtete der General auch den Rama-Tempel in Janakpur und den Kamaru Kamaksha-Tempel in Kathmandu. Sein Sohn Bhimsen Thapa ist der Erbauer des Bhimsen-Turms in Kathmandu.

Außerhalb von Tansen finden sich noch Spuren der Sena-Dynastie. Am Zusammenfluß von Kali Gandaki und Ridi Khola liegt der Wallfahrtsort **Ridi Basar.** Tausende von Hindu-Pilgern baden im Januar und im Oktober hier im Fluß. An dieser heiligen Stelle sind Verbrennungs-Ghats. Der Rhishikeshava Narayana-Tempel ist einer volkstümlichen Form von Vishnu geweiht, bei der Vishnu als ›langhaariger Weiser‹ verehrt wird. Er stammt, wie der Bhairava-Tempel in Bhairabsthan (9 km westlich von Tansen), von König Mani Mukanda Sena (1518–1553). Der Bhairava-Tempel liegt auf einem Berg mit herrlicher Aussicht auf den Himalaya. Angeblich ist der riesige Trishul der größte goldene Dreizack in Asien. Die schreckliche Maske der Gottheit, die auch als ›Palpa Bhairava‹ bezeichnet wird, bleibt den Blicken verborgen. Pilger kommen hauptsächlich dienstags und samstags, um Tiere zu opfern.

7 km nördlich von Tansen liegt **Ranighat**. Der romantische, verlassene und verfallene Rani Mahal, der ›Palast der Königin‹, mit seinen Terrassen und Gärten auf einem Felsen über dem Kali Gandaki-Fluß wurde 1896 von Khadga Shamsher J. B. Rana in Erinnerung an seine geliebte Frau Tej Kumari errichtet. Der Palast wurde von britischen Ingenieuren entworfen und später von nepalischen Soldaten gebaut.

Pokhara

Das Tal von Pokhara liegt etwa 900 m hoch, ist 124 km² groß und ein subtropisches Paradies in der Bergwelt des mittleren Himalaya. Anders als im Kathmandu-Tal hat sich dort keine städtische Kultur entwickelt. Die Hauptsehenswürdigkeit des Pokhara-Tals ist der Phewa Tal (*tal* bedeutet See). Weitere Seen, die 2 km lange Mahendra-Höhle und der Seti Gandaki-Fluß (*seti* bedeutet weiß), eine der sieben Gandakis, die sich im Terai vereinigen und dann Narayani heißen, bilden die Naturschönheiten im Pokhara-Tal. Die spektakuläre Gebirgsszenerie über dem Tal wird von dem 6977 m hohen Macchapucchare, ›Fischschwanz‹-Berg, beherrscht, der diesen Namen wegen seiner Zwillingsgipfel trägt.

Geschichte

Im 17. Jh. gehörte Pokhara zum Königreich von Kaski, einem der mächtigeren Staaten der Chaubisi Rajya, der 24 Königreiche. Der wirtschaftliche Aufschwung begann in der Mitte des 18. Jh., als die Herrscher von Kaski Newari aufforderten, sich in Pokhara niederzulassen. Kaski wurde 1785 zusammen mit Pokhara Nepal einverleibt.

Der Ort wurde durch diese neue Entwicklung begünstigt, er liegt an einer alten Indien Tibet-Straße, die durch die Kali Gandaki-Schlucht und weiter nach Jomosom und Muktinath bzw. nach Mustang führt. Diese alte Handels- und Pilgerroute durch den Himalaya kreuzt sich im Tal von Pokhara mit der neueren Ostwest-Straße zwischen Kathmandu und Jumla im Westen.

Der Westen

Terrassenlandschaft zwischen Kathmandu und Nuwakot

»Wie schön sich der Dhawalagiri-Pik mit seinen edlen Linien, zwei kleine Trabanten zur Seite, aus den unabsehbaren Reihen mächtiger Schneegipfel erhebt, beleuchtet von den letzten Strahlen der scheidenden Sonne! Was hätte ich darum gegeben, sie fesseln zu können; aber unerbittlich zog sich der blaue Schleier der Nacht, aus den Thälern heraufsteigend, auch über sein Haupt. Er verschwand jedoch nicht ganz unsern Blicken: wie weiße Gespenster lagen die Gruppen des Schneegebirges im Mondschein vor uns. Einen besonderen Reiz gewährte es, die unzähligen Lichter, die sich am Abhange der Berge mit dem Dunkelwerden zeigten, zu beobachten; es waren Waldfeuer, angezündet, um zum Anbau Boden zu gewinnen.«

Besichtigung

In Pokhara findet man kaum beachtenswerte Gebäude, da das alte Dorf 1949 niederbrannte. Im Basar liegt der wichtigste Tempel, der Bindya Basini, der ebenfalls aus der Zeit nach 1949 stammt. Sehenswert ist allerdings seine Lage auf einem Hügel. Einer Legende zufolge soll sich die Göttin selbst diese Stelle ausgesucht haben. Einer der Könige von Kaski ließ das Bildnis der Durga Bhagavati aus Vindyanchal in seine Residenz Kaski überführen. Doch konnte die Figur nach einer Rast an der jetzigen Stelle nicht mehr fortbewegt werden. Daher entschied sich der König, der Göttin an diesem Ort ein Heiligtum zu errichten. Vor dem Tempel steht neuerdings eine Säule mit den vergoldeten Bildnissen von König Birendra Shah und seiner Königin, die in Art der Malla-Herrscher den Tempel verehren.

In der Umgebung von Pokhara liegt im Nordwesten die alte Residenz Kaski, ein Dorf, und 300 m höher die Ruine der Festung *(kot)* auf einem Bergrücken, darin befindet sich ein Durga-Schrein. Die Überreste der Kaski-Festung Sarangkot sind nördlich von Pokhara auf einem Bergkamm. Eine weitere Burgruine, Thulakot, liegt auf dem Berg östlich von Pokhara. Thulakot wurde von Kaski zerstört.

Gorkha

Das moderne Nepal wurde durch das Königreich Gorkha geprägt. Palast, Dorf und burgartiger Tempelkompex von Gorkha liegen nur 146 km von Kathmandu entfernt in einer Höhe zwischen 1000 m und 1400 m auf einem Bergkamm. Vom 16. bis zum 18. Jh. war dies der Sitz der Shah-Dynastie und der Hauptort eines mächtigen Königreichs in der Gruppe der Chaubisi Rajya. Gründer der Dynastie ist Drabya Shah (1560–1570), der Gorkha 1559 eroberte und zur Residenz machte. Aufschwung nahm Gorkha unter König Rama Shah (1606–1633), der Gewichte und Maße festlegte, das Rechtswesen verbesserte und Handel und Wirtschaft seines Landes förderte. Unter ihm ließen sich newarische Händler und Handwerker in Gorkha nieder. Rama Shah pflegte Beziehungen zu den Mallas im Kathmandu-Tal, besonders zu Patan. Er und sein Nachfolger bedrohten erstmals das Monopol des Kathmandu-Tals auf den Tibet-Handel. Über hundert Jahre später, 1743, wurde Prithvi Narayan Shah König von Gorkha. Seine erste Eroberung schon im folgenden Jahr war Nuwakot. Damit kontrollierte er eine der zwei Handelsrouten vom Kathmandu-Tal nach Tibet. Wegen der strategischen und wirtschaftlichen Bedeutung seiner Neuerwerbung verlegte er seinen Regierungssitz von Gorkha nach Nuwakot, bis ihm 1768 die Eroberung des Kathmandu-Tals gelang, der blühenden Oase, nach deren Besitz sich die Völker der kargen Gegenden gesehnt hatten.

Besichtigung

Der Bestand an historischen Bauten Gorkhas wird durch drei Bereiche bestimmt. Vor dem Dorf steht der steinerne Rameshvara-Tempel. Dieser Shiva-Tempel ist dem Gedächtnis des Königs Rama Shah (1606–1623) gewidmet. So wie auch auf den Darbar-Plätzen in Kathmandu, Patan und Bhaktapur, steht eine steinerne Säule mit einer vergoldeten Königsstatue vor dem Tempel. Die Statue stellt Prithvipati Shah (reg. bis 1716) dar, den Großvater des Eroberers Prithvi Narayan Shah. König Prithvipati Shah selbst besuchte Bhaktapur, mit dem er freundliche Beziehungen unterhielt. Er prägte das Gesicht seiner Residenz Gorkha und vermittelte dabei einen Abglanz dessen, was er im Kathmandu-Tal gesehen hatte. In der Umgebung des Rameshvara-Tempels sind mehrere kleinere Schreine und ein Teich, in dessen Mitte, wie bei den Naga-Teichen in Bhaktapur und Kathmandu, ein Pfahl steckt.

Der zweite bedeutende Bau Gorkhas ist der repräsentative Tallo Darbar, der ›untere Palast‹. Er steht auf einem Plateau über der tiefen, weiten Landschaft. Der Bau wurde in der Mitte des 18. Jh. von newarischen Handwerkern für Prithvi Narayan Shah ganz in der Art

Der Westen

der Malla-Paläste des Kathmandu-Tals errichtet. Er vertritt in dieser Gegend, in der sonst Stein das natürliche Baumaterial ist, die fremde Tradition des Ziegelbaus. Die Front des mächtigen, einheitlich errichteten Palastgevierts ist zur Talseite besonders durch eine fünfbogige Arkadenreihe und Ecktürme betont. Unter den geschnitzten Architekturelementen gibt es auch das Pfauenfenster. Gegenwärtig wird die Anlage wiederhergestellt und in ein Museum verwandelt.

Einige hundert Meter höher steht der Upallo Darbar, der ›obere Darbar‹. Der Anstieg wird belohnt mit einem herrlichen Blick auf die Berge vom Dhaulagiri über den Ganesh Himal zum Manaslu. Im Süden ist die Mahabharat-Kette sichtbar. Ursprünglich war dieser Darbar eine kleine Bergfestung, wie es viele gegeben hat. Wegen des kometenhaften Aufstiegs des Hauses Gorkha entwickelte sich dessen Stammsitz zu einem National- und Dynastie-Denkmal verbunden mit einer Opferstätte. Die breiten Prozessions-Treppenwege mit Zinnenmauern und die enormen Stützmauern, die in diesem Sinn errichtet worden sind, geben dem an sich bescheidenen Herrschersitz einen monumentalen Charakter. Der Kernbau wurde von König Rana Shah (1606–1633) errichtet und später immer wieder ausgebaut. Heute ist er einer der am besten unterhaltenen und erhaltenen Monumente außerhalb des Kathmandu-Tals (Fotografieren ist nicht erlaubt).

Der Hauptbau besteht aus zwei Bauteilen. Der eigentliche Palast, Raj Darbar, hat die Form eines stumpfen Wohnturms. Er birgt als Heiligtümer die Geburtsstätte von Prithvi Narayan Shah und den Thron des Königs und darf nicht betreten werden. An ihn wurde im 19. Jh. im Westen das Gorakhkali Mandir mit einem Schrein für die Göttin Kali angebaut. Zwischen beiden entstand ein kleiner Hof. Dieses Gebäude in der Form eines mehrstöckigen Wohnbaus mit rajputischen Säulen- und Bogenformen wird durch ein Fenster mit einem Stern ausgezeichnet, wie es bei furchterregenden weiblichen Gottheiten typisch ist. Nur der König selbst und die Brahmanen-Priester, die den Tempel betreuen, dürfen das Bild der schrecklichen Göttin sehen. Gorakhkali gehört zu den blutdürstigen Gottheiten. Während des Dashain-Festes im nepalischen Monat Chaitra (März/April) – dem größten Fest in Gorkha – und Ashvina (September/Oktober) werden Hunderte von Ziegen und Büffeln im Tempel geopfert.

Um den Palast wurden weitere kleine Heiligtümer angesiedelt. Im Osten liegt ein offener Bhairava-Schrein. Nahe dabei werden Pashupati in Form seines Chaturmukhalingas verehrt und Guhyeshvari in Form eines Lotos. Auf der Südseite des Berges, einige Meter unterhalb des Darbar, liegt eines der wichtigsten Gorakhkanatha-Heiligtümer Nepals in einer Höhle. Der heilige Eremit Gorakhkanatha, der im 12. Jh. gelebt haben soll, gilt als Schutzherr der Könige von Gorkha. Seiner Unterstützung wird die erfolgreiche Eroberung Nepals durch Prithvi Narayan Shah zugeschrieben. Im Osten liegt ein dreiflügeliges Haus für Priester, dessen Hof mit einer hohen Mauer abgeschlossen ist. Das Ostportal zum Burgbezirk ist Hanuman Dhoka, bei dem eine Hanuman-Statue und sechs große Inschriftenstelen stehen. Dort beginnt ein weiterer Aufstieg in zyklopischer Landschaft zwischen riesigen Felsbrocken auf einer gemauerten breiten Treppe bis zum Upallo Kot, dem früheren ›oberen Fort‹, von dem allerdings außer einem Plateau nichts mehr geblieben ist.

Zwischen Gorkha und Mugling steht der Manakamana-Tempel, der ›Wünsche erfüllende Tempel‹, auf einem 1700 m hohen Berg. Die zweidachige Pagode wurde für die Muttergottheit Bhagavati, die Gottheit der Könige von Gorkha, errichtet. **Manakamana** ist berühmt für die Tieropfer; besonderes Pilgerfest ist Navaratri. Eine Kopie dieses Tempels bei Mugling wurde 1996 für die Manakamana-Gottheit in Hetauda am Mahendra Highway errichtet.

Nuwakot

Nuwakot, nordwestlich des Kathmandu-Tals, war im Mittelalter zeitweise ein selbständiges Königreich. Seine Herren, die Thakuri von Nuwakot, regierten im frühen Mittelalter sogar über das Kathmandu-Tal. Später gehörte Nuwakot zur Gruppe der 24 Königreiche im Gandaki-Flußgebiet. Im späten Mittelalter war Nuwakot der nordwestlichste Außenposten des Königreichs Kathmandu. Prithvi Narayan Shah eroberte 1744 als erstes Nuwakot. Dessen Bedeutung bestand darin, daß es eine der zwei Handelsrouten vom Kathmandu-Tal nach Tibet kontrollierte. Sein Besitz erlaubte eine Wirtschaftsblockade des Kathmandu-Tals. Prithvi Narayan verlegte 1744 seine Hauptstadt von Gorkha nach Nuwakot und 1769 von dort weiter nach Kathmandu.

Besichtigung

Hoch oben über Trishuli Basar liegt das Dorf Nuwakot. Der Dorfplatz ist mit einem offenen Bhimsen-Schrein, einem steinernen Linga-Schrein und einem Votiv-Chaitya ausgestattet. Darüber befindet sich auf einer mit Bäumen bestandenen Kuppe, direkt anschließend an den Platz, ein malla-zeitlicher schlichter Wohnturm. Der Bau ist eine Ziegelholzkonstruktion von fünf Stockwerken mit einem umlaufenden vorgestellten Balkon im fünften Geschoß. In der zweiten Etage ist der Taleju Bhavani-Schrein über eine Außentreppe erreichbar. Das Ganze macht einen unbetreuten, verfallenen Eindruck. Nach der Eroberung Kathmandus brachte Prithvi Narayan Shah das Bildnis der Bhagavati (Durga), eine Form von Taleju, aus diesem Schrein nach Kathmandu. Er stellte es in seiner neuen Residenz Hanuman-Dhoka im Bhagavati-Tempel auf, der das Dach des

»Die Aussicht auf das prachtvolle Thal des Trisulganga ist das Belohnendste, was der Berg darbietet. Die Tempelgebäude mit ihren goldenen Dächern bilden dazu einen unvergleichlichen Vordergrund. Wir kehrten zurück und sahen unterwegs noch die prächtigen Gebäude des großen Dhurbar's am Fuße des Noyakot, Baudenkmale, die ganz einzig in ihrer Art sind. Das Holzschnitzwerk der Fenster scheint eben so unverwüstlich als der brennend rothe Ziegel, aus dem das Ganze erbaut ist. Im weitläuftigen Garten standen große Felder voll Ananas; die Banane gedeiht hier ohne alle Pflege.«
Dr. Hoffmeister

Der Westen

*Nuwakot Darbar
Sattale Darbar
(›siebengeschossiger
Palast‹), Aufriß*

Westflügels des Kanhehol Chok bekrönt. Noch heute besucht das Bildnis jedes Jahr für einige Tage seine alte Heimstätte in Nuwakot.

Auf einem sich anschließenden, etwas tiefer liegenden Bergsattel liegt Nuwakot Darbar. Der Palastbezirk besteht aus einem Wohnturm und einer Reihe von mehrgeschossigen Einzelgebäuden, die locker einen offenen länglichen Platz umstehen. Sattale Darbar, der ›siebengeschossige Darbar‹, wurde 1772, wenige Jahre vor seinem Tod, von Prithvi Narayan Shah als Residenz- und Wohnturm errichtet. Der rechteckige Turm mit den Breitseiten zum Platz und zum Tal ist ähnlich wie der Vasantapura-Turm in Kathmandu im Inneren durch eine durch alle Stockwerke laufende ›Kernmauer‹ zweigeteilt. Während der Turm aus Sicherheitsgründen im unteren Stockwerk wenig einladend wirkt, ist der Wohnbereich nach oben verlegt. Nach oben öffnet das Gebäude sich immer mehr in einer abwechslungsreichen Fassadenlösung. Im dritten Geschoß ist ein dreiteiliges Prunkfenster, dem vierten Stock des Ziegelturms ist ein vorspringender umlaufender Balkon vorgehängt. Das Dach ist als eigene Etage mitgezählt. Darauf sitzt als Dachreiter ein kleiner, sehr privater Aussichtspavillon. Der Dorfpolizist hat den Schlüssel zum Turm.

Auf dem Platz vor dem ›siebengeschossigen Palast‹ stehen kleine hinduistische und buddhistische Votivschreine, Miniaturausgaben von Tempeln eines Darbar-Platzes. Dazu gehören zwei zweidachige kleine Pagodenschreine, der eine mit Vishnu und Garuda, der andere mit Vishnu und Lakshmi im Torana. Der Buddhismus ist durch einen Stupa vertreten. Gegenüber stehen palastartige Gebäude aus der ersten Hälfte des 19. Jh. König Rana Bahadur Shah, der in Nuwakot geboren wurde, hielt sich gerne hier auf. Der viergeschossige Mittelbau ist mit einem Soldatenfries geschmückt. Die Dachstreben zeigen erotische Szenen.

Dieser Darbar-Platz ist die erweiterte Form einer breiten Dorfstraße, die in der Achse des Darbar-Platzes auf dem Bergrücken weiter zum Devi Bhairavi Mandir führt. Der Platz vor dem Tempel hat die Reste eines Linga-Schreins zu dem ein Glockenständer gehört. Gegenüber liegen ein Votiv-Chaitya und eine Tanzplattform. Die Ostseite wird von einem langen zweigeschossigen Pilgerrasthaus eingefaßt. Der Devi Bhairavi-Tempel liegt etwas tiefer als der Dorfplatz in einem umgrenzten Bereich. Die zweidachige Pagode hat einen Arkadengang um die Cella, der mit geschnitztem hölzernem Gitterwerk abgesperrt ist. Vor dem Eingang steht eine Säule mit Löwe, dem Tragetier der Göttin, deren shivaitischer Bezug durch die beiden Dreizacke vor dem Eingang gezeigt wird. Im Inneren des Schreins sind die Masken der Neun Durgas, wobei die Maske der Bhairavi besonders geschmückt ist. In einem europäisierenden Bau mit Pilastern und Engeln auf der Nordseite des Tempels werden Teile eines Prozessionswagens aufbewahrt. Eine steile breite Treppe führt ins Tal, wo sich in einem Schrein vor dem dreigeschossigen Priesterhaus mit Dachreiterchen eine große Stele von Mahishasuramardini befindet.

Devighat am Zusammenfluß von Tadi Khola und Trishuli Khola ist ein heiliger Ort, an dem Prithvi Narayan Shah 1775 starb. Devighat steht unter dem besonderen Schutz von Devi Bhairavi – einen Tempel der Göttin gibt es dort allerdings nicht. Auf ihren ausdrücklichen Wunsch wurde der Bhairavi-Tempel statt dessen oben in Nuwakot errichtet, um die Gläubigen vor plötzlich hereinbrechenden Wassermassen zu bewahren, die Devighat bedrohen.

Die Trishuli Khola, der östlichste der sieben Gandaki-Flüsse, fließt durch das Tal unterhalb von Nuwakot. Sie entspringt dem größten der 22 Seen, die in einem Tal unmittelbar unter den höchsten Gipfel des **Gosainthan** liegen. Der größte dieser Seen *(kunda)* ist **Gosainkund** in einer Höhe von 4360 m. Hier soll Shiva, in dessen Kehle ein giftiger Trank brannte, seinen Dreizack in den Felsen gestoßen haben, um sich mit dem Quellwasser Linderung zu verschaffen. Gosainkund ist der berühmteste Wallfahrtsort Nepals. Viele Pilger kommen, um beim Vollmond im August/September im eiskalten Wasser des heiligen Sees zu baden, unter dessen Oberfläche ein Felsen Shiva repräsentiert. Von Kathmandu aus brauchen sie sieben Tage für den Weg. Wer die Reise nicht unternehmen kann, geht zum Becken beim Kumbheshvara-Tempel in Lalitpur, das auf wunderbare Weise mit diesem Gebirgssee verbunden ist.

»Es ist kein isolirter Kegel, sondern nur die scharfe Spitze eines sich nach Norden hinziehenden noch weit höhern Gebirgskammes, des Mahamendel. Am Berge befinden sich zwei verschiedene Heiligthümer; das tieferliegende, zu dem eine Treppe von hundert und einigen Stufen hinauf führt, ist das größere und enthält eine Menge der abenteuerlichsten Thiergestalten. Es war reich an Holzschnitzwerk und Weihgeschenken aus allerlei Metall, aber über alle Maaßen schmutzig. Das obere Heiligthum ist nur ein kleiner Tempel, ganz von Backsteinen erbaut ohne allen Schmuck; nur das niedrige, hölzerne Stockwerk, welches hoch oben auf den glatten Unterbau gesetzt ist, hat schöne geschnitzte Fenster und ist so wie das Dach nicht ohne Geschmack. Beide werden getrennt durch den Dhurbar, das kleine königliche Schloß, ein höchst wunderliches Backsteingebäude, welches von einem sogenannten Garten umgeben ist.«
Dr. Hoffmeister

Der Norden

Tibetische Kultur im Norden Nepals

Dieser Abschnitt soll das Bild von der kulturellen Vielfalt Nepals abrunden, obwohl die besprochenen Regionen nur teilweise für den Tourismus geöffnet und oft auch nur für Trekker zugänglich sind. Die unwirtlichen Gebiete im Norden, die wegen ihrer großen Höhe, des kalten Klimas und der Trockenheit jenseits der Bergkette den Menschen früher keine landwirtschaftliche Lebensgrundlage bieten konnten und daher unbewohnbar waren, wurden zum großen Teil erst in der Zeit vom 15. bis 19. Jh. von Norden, von Tibet her, besiedelt. Die Menschen dieser Regionen sind Bhotia, ein Begriff, der heute generell Völker mongolischen Ursprungs bezeichnet, die aus Tibet stammen. Ursprünglich waren damit nur die Bewohner von Tibet (Bhot) gemeint. Die Menschen in den Obertälern des Himalaya kontrollierten die Verbindungen zwischen Tibet und Nepal. Insgesamt soll es hier 13 Pässe gegeben haben, die die hohe Bergkette der Himalayas überwanden und die alle als Handelswege benutzt wurden. Allein der Transithandel über diese Pässe konnte den Menschen eine – wenn auch meist nur ärmliche – Überlebensmöglichkeit bieten. Die einzelnen Täler der Bhotia sind kein einheitlich zusammenhängendes Gebiet, sie haben auch keine gemeinsame Geschichte. Sie bilden heute Landesteile, die in unterschiedlichem Maße tibetisch geprägt sind.

Nord-Nepal
Besonders sehenswert
Jharkot ☆
Muktinath
Mustang ☆☆
Pangpoche
Ringmo

Humla

Humla ist einer der isoliertesten Distrikte Nepals im äußersten Nordwesten und liegt im Regenschatten des Himalaya. Die Gegend gehört aber zum Karnali-Flußsystem. Die Humla Karnali entspringt in Tibet und fließt in die Mugu Karnali, die dann zur eigentlichen Karnali wird. Humla wird von buddhistischen Tamang bewohnt, die dem Lamaismus anhängen. Das größte Dorf der abgelegenen Gegend ist **Simikot.** Es liegt an einem alten Weg, der zur tibetischen Handelsstadt Purang (Taklakot) und weiter zum heiligen Berg Kailash führte. Einer Lokalgottheit ist der **Schrein von Kalashilto** im Norden von Simikot gewidmet; die Vorhalle besitzt sechs schöne geschnitzte Pfosten.

Dolpo

Eine der letzten Inseln traditioneller tibetischer Kultur ist Dolpo. Der Legende nach soll der heutige Distrikt Dolpo eines der *bayul*, der ›verborgenen Täler‹ sein, die Guru Rinpoche als Zufluchtsort für gläubige Buddhisten in Zeiten der Verfolgung vorsah. Dolpo ist die

◁ *Die Chörten von Mustang in ihrer typischen Farbgebung*

Der Norden

Lo Manthang

Hälfte des Jahres von der Außenwelt abgeschnitten, wenn die hohen Pässe wegen des Schnees unpassierbar sind. Am einfachsten ist es von Tibet aus zu erreichen. Von dort wanderten auch die Menschen vor etwa 1000 Jahren ins Land ein. Im Gegensatz zum benachbarten Mustang gab es in Dolpo keine allgemeine Herrscherdynastie.

Hauptort des Dolpo-Distrikts ist Dunai am Thuli Bheri-Fluß. Der She Phoksundo-Nationalpark (s. Karte S. 314) mit seiner typisch tibetischen Flora und Fauna ist der größte Nationalpark Nepals. Er wurde nach dem She-Kloster und dem Phoksundo-See benannt. Der Park war von 1977 bis 1990 für Ausländer ganz geschlossen. Danach wurde er für registrierte Gruppen und auch nur bis zum **Phoksundo-See** (bis zu 650 m tief) geöffnet.

Am Südende des auf 3900 m Höhe liegenden Sees befindet sich das Dorf **Ringmo.** Der Ort besitzt ein Tor-Chörten. Die Wände des Durchgangs sind mit acht Buddha-Bildern geschmückt, die hölzerne Decke ist mit neun komplexen Mandalas bemalt, die zur Bön-Religion gehören, der anderen großen Richtung in Tibet, die sich teilweise aus schamanistischen Vorstellungen speist. Die Bilder stellen die besten Beispiele tibetischer Malerei in Dolpo dar. Etwa 2 km vom Dorf entfernt am Südostufer des Sees liegt das **Bön-Kloster** von Ringmo.

Der Weg vom Phoksundo-See in Richtung Norden führt über einen Paß in das eigentliche Dolpo-Tal, das für Ausländer nicht zugänglich ist. Dort liegt in 4878 m Höhe am Zusammenfluß von Sebu Khola und Hubalu Khola **She Gompa,** das ›Kristall-Kloster‹, das nach dem ›Kristall-Berg‹ von Dolpo benannt ist. Der Gebäudekomplex mit Wandmalereien wird von Chörten umgeben. Das Kloster gehört zur Kagyü-Schule, dem ›Orden des überlieferten Wortes‹. Es handelt sich dabei um eine alte Richtung des tantrischen tibetischen Buddhismus, die im 11. Jh. entstand.

Der Oberlauf der Kali Gandaki, Muktinath und Mustang

Entlang der Kali Gandaki führt die alte Salz-Straße West-Nepals über Mustang nach Tibet. Ein früherer Tauschplatz und Zentrum des Kali Gandaki-Weges war die Thakali-Siedlung **Tukche** (2590 m). Die buddhistischen Schreine haben heute keine Funktion mehr, da die Thakali sich im 19. Jh. von Buddhisten zu Hindus gewandelt haben. Bis hierher brachten die Lopa – so nennen sich die Einwohner von Mustang – Salz und Wolle aus Tibet und tauschten es gegen Getreide. Die Thakali besaßen lange Zeit das Salzhandel-Monopol.

Das Dorf von Cherok liegt nahe **Marpha** in einer Höhe von 2680 m. Der Tempel, genannt Sanga Chöling, wurde im 18. Jh. erbaut. Der Klosterhof wird umgeben von dem Haupttempel mit einem Kapellenaufbau auf dem flachen Dach, von Mönchsquartieren und Küche und einer zweigeschossigen Galerie auf den beiden übrigen Seiten.

Gebetsmühlen in Samar

Der Norden

Muktinath
1 Umwandlungspfad um den heiligen Bezirk
2 See der heiligen Quelle
3 Vishnu Lokeshvara-Tempel
4 Schrein der Schlangengottheit
5 Tempel des heiligen Feuers
6 Gruppe von Chörten
7 Eingang zum heiligen Hain
8 Gompa Sarwa (›neues Kloster‹, Mitte 20. Jh.)
9 Padmasambhava-Fußabdruck
10 Marme Lhakhang (›Tempel der Lampen‹), verfallen
11 Heiliger Hain
12 und 13 Pilgerherbergen
14 Shiva-Tempel
15 Polizeikontrolle
16 Pilgerherberge

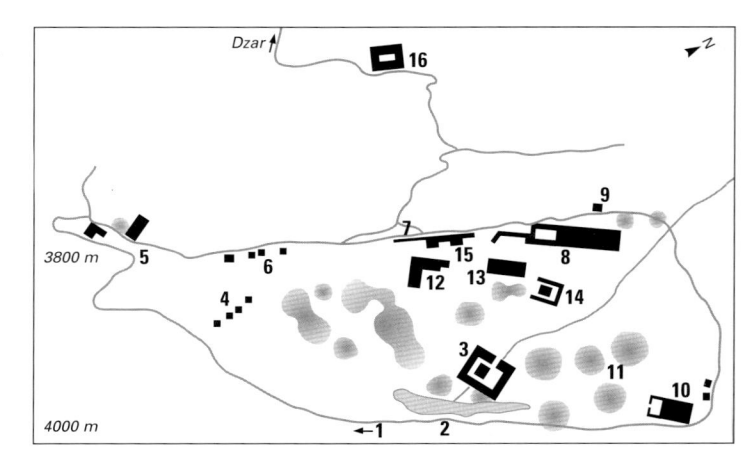

Nordöstlich von Marpha liegt über dem Kali Gandaki-Tal das Kloster von **Kutsap Ternga** (3000 Meter). Der Weg von Thini zum Kloster führt an einem heiligen See und den Fußabdrücken von Guru Rinpoche, Padmasambhava, vorbei. Kutsap Ternga ist ein berühmter Pilgerort. Der flache lange Baukomplex umfaßt eine Versammlungshalle mit Malereien, die 1953 erneuert wurden, außerdem findet man bedeutende Skulpturen aus dem 16. und 17. Jh. Auf dem Altar stehen Figuren verschiedener Manifestationen von Padmasambhava. Westlich des Altars sind teilweise lebensgroße Statuen in vergoldeter Bronze von Maitreya, Vajradhara, Amitabha, Shakyamuni und Padmasambhava zu sehen. Der frühere Eingang mit einem kleinen Vorhof im Nordosten zeigt schöne Schnitzereien. 1973 wurden im Südosten eine Vorhalle und ein großer geschlossener Vorhof angebaut. Die fünf Heiligtümer, nach denen das Kloster benannt ist, stammen aus dem Kloster Samye in Tibet.

Kagbeni ist eine mittelalterliche Festungsstadt an der Kali Gandaki. Sie war ursprünglich das Zentrum eines unabhängigen Königreichs, auf das noch der verfallene Palast und ein altes buddhistisches Kloster mit Fresken aus dem 15. Jh. hinweisen. Ein alter Weg nach Mustang überquert in Kagbeni den Fluß (Westseite), östlich geht er nach Muktinath. Er führt durch ein Hochtal, das von der 3500 m hoch liegenden, verfallenen, aber immer noch eindrucksvollen **Festung von Jharkot** beherrscht wird. Die ›Siegesfestung‹ (tibetisch *dzong*, ›Burg‹) war ursprünglich der Sitz des Herrschers des Muktinath-Tals. Innerhalb der Festung steht das Kloster. Der Hauptbau hat zwei Ebenen. Die Versammlungshalle im Hauptgeschoß mit schönen Wandmalereien öffnet sich in der Mitte der Decke ins Obergeschoß und reicht weiter bis zu einem Dachreiter. Auf dem Altar sind Statuen von Shakyamuni und Lama Tenzing Repa. Auf der oberen Ebene liegen eine Küche, die bei wichtigen Feiern benutzt wird, und eine Kapelle der Schutzgottheiten.

Muktinath

Eigentlich heißt die Siedlung Muktikshetra, ›Platz der Erlösung‹, und ist eine der wichtigsten Hindu-Pilgerstätten Nepals. Muktinath liegt mitten in einem völlig buddhistischen Hochland auf 3893 m Höhe, 18 km nordöstlich von Jomoson. Die frühe Geschichte von Muktinath, das in die UNESCO-Liste des Weltkulturerbes aufgenommen wurde, begann aber schon vor Jahrtausenden, weil sich dort ein Naturwunder abspielt: Feuer brennt auf dem Wasser. Hindus sehen darin eine Erscheinung Brahmas, der hier diese beiden unvereinbaren Elemente zusammengeführt hat. An diesem ›Platz der Erlösung‹ zu baden, verbessert die Stellung im Kreislauf der Wiedergeburten. Die Hindus verehren in Muktinath Vishnu und Brahma, die Buddhisten Padmasambhava.

Das eigentliche Ziel der langen und beschwerlichen Pilgerfahrt nach Muktinath ist **Salamebar Dolamebar Gompa,** nepalisch **Jwala Mai-Tempel.** Die Gottheit, Jwala Mai, ist eine natürliche Flamme. Brahma soll das heilige Feuer entzündet haben: Natürliches Methangas läßt unter dem Altar links die Erde, in der Mitte Wasser und an der rechten Seite Steine brennen. Auf dem Altar stehen die Statuen von Avalokiteshvara, Padmasambhava und Vajradhara.

Der Bau, der dem Ort den Namen gegeben hat, der **Muktinath-Tempel,** ist eine kleine dreidachige neuere Pagode. Das Heiligtum umschließt Bildnisse von Vishnu und seinen beiden Partnerinnen, Lakshmi und Sarasvati, davor ist Garuda dargestellt. Für die Tibeter gilt Vishnu als Avalokiteshvara. In der Nähe strömen Quellen aus 108 Wasserspeiern in Form von Kuhköpfen aus vergoldetem Kupfer.

Mustang

Mustang ist eine unberührt erhaltene mittelalterlich tibetische Kulturlandschaft auf nepalischem Boden. Erst 1992 wurde es für den Tourismus geöffnet. Um den Zusammenprall von mittelalterlichen Lebensformen und westlichem Wohlstandsverhalten abzufedern, ist die Zahl der Touristen begrenzt, z. Zt. sind es jährlich 500 Personen, die nur in Gruppen einreisen dürfen. Geologisch und kulturell ist Mustang am Oberlauf der Kali Gandaki tibetisch. Die Hauptstadt ist **Lo Manthang,** ›Lo-Ebene der Sehnsucht‹. Daraus wurde ›Mustang‹, wie Land und Stadt gewöhnlich genannt werden. Das Land heißt Lo, die Bewohner Lopa, benannt nach Lo in Tibet, dem Ort ihrer Herkunft. Die Region liegt im Regenschatten des Hoch-Himalaya, daher ist es trocken, sehr kalt und wenig fruchtbar. In der grauen und rotbraunen Landschaft gedeiht kaum etwas. In dieser eigentlich fast vegetationslosen Felsenwüste haben die Bewohner seit Jahrhunderten mit Hilfe von Bewässerung kleine Oasen-Täler geschaffen. Die ältesten Siedlungsspuren, die in Höhlen an steilen Felswänden gefunden wurden, gehen bis weit ins erste Jahrtausend v. Chr.

Der Norden

Gompa von Tsarang

zurück. Wie das benachbarte Dolpo gehörte Lo (Mustang) im 10. und 11. Jh. zu West-Tibet. Um 1400, nach dem Untergang des Khasa-Königreichs und gleichzeitig mit dem Aufstieg der Baisi Rajya im Karnali-Flußgebiet, und den südlich benachbarten Chaubisi Rajya im Gandaki-Flußgebiet, wird Mustang ein unabhängiges Königreich. Erst damals begann die eigentlich faßbare Geschichte. Luri Gompa, ein Felsentempel mit Chörten in der Mitte und schönen Wandmalereien aus dem 14. Jh., ist ein isoliertes Zeugnis dieser frühen buddhistischen Kunst in Mustang. Die wirtschaftliche und kulturelle Blütezeit von Lo reicht vom 15. Jh. bis zum Anfang des 16. Jh. An der alten Handelsroute von Indien nach Tibet entlang der Kali Gandaki stehen noch die Ruinen der großen Burgen, die die wirtschaftliche Bedeutung dieser Verbindung zeigen. 1427 bis 1447 wirkte ein bedeutender Missionar aus dem tibetischen Kloster Sakya in Lo.

Die Zentren des Glaubens und der königlichen Selbstdarstellung waren die Hauptstadt **Lo Manthang** und **Tsarang**. Die wichtigen Klosteranlagen wurden im Laufe des 15. Jh. bei den königlichen Residenzen in Lo Manthang und Tsarang geschaffen. Daneben gibt es die kleinen, meist einfachen Dorf-Gompas. Charakteristische Bauten sind die Chörten, die tibetische Form des Stupa, die in Mustang eigene Schutzdächer erhalten haben. Eine Sonderform sind die Tor-Chörten, deren durchhöhlter Sockel das Stadttor aufnimmt. Die noch erhaltene Ausmalung der Versammlungshallen der königlichen Klöster Jampa Lhakhang und Thubchen Lhakhang in Lo Manthang (15. Jh.) wurde von Meistern aus dem Kathmandu-Tal gestaltet. Die Wandmalereien des Tsarang Gompa stammen aus dem 16. Jh., dort besitzt man auch bedeutende Thangkas aus dieser Zeit.

In Lo sind alle großen Schulen des tibetischen Buddhismus außer den Gelbmützen (Gelug) vertreten, die seit dem 16./17. Jh. in Tibet dominierten. Daran wird deutlich, daß Mustang in dieser Zeit schon die kulturellen und wirtschaftlichen Verbindungen zu den Zentren Tibets verloren hatte und zu einem abseits von den Hauptströmen liegenden Gebiet geworden war. Im 16. Jh. kommt Mustang unter die Oberhoheit des tibetischen Reichs von Ladakh, das ihm einige Zeit Schutz gegen den wachsenden Druck aus Jumla, einem der Baisi Rajya der Karnali-Gegend gab. Im 18. Jh. gewinnt aber Jumla die Oberhand um dann seinerseits von Nepal einverleibt zu werden (1798). Allerdings lassen die nun herrschenden Gorkha Mustang beschränkte Selbständigkeit. Lo hatte bis in die 60er Jahre einen halbautonomen geschützten Sonderstatus und konnte seine eigenen politischen und religiösen Institutionen bewahren; dazu gehörte auch das Titular-Königtum ohne politische Vollmacht. Seit 1950/51, als ferne Auswirkung der neuen Rolle des nepalischen Königs, ist Mustang administrativ nach Nepal eingegliedert. Es wurde Teil des Mustang-Distriks, dessen Schwerpunkt südlich der eigentlichen Region im hinduistischen Teil des Oberlaufs der Kali Gandaki (Verwaltungshauptstadt Jomosom) liegt.

Für kurze Zeit geriet Mustang noch in das Interesse der Weltgeschichte. Nach der Annexion Tibets durch China 1950 und der Niederschlagung des tibetischen Aufstands von 1959 flohen viele Tibeter, darunter besonders die kämpferischen ost-tibetischen Khampa, nach Mustang. Die Khampa führten von dort und dem benachbarten Dolpo aus ihren Guerilakrieg gegen die Chinesen. Die USA stellten 1971 die Unterstützung der Khampa ein, und auf politischen Druck Chinas hat die nepalische Armee sie 1974 entwaffnet und ihren Widerstand zerschlagen. 1991 wurden auch hier die Wahlen zum nepalischen Parlament abgehalten und damit eine stärkere Anbindung an den Nationalstaat vollzogen.

Helambu

Im Nordosten des Kathmandu-Tals, im Sindhupalchock-Distrikt am Rand des **Langtang-Nationalparks** (s. Karte S. 314), vom Gosainkund durch das Gosainkund-Massiv getrennt, liegt das obere Flußtal der Malemchi Khola, das Helambu genannt wird. Das kleine Gebiet von Helambu gilt in der tibetischen Tradition als eines der ›verborgenen Täler‹. Die von Süd-Tibet eingewanderten Bewohner nennen sich Sherpa. Es gibt keine tibetischen Klöster. Üblich sind hingegen schlichte Dorftempel, genannt Gyang. Diese sind kombinierte Bauten, deren linker Teil der Tempel einnimmt und deren rechter Teil die Wohnung des Betreuers ausmacht. Einer der ältesten des Typs ist der Ende des 18. Jh. gegründete **Chure Gyang** unterhalb des Dorfs **Tarkegyang.** Teilweise hat er noch seine alte Ausstattung. Einen neuen Typus vertritt dagegen der Dorftempel von Tarkegyang, ›Tempel der

Der Norden

hundert Pferde‹. Der gegenwärtige Bau stammt aus dem Jahr 1969. Er vertritt den bhutanischen Stil, der sich durch einen zweidachigen Abschluß mit einem winzigen Dachreiter auszeichnet. Der Eingang wird durch ein baldachinartiges Vordach geschützt.

Kumbhu

Kumbhu liegt im **Solukumbhu-Distrikt** in Ost-Nepal nahe bei der nördlichen Kette des Himalaya mit Gipfeln zwischen 6000 und 8000 m, südlich des Mount Everest (Chomolungma). Khumbu ist die Heimat der Sherpa, einem tibetischen Volk, das noch der tibetischen Kultur und damit dem lamaistischen Glauben anhängt. Die Sherpa wanderten in vier Schüben vom 16. bis 19. aus Ost-Tibet in die Khumbu-Region ein.

In Tibet, Ladakh und anderen Regionen der lamaistischen Kultur bezeichnet der Begriff Gompa ein Kloster, das ein oder mehrere Lhakhang (Tempel, wörtlich ›Gotteshaus‹) umfaßt. Die Gompa in Solukhumbu sind alle aus relativ junger Zeit, das älteste, **Pangpoche,** stammt aus dem Jahr 1860. Die Sherpa haben die tibetische Architektur den anderen klimatischen Bedingungen des Solukumbhu-Distriks auf der südlichen Seite der Hauptkette des Himalaya angepaßt. Die Dächer sind nicht wie im trockenen Tibet flach, sondern wegen des starken Monsunregens, ähnlich wie in Bhutan, geneigt.

Einer örtlichen Überlieferung zufolge gründete Lama Sanga Dorje die Tempel von Pangpoche, Kyirog und Rimishung. Er wird als Patron des Khumbu angesehen und seine Reliquien – Augen, Zunge und Herz – werden im Pangpoche Tempel aufbewahrt. (Der sogenannte Yeti-Schädel, die Hirnschale des weltbekannten Schneemenschen, von dem sonst nur noch ein Fußabdruck gesichtet wurde, wird ebenfalls in diesem Kloster aufbewahrt.) Das Kloster Pangpoche besitzt insgesamt eine reiche Ausstattung.

Sindhupalchok-Gebiet Tempel- und Priesterhaus, Chure Gyang beim Dorf Tarkegyang

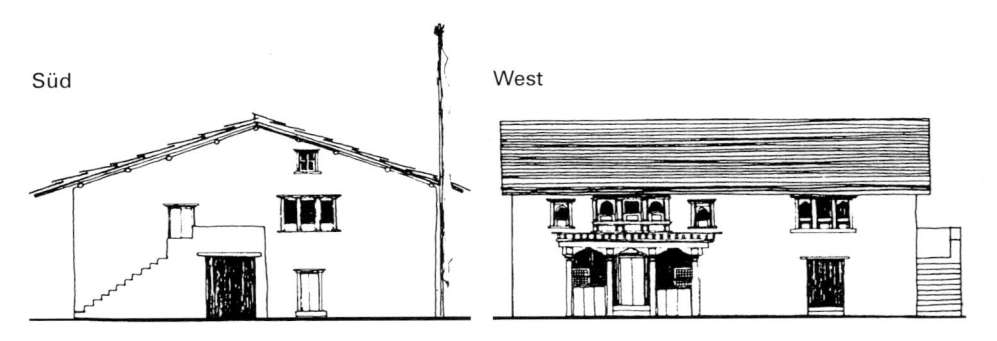

Süd

West

Das wichtigste Kloster der Gegend steht in **Tengpoche** (Thyangpoche) in einer atemberaubenden Landschaft. Es wurde 1921/1922 errichtet, beim Erdbeben von 1934 vollständig zerstört und danach wieder aufgebaut. Gegründet wurde es von Lama Gulu, der kurz nach dem Erdbeben starb. Wie anderswo auch ist in Tengpoche die zweigeschossige Gebetshalle quadratisch, mit dicken Mauern. Im Inneren tragen vier Pfeiler die Decke. Die Anordnung läßt genügend Platz für die rituelle Umwandlung. An der Wand gegenüber vom Eingang und auf der rechten Seite stehen Regale mit heiligen Texten und Schreine mit buddhistischen Göttergestalten. Der Kubus wird von einem Dachreiterchen bekrönt. Der quadratische, tiefer liegende Vorhof ist auf drei Seiten mit einer hölzernen zweigeschossigen Galerie umgeben, die 1975 wiederaufgebaut wurde. Von dort aus können die

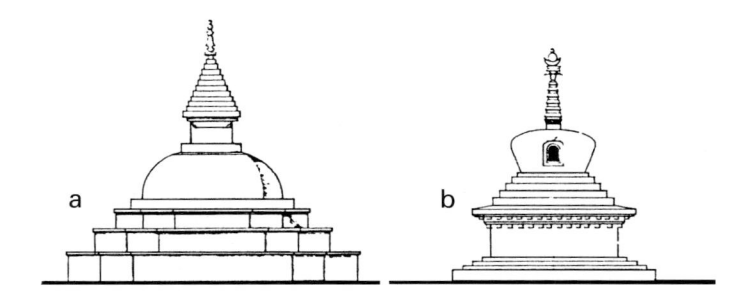

Solukhumbu-Gebiet Chörten Tengpoche, zwei Chörten-Typen a) häufigster Typ nach dem Vorbild von Bodhnatha b) Chörten nach tibetischem Vorbild

Gläubigen Zeremonien im Hof zusehen. 1989 brannte das Kloster (wahrscheinlich wegen eines defekten Elektrogeräts) bis auf die Grundmauern nieder, und die meisten Klosterschätze wurden dabei vernichtet. Der Wiederaufbau mit internationalen Spenden begann 1990. Bis zur völligen Wiederherstellung können aber noch Jahre vergehen. Am Weg von Tengpoche herunter nach Khumjung und **Namche Basar** liegen zwei große Chörten und, nicht weit davon entfernt, zwei kleinere. Die Chörten im Solukumbhu-Gebiet entsprechen häufig dem Typus des Stupa von Bodhnatha. Sie haben einen mandalaförmigen, gestuften Unterbau und eine Halbkugel ohne die Kapellen der Vier Transzendenten Buddhas. Das einzige Beispiel eines tibetischen Chörten, das sich dadurch auszeichnet, das die Basis der Stupa-Kuppel schmaler als die Wölbung ist, steht nicht weit von Tengpoche Gompa. Ganz in der Nähe befindet sich noch ein freistehendes Tor mit lebendigen Malereien.

Jiwong Gompa, eines der größten Klöster in Ost-Nepal, ist von **Phalpu** zu erreichen. Das Kloster wurde 1923 von einem reichen Sherpa namens Lama Sangye gestiftet und ist mit Manuskripten und Thangkas ausgestattet. Die Anlage umfaßt Tempel (Lhakhang), Vorhof, Theologieschule und Mönchsquartiere. Weiter unten liegt Mani Lhakhang mit Gebetstrommeln und einem Wohnhaus für Nonnen.

Der Süden

Lumbini

Im Terai liegen zwei bedeutende Pilgerorte, die beide als Geburtsstätten gelten: In Lumbini trat Buddha Shakyamuni seiner Mutter Maya aus der Seite, in Janakpur wurde Sita in einer Ackerfurche gefunden. Beiden Wallfahrtsorten gemeinsam ist die Tatsache, daß ihre Wurzeln zwar in die frühe Geschichte des Terai im ersten Jahrtausend v. Chr. zurückreichen, daß ihre Geschichte aber im 14. Jh. n. Chr. abreißt und die Orte erst vor relativ kurzer Zeit wieder zum Leben erweckt wurden. Auch dies zeigt bei beiden einen gemeinsamen Zug, der auf der Entdeckung von Heiligtümern, die verborgen im Boden lagen und wieder eine religiöse Bedeutung bekamen, beruht. Hier aber scheiden sich die Geister der beiden Wallfahrtsorte.

In Janakpur ereignet sich die Auffindung eines Kultobjekts völlig auf der Ebene eines wunderbaren Vorgangs. Die Gottheit bedient sich eines Heiligen als Werkzeug, dem sie in einem Traum die entscheidende Mitteilung über die Fundstelle macht. Der Fund wird kultisch inszeniert. Daraus entsteht ein lebendiger Wallfahrtsort, der in das Leben der ansässigen Bevölkerung integriert ist und Gläubige von nah und fern anzieht.

Ganz anders sind die Verhältnisse in Lumbini. Dort hat die Wallfahrt keinen Rückhalt in der ansässigen Bevölkerung. Und mehr noch, die Fundstelle wurde nicht durch eine Gottheit mitgeteilt, sondern durch einen westlichen Archäologen ausfindig gemacht. Erst nach einer wissenschaftlichen Identifizierung erhielten die Objekte wieder eine religiöse Bedeutung.

Süd-Nepal
Besonders sehenswert
Ashoka-Säule
in Lumbini ☆
Buddhistisches
Forschungsinstitut
in Lumbini ☆
Janaki Mandir
in Janakpur ☆

Der Ort, in dem Buddha geboren wurde

Lumbini, der Geburtsort Buddhas (563 v. Chr.), liegt im Terai, nahe der indischen Grenze und 250 Kilometer von Kathmandu entfernt. Nächstgrößere Stadt ist Siddhartha Nagar (früherer Name: Bhairahawa). Lumbini ist keine Gemeinde im üblichen Sinn, es ist eine Ausgrabungsstätte, deren Funde als buddhistische Heiligtümer dienen. Die besondere Anziehungskraft des Ortes liegt in der historischen und religiösen Dimension der Pilgerstätte, die in die Liste des Weltkulturerbes der UNESCO aufgenommen wurde.

Lumbini gehört zu den vier großen Gedenkstätten des Buddhismus: Buddha Siddharta wurde 563 v. Chr. hier geboren, in Bodh Gaya erlangte er als 35jähriger 528 v. Chr. die Erleuchtung. In Sarnath bei Benares hielt Buddha seine erste Predigt und in Kushinagara ging er, achtzigjährig, 483 v. Chr. ins Parinirvana (›vollkommenes Verlöschen‹) ein. Siddhartha war der Sohn des Shakya-Herrschers Suddhodhana und seiner Frau Maya. Sein Vater Suddhodhana war Raja, d. h. Gouverneur der Shakya-Republik von Kapilavastu, die

◁ *Farbpulver zum*
Opfern auf dem Markt
vor dem Janaki Mandir

Lumbini

Lumbini
1 *Ashoka-Säule*
2 *Mayadevi-Tempel*
3 *Ursprünglicher Teich*

Der Mayadevi-Tempel ist durch die japanischen Ausgrabungen der 90er Jahre stark verändert worden; der Neubau ist noch nicht erfolgt

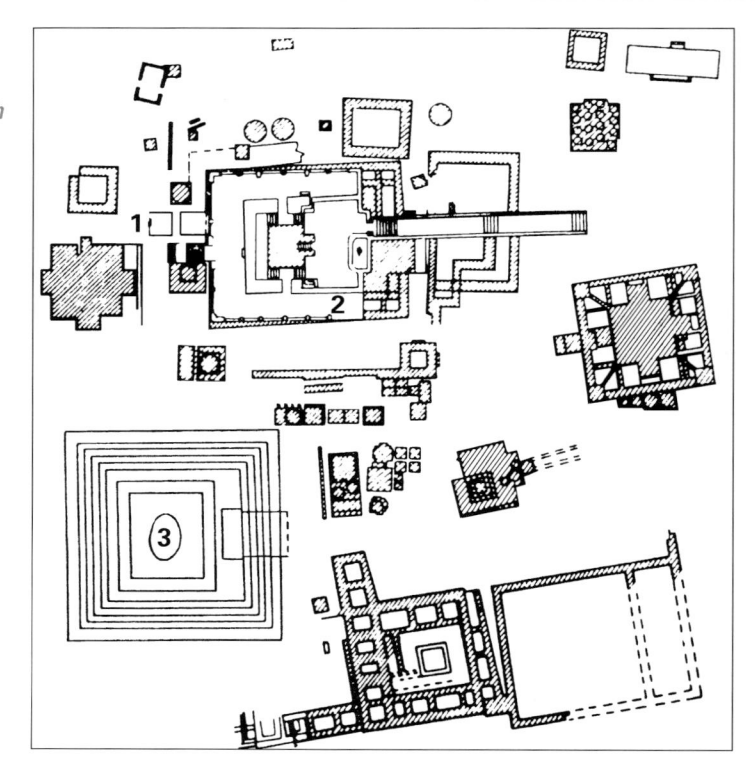

der Oberhoheit eines Maharajas unterstand. Die hochschwangere Maya befand sich auf dem Weg von Kapilavastu nach Devadaha zu ihrer Mutter. Als die Wehen begannen, war sie 25 km östlich von Kapilavastu beim Lustgarten von Lumbini angelangt. In diesem Hain wuchsen herrliche Bäume, und Bienen von fünf verschiedenen Farben summten um wunderbare Blumen. Dort kam Siddhartha zur Welt. Dabei stand Maya bei einem Baum und griff in die Zweige zum Halt. Siddhartha wurde aus der rechten Seite seiner Mutter geboren. Man brachte Mutter und Neugeborenes nach Kapilavastu zurück. Dort starb Maya sieben Tage später.

Um 250 v. Chr. pilgerte Kaiser Ashoka, der große Förderer und Verbreiter des Buddhismus, nach Lumbini und Kapilavastu und errichtete an den heiligen Stätten Denkmalsäulen, die er mit seinen Edikten versah. Xuanzang, der chinesische Pilger, beschrieb im 7. Jh. die damaligen Sehenswürdigkeiten von Lumbini. Er sah den heiligen Baum, unter dem Buddha geboren worden war, das Wasserbecken, in dem Buddhas Mutter gebadet hatte. Er sah die verschiedenen Stupas und Schreine und besonders die Ashoka-Säule. Seinem Bericht zufolge war sie damals schon durch einen Blitzschlag gespalten. Im

12. und 13. Jh. wurde Lumbini von tibetischen Pilgern besucht. Auch Malla-Könige aus West-Nepal pilgerten hierher und verewigten sich in Inschriften auf der Ashoka-Säule. Der Niedergang des Buddhismus in Indien und die muslimischen Eroberungszüge im 14. Jh. bedeuteten das Ende: Lumbini versank für etwa ein halbes Jahrtausend im Urwald.

1895/96 entdeckten General Khadga Shamsher J. B. Rana, der Gouverneur von Palpa, und Dr. Alois Anton Führer in Rummindei im Terai, dem alten Lumbini, eine Säule ohne Kapitell, die Kaiser Ashoka um 250 v. Chr. in Erinnerung an seine Wallfahrt hatte anfertigen lassen. Durch die Inschrift auf der Säule konnte der unbekannte Ort im Urwald als Geburtsstätte Buddhas identifiziert werden. Damit begann die neuere Geschichte von Lumbini.

Erste Ausgrabungen unter General Kaiser Shamsher J. B. Rana 1933–1939 wurden eher laienhaft durchgeführt; daher sind die damals aufgedeckten Ruinen Lumbinis nur schwer zu datieren. Kaiser Shamsher erbaute den neuen Maya-Tempel und gab dem Wasserbecken der Geburtsgeschichte eine neue Einfassung. Wissenschaftliche Grabungen, bei denen japanische Archäologen Teile des Pferde-Kapitells fanden, das von Xuanzang im 7. Jh. erwähnt wurde, erfolgten 1970/71 und 1977/78.

Lumbini heute

Lumbini und der ganze Distrikt werden einem grundlegenden Wandel und Neuerung unterworfen. 1969 wurde der japanische Architekt Kenzo Tange vom damaligen UNO-Generalsekretär U Thant beauftragt, für Lumbini einen umfassenden Masterplan zu entwerfen, um den beschaulichen Wallfahrtsort für Touristen und Pilger des 3. Jahrtausends vorzubereiten. Die überarbeitete Fassung legte Kenzo 1974 vor. Der Landschaftspark umfaßt etwa 5 km^2 für den archäologischen Garten mit den Heiligtümern und für das moderne buddhistische Pilger- und internationale Touristenzentrum. Zwar wurde die

Lumbini
Mayadevi-Tempel
Plinthe mit Ziegelornamenten

Der Süden

ansässige muslimische Bevölkerung umgesiedelt und die Gegend mit Sal-Bäumen aufgeforstet, doch die Ausführung des großen Projekts stagniert. Die archäologisch ländliche Idylle Lumbinis wurde zerstört, doch entwickelten auch die Investorenruinen inzwischen ihren eigenen Charme – den des großartig Unfertigen.

Nach Kenzo Tanges Plan sollte Lumbini zu einem schöpferischen buddhistischen Zentrum entwickelt werden. Der friedliche Landschaftgarten ist Symbol für das Universum. Drei etwa gleich große Gebiete, das Pilger- und Touristendorf Lumbini, die monastische Zone und der heilige Garten sollen durch eine breite zentrale Nordsüdachse in Gestalt eines Kanals, begleitet von einer Allee, miteinander verbunden und erschlossen werden.

Im Dorf sind die schöne Pilgerherberge von Sri Lanka, die den Grundriß des Gartens aufnimmt, und ein japanisches Hotel der Luxusklasse fertiggestellt. In der Nähe entsteht ein von Kenzo Tange entworfenes Kulturzentrum. Zwei mächtige Blöcke liegen in der Landschaft, einer fertig, der andere eine unfertige Ruine. Die Ziegelbauten zeigen ein sehr einfaches monumentales System aus tonnenförmigen Gewölben, die auch nach außen zur Geltung kommen und den Gebäuden den Anschein von überkreuz gestapelten riesigen Röhren geben. Die Reihung der großen Röhrenöffnungen bestimmt die Fassaden, hinter denen breite, hohe, gewölbte Arkadengänge den Gebäudekern umgeben und gegen Sonne schützen. Fertiggestellt ist das buddhistische Forschungsinstitut mit der Bibliothek, das von der japanischen Reiyukei Foundation getragen wird. Gegenüber steht der unfertige Block des überdimensionierten Museums für die Funde aus Lumbini, der von nepalischer Seite mit finanzieller Hilfe der indischen Regierung gebaut werden soll.

Der weiter südlich vorgesehene monastische Bezirk soll durch den Kanal, wenn er fertig wird, in zwei Zonen für den Theravada- und den Mahayana-Buddhismus getrennt werden. Insgesamt sind nahe dem heiligen Garten 41 Einheiten für buddhistische Stupas und Viharas vorgesehen, die in allen denkbaren nationalen Stilarten errichtet werden können.

Der archäologische Park, der ›Heilige Garten‹, wie er mit seinen buddhistischen Heiligtümern genannt wird, soll nach dem Masterplan Kenzo Tanges auf einer Art Insel liegen, die auf einem scheibenförmigen See schwimmt. Die symbolträchtige Kreisform mit ihren durch ein Fadenkreuz gebildeten vier Segmenten wird im Südosten durch die natürliche Lage des Flußbetts aufgebrochen. Die Insel wird von Dämmen umgeben, die zum Schutz gegen die regelmäßigen Hochwasser dienen.

Im Schnittpunkt des Fadenkreuzes, im Zentrum des ›Urozeans‹, sollen die beiden wichtigen historischen Denkmäler Lumbinis liegen, die Ashoka-Säule und der Maya-Tempel. Der Schrein für die Mutter Buddha Shakyamunis steht an der Stelle, an der sich die Geburt ereignet haben soll. Die Ursprünge gehen bis auf die Maurya-Periode zurück; bis in die Gupta-Zeit wurde gebaut und verändert.

Über den Ruinen errichtete General Kaiser Shamsher J. B. Rana 1933/34 einen ländlichen Schrein, in dessen Cella das große Relieffragment mit Buddhas Geburt aufgestellt war. Inzwischen ist der Schrein wieder abgerissen. Der gegenwärtige Zustand des Heiligtums ist das Resultat der rigorosen archäologischen Arbeit japanischer Wissenschaftler. Etwas abseits wurde eine Schutzhütte für alle Kultbilder errichtet, die aus dem alten Maya Devi-Tempel entfernt wurden. Vor der Mitte der Wand steht das überlebensgroße Fragment eines Reliefs, das Buddhas Geburt darstellt. Das Relief, dessen Datierung zwischen dem 5. und dem 13. Jh. schwankt, ist soweit abgeschliffen, daß nur noch Konturen der Figuren zu sehen sind. Zu erkennen ist Maya, die sich an einem Ast eines Sal-Baums festhält. Ihr aus der rechten Hüfte schmerzlos geborenes Kind Siddhartha steht bereits aufrecht neben ihr. 1956 wurde ein zweites, wesentlich kleineres Relief mit diesem Bildthema aus burmesischem Marmor geschaffen und im Schrein aufgestellt. Ein drittes Relief zeigt eine stehende Göttin, deren Gesicht stark abgeschlagen und deformiert ist, von den Gläubigen aber trotzdem als eberköpfige Muttergöttin Varahi gedeutet wurde.

Lumbini Mayadevi-Tempel Geburt des Buddha aus der rechten Hüfte von Maya, Zeichnung des Reliefs, 1899

Nördlich vom Maya Devi-Tempel steht die Ashoka-Säule. Die steinerne Gedenksäule ließ König Ashoka (reg. 268–232 v. Chr.) anläßlich seines Besuchs am Geburtsort Buddhas im Jahr 248 v. Chr. errichten. Ihre Inschrift ist das älteste schriftliche Dokument Nepals. Sie ist eines der vielen Edikte, die der Herrscher in Fels gehauen über sein indisches Reich verteilt anbringen ließ.

Die Inschrift auf der Säule ist der einzige Beleg dafür, daß Buddhas Geburtsort Lumbini an diese Stelle liegt. Sie besagt: »König Devanapiya (›Liebling der Götter‹) Piyadasi (das ist Ashoka) kam zwanzig Jahre nach seiner Königssalbung (d. h. Mitte des 3. Jh. v. Chr.) hierher, um seine Verehrung zu bezeugen, denn hier ist Buddha Shakyamuni geboren worden. Er ließ ein Steinrelief (einen Steinzaun?) anfertigen und eine Säule errichten. Weil Bhagavan (›der Erhabene‹) hier geboren wurde, wurde das Dorf Lumbini von Steuerpflicht befreit und seine Abgabe auf ein Achtel herabgesetzt.«

Mit dieser Befreiung von der Steuerpflicht wollte Ashoka die Wirtschaft Lumbinis fördern und Leute zur Ansiedlung anregen. Im 7. Jh. besuchte der chinesische Pilger Xuanzang, der von 629 bis 645 durch die buddhistischen Länder reiste, Lumbini. Er überliefert, daß die Säule von einem Blitz in zwei Teile gespalten worden war und daß sie ursprünglich von einem Kapitell mit einer Pferdefigur gekrönt gewesen war. Oben auf der Säule wurde 1312, über anderthalb Jahrtausende nach Ashokas Edikt, eine weitere Inschrift eingraviert. Sie verewigt den Besuch des Khasa-Königs Ripu Malla aus West-Nepal, der zusammen mit seinem Sohn nach Lumbini gepilgert war. Anschließend reisten beide nach Nepal, d. h. ins Kathmandu-Tal, wo sie beim Bungamati-Schrein von Matsyendranatha in der Bungamati badeten und sowohl Pashupati als auch Svayambhu verehrten. Nach der Pilgerfahrt von Ripu Malla versank Lumbini bis zum Ende

Der Süden

Das buddhistische Forschungsinstitut in Lumbini von Kenzo Tange ist das bedeutendste Beispiel moderner Architektur in Nepal; die mächtigen Gewölbe- und Bogenformen sind von westasiatischen Vorbildern beeinflußt

des 19. Jh. im Urwald. Die gänzend polierte Oberfläche der Ashoka-Säule ist heute mit einer dünnen Schutzschicht aus Zement überdeckt, in die auch die Inschriften wieder einkopiert wurden. Am Fuß der Säule wurden bei Ausgrabungen auf einer Seite der Zaun der Maurya-Zeit gefunden.

Südlich vom Maya-Tempel liegt das große Wasserbecken, Siddhartha Pokhari oder Puskarani Pokhari, in dem Maya gebadet haben soll. Es wurde erst 1933 von Kaiser Shamsher freigelegt und erneuert. Die jetzt quadratische Einfassung soll ursprünglich oval gewesen sein. Die Hügel in der Nähe sind nicht etwa unerforschte alte Stätten, sondern archäologischer Abraum, der nach den Grabungen von 1933/34 dort angeschüttet wurde.

Freigelegt wurden die Fundamente einiger Chaityas und Viharas aus der Zeit zwischen dem 2. Jh. v. Chr. und dem 9. Jh. n. Chr. Daneben wurden zwei neue Klöster gebaut. In der Gebetshalle des Theravada Vihara in nepalischem Stil sitzen vorne drei große Buddha-Bildnisse, das mittlere zeigt ihn mit der Erdberührungsgeste, die linke Skulptur aus weißem Marmor stammt aus Burma, das vergoldete Buddha-Bildnis rechts aus Thailand. Alle vertreten ihre jeweiligen Nationalstile.

Das andere Kloster ist ein Mahayana Vihara in tibetischem Stil, das 1968 erbaut wurde. Über dem Eingang wird das Rad der Lehre von zwei Gazellen verehrt – ein ikonographischer Hinweis auf die erste Predigt des Buddha im Park von Sarnath bei Benares. Das zentrale Bild der Gebetshalle ist wieder ein Buddha mit Erdberührungsgeste.

Die Umgebung von Lumbini: Das historische Kapilavastu

In der Umgebung von Lumbini sind mehrere archäologische Fundstätten, die sich auf Buddhas Leben beziehen. Touristisch sind all diese Orte nicht erschlossen. Dazu gehören die Ruinen in Tilaurakot und in Nigali Sagar (nordöstlich von Tilaurakot) und außerdem die in Gotihawa, südlich von Tilaurakot.

Etwa 25 km westlich von Lumbini liegt die Ausgrabungsstätte Tilaurakot. Es handelt sich um das historische Kapilavastu, die Hauptstadt der Shakya-Herrscher des alten Königreichs von Kapilavastu am Ufer des Banganga-Flusses. Die von einem Graben umgebene, erhöht liegende Festung der Stadt hat etwa den Grundriß eines Fünfecks. Sie liegt auf einem Plateau, das aus einer Sandbank am Fluß entstanden ist. Der Banganga-Fluß hat inzwischen mehrfach sein Bett nach Westen verlagert. Die ausgegrabenen Funde stammen aus der Zeit von 600 v. Chr. bis 150 v. Chr. Auch die Reste einer Torfestung wurden entdeckt: Es soll dies das berühmte Osttor sein, durch das Buddha aus der Stadt auszog. Weiterhin fand man Zwillings-Chaityas am früheren Ostufer des Flusses, die zum Gedächtnis an Buddhas Vater und Mutter errichtet worden sein sollen.

Nach seiner Geburt in Lumbini brachte man Buddha Siddhartha in den Palast seines Vaters, König Suddhodhana, in Kapilavastu. Hier verbrachte er 29 Jahre seines Lebens als Kronprinz. Im Alter von 16 Jahren wurde er mit einer gleichaltrigen Cousine verheiratet, 13 Jahre später wurde dem Paar der Sohn Rahula geboren. Unmittelbar nach der Geburt verließ Siddhartha heimlich Vaterhaus und Familie und zog als Wandermönch umher auf der Suche nach der Ursache für das Leiden des menschlichen Lebens.

Die frühesten Funde der Gegend stammen aus dem 11. Jh. v. Chr. Sie reichen bis in die Kushana-Zeit (2./3. Jahrhundert n. Chr.) zurück, danach bricht die Besiedlung ab. Chinesischen Reiseberichten zufolge lag Kapilavastu im 5. Jh. in Trümmern. Die Überreste werden seit 1962 ausgegraben, und ein Museum für die Funde wurde eingerichtet.

An Ashokas Besuch in Kapilavastu 248 v. Chr. erinnern Fragmente von zwei monolithischen Säulen, die an den Stellen errichtet wurden, wo die Vorläufer des Shakyamuni, die Buddhas der vergangenen Zeitalter, geboren sein sollen. Die beiden Vorzeit-Buddhas der heilträchtigen Gegend von Kapilavastu sind Buddha Krakunchanda, der erste Buddha unseres Zeitalters, und Buddha Kanakamuni. Letzterer soll in Niglihawa (Araurakot bei Nigali Sagar) geboren worden sein. Die Ashoka-Säule wurde von dem bereits erwähnten Dr. Alois Anton Führer entdeckt. Auf ihr hat sich ebenfalls der west-nepalische König Ripu Malla aus der Karnali-Region (Hauptstadt Dullu) 1312 in tibetischer Schrift verewigt. Bei der Säule hat vermutlich auch der Stupa für Buddha Kanakamuni gestanden.

Der Süden

Einige Kilometer südwestlich von Tilaurakot liegt Gotihawa, der Geburtsort von Buddha Krakuncchanda. Auch hier stiftete Ashoka eine Säule, auch ein Ziegel-Stupa ist noch vorhanden. Eine weitere archäologische Fundstätte nahe bei Tilaurakot ist Sagarhawa. Dort stehen 12 Miniatur-Chaityas.

Als Buddha in Lumbini geboren wurde, befand sich seine Mutter Maya auf dem Weg in ihre Heimatstadt Devadaha im Land der Koliyas. Der Ort befand sich im Osten von Kapilavastu. Wahrscheinlich liegt dort der Chaitya von Ramagrama. Er wurde 1898 im Dorf Deoriya im Parsai-Distrikt in der Lumbini-Zone entdeckt. Dieser Stupa, dessen Ruinenhügel noch etwa 9 m hoch ist, steht am Ufer des Jharai-Flusses. Am anderen Ufer sind noch die Überreste eines Klosters zu sehen.

Kapilavastu (Tilaurakot) wurde noch vor Buddhas Tod von dem Maharaja von Kosala zerstört. Als Ersatz gründeten die Überlebenden 16 km südwestlich davon eine neue Stadt, die ebenfalls den Namen Kapilavastu erhielt. Dieser Ort heißt heute Piprahva und liegt auf indischem Gebiet, 25 km von der Bahnstation Naugarh entfernt. Von diesem zweiten Kapilavastu sind kaum Reste erhalten, doch in der Nähe liegt der Stupa, wo der achte Teil von Buddhas Asche, der der Familie der Shakyas zukam, beigesetzt worden war. Die übrigen Teile waren in den Hauptstädten anderer Herrscherfamilien bestattet worden.

Janakpur

Janakpur ist das wichtigste Zentrum des Maithili-sprechenden Teils Nepals. Die sehr indisch wirkende Stadt liegt im Ost-Terai, nahe der Grenze; das Stadtbild wird geprägt durch Tempel, Einsiedeleien und alte, heilige Badeteiche. Der Hauptbasar liegt zwischen dem Rama-Tempel und dem Janaki-Tempel, der auf einer leichten Erhebung Janakpurs liegt.

Geschichte

Janakpur soll als Mithila die Hauptstadt des legendären Königs Janak von Videha, dessen Name ein Synonym für Weisheit und Güte ist, gewesen sein. Sie ist der Geburtsort, genauer gesagt der Fundort (s. u.) von Sita, die mit anderem Namen Janaki heißt. Die Identität des heutigen Janakpur mit dem alten Mithila ist durch die geographischen Beschreibungen im Ramayana und durch spätere buddhistische und jainistische Berichte belegt. Das Ramayana, ›Ramas Lebenslauf‹, ist neben dem Mahabharata das zweite Nationalepos der Inder.

Das Hochzeitspaar Rama und Sita im Rama Sita Vivaha Mandir

Die Entwicklung Janakpurs verlief in mehreren, voneinander ziemlich unabhängigen Phasen. Im 4./5. Jh. n. Chr., als die Geschichte des Kathmandu-Tals begann, war von dem alten Mithila/Janakpur schon nichts mehr zu sehen. Später entwickelte es sich zu einem Pilgerort, wie durch die Reisebeschreibung von Vidyapati, einem Maithili-Dichter des 14. Jh., und durch Funde von Skulpturen der Pala-Zeit belegt ist. Danach geriet der Ort für Jahrhunderte in Vergessenheit.

Das moderne Janakpur besteht erst seit etwa 300 Jahren. Die neue Entwicklung zu einem Zentrum des Rama-Sita-Kults nahm ihren Anfang mit der wunderbaren Auffindung von zwei Kultbildern durch Mahatma Chaturbhuj Giri und Mahatma Surakishore. Beide Funde waren Anlaß zur Gründung von zwei Tempeln, die heute die Mittelpunkte des religiösen Lebens bilden. Obwohl es keine wirklich alten Monumente gibt, wurde die Stadt zu einem bedeutenden Pilgerzentrum. Zahlreiche Hindu-Heiligtümer, Tempel, Badeplätze und Einsiedeleien haben sich entwickelt. Sie alle bilden für die Pilger einen heiligen Kosmos. Rama und Sita werden in Janakpur durch den Ort selbst und viele große Feste lebendig gehalten.

Die Feste

Das wichtigste Ereignis in Janakpur und im Terai ist Vivaha Panchami, der Hochzeitstag des göttlichen Paars, der am 5. Tag des hellen Mondes im Monat Marga (November/Dezember) gefeiert wird. Seit etwa der Mitte des 20. Jh. wird dieses sehr beliebte Fest mit großem Pomp gefeiert. Dabei wird eine Hochzeitsfeier mit einem

Der Süden

Umzug veranstaltet, der von der königlichen Kutsche mit Rama und Sita angeführt wird. In der Prozession ziehen auch Elefanten mit.

Als Sita heiratsfähig wurde – so die Legende –, prüfte ihr Vater, König Janak, die Freier, die den großen Bogen Shivas spannen sollten. Das konnte nur jemand mit reinem Herzen tun. Es war Rama, der den Bogen mit solcher Kraft spannte, daß er zerbrach. So gewann er Sitas Hand. Das Paar wird im Ramayana als das Ideal eines Ehepaars verherrlicht. Er ist eine Inkarnation Vishnus, sie die Inkarnation Lakshmis. Rama gilt den Hindus als Verkörperung aller männlichen Tugenden, während Sita als Urbild der Hindu-Frau gepriesen wird, sittsam und treu bis zum Ende. In diesen Idealbildern steckt bis heute eine gewisse politische Brisanz: In der Auffassung der brahmanischen und orthodoxen Kreise Indiens, die sich von der langen muslimischen und britischen Herrschaft unterdrückt fühlten, war Rama auch der ideale Herrscher, das Symbol für ein Hindu-Königreich. Er soll im alten Ayodhya (Oudh in Uttar Pradesh) einen Wohlfahrtsstaat errichtet haben. Auch im Kathmandu-Tal spielte der Rama-Kult im 19. Jh. eine Rolle. Der 1871 erbaute Rama Chandra-Tempel in Battisputali in Kathmandu ist der größte Tempel für Rama in Nepal. Er birgt ein Kultbild des göttlichen Paares.

Der Geburtstag Sitas, Janaki Navami, fällt auf den 9. Tag des hellen Mondes des Monats Vaishakha (April/Mai) und wird erst seit einigen Jahren wieder gefeiert. Dieses große Fest zieht viele Pilger aus Indien und Nepal in den Janaki-Tempel. Janaki kam aus der Erde (*sita* bedeutet wörtlich Ackerfurche), als der kinderlose König Janak rituell einen Acker pflügte, um damit die Dürre abzuwenden, die das Land plagte. Sitas Geburtstag wird erst seit einigen Jahren gefeiert.

Der Janaki Mandir

Vielleicht könnte man den Janaki-Tempel als ein ›Neuschwanstein‹ unter den Hindu-Tempeln Nepals bezeichnen! Der glänzende, reich gegliederte Bau liegt breitgelagert auf einer leichten Anhöhe über Janakpur. Mit seiner langen Ostfassade, den Türmen und Kuppeln, erinnert er an einen Palast aus Rajasthan. Rani Vrishabhana Kumari, die Herrscherin von Tikamgarh (im heutigen indischen Bundesstaat Madhya Pradesh), stiftete 1911 900 000 Rupien, das sind neun Lakh, für den Bau. Nach dieser Summe wird er auch einfach Naulakha Mandir genannt. Über dem Nordtor, das im Gegensatz zum Haupteingang der Ostseite auch für Fahrzeuge geschaffen ist, ist groß ihre Wappenkartusche mit dem Löwen angebracht. Obwohl auch Nichtgläubige sowohl den Hof als auch die Vorhalle des Hauptschreins betreten dürfen, nehmen doch manche Gläubige daran Anstoß.

Der weite, rechteckige Innenhof des Janaki Mandir gliedert sich in den Vorhof im Osten und den westlich anschließenden, um einige Stufen erhöht liegenden Haupthof. Dort befindet sich in der Mitte der Janaki-Schrein. Das freistehende Heiligtum ist gegen Blicke von

Über dem Nordtor des Janaki Mandir die Wappenkartusche mit den Löwen

außen geschützt. Der Bau mit überkuppelten Ecktürmen wird durch eine zweigeschossige luftige Vorhalle, die auch Andachtsraum für die Gläubigen ist, betreten. Das silberbeschlagene Tor zur Cella ist nur zu bestimmten Zeiten morgens und abends geöffnet. Sita wird begleitet von Rama und seinen drei Halbbrüdern. Morgens wird das Bildnis Sitas geweckt und dann gebadet. Um halb sechs wird das Tempeltor geöffnet und die Pilger können den Hof betreten. Gegen sieben werden frische Blumen und Weihrauch geopfert. Danach gibt es ein Frühstück, das aus 16 Speisen besteht. Der Tag endet gegen 22.30 Uhr, wenn das Bett bereitet wird und die Gottheit sich für die Nacht zurückzieht.

Mahatma Surakishore, von dem im Tempel ein Portrait hängt, ist der Entdecker des goldenes Bildes von Sita und der Verkünder ihres Kultes in dieser Region. Sita erschien ihm in einem Traum und sagte: »Wo immer Du mein goldenes Bild findest, betrachte diesen Ort als den Platz, wo ich einmal gelebt habe.« An der Stelle des Fundorts soll demnach einmal der Palast König Janaks gestanden haben, in dem Sita aufwuchs. Die palastartige Gestalt des Tempels ist ganz bewußt in Anspielung auf diese Legende gewählt worden.

Nördlich, direkt neben dem Janaki Mandir, steht das Rama Sita Vivaha Mandir. Die Hochzeit *(vivaha)* der beiden soll an dieser Stelle stattgefunden haben. Der unkonventionelle neue Bau übernimmt für die Außenform den Typus einer zweidachigen Pagode. Im Inneren ist die Architektur mit Marmorsäulen zu einem Hochzeitspavillon wie in einem indischen Film ausgestattet. Mit lebensgroßen, prächtig gekleideten Figuren ist die Heirat bühnenmäßig nachgestellt. Die Gesichter sind geschminkt, rote Lippen, blaue Augenlider und Tika. In der Mitte thront das Brautpaar, auf der Bank links sitzt Sitas Familie, auf der Bank rechts die Angehörigen von Rama. Viele farbige ›Säulenheilige‹ begleiten diese ungezwungene Adaption eines alten Hindu-Themas.

Der Rama Mandir

Im Zentrum der alten Stadt steht der Rama-Tempel. (Für Nichtgläubige ist das Betreten des Bezirks verboten.) Der Pagoden-Tempel soll der älteste Schrein in Janakpur sein. Der ursprüngliche Bau stammt von Sannyasi (Titel eines shivaitischen Asketen) Chaturbhuj Giri. In den ersten Jahren des 19. Jh., als Janakpur bereits zu Nepal gehörte, erbaute General Amar Singh Thapa, Vater des späteren Premierministers Bhimsen Thapa, den gegenwärtigen Rama-Tempel in Form einer Pagode. Er führte damit einen Architekturstil ein, der vorher im Terai nicht üblich gewesen war. Der General gilt als der große Förderer Janakpurs. Er erbaute auch den Hanuman-Tempel, den Janak-Tempel und ließ einige der Wasserbassins wie Ganga Sagar, Dhanusha Sagar und Rama Sagar wiederherstellen. 1916 errichtete ein Sadhu einen großen steinernen Verandabau in der Nähe des

*»Die zum Aufenthalt in Nepaul bestimmten Tage nahten ihrem Ende. Ein Besuch in Martabar Singhs Pallaste und der Abschied vom Rajah waren interessante Punkte der letzten Tage. Der Abschied wurde durch ein ächt nepaulesisches Vergnügen gefeiert, indem mehreren großen Büffeln mit dem gebräuchlichen kurzen, aber sehr schweren und an der innern Krümmung scharfen Säbel, dem Kora, der Kopf auf einen Hieb abgeschlagen wurde. Nachdem die Ersten und Vornehmsten des Hofstaats ihre Geschicklichkeit im Köpfen gezeigt hatten, legte auch der Minister seine aus Pfauenfedern und Seide gewebte Robe ab, ergriff das kurze Schwert und sprang mit großer Gewandheit und Anmuth hervor, zum gewaltigen Hiebe ausholend, der denn auch einen halbwüchsigen Büffel in der Mitte des Leibes, dicht hinter den Schulterblättern, in zwei Theile spaltete. Wir werden morgen diese interessante Stadt verlassen und die Rückreise auf demselben Wege antreten, auf welchem wir in Nepaul eingedrungen sind.«
Dr. Hoffmeister*

Der Süden

Das innere Heiligtum im Hof des Janaki Mandir

Rama-Tempels als Versammlungsort für Hunderte von Gläubigen; eine Anzahl von Skulpturen im indischen Pala-Stil ist hier zu finden.

Das Kultbild im Rama-Tempel ist ein Panchayatan Murti, das aus fünf *(pancha)* Bildnissen besteht: Neben Rama sind es seine Gemahlin Sita und seine drei Halbbrüder Lakshmana, Bharata und Shatrughna. Im Mithila Mahatmya, einer alten Schrift, wird berichtet, daß König Janak, als Sita und Rama nach ihrer Hochzeit nach Ayodhya reisen wollten, sehr traurig wurde und zu Boden fiel. Rama versuchte ihn zu trösten und schenkte ihm schließlich ein wunderschönes Relief, das ihn mit Sita und seinen drei Brüdern darstellte. Der göttliche Künstler Vishvakarman hatte es persönlich geschaffen. Durch dieses Panchayatan Murti würde er sich nicht mehr einsam fühlen, seine Tochter und sein Schwiegersohn wären in dem Bildnis gegenwärtig. Im Jahr 1657 fand der bereits erwähnte Asket Chaturbhuj Giri das Bildnis auf wundersame Weise wieder: Rama hatte ihm zuvor in einem Traum mitgeteilt, daß das Relief, welches er einst König Janak gegeben habe, unter einem Baum läge. Wenn er es verehrte, würde es ihm in der kommenden Welt Erlösung bringen. Entsprechend suchte und fand Chaturbhuj Giri das Bildnis, das heute im Rama-Tempel aufbewahrt wird. König Jagat Sena von Makwanpur, zu dessen Reich die Gegend damals gehörte, stiftete dem Heiligtum Landbesitz. Chaturbhuj Giri aber ließ sich lebendig beim Rama-Tempel beerdigen. Über seinem Grab *(samadhi)* wurde ein Shiva-Tempel errichtet, der Chaturbhujnatha genannt wird. Zusammen mit Shiva wird auch immer Chaturbhuj Giri verehrt. Samadhis, d. h. Gräber von Asketen, findet man auch an anderen Stellen Janakpurs.

Heilige Teiche und Brunnen in Janakpur

Zu den heiligsten Orten in Janakpur gehören die Teiche und Wasserbecken, die als Sara, Sagar und Kunda bezeichnet werden. Noch heute soll es um die 70 heilige Teiche *(sagar)* und sechs heilige Brunnen *(kup)* in und um Janakpur geben. Zu den heiligen Orten zählen auch die drei Flüsse der näheren Umgebung. Im Osten des Rama-Tempels liegen dicht beieinander die beiden heiligsten und berühmtesten von Janakpurs vielen Badeteichen: Dhanusha Sagar und Ganga Sagar. Hier vollziehen die Gläubigen ihre rituelle Reinigung. Die Wasserbecken werden besonders bei Vollmond besucht, wenn Tausende von Pilgern baden. Noch heute soll man im Dhanusha Sagar den Schatten des Bogens *(dhanu)* im Wasser reflektiert sehen können, den die Bewerber um Sitas Hand spannen mußten. An der Nordwestecke des östlich benachbarten Ganga Sagar stehen im Winkel eine großzügige Ghat-Anlage mit langgestreckten Pilgerunterkünften aus der ersten Hälfte des 20. Jh., dazu, direkt an der Straße, ein sehr beliebter Shiva-Schrein. Der kleine Janaka-Tempel, der König Janak geweiht ist, liegt inmitten der Stadt, etwa gleichweit vom Rama Mandir und dem Janaki-Tempel entfernt. Er enthält einige schöne Skulpturen, die während der Renovierung des großen alten Badeteiches Ganga Sagar gefunden wurden.

Die Umgebung von Janakpur

Um Janakpur verstreut liegen in beschaulich schöner Umgebung Einsiedeleien *(kuti)*, von denen es etwa 50 gibt. Das religiöse Oberhaupt eines *kuti* oder eines Tempels mit einer Gemeinschaft von Asketen ist ein Mahanth oder Mahatma. Jede Einsiedelei hat ein Stück Land, auf dem man Obst- und Gemüseanbau betreibt. In den Tempeln wird meist das Bildnis von Rama und Sita verehrt.

Pirari liegt etwa 2 km im Westen von Janakpur, wo sich Eremiten und Heilige seit etwa hundert Jahren um die heiligen Teiche Ratna Sagar, Agni Kunda und Bihara Kunda angesiedelt haben. In Janakpur dominiert der Kult, den Guru Ramananda und einer seiner

Nachfolger, der mittelalterliche Heilige Tulasidas, verbreiteten. Ramananda Ashram ist ein alter Sitz gelehrter Heiliger dieser Gruppe. Sie haben ein großes Monument in Art eines Tempels errichtet, das dem Gedächtnis des Gurus gewidmet ist. Hier werden die Bilder von Rama und Sita als Brautpaar verehrt. Die Hochzeitsszene ist in einer Glasvitrine ausgestellt.

Ein wichtiger Rama Sita-Pilgerort ist Dhanusha, das 15 km von Janakpur entfernt liegt. Hier soll König Janak die große Versammlung *(sabha)* von Königen und Prinzen, die um Sitas Hand warben, einberufen haben. Niemand aber außer dem Prinzen von Ayodhya, Rama, war imstande, den Bogen zu spannen. Rama zerbrach die Waffe und ein Stein, der in Dhanusha verehrt wird, gilt den Hindus als Teil des Bogens. Der Ort besteht aus den beiden Badeteichen Ban Ganga und Dhanusha Sagar *(dhanu* bedeutet Bogen), einer Pilgerherberge, zwei Einsiedeleien, einem Rama-Tempel und einem Tempel, der dem heiligen Bogen als dem Emblem Shivas geweiht ist.

In der Umgebung Janakpurs ist in den letzten Jahrzehnten eine neue Kunstform zur Blüte gekommen, die sogenannten Mithila Paintings. Ursprünglich waren das einfache figürliche Bilder mit religiösen und alltäglichen Themen, die von Frauen auf die Wände der Bauernhäuser gemalt wurden. Das Janakpur Womens Project hat die Frauen nun dazu angeleitet, in ihrem volkstümlichen Stil auf andere Untergründe zu malen und damit Bilder zu schaffen, die im Handel angeboten werden können.

Simaraungadh (auch Simraungarh, *garh* bedeutet Festung) ist ein historischer Ort im Terai, 35 km östlich von Birganj. Unter drei Herrschern der Karnataka-Dynastie blühte Simraungarh von 1097 bis 1327. Nanyadeva ernannte sich 1097 zum König und errichtete seine Herrschaft in der neuen Hauptstadt. Die Gegend gehörte vorher zum Reich Tirhut, das Nepal im Süden begrenzte. Simraungarh wurde 1324 bei der Invasion von Sultan Gayas ud-din Tugalak von Delhi zerstört. Der letzte König, Harisimhadeva, floh vor den Muslimen nach Dolakha in Ost-Nepal und nahm Taleju, die Stammgottheit der Karnataka-Dynastie, mit. Seine Witwe und sein Sohn Jagatsimha, zusammen mit der Göttin Taleju, fanden Zuflucht beim König von Bhaktapur.

Simraungarh und Umgebung sind touristisch noch nicht erschlossen. Eine Anzahl Steinstatuen wurde ins National Museum in Kathmandu gebracht und dort sichergestellt. Viele Fragmente wurden auch in einer Art Freilichtmuseum aufgestellt, das aber leider eher als Selbstbedienungsladen für Kunsträuber dient. Ehemals lag hier, westlich der Bagmati an einem alten Weg ins Kathmandu-Tal, die befestigte Hauptstadt, die 1324 zerstört wurde. Innerhalb der Mauern von Simraungarh gab es eine besondere Festung, die heute Ranibas genannt wird. Jang Bahadur Rana erbaute in der Mitte des 19. Jh. auf diesem Grund einen Rama-Tempel. Ein weiterer neuerer Kultbau, der Kankali Mai geweiht ist, liegt am Rand eines alten Wasserbassins, von denen es hier ursprünglich über 200 gegeben haben soll.

Glossar

Akshobhya der Transzendente Buddha des Ostens
Amitabha der Transzendente Buddha des Westens
Amoghasiddhi der Transzendente Buddha des Nordens
Ananta ›unendlich‹, Weltenschlange, auf deren zusammengerolltem Körper Vishnu ruht
Anda ›Ei‹, halbkugliger Teil des Stupa
Annapurna ›die Ernährerin‹, Göttin des Überflusses, Form von →Parvati
Asana Sitzhaltungen: Padmasana oder Vajrasana (Lotosoder Vajrasitz), Paryankasana (›Um den Schoß herum-Sitz‹), Lilasana (gelöstes Sitzen), Rajalilasana (gelöstes Sitzen eines Herrschers), Bhadrasana Glückssitz
Ashoka indischer Kaiser (reg. ca. 269–232), pilgerte im 3. Jh. v. Chr. nach Lumbini, sein Besuch des Kathmandu-Tals ist legendär
ashta acht
Ashtamangala Acht Glückssymbole; dazu gehören der Yakwedel (Würde), der Schirm (Schutz), das Siegesbanner (Sieg der Buddhalehre), die zwei goldenen Fische (Reichtum), der endlose Knoten (langes Leben), die Vase (Erlösung), das Muschelhorn (Abwehr von Bösem), die Lotosblüte (Reinheit)
Ashtamatrika die ›Acht Mütter‹ →Matrika verkörpern verschiedene Aspekte der Göttin Durga; dazu gehören Brahmani (Brahma), Indrani (Indra), Kaumari (Kumara–Skanda), Mahakali, Mahalakshmi, Maheshvari (Shiva), Vaishnavi (Vishnu), Varahi (Varaha). Diese Ashtamatrikas bilden mit den Ashtabhairavas Paare → Bhairava
Avalokiteshvara ›Der Herr, der (mitleidvoll) auf die Welt herabblickt‹, einer der Bodhisattvas im Mahayana
Avatara ›Herabstieg‹, Inkarnation Vishnus, der in tierischer, halbmenschlicher und menschlicher Gestalt in verschiedenen Zeitaltern erschien, um die Welt zu erretten. Dashavataras sind die kanonischen zehn Herabkünfte Vishnus als Matsya (Fisch), Kurma (Schildkröte), Varaha (Eber), Narasimha (Menschlöwe), Vamana (Zwerg), Rama, Parashurama (Rama mit der Streitaxt), Krishna, Buddha und Kalkin
Baha auch Bahal, Bahi, Bahil → Vihara
Baithak Thron- , Audienzraum
Bhadrakali ›die glückverheißende Kali‹, furchtbare Form der ›Großen Göttin‹
Bhagavadgita ›Des Erhabenen Sang‹, Krishnas Belehrung des Arjuna → Mahabharata
Bhagavati ›die Herrin‹, Form von Parvati
Bhairava ›der Schreckliche‹, furchterregende Form Shivas; Kalabhairava, ›der schwarze Bhairava‹, ist der Gott des Schwurs
Bhajan religiöse Hymnen, die am Schrein gesungen werden
Bhakti Gottesliebe, religiöse Hingabe, Verehrung der Gottheit ohne Vermittlung brahmanischer Priester, gilt besonders

Glossar

für die Rama- und Krishna-Kulte
Bhavani ›die Hervorbringende‹, Form der → Durga
Bhimsen Schutzgottheit der Händler; Bhima oder Bhimasena, der stärkste der Pandu-Söhne im Mahabharata
Bisket Yatra wichtigstes Fest in Bhaktapur, Wagenprozession von Taumadhi Tol nach Chupin Ghat (Ende März/Anfang April)
Bodhi die Erleuchtung Buddhas
Bodhisattva ›Erleuchtungswesen‹, Heilsvermittler und Helfer im Mahayana-Buddhismus → Avalokiteshvara
Brahma ursprünglich Schöpfungskraft, später personifiziert als Gott der Schöpfung in der hinduistischen Trinität → Hinduismus; sein Reittier ist der Ganter, Hamsa
Buddha der ›Erleuchtete‹, ein Mensch, der die vollkommene Erleuchtung verwirklicht hat und daher, vom Kreislauf der Wiedergeburten → Samsara befreit, ins ewige Verlöschen → Nirvana eingegangen ist; Ehrentitel für Prinz Siddharta, der auch als Shakyamuni, ›der Weise aus dem Geschlecht der Shakya‹, bezeichnet wird
Buddhismus Erlösungsphilosophie mit dem Ziel, die Erleuchtung zu erlangen. Seit dem 6. bis 5. Jh. v. Chr. wird die Lehre Buddhas verbreitet. Drei Hauptströmungen haben sich entwickelt: Hinayana (›Kleines Fahrzeug‹), Mahayana (›Großes Fahrzeug‹) und, seit dem 7. Jh. n. Chr., Vajrayana (›Diamantfahrzeug‹). Seit dem 14. Jh. ist der Buddhismus im Ursprungsland Indien erloschen
Chaitya Grabhügel eines Heiligen, allgemeine Bezeichnung für Heiligtum, nepalisch für das Sanskritwort Stupa
Chakra Rad, Wurfdiskus, eins der vier wichtigen Embleme Vishnus, im Buddhismus Zeichen der Lehre → Mudra
Chandra Mondgott
Chandeshvari Form von → Parvati als Töterin des Dämons Chanda
Chattra Ehrenschirm, Würdezeichen des Königs; Statuen von Gottheiten und Königen, aber auch die Spitzen von Tempeln und besonders von Stupas sind von Ehrenschirmen gekrönt
chatur vier
Chauri Yakhaarwedel, Würdezeichen im buddhistischen Ritus
Chok viereckiger Innenhof, Bezeichnung für Palast
Dabu niedrige Plattform für Tanz- und Theateraufführungen
Damaru Handtrommel in Sanduhr-Form, Emblem Shivas
Darbar aus dem Persischen Palast; unter den Mogulen bedeutete das Wort ›Hof, Versammlung‹, auf Newari *layaku*
Darshan ›der Anblick, die Schau‹ der Gottheit, Höhepunkt des Tempelbesuchs; wichtigster Teil des Kultbilds sind die Augen
Dattatreya Verkörperung von Brahma, Vishnu und Shiva als Erscheinung Vishnus
Dega (auch Deval, von Sanskrit *devagriha*, ›Gotteshaus‹), allgem. Bezeichnung für Tempel im Pagoden-Stil und Shikharas. Eine für das Kathmandu-Tal charakteristische Form ist der quadratische, nach allen vier Seiten ausgerichtete Kultbau, dessen Eingänge auf allen vier Seiten in den Umwandlungsgang *(pradakshinapatha)* füh-

ren und von dort in die Cella in der Mitte des Tempels. Das Kultbild im Zentrum ist nach allen vier Seiten gleichmäßig gestaltet und hat keine Hauptseite. Im Falle der Shiva-Tempel sind es oft Chaturmukha Linga → Mukhalinga

Deva ›Gott‹ (auch Dya, Dyo); Mahadeva, ›der Große Gott‹, ist → Shiva

Devanagari Schrift für Nepali und Newari, Sanskrit und Hindi

Devi ›Göttin‹, allgemeine Bezeichnung; wichtigste Göttin ist Devi oder Mahadevi, die ›Große Göttin‹, die als Durga oder Kali auftritt und Shivas Gemahlin ist

Dhara → Hiti

Dharma Weltgesetz, Sitte, Religion, buddhistische Lehre

Dharmachakra ›Rad der Lehre‹

Dharmadhatu-Mandala ›Mandala des Absoluten‹ auf einem lotosförmigen Sockel neben einem Chaitya

Dharmashala Pilgerheim, → Pati, → Sattal

Dhoka Portal, Tor

Durga ›die Unnahbare‹, Shivas Shakti in ihrer schrecklichsten Form, auch Bhagavati genannt; als Mahishasuramardini tötet sie den Büffeldämon (Mahishasura), an Dashain wird sie dafür verehrt. Das Fest schließt an Navaratri im Monat Ashvina an, die neuntägige Verehrung der verschiedenen Formen der Großen Göttin

Gada ›Keule‹, ein Emblem Vishnus

Gajura glockenförmige Spitze eines Tempeldachs

Ganesha ›Herr der Gana‹; Gana sind halbgöttliche Gefolgsleute; der elefantenköpfige Sohn von Shiva und Parvati ist einer der beliebtesten Götter im Hinduismus, Gott der Weisheit und als Vinayaka, ›Herr der Hindernisse‹, Gott des Anfangs. Sein Reittier ist die Ratte. Die vier Ganesha-Heiligtümer im Kathmandu-Tal sind Jal Vinayaka in Chobar, Surya Vinayaka bei Bhaktapur, Ashoka Vinayaka in Kathmandu und Chandra Vinayaka in Chabahil

Ganga Flußgöttin; ihr Reittier ist der →Makara

Garbhagriha wörtlich ›Mutterschoß-Kammer‹, Cella

Garuda mythischer Sonnenvogel, Reittier Vishnus, steht oft vor Vishnu-Tempeln, meist menschlich dargestellt

Ghanta ›Glocke‹, im Tantrayana weibliches Gegenstück zum → Vajra

Ghat Stufen am Ufer, Ort zur rituellen Reinigung, zum Waschen und zum Verbrennen der Toten

Gompa tibetisches Kloster

Gorakhanatha Yogi des 11. Jh., der den Shiva-Kult förderte, gilt als Inkarnation Shivas

Gorkhas Konglomerat von Bergvölkern indo-arischen Ursprungs, die unter P. N. Shah das Kathmandu-Tal eroberten. Später Bezeichnung für alle nepalischen Soldaten (Ghurka) in britischen Diensten in Indien; in beiden Weltkriegen nahmen sie auf britischer Seite teil

Gosainkund ›Heiliger See‹ in etwa 5000 Meter Höhe im Langtang-Gebiet; das Wasser dieser Pilgerstätte soll beim Kumbheshvara-Tempel in Patan, aber auch in Balaju emporströmen

Gupta nordindische Dynastie (4. - 6. Jh.), Blütezeit der Kunst;

Glossar

Gupta-Kunst ist Vorbild für den Stil der Licchavi-Zeit in Nepal

Guru ›Lehrer,‹ geistiger Führer

Guthi religiös-soziale Organisation der Newar-Bevölkerung, Stiftung zum Unterhalt der Heiligtümer

Hanuman Affengeneral, Held im Ramayana-Epos

Harihara Vishnu (Hari) und Shiva (Hara) in einer Gestalt

Hariti → Shitalamai

Harmika kastenförmiger Aufsatz auf dem halbkugligen Teil des Stupa, oft mit Augen geschmückt, die in die vier Himmelsrichtungen blicken

Hinayana ›Kleines (d. h. individuelles) Fahrzeug‹; auch als Theravada bezeichnete frühe Form des Buddhismus, die im Gegensatz zum → Mahayana eher Wert auf die Lehre als auf die Anbetung Buddhas legt

Hinduismus religiös und philosophisch begründete Sozialordnung → Varna, umfaßt Vishnuismus, Shivaismus, Shaktismus sowie andere Richtungen

Hiti Wasserspeier, Badeplatz mit Wasserspeiern (nep. *dhara*)

Holi Fest am Vollmondtag des 11. Monats, Phalguna

Homa Opferfeuer, Opferspende

Indra König der Götter, eigentlich Gewitter- und Kriegsgott

Indra Yatra großes Fest in Kathmandu am 14. Tag des hellen Mondes im Monat Bhadra

Ishvara ›Gebieter‹, Bezeichnung für Shiva; Maheshvara, ›Großer Herr‹, häufig bei Tempelnamen, z. B. Mahendreshvara - entstanden aus Mahendra Ishvara - oder Avalokiteshvara

Jagannatha Krishna als ›Herr der Welt‹

Kailash Berg im tibetischen Himalaya, Wohnsitz Shivas

Kalasha Wassertopf, Ritualgefäß, Emblem Shivas und Brahmas, eines der Acht Glückverheißenden Symbole; Form dient auch als Tempelspitze und als Gehänge von Tempeldächern

Kali die ›Dunkle‹, die große Göttin in ihrer blutdürstigsten Form, Shivas Shakti

Karma Gesetzmäßigkeit von Ursache und Wirkung, gute und schlechte Taten in früheren Leben bestimmen den Status der nächsten Wiedergeburt

Karttikeya Sohn Shivas und Parvatis, der Kriegsgott Skanda

Kaste → Varna

Khola Fluß, Strom

Kirata Dynastie des Kathmandu-Tals vor den Licchavi, außerdem Bezeichnung für die Rai- und Limbu-Bevölkerung in Ost-Nepal

Kirtimukha zusammengesetzt aus *mukha* (›Gesicht‹), *kirti* für Statue oder Tempel, Monstermaske auf Toranas, wo die zornige Maske Schlangen verschlingt; überlagert sich mit Garuda, dem Feind der Schlangen

Kot Festung

Krishna ›der Schwarze, der Dunkle‹, achte Inkarnation Vishnus, volkstümliche Gottheit; Krishna als Kuhhirt mit der Flöte ist Venugopala

Kumari Junges Mädchen, das als lebende Göttin angesehen wird, Inkarnation von Taleju; Kumari Yatra beginnt am 12. Tag des hellen Mondes im Monat Bhadra (August/September)

Kunda Teich, Brunnen, Wasserstelle

Kurma Schildkröte, zweite Inkarnation Vishnus, Reittier von Yamuna

Glossar

Lakshmi Göttin von Glück und Reichtum, Gemahlin Vishnus
Lamaismus tibetische buddhistische Form des → Vajrayana
Licchavi Herrscherdynastie im Kathmandu-Tal, ca. 300–750 (879) n. Chr., Blütezeit des Handels und der Kunst
Linga ›Kennzeichen, Merkmal, Phallus‹, Symbol Shivas, meist das Hauptkultbild in Shiva-Tempeln; der Stein, in dem das Linga steht, symbolisiert das weibliche Geschlechtsorgan, die Yoni
Lokeshvara ›Herr der Welt‹, für Buddhisten Inkarnation von Avalokiteshvara, für Hindus Inkarnation Shivas
Mahabharata Hindu-Epos über die Ereignisse bei der indoarischen Einwanderung in der Mitte des 2. Jahrtausends v. Chr., besonders den Kampf zwischen den Pandavas und den Kauravas; letzte Form zwischen 400 v. Chr. und 400 n. Chr., enthält die → Bhagavadgita
Mahadeva, Mahadeo ›Großer Gott‹, Beiname für Shiva
Mahadevi ›Große Göttin‹, im → Shakti-Kult
Mahakala ›Der große Schwarze‹, gilt als Verteidiger des Buddhismus; ursprünglich eine Form → Shivas in seinem Aspekt als Herr über die Zeit, als Zerstörer des Kosmos; in Nepal oft kein Unterschied zwischen Bhairava und Mahakala
Mahal Palast, besonders Paläste der Ranas des 19./20. Jh.
Mahant Führer einer Asketensekte
Mahayana ›Großes Fahrzeug‹, in Nepal und Ostasien vorherrschende Form des Buddhismus mit Betonung der göttlichen Buddhas und Bodhisattvas → Hinayana
Mahishasuramardini Durga als Töterin des Büffeldämons Mahisha
Makara Seeungeheuer, Motiv bei Wasserspeiern, Reittier der Flußgöttin Ganga
Malla Herrscherdynastie im Nepal-Tal von ca. 1200–1768. Von 1482–1768 drei voneinander unabhängige Königreiche in Kathmandu, Patan und Bhaktapur; das Karnali-Becken in West-Nepal wurde vom 12. bis 14. Jh. von einer anderen Malla-Dynastie beherrscht
Mandala ›Kreis‹, konzentrisches Diagramm, symbolische Darstellung kosmischer Kräfte in zwei- oder dreidimensionaler Form, von außen nach innen stellt es den Heilsweg des Meditierenden zur zentralen Gottheit dar; Tempel und Stupas sind dreidimensionale Mandalas → Yantra
Mandapa Halle, Schutz- und Versammlungsgebäude, *madu* oder *maru* in Newari; ein mehrgeschossiger Mandapa wird Sattal genannt, einfache Form Pati
Mandir Tempel
Manjushri ›der von lieblicher Schönheit‹; Bodhisattva der Weisheit, Nepals Kulturheros
Mantra magische Silbe, Gebetsformel zur Anrufung der Götter
Matha Wohnhaus einer hinduistischen Gemeinschaft von Asketen, Priesterhaus
Matrika ›Mutter‹, Muttergottheit; Gruppen von Sieben *(saptamatrika)* oder Acht Müttern *(ashtamatrika);* die Verehrung der Muttergottheiten geht in Indien auf frühe Kulte zurück

Glossar

Matsya Fisch, erste Inkarnation Vishnus

Matsyendranatha ›Herr Indra der Fische‹, Schutzgott des Kathmandu-Tals, gilt als Inkarnation von Avalokiteshvara, wird in Bungamati und Patan als Rato (Roter) Matsyendranatha und in Kathmandu als Seto (Weißer) Matsyendranatha verehrt

Mela Tempelfest

Meru mythischer Weltberg

Mithila gehört zum alten Königreich Videha um das heutige Janakpur in Ost-Terai

Mogul muslimische Herrscher Indiens vom 16. -18. Jh., parallel zur zweiten Hälfte der Malla-Zeit

Mudra ›Zeichen, Siegel‹, symbolische Handhaltung der Gottheiten; die häufigsten Mudras sind: Abhayamudra (Geste der Ermutigung), Anjalimudra (Verehrungsgeste), Bhumisparshamudra (Geste der Erdberührung), Dharmachakramudra (Geste des Rades der Lehre), Dhyanamudra (Meditationsgeste), Varadamudra (Geste der Wunschgewährung), Vitarkamudra (Erklärungsgeste)

Mukhalinga Linga mit einem oder mehreren Gesichtern Shivas, auch Ekamukha-Linga (›eingesichtiges Linga‹), Chaturmukha-Linga (›viergesichtiges Linga‹) entsprechend den vier Himmelsrichtungen und Panchamukha-Linga (›fünfgesichtiges Linga‹), wobei das fünfte Gesicht unsichtbar ist

Muni Weiser

Murti ›Form‹, Bildnis einer Gottheit; z. B. Vishnu in vierfacher *(chaturmurti)* Gestalt um eine Stele

Naga ›Schlange‹, Schlangengötter und -göttinnen (Nagini) in Gestalt von Kobras, oft halbmenschlich mit Kronen und Schmuck dargestellt

Nandi ›der Glückliche‹, Stier, Reittier Shivas

Narasimha (auch Narasingha) ›Mensch- oder Mannlöwe‹, Vishnus vierte Inkarnation

Narayana in Nepal allgemeiner Name für → Vishnu

Natha ›Herr‹; z. B. in Pashupatinatha, Svayambhunatha

nava neun

Navaratri ›neun Nächte‹; Fest der Großen Göttin im Monat Ashvina (September/Oktober)

Nepalsamvat NS, nepalische Zeitrechnung, die mit dem 20. des Monats Karttika (Okt./Nov.) 879 eingeführt wurde; der heute offizielle Kalender: Vikram Samvat (BS), beginnt mit dem Jahr 57 v. Chr., Monate richten sich nach dem Mondkalender (s. S. 56)

Newari ethnisch nicht einheitliche Gruppe Nepals, eigentliche Bevölkerung und Kulturträger des Kathmandu-Tals mit eigener tibeto-burmesischer Sprache

Nirvana ›Verlöschen‹; Ziel des buddhistischen Erlösungsstrebens ist das Verlassen des Kreislaufs der Wiedergeburten durch Überwindung der drei Grundübel Gier, Haß und Verblendung → Samsara, im Hinduismus heißt die Erlösung von den Wiedergeburten Moksha

Padma Lotosblüte, Symbol für Vollkommenheit

Padmapani ›Lotus in der Hand‹, Form des Bodhisattva Avalokiteshvara

Pagode mehrdachiger, turmartiger Tempel für hinduistische oder für hindu-buddhistische

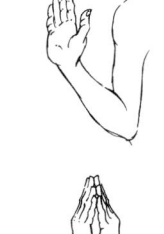

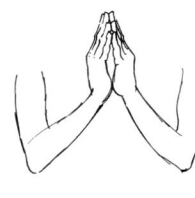

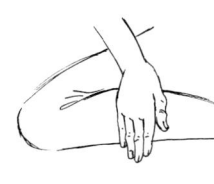

Abhayamudra
Anjalimudra
Bhumisparshamudra

Gottheiten im Kathmandu-Tal, charakteristisch sind mehrere übereinandergeschichtete Dächer; der zweite Typus eines Turmtempels ist der → Shikhara
Pala Dynastie in Nordost-Indien zwischen 760–1142; bedeutende Kulturperiode mit Einfluß auf das Nepal-Tal, besonders auf die Buchmalerei
pancha fünf
Parvati Tochter des Himalaya, friedliche Form der Durga; Shivas Gemahlin, ihr Reittier ist der Löwe
Pashupati ›Herr der Tiere‹; Form Shivas
Pata Sanskrit-Bezeichnung für religiöse Malerei auf Stoff (Newari *paubha*, tibetisch *thangka*)
Pataka lange Metallfahne an einem Tempeldach, an der die Gottheit von der Tempelspitze herabsteigt
Pati einfaches, vorne offenes Rasthaus
Pitha ›Sitz, Thron‹ einer Gottheit unter freiem Himmel, gewöhnlich für eine tantrische, ›bluttrinkende‹ Gottheit wie Kali oder Bhairava
Pokhari See, großes Wasserbecken (Newari *pukhu*)
Pradakshina Umwandlung eines Heiligtums in der Richtung des Sonnenlaufs (im Uhrzeigersinn) → Puja
Prasad Speise- und Blumenopfer, die der Gläubige vom Priester geweiht zurückerhält
Puja Verehrung einer Gottheit auch ohne Priester; handelt es sich um eine vegetarische Gottheit, sind die Opfergaben Blumen, Reis und Zinnober-Puder; die Gläubigen erhalten als Gegengabe etwas → Prasad und die Tika, ein (meist) rotes Stirnzeichen; Panchamrita bezeichnet ein Opfer, bei der das Bildnis mit einem Gemisch aus fünf *(pancha)* verschiedenen Zutaten übergossen wird
Pujari hinduistischer Tempelpriester
Pura, Puri Stadt
Rajput Krieger-Könige aus Rajasthan, die während der muslimischen Periode an Hindu-Traditionen festhielten; die Shah-Könige zählen sich zu den Rajput-Nachfahren
Rama siebte Inkarnation Vishnus; Rama rettet mit Hilfe von Hanuman und Garuda seine Frau Sita aus den Klauen des Dämonenkönigs Ravana, Bericht im → Ramayana
Ramayana Epos, wahrscheinlich im 6.–5. Jh. v. Chr. endgültige Form; im 16. Jh. in Hindi umgeschrieben, dabei entstand eine mystische Dichtung
Rana Dynastie, die Nepal von 1846 bis 1951 diktatorisch regierte, gliedert sich in drei Klassen und nimmt auch heute noch Einfluß auf das politische Geschehen; die Königin ist in der Regel eine Rana
Ratha Prozessionswagen, in dem ein Götterbildnis durch die Straßen gezogen wird; Rathapatha ist der Prozessionsweg
Ratna Juwel, Perle, Schatz
Ratnasambhava einer der Fünf → Transzendenten Buddhas
Repoussé Treibarbeiten in (Kupfer-) Blech, anschließend oft vergoldet
Rinpoche ›kostbares Juwel‹, Titel für reinkarnierte Lamas, Abt eines tibetischen Klosters
Rudraksha getrocknete Beeren, aus denen Rosenkränze,

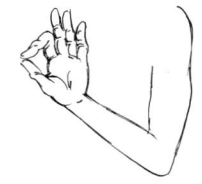

Varadamudra
Vitarkamudra
Dhyanamudra
Dharmachakramudra

Glossar

besonders für Shiva-Anhänger, gemacht werden

Sadhu hinduistischer Einsiedler und Bettelmönch, der die Fesseln herkömmlicher Lebensart abgelegt hat, oft fast nackt und mit wirren Haaren

Samsara ewige Kreislauf der Wiedergeburten

Sangha buddhistische Klostergemeinschaft

Sarasvati Göttin der Gelehrsamkeit und der schönen Künste, oft mit Laute und Buch dargestellt

Sati Gattin Shivas, die sich selbst verbrannte; Bezeichnung für Witwenverbrennung

Sattal mehrgeschossige Form eines Rasthauses

Shah Familienname der Königsdynastie in Nepal; islamischer Titel

Shakti ein Kult des weiblichen Prinzips, das durch die Göttin Shakti verkörpert wird; Shakti ist die göttliche schöpferische Energie, die sich in weiblicher Gestalt manifestiert; wird auch als Energie und aktive Kraft einer männlichen Gottheit verstanden, die sich in seiner Gemahlin personifiziert; nimmt sowohl zornige als auch friedliche Form an

Shakya newarische Priesterkaste neben den Vajracharyas, die die verheirateten Mönche des newarischen Buddhismus sind

Shalabhanjika Baumnymphen, dargestellt in stehender, lockerer Haltung, bei der die Beine überkreuzt sind

Shalagrama schwarzer Stein (Ammonit), der in der Gandaki in der Nähe des Dorfs Shalagrama gefunden wird, er gilt als Erscheinungsform Vishnus

Shankaracharya bedeutender Hindugelehrter (788–820)

Shankha Muschelhorn, Emblem Vishnus

Shikhara ›Bergspitze‹; Turmtempel mit kurvig gebogem Aufbau über der Kultbildzelle

Shitalamai frühere Menschenfresserin, die später Beschützerin der Kinder wurde; Göttin der Pocken, verehrt in Svayambhunatha; ihr Reittier ist der Esel

Shiva für Shivaiten der höchste Gott der hinduistischen Trinität, Zerstörer und Schöpfer; in seinem zornigen Aspekt ist er Bhairava, ›der Grausame‹, in seiner friedfertigen Form Mahadeva, ›der Große Gott‹, Ishvara, ›Der Gebieter‹, oder Pashupati, ›Herr der Tiere‹; charakteristisches Emblem ist der Dreizack, Trishula; wichtigstes Fest ist das Shivaratri-Fest, die ›Nacht Shivas‹ in Pashupatinatha (Februar/März); das phallusförmige Shiva-Linga symbolisiert seine Schöpferkraft

Shrivatsa der endlose Knoten, eines der acht glückverheißenden Symbole

shukla ›hell‹; Monatshälfte zwischen Neumond und Vollmond

Sita ›Ackerfurche‹, Ramas Frau, Heldin des Ramayana-Epos; wird besonders in ihrem Geburtsort Janakpur verehrt; wie ihr Gemahl Rama die Inkarnation Vishnus ist, so ist Sita die Inkarnation Lakshmis

Skanda Kriegsgott, Sohn Shivas, anderer Name: Karttikeya

Stambha Pfosten, Säule, Pfeiler

Stupa ursprünglich Grabhügel, im Buddhismus Symbol des Eingehens Buddhas ins Nirvana; der Stupa ist die einzig wirklich buddhistische Architekturform in Nepal (Nepali: Chaitya, tibetisch: Chörten)

Surya Sonnengott, oft als Form von Vishnu angesehen

Svayambhunatha ›der Herr, der aus sich selbst entstand‹, Ort im Kathmandu-Tal

Taleju Bhagavati Form der Devi, stammt aus Südindien, während der Malla-Zeit die höchste Gottheit des Kathmandu-Tals

Tantrayana Spätform des Buddhismus und Hinduismus, die die religiöse Praxis im Kathmandu-Tal bestimmt; beruht auf esoterischen Texten, den Tantras → Vajrayana

Tara ›Stern‹, weiblicher Bodhisattva; eine nepalische Prinzessin des 8. Jh. und die tibetischen Königinnen gelten als ihre Inkarnationen

Terai Flachland im Süden Nepals, gehört zur Ganges-Ebene

Thakuri Zeit von 879 bis zum 12. Jh.; dunkles Zeitalter in dem die spätere Malla-Kultur wesentlich geprägt wurde, Beginn des Tantrayana

Thangka Tibetisches Rollbild → Pata

Tirtha ›Furt‹, Wallfahrtsort, Heiligtum

Tol Stadtviertel (Newari: *tvah*)

Torana ›Tor, Torbogen‹, bezeichnet besonders den tympanonähnlichen Aufsatz über dem Portal; meist sind in der Mitte die Schreingottheit dargestellt und oben ein Garuda oder eine Maske → Kirtimukha

Transzendente Buddhas im Gegensatz zum historischen Buddha, der ins Nirvana einging, bleiben die Fünf Transzendenten Buddhas gegenwärtig. Jedem ist ein → Bodhisattva und eine Himmelsrichtung zugeordnet: Akshobhya (Osten), Amitabha (Westen), Amoghasiddhi (Norden) und Ratnasambhava (Süden) - dazu kommt Vairochana, ›der Sonnengleiche‹, im Zentrum

Tribhanga ›Dreibruch‹, eine Haltung beim Stehen, ähnlich dem Kontrapost: Kopf, Schultern und Hüften sind in gegensätzliche Richtung geneigt

Triratna ›drei Juwelen‹ des Buddhismus: Buddha, Dharma (Lehre) und Sangha (Mönchsgemeinde)

Trishula dreigezackter Speer, Emblem Shivas

Tunala geschnitzter Dachstrebebalken, wichtiges Schmuckelement der Architektur im Kathmandu-Tal

Tundikhel zentraler Paradeplatz in nepalischen Städten

ugra ›zornig‹, schrecklicher Aspekt einer Gottheit

Uma Maheshvara Parvati und Shiva als Liebespaar

Vahana Reittier einer Gottheit, z. B. Garuda für Vishnu, Nandi für Shiva

Vajra ›Diamantzepter, Donnerkeil‹ (tibetisch: *dorje*); Indras Waffe, zerstörendes aber unzerstörbares Symbol buddhistischer und hinduistischer Gottheiten, im Vajrayana Zeichen des Absoluten; weibliche Entsprechung die Glocke, Ghanta, als Symbol der Vollkommenheit

Vajracharya tantrischer Priester im newarischen Buddhismus

Vajrayana ›Diamantfahrzeug‹, esoterische tantrische Form des Mahayana-Buddhismus; die Erleuchtung wird durch Riten und geistige und körperliche Übungen (Tantra, Yoga) gesucht; wird auch als Tantrayana bezeichnet; vorherrschende Strömung innerhalb des nepalischen und tibetischen Buddhismus

Vajra Yogini tantrische Göttin

Varaha Vishnus Inkarnation als Eber

Varna ›Farbe‹, Sozialordnung mit erblicher Zugehörigkeit zu einem System von vier Ständen: 1. Brahmana (Priester), 2. Kshatriya (Krieger), 3. Vaishya (Bauern, Gewerbetreibende und Händler), 4. Shudra (Tagelöhner, lokale Stämme, früher Kriegsgefangene, für niedere Arbeiten). Die vier Stände sind in viele Unterkasten streng hierarchisch gegliedert. Sie bestimmen das Netz der sozialen Beziehungen. In Nepal gab es in der frühen Geschichte kein ausgeprägtes Kastensystem. Erst im 14. Jh. wurde die Bevölkerung des Kathmandu-Tals im Zuge einer Hinduisierung nach indischen Vorbildern in Kasten gegliedert

Vihara buddhistisches Kloster; im newarischen Buddhismus gab es zwei Arten, dem Kloster mit zum Innenhof geschlossenen Stockwerken (Newari: *baha*, Nepali: *bahal*) und dem Kloster mit zum Innenhof offenen Stockwerken (Newari: *bahi*, Nepali *bahil*); quadratisch umbauter Hof, auf einer Seite, dem Eingang gegenüber, der Kultbildschrein, die übrigen drei Seiten mit offenem Umwandlungsgang, ursprünglich Zugang zu den Mönchszellen; in der Mitte des Hofes ein Stupa als Symbol Buddhas

Vikrantha Vishnu in seiner fünften Inkarnation als Zwerg *(vamana)*

Vishnu Der Erhalter des Lebens und des Universums (in Nepal meistens Narayana), Gottheit der hinduistischen Trinität; für die Vishnuiten die höchste Gottheit; Ananta Narayana und Jalashaya Narayana bedeuten beide Vishnu liegend auf den Wassern oder Vishnu, liegend auf der kosmischen Schlange; die vier Narayana-Heiligtümer im Kathmandu-Tal sind Changu Narayana, Vishankhu Narayana, Shikhara Narayana und Ichangu Narayana

Yab-Yum Haltung der sexuellen Vereinigung, in der Initiationsgottheiten des Vajrayana häufig dargestellt werden, Symbol für den Zustand der Buddhaschaft, die Erlangung der höchsten Weisheit

Yaksha, Yakshi frühe Baum- und Fruchtbarkeitsgottheiten

Yantra magisches Diagramm zur Meditation, ähnlich wie ein Mandala

Yatra Festumzug mit Kultbildern in Tempelwagen, gewöhnlich in einem Zyklus von fünf, sieben oder zwölf Jahren

Yoga ›Anschirrung‹, geistige und körperliche Übung, außerdem meditative Praxis (Yogi/Yogini)

Yoni ›Mutterschoß‹, Symbol für die Vulva, Bezeichnung für den Basisstein des → Linga

Praktische Reiseinformationen

Reisevorbereitung 306

Einreisebestimmungen 306
Gesundheitsvorsorge 306
Klima und Reisezeit 306
Karten 307

Informationen für unterwegs 307

Auskunft 307
Unterkunft 307
Essen und Trinken 308
Öffentliche Verkehrsmittel 309
Geführte Touren 310

Reiseinformationen von A bis Z 310

Literaturverzeichnis 318
Literaturnachweis 321
Abbildungsnachweis 321
Register 322
Impressum 328

Bitte schreiben Sie uns, wenn sich etwas geändert hat!

Alle in diesem Buch enthaltenen Angaben wurden vom Autor nach bestem Wissen erstellt und von ihm und dem Verlag mit größtmöglicher Sorgfalt überprüft. Gleichwohl sind – wie wir im Sinne des Produkthaftungsrechts betonen müssen – inhaltliche Fehler nicht vollständig auszuschließen. Daher erfolgen die Angaben ohne jegliche Verpflichtung oder Garantie des Verlages oder des Autoren. Beide übernehmen **keinerlei Verantwortung und Haftung** für etwaige inhaltliche Unstimmigkeiten. Wir bitten dafür um Verständnis und werden Korrekturhinweise gerne aufgreifen: DUMONT Buchverlag, Postfach 10 10 45, 50450 Köln.

Reisevorbereitung

Einreisebestimmungen

Alle Ausländer außer Inder benötigen Visa, um in Nepal einreisen zu können. Visa werden von nepalischen Botschaften und Konsulaten ausgestellt. Für Deutschland und Österreich ist die nepalische Botschaft in Bonn zuständig:
53179 Bonn-Bad Godesberg
Im Hag 15
✆ 02 28/34 30 98,
Fax 02 28/85 67 47.
Für die Schweiz:
Generalkonsulat von Nepal
Bleicher Weg 33
8027 Zürich
✆ 0411-20 145 15.

Reisende zu Land erhalten ihr Visum gewöhnlich in New Delhi, Calcutta oder Bangkok. Man kann ein Visum auch am Flughafen in Kathmandu, an den indischen Grenzübergängen Sunauli, Rayaul, Dhangadhi, Nepalganj, Mahendranagar oder Kakarbitta und in Kodari an der chinesischen Grenze beantragen. Visa werden für eine Dauer von 15, 30 oder 60 Tagen ausgestellt. Ein *single entry* für 15 Tage kostet 15 US$, für 30 Tage 25 US$. Ein Touristenvisum kann gegen Zahlung von 1 US$ pro Tag bis auf fünf Monate verlängert werden. Zuständig ist in Kathmandu das Immigration Office in Thamel (✆ 4-1 85 73) und in Pokhara das Immigration Office in Damsite.

Nepalische Visa sind nur in und um das Kathmandu- und das Pokhara-Tal sowie in Chitwan gültig. Das schließt Reise auf den Hauptstraßen und kurze Wanderungen um das Tal ein. Für eine längere Trekkingtour braucht man jeweils ein spezielles Trekking Permit. Diese werden nur in Kathmandu und Pokhara ausgestellt und auch nur dort verlängert.

Gesundheitsvorsorge

Impfungen für Reisende aus Deutschland, Österreich und der Schweiz sind in Nepal nicht vorgeschrieben. Es ist dennoch ratsam, sich rechtzeitig vor der Einreise einen umfassenden Impfplan aufstellen zu lassen. Auskünfte erteilt gegen Gebühr das Zentrum für Reisemedizin, Oberrather Str. 10, 40472 Düsseldorf, außerdem das Bernhard-Nocht-Institut für Tropenmedizin, B.-Nocht-Straße 74, 2035 Hamburg, ✆ 040-31920 77. Beinahe regelmäßige Begleiterscheinungen von Nepal-Reisen sind durch Bakterien und Parasiten hervorgerufene Durchfallerkrankungen.

Klima und Reisezeit

Abgesehen von einem kurzen Wintermonsun, der nur ein oder zwei Tage im Januar dauert, fällt beinahe der gesamte Niederschlag von Juni bis Oktober. Oktober/November und Februar/März sind die besten Reisemonate. Der Oktober/November bietet für Europäer angenehme

Temperaturen. Da kurz vorher der Monsunregen war, wird die Sicht auf die Gipfel des Himalaya weder durch Wolken noch durch Staub gehindert. Um diese Zeit ist Reisernte, und im Kathmandu-Tal werden zwei große Feste gefeiert. Vom Februar bis April ist das Wetter gut, aber nach der langen Trokkenheit behindert der Staub in der Luft die Fernsicht. Das Wetter in der Zeit von Dezember bis Januar kann im Kathmandu-Tal nachts recht kühl werden, aber es schneit fast nie. Oft liegt eine dicke Nebeldecke über dem Tal, und die Sonne erscheint nicht vor 10 Uhr. Pokhara ist etwas wärmer als Kathmandu, und auch im Winter herrscht klare Sicht. Der Monsun dauert von der zweiten Juni-Woche bis zur vierten Woche im September. Die Zeit ist ungünstig zum Reisen, obwohl angenehmer als in Indien. Jedoch werden gerade in der zweiten Monsun-Hälfte vom August bis September viele Feste im Kathmandu-Tal gefeiert.

Die verschiedenen Höhenlagen bringen beträchtliche klimatische Unterschiede mit sich, von der Sommerhitze der Tiefebene des Terai bis zur eisigen Kälte des Winters im Himalaya. Der Himalaya ist in Nepal etwa 1500 km näher am Äquator als die Alpen, das ist einer der Gründe, warum die Schneegrenze viel höher liegt. Das Fehlen von Niederschlag im Winter ist ein weiterer Grund; gewöhnlich gibt es im Sommer mehr Schnee in den Bergen.

Karten

Die genaueste Gesamtkarte ist die Nelles-Karte (1:500 000). Der Nelles Verlag (Schleißheimer Str. 371, 80935 München) vertreibt auch die Schneider-Karten für einige Trekking-Gebiete und das Kathmandu-Tal, die vor mehr als 20 Jahren von der Arbeitsgemeinschaft für Hochgebirgsforschung, München, erstellt wurden.

Informationen für unterwegs

Auskunft

Das Government Tourist Office am Basantapur Square beim alten Palast in Kathmandu gibt Informationsmaterial und einen Stadtplan aus. Weitere Touristeninformationsbüros bestehen am Flughafen in Kathmandu und in Pokhara sowie entlang der indischen Grenze in Kakarbitta, Sunauli und Janakpur. Das Ministerium für Tourismus im Singha Darbar und die Abteilung für Tourismus im Babar Mahal bieten ebenfalls Auskünfte.

Unterkunft

Kathmandu verfügt über ein breites Angebot an Hotels und Unterkünften jeder Preisklasse.

Das beste unter den zentral gelegenen Hotels ist das **Hotel**

Praktische Reiseinformationen

Yak & Yeti beim Darbar Marg in der Nähe des neuen Königspalastes von Narayanhiti. Yak & Yeti wurde von dem legendären Boris in den späten 60er Jahren gegründet. Die Restaurants sind in einem Flügel des ehemaligen Lal Darbar eingerichtet.

Hotel Shanker liegt in der Gegend von Lazimpath in der Nähe der französischen Botschaft. Das Hotel ist in einem Rana-Palast inmitten eines großen Gartens. Es hat noch viel von seiner alten Atmosphäre erhalten.

Nicht weit entfernt, in der Gegend der britischen, indischen, japanischen und amerikanischen Botschaften liegt das beliebte **Hotel Shangrila** in einem schön gestalteten Garten.

Besonders im Stadtteil Thamel ist die Auswahl an Unterkünften der mittleren und einfachen Preisklasse groß. Am preiswertesten sind viele **Lodges**, die es in Thamel, aber auch überall sonst in der Stadt gibt.

Das älteste und bekannteste Hotel für Reisende mit beschränktem Budget ist das **Kathmandu Guest House** in Thamel.

Inzwischen gibt es auch einige **Resort Hotels**, die in einer ländlichen Umgebung innerhalb des Kathmandu-Tals liegen. Dazu gehört **Hattiban** (✆ 4-1 85 94, Fax 9 77-1-41 85 61) im Südwesten des Kathmandu-Tals bei Pharping.

Ein weiteres erholsames Hotel dieser Art ist **Malla Alpine Resort** (✆ 4-1 83 85, Fax 9 77-1-41 83 82) in Tikkhabhairab am südlichen Rand des Kathmandu-Tals.

Außerhalb des Kathmandu-Tals ist Nepal nur **partiell touristisch entwickelt**. Es gibt aber überall preiswerte und saubere Unterkünfte.

In **Gorkha** ist das einfache **Hotel Gorkha Bisauni** am Rand des Orts mit Blick auf eine weite Berglandschaft zu empfehlen.

In **Janakpur** ist das **Hotel Welcome** im Zentrum der Pilgerstadt preiswert und sauber.

Lumbini, das als Pilgerstätte entwickelt werden sollte, besitzt ein japanisches Hotel der gehobenen Preisklasse, **Lumbini Hokke.**

Sri Lanka hat **Lumbini** eine schöne **Pilgerherberge** mit ausgezeichneter, moderner Architektur gestiftet (mittlere Preisklasse).

Everest View Hotel über **Namche Basar** (japanisches Management), ist ›das höchste Hotel der Welt‹ (3870 m) mit Blick auf Everest, Lhotse und Ama Dablam von jedem Raum **und** den Badezimmern!

Fishtail Lodge, benannt nach dem Macchapuchare, ist ein Luxushotel in **Pokhara,** zu dem man mit einer Fähre über den malerischen Fewa-See gebracht wird.

Tansen: Das **Hotel Shrinagar** oberhalb des Ortes auf dem 1525 m hohen Shrinagar Danda bietet einen herrlichen Blick auf einen großen Teil der Himalaya-Kette (mittlere Kategorie).

Essen und Trinken

Restaurants in Kathmandu – namentlich in Thamel – bieten eine erstaunliche Vielfalt an nationalen Küchen. Das beste Restaurant mit nepalischen Gerichten ist **Bhansaghar** (das Wort bedeutet ›Küche‹) in Kamaladi in Kathmandu. Es ist ein altes nepalisches Haus, das stilvoll in ein Restaurant verwandelt wurde.

Die nepalische Küche ist schmackhaft, aber nicht raffiniert. Das Nationalgericht ist Dal Bhat. Es besteht aus gekochtem Reis, Bhat, einer Linsensauce, Dal, und Currygemüse, Takari. Die ländliche Bevölkerung in Gegenden, wo Reis angebaut wird, ißt Dal Bhat täglich zweimal als Hauptmahlzeit. Dazu trinken die Leute süßen Milchtee, Chiya, bei dem schwarzer Tee, Milch und Zukker zu einem Trank zusammengekocht werden. Als Imbiß dienen gerösteter Reis, Chiura, flaches indisches Brot, Chapati, oder Currykartoffeln, Alu Daam. Ansonsten gibt es in der traditionellen nepalischen Küche nicht viel Abwechslung. Als Teller benutzt man eine Metallplatte, Thali, die in verschiedene kleine Fächer unterteilt ist. Gegessen wird mit den Fingern der rechten Hand.

Unter tibetischen Gerichten sind besonders Momo oder auch Kothe beliebt, ähnlich wie Ravioli bestehen sie aus Fleisch oder Gemüse in Teigtaschen, die gedünstet oder gebraten sind. Sie werden in eine würzige Sauce, Achar, getaucht. Tibetische Nudelsuppe, Thupka, ist ebenfalls sehr beliebt. An alkoholischen Getränken werden Jand und Raksi angeboten. Jand oder Chang ist das traditionelle weißliche erfrischende Bier aus Reis oder Hirse. Raksi ist ein in Nepal verbreiteter Schnaps, gewöhnlich aus Reis oder Hirse.

Öffentliche Verkehrsmittel

Die meisten nepalischen Ziele sind von Kathmandu mit dem **Flugzeug** erreichbar. Es gibt drei bedeutendere regionale Flughäfen, Pokhara, Biratnagar und Nepalganj, die von Kathmandu aus von mehreren Fluglinien angeflogen werden. Von dort bestehen Anschlußflüge zu abgelegeneren Orten. Inlandsflüge werden von Royal Nepal Airlines und einer Reihe von Privatgesellschaften, namentlich Necon, betrieben.

Autos mit Fahrern für längere Strecken innerhalb und außerhalb des Kathmandu-Tals kann man sich über das Hotel vermitteln lassen. In der Regel warten auch vor den Hotels Fahrer, mit denen man den Preis für einen halben oder einen ganzen Tag aushandeln kann.

Taxis sind relativ billig. Die Fahrzeuge haben einen Taxameter; bei Fahrten außerhalb des Stadtgebietes muß der Preis vorher verhandelt werden. Fahrten mit dreirädrigen **Autorikschas,** die Tempo heißen, können manchmal teurer werden als mit dem Taxi.

Bei **Fahrradrikschas,** die ein ideales Fortbewegungsmittel bei kurzen Strecken sind, sollte der Preis vorher festgemacht werden.

Praktische Reiseinformationen

Das Kathmandu-Tal ist ideal zum **Radfahren**. In Thamel und auf der Freak Street werden Mountain Bikes und Motorräder vermietet.

Die **Busse** im Kathmandu-Tal sind oft hoffnungslos überfüllt. Der **Central (Old) Bus Park** liegt im Nordosten von Tundikhel. Von dort verkehren die Busse auf dem Arniko Highway zur chinesischen Grenze, einschließlich Dhulikhel, Panauti und Banepa. Allgemein fahren die Busse auf Kurzstrecken innerhalb des Tals wie Kirtipur, Patan, Budhanilkantha, Lagankhel, Bhaktapur, Svayambhunatha und Parphing (Dakshin Kali) vom Central Bus Park ab.

Der **neue Busbahnhof** liegt am nördlichen Teil der Ring Road. Hier ist der Ausgangspunkt für alle Langstreckenfahrten über 50 km, außer denen zur chinesischen Grenze. Die blauen Langstreckenbusse der staatlichen Sajha Transport-Linie kommen von Pulchok in Patan, halten am Postamt in Kathmandu, bevor sie zum neuen Busbahnhof fahren.

Nach Bhaktapur führt auch ein O-Bus, der in Kathmandu bei der Statue in Tripureshvar startet.

Geführte Touren

Reisegesellschaften veranstalten *conducted tours* und private Touren mit dem Auto oder dem Bus zu touristischen Sehenswürdigkeiten. Ein preisgünstiger Veranstalter ist Greyline Tours, der von Nepal Travels an Ramshah Path betrieben (✆ 4-1 28 99) wird. Das Angebot umfaßt eine dreistündige Fahrt nach Bhaktapur oder Fahrten nach Patan und Svayambhunatha. Es gibt auch eine Tour nach Nagarkot zum Sonnenaufgang. Treffpunkte sind Thamel, Darbar Marg und New Road. Andere Privatveranstalter fahren nach Dakshin Kali oder nach Dhulikhel, um von dort die Himalaya-Gipfel zu sehen.

Reiseinformationen von A bis Z

Aids

Aids verbreitet sich zunehmend auch in Nepal, hauptsächlich durch heterosexuellen Verkehr. Eine Ursache dafür sind die vielen nepalischen jungen Frauen, die nach Bombay, Delhi und Calcutta verkauft werden, um dort als Prostituierte zu arbeiten und schließlich infiziert zurückkehren; nach einer Prognose der Weltgesundheitsorganisation (WHO) werden im Jahr 2000 wahrscheinlich 100 000 Nepali HIV-infiziert sein.

Antiquitäten

Der Markt für Antiquitäten, deren Ausfuhr streng verboten ist, ist praktisch leer. Stücke, die alt aussehen, sind in der Regel künstlich präpariert. Sollte einmal wirklich ein Objekt möglicherweise mehr als 100 Jahre alt sein, so ist für die Ausfuhr eine Erlaubnis des Department of Archaeology (im Gebäude von National Archives am Ram Shah Path nahe beim Singha Darbar) notwendig.

Apotheken
Gut sortierte Apotheken gibt es auf der New Road.

Ärztliche Versorgung
Neben dem ersten allgemeinen öffentlichen Krankenhaus Nepals, dem Bir Hospital am Kanti Path, und dem Patan Hospital in Lagankhel, das teilweise von westlichen Missionaren unterstützt wird, sind in **Kathmandu** einige neue Kliniken entstanden. Dazu gehört die von westlichen Ausländern bevorzugte CIWEC am Darbar Marg (Seitenstraße, die zum Yak & Yeti-Hotel führt). Weitere Neugründungen sind die Nepal International Clinic nahe Darbar Marg (gegenüber dem Südportal des neuen Königspalastes) und die Himalayan International Clinic in der Nähe des Hotels Utse in Thamel.

In **Pokhara** besteht das Western Regional Hospital, das ausländische medizinische Unterstützung erhält, in **Tansen** gibt es das United Mission Hospital.

Betteln
Ein unübersehbares Problem, das vom Touristen eine Antwort erfordert, sind die Bettler. Betteln hat eine alte und wichtige Funktion, um das soziale Elend zu mindern. Als Pendant zu dem neuen gesellschaftlichen Element, das die Touristen bilden, gibt es auch eine neue Gruppe unter den Bettlern, die fast nur Touristen ansprechen.

Buchhandlungen
Pilgrims Book House neben dem Kathmandu Guest House in Thamel soll ›Asia's largest bookseller of Himalayan titles‹ sein.

Diplomatische Vertretungen in Nepal
Die Botschaft der Bundesrepublik Deutschland ist am Kanti Path; Österreich unterhält ein Konsulat in Hattisar und die Schweiz verfügt über ein Konsulat in Jawalakhel.

Elektrizität
In ganz Nepal beträgt die Stromspannung 220 Volt/50 Hz Wechselstrom (europäische Flachstecker passen).

Feiertage
Offizieller nepalischer Wochenendfeiertag ist Samstag. An diesem Tag sind die Behörden, Büros und die meisten Geschäfte geschlossen. Dazu gibt es noch mehrere Nationalfeiertage wie z. B. am 28. 12. den Geburtstag des Königs.

Feste, s. S. 56

Fotografieren
In Kathmandu sind frische Filme der wichtigsten Hersteller zu gängigen Preisen im Handel. Papierabzüge werden mit modernsten Geräten preiswert und in guter Qualität hergestellt. Beim Fotografieren und Filmen sollte man unbedingt die Privatheit der Menschen respektieren.

Dies gilt auch für religiöse Zeremonien; in einigen Tempeln ist fotografieren verboten.

Geld und Banken
Währung ist die Nepalische Rupie mit 100 Paisa; sie darf weder aus- noch eingeführt werden. Am Flughafen in Kathmandu ist eine Bank. Die wichtigen Banken in Kathmandu haben ihre Büros in der New Road, in der Umgebung von Darbar Marg oder am Kanti Path. Der Umtauschschalter der staatlichen Nepal Bank in der New Road ist täglich von 8–19 h geöffnet. Es ist vernünftig, einiges Geld in kleinere und kleinste Scheine zu tauschen, da 1000 Rs und 500 Rs schwierig zu wechseln sind. Weitere Banknoten sind 100, 50, 20, 10, 5, 2 und 1 Rs. Bei der Ausreise kann man bis zu 15 % des gesamten gewechselten Geldes wieder umtauschen, vorausgesetzt, die Beträge sind in ein offizielles Formular, das man bei der Einreise erhält, eingetragen. Neben dem offiziellen Markt gibt es einen Schwarzmarkt. Dort zu tauschen ist illegal, außerdem ist die Differenz zwischen dem offiziellen Kurs und dem Schwarzmarktpreis gering.

Haschisch
In der großen Menge der Pilger, die jedes Jahr den Pashupatinatha-Tempel besuchen, sind auch Sadhus aus Indien, die Haschisch rauchen. In den 60er und frühen 70er Jahren galten Kathmandu und Pokhara bei vielen Ausländern nicht zuletzt wegen des freien Zugangs zu Haschisch, das bis 1973 in staatlichen Läden angeboten wurde, als Paradies. Während der Besitz kleinerer Mengen innerhalb des Landes noch toleriert wird, stehen auf Handel sowie Ein- und Ausfuhr hohe Strafen. Haschisch aus dem Land auszuführen ist streng verboten.

Knigge
In Nepal stoßen westliche Freizeitgesellschaft und die traditionell verfaßte Hindu-Gesellschaft hart aufeinander. Das verlangt von Touristen eine gewisse Sensibilität gegenüber der anderen Kultur des Gastlandes. So ist der Austausch von Zärtlichkeiten zwischen Mann und Frau in der Öffentlichkeit unüblich. In bezug auf Kleidung gilt für Männer, daß sie nicht mit nacktem Oberkörper und nackten Beinen durch die Stadt gehen sollten. Das machen nur Angehörige niederer Arbeitskasten. Für die Frauen gilt, daß sie solche Kleidung tragen sollten, mit der sie beispielsweise eine katholische Kirche in Italien besuchen könnten. Vor dem Betreten von Tempeln und Häusern sind die Schuhe auszuziehen.

Krankenhäuser
s. ärztliche Versorgung

Museen im Kathmandu-Tal
Kathmandu, Hanuman Dhoka Palast, tägl. außer Di 10–17 h; in den Räumen des Palastes der Shah-Zeit ist ein Museum der Shah-Könige. Seit König Tribhuvan (1906–1955) eingerichtet, zeigt es Objekte von Königen der Zeit nach den Rana, die nicht mehr in diesem Palast

regiert haben. Die Ausstellung mit persönlichen Erinnerungsstücken (wie Kleidung und Mobiliar) bis hin zu Gegenständen der königlichen Zeremonien ist über westliche und südliche Flügel des Palastes verteilt und ermöglicht ein Durchwandern der bisher restaurierten Räume (Palast 10.30–15.15 Uhr, Di geschlossen).

Der neue Narayanhiti-Palast, Residenz der Könige seit 1885, ist zur Besichtigung nur Di, 10–17 Uhr (außer während des Monsuns) geöffnet.

Patan, der Königspalast, gleichzeitig ein Museum für nepalische Kunst, eingerichtet mit herausragenden Werken, außerdem einem Museumsgarten, Museums Shop und einer Cafeteria, ist z. Zt. das modernste Museum in Nepal.

Bhaktapur, das Stadtzentrum wird als ein großes Freilichtmuseum geführt, und an den Zugängen wird von der Stadt von ausländischen Touristen eine Eintrittsgebühr erhoben. Im Palast ist die Art Gallery mit Malerei, illuminierten Manuskripten und Skulpturen, täglich außer Di, 11–16 Uhr.

Bhaktapur, Holzkunst Museum im Pujari Matha, geöffnet täglich außer Di, 10–17 Uhr. Gegenüber liegt das Bronze-Museum, täglich außer Di, 10–17 Uhr.

Das National Museum liegt etwa 15 Gehminuten vom Berg von **Svayambhunatha** entfernt; geöffnet täglich außer Di, 10–16 Uhr; besteht aus zwei Gebäuden, dem Altbau, das unter Premierminister Bhimsen Thapa errichtete königliche Empfangsgebäude, das als Geschichts-, Naturkunde- und Waffenmuseum dient, und einem weiterer Bau im Pagodenstil von 1940, der eine Kunstsammlung enthält.

Nationalparks/Naturschutzgebiete (Wildlife Reserves)

Über 7 % von Nepals Fläche sind seit den 60er Jahren des 20. Jh. als Nationalparks und Naturschutzgebiete ausgewiesen worden, um wenigstens einen Teil des Naturerbes zu retten. Die Parks unterstehen dem Department of National Parks and Wildlife Conservation, Babar Mahal, Kathmandu.

1982 wurde die gemeinnützige Stiftung King Mahendra Trust for Nature Conservation gegründet, die sich um den Schutz der Natur kümmert. Die Parks bleiben bewohnte Landschaften. Ihr Konzept schließt daher das traditionelle Leben der Bevölkerung mit ein. Die Schwierigkeit ist, eine Balance zwischen ökologischen und menschlichen Notwendigkeiten herzustellen. Einige der Parks sind leicht zu erreichen und werden von vielen Touristen besucht, andere erfordern eine lange Anreise.

Royal Chitwan National Park im Inneren Terai gehört zu den schönsten Wildlife Parks in Asien. Geschützt leben dort Nashörner, Tiger und über 40 andere Arten von Säugetieren und 400 Vogelarten. Eine feudale Unterkunft ist Tiger Tops mit drei Lodges.

Sagarmatha (Everest) National Park ist der berühmteste und am häufigsten besuchte

Praktische Reiseinformationen

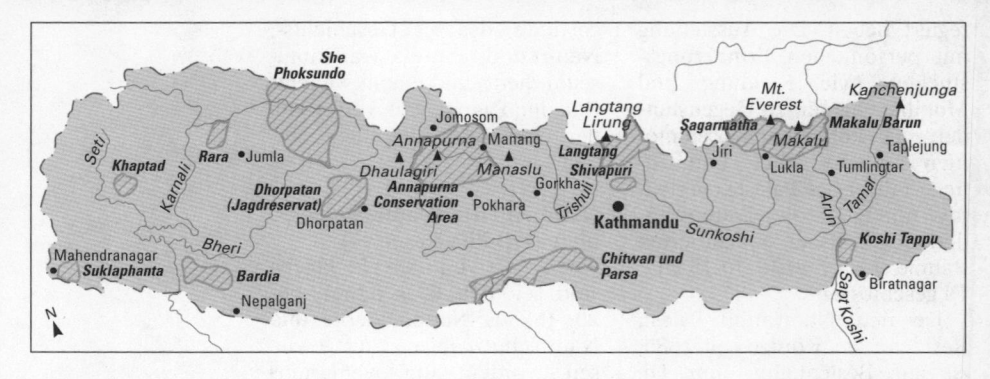

Die nepalischen Nationalparks

National Park. Dazu gehören der Mt. Everest und eine Anzahl anderer Gipfel, mehrere berühmte Klöster und eine Anzahl von Sherpa-Dörfern. Der geplante Makalu-Barun National Park soll im Osten an den Sagarmatha National Park anschließen.

Der **Langtang National Park** beginnt direkt nördlich vom Kathmandu-Tal. Er umfaßt reiche Wälder, alpine Landschaft und Gipfel des Himalaya.

Im äußersten Westen Nepals liegen wenig besuchte Parks und Naturschutzgebiete:

Lake Rara National Park mit dem größten See Nepals, dem Rara-See, umgeben von herrlichen Nadelbaumwäldern, liegt mehrere Tagesmärsche nördlich vom Jumla-Landeplatz.

Der winzige **Khaptad National Park** liegt ebenfalls im entfernten West-Nepal im mittleren Gebirge.

She Phoksundo National Park ist Nepals größter National Park. Er umfaßt Wälder und die Wüsten, die typisch für das tibetische Hochland sind. Gegenwärtig können Touristen nur bis zum Phoksundo-See reisen, die übrige nördliche Gegend ist gesperrt.

Parsa Wildlife Reserve war ein berühmtes Jagdgebiet während der Rana-Zeit. Es bietet jetzt zusätzlichen Raum für die Tiger aus dem Chitwan National Park.

Royal Shukla Phanta Wildlife Reserve, ehemals Gebiet für offizielle Jagden im Südwesten Nepals, ist das wichtigste Lebensgebiet für die gefährdeten Sumpftiere.

Im Osten davon bewahrt das **Royal Bardia Wildlife Reserve** das typische Tierleben des Terai. Am Rand des Parks ist das komfortable Dschungelhotel Tiger Tops Karnali Lodge.

Koshi Tappu Wildlife Reserve in Ost-Terai entlang des mächtigen Koshi-Flusses schützt die letzten wilden Wasserbüffel. Das Sumpfgebiet bietet Zugvögeln Brutmöglichkeiten.

Im **Dhorpatan Hunting Reserve** im Dhaulagiri-Gebiet kann man jagen.

Polizei

Die Hauptdienststelle liegt am Darbar-Platz gegenüber vom Mahakala-Relief. Diebstahl oder der Verlust wichtiger Dokumente

Reiseinformationen von A bis Z

sollte hier gemeldet werden. Die zentrale Telefonnummer ist 2-2 69 98.

Post

Das Hauptpostamt ist am Ende vom Kanti Path beim Bhimsen-Turm (tägl. 10–17 Uhr). Außerhalb befindet sich eine Briefmarkenverkaufsstelle. Das benachbarte Internationale Postamt ist für Pakete und Päckchen zuständig. Weitere Postämter sind am Flughafen und am Basantapur-Platz. In Thamel gibt es kleine private Post-, Telefon- und Telefaxgeschäftsstellen, die, preiswerter als in den Hotels, die genannten Dienste anbieten.

Sicherheit

Nepal ist ein relativ sicheres Reiseland. Doch auch hier ist der beste Schutz Vorsicht. Taschendiebstahl, besonders in überfüllten Bussen, ist nicht unbekannt und von Busdächern sollen auch schon Gepäckstücke verschwunden sein. Gewalttaten sind jedoch nicht verbreitet. Auch alleinreisende Frauen brauchen sich nicht zu sorgen. Alleine zu trekken ist allerdings nicht ratsam.

Souvenirs

Zentren der Herstellung **tibetischer Teppiche** sind das Flüchtlingslager in Jawalakhel in Patan, wo man die Herstellung beobachten kann (tägl. außer Sa, 8–12 und 13–17 Uhr), andere Zentren sind besonders um den Bodhnatha und auch beim Svayambhunatha. Die Teppiche sind jetzt zum wichtigsten Ausfuhrartikel Nepals geworden; 1990 verdiente das Land damit die Hälfte seiner Devisen. Die Herstellung von Teppichen begann erst mit der Ankunft der tibetischen Flüchtlinge in den 50er Jahren. Mit Schweizer Entwicklungshilfe wurde 1961 mit der Produktion und Vermarktung in den Zentren in Jawalakhel und später in Hengja im Pokhara-Tal und Chiasla in Ost-Nepal, in der Gegend des Everest, begonnen.

Thangkas, die traditionellen tibetischen Andachtsbilder auf Seide oder Papier, werden hauptsächlich von Tibetern und Tamang gemalt. Die Technik wurde in Nepal wiederbelebt durch die Aufträge der vielen in Nepal neugegründeten tibetischen Klöster – vor allem aber durch die Nachfrage der Touristen.

Masken, dekorativ bemalte Pappmaché-Masken werden traditionell für die Tänze am Ende des Monsuns verwendet. Sie werden in Thimi, auf dem Weg zwischen Kathmandu und Bhaktapur, hergestellt, wo man sie auch erwerben kann.

Nepalische Kappen gehören zur offiziellen Kleiderordnung aller nepalischen Staatsbediensteten. Sie sind aus schwarzem oder aus verschiedenfarbigem Tuch. Geschäfte, die auf Kappen spezialisiert sind, liegen zwischen Asan Tol und Indra Chok an der großen Basarstraße.

Metallarbeiten sind traditionelles Handwerk im Kathmandu-Tal, jetzt wiederbelebt durch den Tourismus. Zentrum ist Lalitpur, wo Repliken buddhistischer und hinduistischer

Gottheiten angeboten werden. Der Verkauf findet besonders in der Gegend des Palastes in Patan statt.

Holzschnitzereien findet man hauptsächlich in Bhaktapur, besonders im Handicraft Centre beim Pujari Matha.

Tibetische und chinesische Holzschnitte sind eine Neuentwicklung auf dem nepalischen Markt; es gibt sehr phantasiereiche Arbeiten auf nepalischem Reispapier. Viele Geschäfte mit Drucken findet man in Thamel.

Glasperlen machen einen eigenen Teil des Basars in Kathmandu im Nordwesten vom Darbar aus; Ketten mit vielfarbigen Glasperlen sind beliebter traditioneller Schmuck.

Nepalischer Tee wächst im äußersten Osten des Landes in der Gegend, die an Darjeeling grenzt. Die beste Qualität ist die Ilam Mischung, die von der Nepal Tea Development Corporation hergestellt wird. Teeläden sind in der New Road, westlich von der Statue.

Nepal ist ein Paradies der **Edelsteine.** In den Geschäften beim Hanuman Dhoka-Palast, am Darbar Margh und in Thamel gibt es ein reiches Angebot, das auf den Geschmack der ausländischen Kunden abgestimmt ist.

Sprache

Amts- und Verkehrssprache ist Nepali, das zur indo-europäischen Sprachfamilie gehört und eng verwandt mit dem Hindi ist. Nepali wird von mehr als der Hälfte der Bevölkerung gesprochen und von 90 % verstanden. Geschrieben wird Nepali in der indischen Devanagari-Schrift. In den städtischen Zentren wie dem Kathmandu-Tal und Pokhara verstehen viele Menschen Englisch, darunter besonders viele Schulkinder und Jugendliche, die ihre Englischkenntnisse an Touristen ausprobieren wollen. Mit Englisch kann man das Tal von Kathmandu und andere touristisch erschlossenen Gebiete gut bereisen. Auch sind viele Straßenschilder in Devanagari und lateinischer Schrift geschrieben. Der universelle nepalische Gruß lautet *namaste* (oder förmlicher *namaskar*), etwa in der Bedeutung von ›Grüß Gott‹; Danke heißt *dhanyabad*.

Telefon und Telefax s. Post

Touristen

Gegenwärtig besuchen jährlich 200 000 nicht-indische Touristen Nepal, für das Jahr 2000 strebt die nepalische Regierung eine Zahl von 500 000 an. Tourismus ist für die nepalische Wirtschaft lebensnotwendig. Nach ausländischer Entwicklungshilfe und Exporten (hauptsächlich Teppiche) ist er mit 18–20 % des Bruttosozialprodukts die drittgrößte Devisenquelle Nepals. Die Hälfte der Devisen geht allerdings wieder ins Ausland für Güter, die die Touristen brauchen und die im Land nicht erhältlich sind.

Trinkgeld

Trinkgeld ist in Nepal nicht üblich. Taxi-Fahrer und Budget-Hotels und -Restaurants erwarten das nicht. Nur in teureren Einrichtungen werden 10 % auf

Reiseinformationen von A bis Z

die Rechnung aufgeschlagen. Dort wird auch 5 % des Rechnungsbetrages als Trinkgeld gegeben.

Umwelt
Der Himalaya besitzt eines der fragilsten Ökosysteme der Erde, das von Entwaldung, Erosion, Luft- und Wasserverschmutzung und Abfall bedroht ist. Das schlimmste Problem ist die Erosion; die fruchtbare nepalische Erde landet schließlich im Golf von Bengalen. Über die Hälfte der nepalischen Wälder wurden in den letzten 30 Jahren gerodet, um wegen des enormen Bevölkerungsdrucks neues Ackerland oder Brennholz zu gewinnen.

Unter der Luftverschmutzung, hervorgerufen durch Industrie und enorm angewachsenem Verkehr, leiden besonders die alten Städte im Kathmandu-Tal. Flüsse sind, trotz ihres heiligen Status', der traditionelle Abladeplatz für Abfälle, die heute nicht mehr verrotten. Industrieabwässer werden ungefiltert direkt in den Fluß geleitet.

Abfälle entlang der Trekkingpfade sind die Spuren der Verpackungskultur der ausländischen Besucher.

Wasser
Wasser ist der Hauptüberträger von Krankheiten. Es ist daher ratsam, Wasser nur abgekocht (etwa 10 Minuten) und gefiltert zu trinken.

Zeitunterschied
Der Zeitunterschied zur europäischen Winterzeit beträgt plus 4 Stunden 45 Minuten und plus 3 Stunden 45 Minuten zur europäischen Sommerzeit. Nepalische Uhren laufen auch anders als indische. Sie sind eine viertel Stunde früher.

Zollbestimmungen
Persönlich benötigte Artikel, darunter zwei Kameras, dürfen vorübergehend zollfrei eingeführt werden. Hochwertige elektronische Geräte wie Videokameras werden in den Paß eingetragen. Die Ausfuhr von Antiquitäten ist untersagt.

Literaturverzeichnis

Madhu Raman Acharya: Nepal Encyclopedia. A Concise Encyclopedia of the Facts and Knowledge about the Kingdom of Nepal. Kathmandu, Nepal Encyclopedia Foundation, 1994

Mary M. Anderson: The Festivals of Nepal. London 1971, Calcutta 1988

Raimund O. A. Becker-Ritterspach: Water Conduits in the Kathmandu-Valley. New Delhi, Munshiram Manoharlal Publishers Pvt. Ltd., 1996

Dor Bahadur Bista: People of Nepal, Kathmandu, Ratna Pustak Bhandar, 2. Aufl. 1972

Krishna Deva: Images of Nepal. New Delhi, Archaeological Survey of India, 1984

Wolf Donner: Nepal. Im Schatten des Himalaya. München, Verlag C. H. Beck, 1990

A. J. Gail: Tempel in Nepal (2 Bde.). Graz, Akademische Druck- und Verlagsanstalt, 1988

A. J. Gail: Klöster in Nepal. Ikonographie buddhistischer Klöster im Kathmandu-Tal. Graz, Akademische Druck- und Verlagsanstalt, 1991

David N. Gellner: Monk, Householder and Tantric Priest. Newar Buddhism and its Hierarchy of Ritual. Cambridge 1992

Niels Gutschow und Bernhard Kölver: Ordered Space Concepts and Functions in a Town of Nepal (Bhaktapur). Nepal Research Centre Publications. Wiesbaden, Franz Steiner Verlag, 1975

Niels Gutschow, Bernhard Kölver und Ishwaranand Shresthacarya: Newar Towns and Buildings. An Illustrated Dictionary. St. Augustin, VGH Wissenschaftsverlag, 1987

J. C. Harle: The Art and Architecture of the Indian Subcontinent. The Pelican History of Art. Harmondsworth, Penguin Books, 1986

Michael Henss: Mustang. Tibetisches Königreich im hohen Norden Nepals. Reiseführer mit Landes- und Kulturkunde. Ulm, Fabri Verlag, 1993

Michael Hutt (Hrsg.): A Guide to the Art and Architecture of the Kathmandu Valley. Gartmore, Stirling, Kiscadale Publications, 1994

Corneille Jest: Monuments of Northern Nepal. Paris, UNESCO, 1981

Marietta B. Joseph: The Viharas of the Kathmandu Valley: Reliquaries of Buddhist Culture. In: Oriental Art, Sommer 1971

Wolfgang Korn: The Traditional Architecture of the Kathmandu Valley. Kathmandu, Ratna Pustak Bhandar, 1979 (Nachdruck 1993)

Stella Kramrisch: The Art of Nepal. New York 1964

Gustave Le Bon: Les civilisations de l'Inde, Paris, Librairie de Firmin-Didot et cie, 1887

Gustave Le Bon: Les monuments de l'Inde. Paris, Librairie de Firmin-Didot et cie, 1893

Axel Michaels: Die Reisen der Götter. Der nepalische Pasupatinatha-Tempel und sein rituelles Umfeld. Bonn 1994

Axel Michaels und Govinda Tandan: Pasupatikstra – Maps of Deopatan with drawings by Harald Fritzenkötter, supplement volume to Axel Michaels: Die Reisen der Götter (s. o.)

Axel Michaels (Hrsg.): A Rama Temple in 19th Century Nepal. History and Architecture of the Ramacandra Temple in Battisputali, Kathmandu. Nepal Research Centre Publications, Stuttgart, Franz Steiner Verlag, 1995

Kerry Moran: Nepal Handbook. Chico (California), Moon Publications, 1991

Nepalese Cultural Heritage in a Nutshell. Kathmandu, H. M. G. Hotel Management & Tourism Training Centre, 1978 (mit Beiträgen u. a. von Prem Kumar Khatry, John K. Locke, Ram Niwas Pandey, Babu Krishna Risal, Fr. Stiller (Cash resources of the Malla Kings, S. 77 ff.)

Henry Ambrose Oldfield: Sketches from Nipal, Historical and Descriptive (2 Bde.). London 1880 (Nachdruck Delhi 1974)

Pratapaditya Pal: Vaisnava Iconology in Nepal, A Study in Art and Religion. Calcutta

Pratapaditya Pal: The Arts of Nepal, Vol. I: Sculpture. Leiden und Köln, Brill, 1974

Pratapaditya Pal: The Arts of Nepal, Vol. II: Painting. Leiden und Köln, Brill, 1978

Pratapaditya Pal: Nepal, Where the Gods are Young, New York 1975

Pratapaditya Pal: Art of the Himalayas, Treasure from Nepal and Tibet o. O. 1996

Luciano Petech: Medieval History of Nepal (c. 750–1480), Rom 1958

The Physical Development Plan for the Kathmandu Valley, His Majesty's Government of Nepal, Department of Housing and Physical Planning, Kathmandu 1969

Carl Pruscha: Kathmandu Valley. The Preservation of Physical Environment and Cultural Heritage. A Protective Inventory. Wien, Anton Schroll, 1975

Prakash A. Raj: Kathmandu and the Kingdom of Nepal. Kathmandu, Nabeen Publications, 12th edition, 1996

Babu Krishna Rijal: Archaeological Remains of Kapilavastu, Lumbini and Devadaha. Kathmandu, Educational Enterprises, 1979

Jürgen Schick: Die Götter verlassen das Land. Die Plünderung der Kunst Nepals. Graz, Akademische Druck- und Verlagsanstalt, 1989

Valerio Sestini und Enzo Somigli: Sherpa Architecture. Paris, UNESCO, 1978

Rishikesh Shaha: Ancient and Medieval Nepal. New Delhi, Manohar Publications, 1992

Mehrdad Shokoohy und Natalie H. Shokoohy (Hrsg.): Kirtipur. An Urban Community in Nepal. Its People, Town Planning, Architecture and Arts. London, Araxus, Monographs on Art, Archaeology and Architecture, 1994

Mary Shepherd Slusser: Nepal Mandala. A Cultural Study of the Kathmandu Valley

(2 Bde.). Princeton, Princeton University Press, 1982

David L. Snellgrove: Buddhist Himalaya. Oxford 1957

David L. Snellgrove: Shrines and Temples of Nepal. In: Arts Asiatiques, VIII, 1961

Ludwig Stiller: An Introduction to Hanuman Dhoka. Kathmandu, Institute of Nepal and Asian Studies, 1975

Sue Thompson: Stone Architecture of the Karnali Basin of West Nepal. In: Arts of Asia, July-August 1995, S. 80–89

Giuseppe Tucci: Discovery of the Malla. New York, E. P. Dutton, 1962

Anne Vergati: Gods, Men and Territory. Society and Culture in Kathmandu Valley. New Delhi, Manohar, Centre de Sciences Humaines, 1995

Ulrich Wiesner: Nepalese Temple Architecture. Its Characteristics and its Relations to Indian Development. Studies in South Asian Culture VII. Leiden, Brill, 1978

Ulrich Wiesner: Nepalese Votive Stupas of the Licchavi Period: The Empty Niche. In: The Stupa. Its Religious, Historical and Architectural Significance. Wiesbaden 1980

Ulrich Wiesner: Zur Frage der vier sogen. Asoka Stupas in Patan, Nepal. In: Zur Kunst Asiens, 50 Jahre Lehre und Forschung an der Universität Köln. Wiesbaden 1977

Daniel Wright (Hrsg.): History of Nepal. Translated from the Parbatiya .... Cambridge, University Press 1877 (Nachdruck, Kathmandu, Nepal Antiquated Book Publishers, 1972)

Literaturnachweis

Alle mit ›Hoffman‹ namentlich gekennzeichneten Zitate entstammen: A. Hoffmeister: Briefe aus Indien. Von Dr. W. Hoffmeister, Arzt im Gefolge Sr. Königlichen Hoheit des Prinzen Waldemar von Preussen. Nach den nachgelassenen Briefen und Tagebüchern. Braunschweig, Druck und Verlag von Georg Westermann, 1847

Alle anderen Zitate sind aus: J. G. Kutzner (Hrsg.): Die Reise seiner Königlichen Hoheit von Preußen nach Indien in den Jahren 1844 bis 1846. Aus dem darüber erschienenen Prachtwerke im Auszuge mitgetheilt von Johann Gottlieb Kutzner, Lehrer in Hirschberg, Berlin. Verlag der Königlichen Geheimen Ober-Hofbuchdruckerei 1857

Abbildungsnachweis

Farbige Abbildungen

Soweit nicht unten aufgeführt, stammen alle Fotos in diesem Band von Günter Heil (Berlin).

Hans-Joachim Aubert (Bonn) S. 32, 44, 57, 60, 65, 120, 183, 242 und Umschlagrückseite

Peter Hessel (Düsseldorf) S. 13, 24, 270, 276

Peter Rex (Heßdorf) S. 258, 272, 273

Kartographie: Berndtson & Berndtson Productions GmbH, Fürstenfeldbruck, © DuMont Buchverlag

Schwarzweißabbildungen

Genaue bibliographische Angaben siehe Literaturverzeichnis:

Wolfgang Korn S. 68, 69, 96, 97, 102, 103, 126, 208, 210, 227

Carl Pruscha S. 98, 127, 136, 151, 171, 172, 173, 178, 179, 196, 209, 211, 217, 225, 236, 237, 239, 240, 245, 246, 249, 257

Alle übrigen Abbildungen stammen aus den Archiven von Autor und Verlag.

Register

Orte

Bagmati (Fluß) 60, 62, 153, 178, 245
Bagmati-Schlucht 243
Balaju 25, 38, 64, **152f.**, 154f., 156
Banepa 27, 29, 191, **211ff.**
Bhaktapur 27, 29, 30, 33, 39, 41, 58, 74, 83, **191ff.**
– Bhairava-Tempel 33, 41, 203f., **204ff.**
– Bhandarkhal 199
– Bhimsen Hiti 208
– Bhimsen-Tempel 207f.
– Bhupatindra Malla-Statue 41, 194f.
– Café Nyatapola 206
– Chandi Bhagavati-Schrein 207
– Chasilin Mandapa 194, 198
– Chatur Varna Mahavihara 202f.
– Chikanphale Matha 210
– Chupin Ghat 207
– Darbar-Platz 72f.
– Dattatreya-Tempel 28, 40, 207, **208f.**
– Harishankara-Tempel 201
– Krishna-Tempel 202
– Kumari Chok 197
– Lun Hiti 206
– Malati Chok 198f.
– Mul Chok 27, 39, 118, 192, 196, **197**
– Naga Pokhari 197f.
– Nyatapola-Tempel 33, 41, 203f., 204
– Palast 192ff.
– Pujari Matha 41, 209f.
– Sadashiva Chok 196f.
– Siddhi Lakshmi-Tempel 200f.
– Sun Dhoka 33, 41, 193, **195**
– Tachapal Tol 67, 207
– Taleju-Glocke 195
– Taleju-Schrein 192, 195, **197**
– Taumadhi Tol 67, 203
– Til Mahadeva Narayana-Tempel 206f.
– Vakupati Narayana-Tempel 210
– Vasantapura 199f.
– Vatsala Devi-Tempel 33, 41, **201**
– Yaksheshvara-Tempel 28, 40, 70, 162, 192, 193, **201f.**
– 55-Fenster-Palast 33, 41, **198**
Bhurti 260
Bode 58
Bodhnatha 58, 65, 66, **174ff.**
Budhanilkantha 25, 38, 117, 152, **153ff.**
Bungamati 58
Butwal 261

Chabahil 23, 38, **171ff.**
Changu Narayana 23, 38, 41, 64, 72, 80, 84, 161, **181ff.**, 247
Chobar 76, 243ff.
Chobar-Schlucht 245f.
Churia-Kette s. Siwalik

Dakshin Kali 248f.
Deopatan 28, 40, 157, 164, 171, 227
Deoriya 288
Devighat 269
Dhanusha 294
Dhulikhel 191, 217
Dhum Varahi 156f.

Dolakha 31, 40, **217**
Dolpo (Distrikt) 15, 271f.
Dullu 27, 40, 259, **260**
Dunai 272

Gokarna 60, 176ff.
Gorkha 19, 26, 31, 40, 41, 83, 84, 261, **265ff.**
Gosainkund (See) 152, 155, 235, **269**
Gotihawa 287, 288

Helambu-Tal 62, 277f.
Himalaya 15
Humla (Distrikt) 271

Ichangu Narayana 151, 247

Jal Vinayaka 246
Janakpur 46, 62, 77, 262, 281, **288ff.**
Jawalakhel 58
Jharkot 274

Kagbeni 274
Kankrivihar 260
Kapilavastu 20, 21, 25; s. a. Tilaurakot
Kaski 263, 264
Kathmandu 12, 29, 31, 32, 33, 34, 40, 41, 42, 64, 79, 80, 83, **91ff.**, 194f., 267
– Agama Chen 117
– Akasha Bhairava-Tempel 123
– Akhache 130
– Annapurna-Tempel 124
– Ashoka Vinayaka-Schrein 100f.
– Bangemudha 129
– Basantapur-Platz 96
– Bhadrakali-Schrein 136
– Bhandarkhal 117
– Bhimaleshvara-Tempel 103

322

Register

- Bhimsen Stambha 132
- Bhimsen-Tempel 131, 217
- Bhuluka Dega 130
- Bir Hospital 137
- Chusya Bahal 126f.
- Darbar High School 137
- Darbar Marg 138
- Darbar-Platz 72, 96
- Degutale-Tempel 110f.
- Dhoka Bahal 124
- Dhvaka Bahal 67
- Elfenbeinfenster 107
- Gaddi Baithak 42, 79, **106f.**
- Garuda-Skulptur (6. Jh.) 121f.
- Garuda-Statue (1690) 102f., 182
- Ghanta Ghar 137f.
- Hanuman Dhoka-Palast 34, 42, 60, 61, 62, 63, 80, 83, 93, 95, **107ff.**, 156, 184, 188
- Hanuman Dhoka-Portal 95, 113ff.
- Hari Bhavan (Bagh Darbar) 133
- Indrayani-Tempel 127
- Inschrift Pratapas 113
- Itum Bahal 129f.
- Jagannatha-Tempel 70, 72, 94, 95, **112f.**
- Jaisi Deval 103, 131
- Jvala Mai 124
- Kaiser Mahal (Keshar Mahal) 42, 79, 80, **139**
- Kala Bhairava 111f.
- Kalamochana-Tempel (Hema Narayana Mandir) 133
- Kankeshvari-Tempel 130f.
- Kanti Path 136f.
- Kashthamandapa 68, 93, 95, **96ff.**, 115
- Kathesimbhu 127f., 175
- Kavindrapura 100
- Kilagal Tol 129
- Ko Hiti 131
- Kotilingeshvara-Tempel 94
- Krishna Mandir (Hanuman Dhoka-Palast) 112
- Krishna-Tempel (Basarstraße) 124
- Kumari Chok 95, 104f.
- Lakshmi Narasingha-Tempel 130
- Lakshmi Narayana Sattal 101
- Lohan Chok 118ff.
- Mahadeva-Tempel 133
- Mahakala Bhairava-Tempel 137
- Mahendreshvara-Tempel 94, 162
- Maju Deval 103
- Manjunatha 132
- Märtyrerdenkmal 136
- Maru Hiti 131
- Matsyendranatha-Tempel 62, 123f.
- Mohan Chok 32, 116f.
- Mul Chok 61, **118,** 197
- Musya Bahal 127
- Naradevi-Tempel 130
- Narayana Hiti 138f.
- Narayana-Tempel 72, 139
- Narayanhiti-Palast 42, 95, **138**
- Nasal Chok 96, **115f.,** 188
- Nau Dega 129
- Nava Durga-Tempel 107
- New Road 106
- Panchamukhi Hanuman Mandir 32, 116f.
- Pratapa Malla-Säule 32, 111
- Rama Chandra Mandir 131, 290
- Rana Mukteshvara-Tempel 133
- Rani Pokhari 137f.
- Shikhara-Tempel 99
- Shiva-Schrein 123
- Shveta Bhairava 112
- Singha Darbar 37, 42, 79, **136**
- Singha Sattal 99f.
- Sun Dhara 132f.
- Sundari Chok 32, 118
- Suvarnapranali 91
- Taleju Mandir 31, 71, 80, 93, 94, **107f.**
- Tana Bahal (Tana Deval) 93, **108, 122f.**
- Thahiti 127
- Tilanga-Ghar 124
- Trailokya Mohan Mandir 95, 102f.
- Trichandra (Tribhuvana Chandra) College 138
- Tripura Sundari-Tempel 133
- Tukan Bahal 65, 131f.
- Tundikhel 62, 64, 159
- Vaikunthanatha-Statue 120
- Vasantapura Darbar 120
- Yak und Yeti-Hotel 138

Kathmandu-Tal 15, 18, 20, 180, 191
Kirtipur 33, 66, 83, 175, **249ff.**
Kumbhu 62, 278
Kutsap Ternga (Kloster) 274

Lalitpur 27, 29, 33, 38, 40, 41, 83, 84; s. a. Patan
Lo Manthang 275, 276
Lumbini 20, 22, 25, 38, 58, 73, 78, 79, 84, **281ff.**

Macchegaon 257
Mahabharat Lekh (Gebirgskette) 14
Manakamana (Tempel) 267
Marpha 272
Matathirtha 178
Mithila s. Janakpur
Mount Everest 15

323

Register

Muktinath (Muktikshetra) 275
Mustang (Distrikt) 15, 275ff.

Nagarjun (Berg) 151
Nala 191, 213f.
Namche Basar 279
Nigali Sagar 287
Nuwakot 31, 33, 34, 42, 83, 265, **267ff.**

Palanchok Bhagavati (Tempel) 217
Palpa s. Tansen
Panauti 27, 39, 191, **214ff.**
Pangpoche (Gompa) 278
Pashupatinatha 23, 25, 27, 28, 39, 40, 41, 59, 61, 64, 70, 71, 84, 155, **157ff.**, 193, 201, 214
Patan 58, 59, 171, **219ff.**; s. a. Lalitpur
– Ashoka-Stupa 233
– Bhai Devala 229
– Bhimsen-Tempel 223f.
– Char Narayana-Tempel 31, 40, 70, 72, **227f.**
– Chasilin Deval 74, 229
– Darbar-Platz 72f.
– Degutale-Tempel 84, 219, **231f.**
– Garuda-Säule 227
– Harishankara-Tempel 228
– I Bahal Bahil 69, 239f.
– Konti Hiti 236
– Krishna Mandir 41, 60, 74, 84, 221, **224ff.**
– Kumbheshvara-Tempel 74, 152, 219, **234ff.**, 269
– Kva Bahal 171, 237ff.
– Mahabuddha-Tempel 40, 76, **242f.**
– Mangal-Basar 220ff.
– Mangal Hiti 222
– Mani Chaitya 222
– Mani Ganesha 222

– Mani Keshava Chok 229, 232
– Mani Mandapa 41, 222
– Matsyendranatha-Tempel 219, 240f.
– Minanatha-Tempel 74, 240
– Misa Hiti (Frauenbrunnen) 236
– Mul Chok 70, 197, **232**
– Narasimha-Tempel 74, 228
– Palast (Lumjyal Chok) 229ff.
– Shankhamul Ghat 234
– Sundhari Chok 70, 84, **232f.**
– Taleju-Glocke 228f.
– Taleju-Pagode 232
– U Baha Bahil (Woku Baha) 241
– Vishveshvara-Tempel 41, 84, **224**
– Yoganarendra Malla-Säule 41, 228
Pharping 246ff.
Pirari 293f.
Pokhara 12, 263f.
Pokhara-Tal 15, 263

Ranighat 263
Ridi Basar 262f.
Ringmo 272

Sagarhawa 288
Sagarmatha s. Mount Everest
Sagarmatha National Park 15
Sankhu 179
Sarangkot 264
She Gompa (Kloster) 272
She Phoksundo-Nationalpark 272
She Phoksundo-See 272
Simaraungadh (Simraungarh) 39, 294
Simikot 271

Siwalik (Hügelkette) 14
Solukhumbu-Distrikt 278f.
Sundari Jal 178
Svayambhunatha 28, 32, 40, 58, 59, 62, 64, 65, 66, 76, **139ff.**, 184

Tansen 261f.
Tarkegyang 277f.
Tau Daha (See) 246
Tengpoche 279
Terai (Tiefland) 14, 18, 20
Thankot 58
Thimi 58, 191
Thulakot 264
Tilaurakot 287, 288
Trishuli Khola (Fluß) 269
Tsarang 276
Tukche 272

Vaishali 20f.
Vajra Yogini (Heiligtum) 179ff.

Personenregister

Abhayaraja (Klostergründer) 242
Adalbert von Preußen (Prinz) 85, 87
Alexander der Große (König) 21, 38
Amar Singh Thapa (General) 262, 291
Amara Malla (König) 130, 166
Amshuvarman (König) 156, 184
Anandadeva (Herrscher) 191
Ananta Malla (König) 191
Anantapriya (Königin) 111, 142
A-ni-ko (Skulpteur) 27, 78

Register

Ari Malla (König) 39
Ashoka (ind. Kaiser) **21f.**, 38, 66, **78**, 219, 233, 282, 285, 288
Atisha 26, 39

Bardhana (König) 130
Bhaskara Malla (König) 109, 110, 118, 186
Bhaskaradeva (König) 237
Bhaskaravarman (König) 171
Bhaumagupta (König) 157
Bhimsen Thapa (Premierminister) 34, 80, 132, 133, 137, 175, 262
Bhotia (Ethnie) 15, 16, 271
Bhupalendra Malla (König) 41, 182, 184, 186
Bhupatindra Malla (König) **33**, 41, 73, 193, 196, 197, 198, 199, 200, 201, 203, 205, 228
Bhuvana Lakshmi (Königin) 118, 186
Bijaya Svamini 217
Bimbisara (König) 21
Bir Shamsher J. B. Rana (Premierminister) 137, 138
Birendra Bir Bikram Shah (König) **37**, 43, 264
Briten 34, 35, 42, 43
Buddha Shakyamuni 20, 38, 46, **51**, 58, **78**, 281f., 287
Buddhismus 18, 21f., 23, 26, 38f., 44, **51ff.**, 59, 64, **68f.**, 139, 161, 171, 174, 179, 219, 220, 239, 244, 248, 271, 272, 275, 277, **281**

Chandra Shamsher Rana (Premierminister) 35f., 42, **79**, 106, 136, 138, 139, 164
Charumati (Tochter Ashokas) 173
Chaturbhuj Giri (Sannyasi) 291, 292f.
Chikuti (Premierminister) 129
China 36f., 43, 192

Damodar Pande (Premierminister) 33
Dharmadeva (König) 23, 38, 83, 139, 171
Dharmasvamin (Mönch) 141
Dhir Shamsher Rana (Vater Chandra Shamshers) 139
Doya (Ethnie) 27, 39
Drabya Shah (König) 31, 40, 265

Elisabeth von Hessen (Prinzessin) 87

Feste 102, 104, 112, 118, 206, 235, 289f.
Führer, Alois Anton (Archäologe) 79, 283, 287

Gayas ud-din Tugalak (Sultan) 27, 39, 294
Girvan Yuddha Bikram Shah (König) 33, 34, 42, 80, 115
Gokarna (König) 176
Gopala-Dynastie 23
Gorakhanatha (Eremit) 266
Gorkha 19, 33, 34, 41, 220, 251
Gröber (Graf) 84, 85
Gunakamadeva (König) 25, 39, **79**, 91, 121, 123, 127, 130, 137, 150
Gurkha (Soldaten) 35, 36, 42, 43
Gurung (Ethnie) 18

Hari Shamsher Rana 133
Haridatta (König) 151
Haridatta Varman (König) 160
Harinatha Upadhyaya (Guru) 224
Harisimhadeva (König) 192, 197, 294
Hinduismus 17f., 23, 28, 40, **44ff.**, 62, 64, **70f.**, 158, 275, 290
Hoffmeister, Werner (Naturforscher) 84, 85, 87
Hsüan-tsang s. Xuanzang
Humboldt, Alexander von (Naturforscher) 85, 87

Jagajiyotir Malla 197, 206
Jagatjaya Malla (König) 120, 170
Jagatprakasha Malla (König) 193, 199, 201, 203, 213
Janaka (König) 288
Jang Bahadur Rana (Premierminister) **34f.**, 42, **79**, 81, 86, 133, 137, 138, 169, 194, 294
Jayadeva II. (Herrscher) 25, 38
Jayalakshmi Malla (Königin) 195
Jayaprakasha Malla (König) 104, 108, 144, 170, 193, 195
Jayasimharama Varddhana (Mahatha) 28, 40, 161, 214, 216
Jayasthiti Malla (König) **28**, 40, 56, **79**, 98, 169, 177, 192, 216, 235
Jitamitra Malla (König) 193, 197, 200, 201, 202
Juddha Shamsher Rana (Premierminister) **79**, 106, 136, 241
Jyotir Malla (König)

325

Register

Kaiser Shamsher J. B. Rana (General) 283, 285, 286
Kanishka (Kaiser) 22
Kanti Rajya Lakshmi Shah (Königin) 136f.
Karnataka-Dynastie 294
Keshar Shamsher Rana (Politiker) 80, 139
Khadga Shamsher J. B. Rana (Gouverneur, General) 261f., 263, 283
Khasa-Dynastie 26, 27, 28, 39, 259, 260
Kirati (Ethnie) 18
Kirata-Dynastie 18, 23
Kot-Massaker 34, 42
Kulu Pandey (Kommandant) 251
Kumari (lebende Göttin) 61, 62, 104, 173

Lakshmi Narayan Joshi (Premierminister) 84, 102, 131
Lakshminarasimha Malla (König) 98, 231
Lalit Tripura Sundari Shah (Königin) 80
Lambarkarna Bhatta (Guru) 130, 226, 248
Licchavi-Dynastie 20, **23ff.**, 38, 80, 94, 131, 143, 147, 156, 164, 165, 171, 172, 173, 175, 206, 207, 231, 236, 240, 245, 250
Limbu (Ethnie) 18
Lokaprakasha Malla (Sohn Yoganarendras) 229
Lopa (Ethnie) 18, 272, 275

Magar (Ethnie) 18
Mahabharata (Epos) 18, 46
Mahavira (Jainismus-Begründer) 21, 46
Mahendra Bir Bikram Shah (König) **36,** 43, 138, 162f.

Mahendra Malla (König) 30, **31,** 40, **80,** 93, 94, 108, 112, 118
Mahishapala-Dynastie 23
Malla-Dynastie 20, **26ff.**, 64, 113, 175, 228, 250, 259
Manadeva (König) **23f.**, 38, 72, **80,** 83, 141, 182, 184, 185
Marie von Bayern (Königin) 87
Mathabar (Martabar) Singh Thapa (Premierminister) **81,** 86, 132, 133
Matsyendranatha (Heiliger) 82
Moktan, Binod (Maler) 77
Mukunda Sena (König) 31, 40, 261, 263
Muslime 16, 44

Nagarjuna (Mönch) 151
Nanyadeva (König) 294
Narasimha Singh (Herrscher) 228
Narendradeva (König) 38, 155
Naresha Malla (König) 196
Narshingh, Kishor (Architekt) 136
Narshingh, Kumar (Architekt) 136, 138
Newari (Ethnie) 18, 191
Ngakchang Sakya Zangpo (tantrischer. Meister) 175
Nityananda (Priester) 161
Nripendra Malla (König) 102, 147

Orilla, Eduard von (Graf) 84, 85
d'Orville (Missionar) 116

Padmasambhava (Heiliger) 26, 39, 55, **82,** 248, 271, 274

Parthivendra Malla (König) 102
Pashupata-Sekte 160
Pashupreksha (König) 160
Pratapa Malla (König) **32,** 41, 72, **82f.,** 94, 95, 100, 108, 109, 111, 112, 113, 115, 116, 117, 118, 128, 131, 137, 139, 141, 142, 147, 150, 152, 156, 161, 164, 167, 170, 180, 197, 226, 231, 248
Pratapa Shamsher Janga Bahadur Rana (Gouverneur) 262
Pratapa Singh Shah (König) 118
Prithvi Bir Bikram Shah (König) 106
Prithvi Malla (König) 40, 260
Prithvi Narayan Shah (König) 26, **33f.,** 41, **83,** 91, 94, 104, 108, 118, 120, 144, 145, 193, 250, 265, 266, 267, 268, 269
Prithvipati Shah 265
Purandarasimha Singh (König) 31, 40, 227, 228

Rai (Ethnie) 18
Rajendra Bikram Shah (König) **34,** 80, 86, 94, 95, 115, 116, 166, 194
Rajya Lakshmi Devi Shah (Königin) 86, 166
Rajyavati (Königin) 83, 184
Rama Malla (König) 29
Rama Shah (König) 31, 40, **84,** 265, 266
Ramananda (Guru) 293f.
Ramayana (Epos) 46, 226f., 290
Rana Bahadur Shah (König) **33,** 80, 109, 112, 133, 136, 148, 152, 162, 269
Ranajita Malla (König) 30,

41, 193f., 194f., 203
Rani Vrishabhana Kumari (Herrscherin) 290
Ranoddip Singh Rana (Premierminister) 136, 138
Ratna Malla (König) 29, **31,** 40, 108, 167
Raya Malla (König) 29, 202
Riddhi Lakshmi (Königin) 41, **84,** 102, 103, 161, 182, 186
Ripu Malla (König) 285, 287
Rudra Sena (König) 261

Sadashiva (König) 196
Sanga Dorje (Lama) 278
Sena-Dynastie 261
Shabkar Tsokdruk Rangdrol (Yogi) 175
Shah-Dynastie 19, 261, 265
Shakya-Dynastie 20
Shams ud-din Ilyas (Herrscher) 28, 39, 141, 161
Shankara Acharya (Brahmane) 161, 171
Shankaradeva (König) 167
Sherpa (Ethnie) 15, 16, 18, 277, 278
Shivadeva (König) 164
Shivasimha Malla (König) 31, 40, 110, 177, 182, 217
Shrinivasa Malla (König) 41, 220, 223, 232, 233, 235, 243

Siddhinarasimha Malla (König) 29, **31,** 41, **84,** 219, 220, 221, 224, 226, 227, 229, 231, 232, 241, 243, 257
Slusser, Mary 231
Suddhodhana (Herrscher) 281, 287
Surakishore (Mahatma) 291
Surendra Bir Bikram Shah (König) 42, 86, 101, 166
Surya Malla (König) 179

Tamang (Ethnie) 18, 271
Tange, Kenzo (Architekt) 283
Tej Kumari (Frau Khadga Shamsher Ranas) 263
Teja Narasimha (König) 193f.
Thakali (Ethnie) 16, 272
Thakuri-Epoche 29
Tharu (Ethnie) 18
Tibet 145, 174f., 275, 278
Tibetische Flüchtlinge 36f., 43, 76, 277
Tribhuvan Bir Bikram Shah (König) **36,** 42, 43, 136
Tripura Sundari (Königin) 42, 132, 133

UNESO 93, 96, 119, 157, 177, 181, 194, 220, 275, 281

Vasantadeva (König) 131
Vidyapati (Dichter) 289
Vishnu Malla (König) 220f., 229
Vishnugupta (König) 25, 38, 72, 152, 155, 156, 168, 169
Vishnusimha (Vater Purandarasimhas) 227
Vishva Malla (König) 182, 208, 209
Vishvadeva (König) 165
Vishvanatha Upadhyaya (Guru) 224, 226, 232

Waldemar von Preußen (Prinz) 81, 84, **85ff.**
Werner, Karl 85
Wilhelm II. (Kaiser) 139
Wilhelm von Preußen (Prinz) 85

Xuanzang (Mönch) 25, **84,** 282, 285
Yaksha Malla (König) **28,** 40, 123, 161, 192, 193, 201, 208, 211, 217, 240
Yogamati Malla (Königin) 229
Yoganarendra Malla (König) 41, 73, **84,** 222, 228, 235

327

Impressum

Umschlagvorderseite: Blick auf den Dattatreya-Tempel in Bhaktapur
Vordere Umschlaginnenklappe: Das Kathmandu-Tal
Vignette: Ganesha, der Gott des Anfangs
Hintere Umschlaginnenklappe: Der Vishnu von Budhanilkantha
Umschlagrückseite: Terrassenfeldbau in der Dhaulaghiri-Region (oben), Chörten-Typen (Mitte), Bronzefigur der Flußgöttin Ganga am Mul Chok in Patan (unten)

Über den Autor: Dr. Ulrich Wiesner, geboren 1943 in Breslau, studierte ostasiatische Kunstgeschichte und promovierte über nepalischen Tempelbau. Neben Architekturstudien beschäftigt er sich besonders mit chinesischem Porzellan und buddhistischer Skulptur. Er ist Oberkustos am Rautenstrauch-Joest-Museum in Köln.

Fremde Kulturen kennenlernen und gastfreundlichen Menschen begegnen – wie sehr genießen wir das auf Reisen. Zu Hause bei uns jedoch wird mancher Ausländer von einer kleinen Minderheit beschimpft und sogar mißhandelt. Alle, die in fremden Ländern Gastrecht genossen haben, tragen hier besondere Verantwortung. Deshalb: Lassen Sie uns gemeinsam für die Würde des Menschen einstehen.

Verlagsleitung, Mitarbeiterinnen und Mitarbeiter des
DuMont Buchverlages

Die Deutsche Bibliothek – CIP-Einheitsaufnahme

Wiesner, Ulrich:
Nepal / Ulrich Wiesner. – Köln: DuMont, 1997
    (Kunst-Reiseführer)
    ISBN 3-7701-3945-3

© 1997 DuMont Buchverlag, Köln
1. Auflage 1997
Alle Rechte vorbehalten
Satz und Druck: Rasch, Bramsche
Buchbinderische Verarbeitung: Bramscher Buchbinder Betriebe
ISBN 3-7701-3945-3